U0440582

赫尔墨斯颂诗

The Homeric Hymn to Hermes

张 巍◎主编

复旦大学历史学系主办

西方古典学辑刊

Museum Sinicum

第一辑

復旦大學出版社

目　录

参考书架

学术书评

会议报道

编者引言

居住于奥林坡斯山的希腊众神中，赫尔墨斯的知名度在眼下国内的知识界可算最高。他头戴宽沿旅行帽，身披短袖束腰外衣，手持8字形节杖，足蹬带翼飞鞋，中年蓄须的形象流传甚广，这一形象闪耀着迷人的光芒，大有盖过其余诸神令他们尽皆失色之势。对他情有独钟的青年才俊比比皆是，他们能如数家珍地罗列一连串赫尔墨斯的名号和属性："宙斯和迈娅的儿子，奥林坡斯神们的信使，道路与边界之神，睡眠与梦想之神，死者的向导，演说者、商人、小偷、旅者和牧人的保护神……"倘若我们质疑："这些看似互不相干的名号和属性究竟有何关联，怎会集中于赫尔墨斯这一位神明身上？"他们便会高深莫测地笑而不语，仿佛与这位难以捉摸的神明达成了心照不宣的默契；直到被一再追问，他们才会打破意味深长的沉默，轻声道出心中的隐秘："……赫尔墨斯乃是经典与解释之神，更是秘籍、密学与秘密智慧之神！"此中口吻透露出这样的消息：一种"赫尔墨斯秘教"正在今日的中国形成——他虔诚的信徒膜拜赫尔墨斯为至高无上、独一无二的大神，相信唯有他才能将一切古希腊的经典著作置于自己的庇佑之下，也唯有他才能让入教的徒众掌握通往古代智慧的独门秘籍。

我们身为古希腊文化的爱好者和研究者，固然乐见赫尔墨斯在华夏大地获得如此殊荣和礼遇，但也不禁要反问：这究竟是怎样一位神明，具有如此大德大能，竟可以独揽古典智慧于一身，而不给其他的神——譬如掌管真理与真知的阿波罗、掌管技艺与巧智的雅典娜、掌管悲剧与喜剧智慧的狄奥尼索斯，还有掌管各类文艺的缪斯女神们——留有一席之地？

为此我们深感必要，回到赫尔墨斯的故乡来思索这位大神自己的秘密。在古希腊，赫尔墨斯绝非孤立之神，而总是与其他神明，尤其是奥林坡斯主神如宙斯、阿波罗、狄奥尼索斯紧密关联。此种关联见诸当时的神话故事和传世的经典著作，表现于赫尔墨斯与其他神明的互动与张力。以两部荷马史诗而论，赫尔墨斯虽然总是在故事情节的关键时刻登场，但对于推动情节的发展却鲜少作用，他最重要的职能是作为宙斯的使者来传达或执行其旨意，例如在《伊利亚特》最后一卷里，他受宙斯的派遣，黄夜将特洛伊国王普里阿摩斯带到阿基琉斯的营帐赎回赫克托耳的尸首；又如在《奥德赛》第五卷，赫尔墨斯再次受宙斯派遣，去到神女卡吕普索的荒岛上，让她释放奥德修斯返归故里。同样在《奥德赛》里，赫尔墨斯还与阿波罗一起现身于第八卷一个著名的滑稽场景：歌者德墨多克斯表演的第二首歌里唱到，这两位神明在阿瑞斯和阿芙洛狄忒被困的床榻边一问一答，引来了围观众神的哄堂大笑。再以两部赫西奥德史诗而论，赫尔墨斯更是处于次要的位置，《神谱》只是到了尾声简单地提及他的谱系，而《劳作与时日》里的“潘多拉神话”叙说，赫尔墨斯听从宙斯的吩咐将“假话、花言巧语和狡黠的心思”赐予了人间最初的女子。荷马与赫西奥德以外，早期经典文本当中集中展现赫尔墨斯的神性者，便是名为《致赫尔墨斯的荷马颂诗》(以下简称《赫尔墨斯颂》)的史诗体长诗了。

这首颂诗属于《荷马颂诗集》，该诗集的存世版本由三十三篇长短不一的诗篇组成，其中第二至第五首为数百行的长篇(第一首原先亦为长篇，但抄本残缺，仅存十余行)；另外有两首中篇，长达四五十行，其余各首长至二十余行，短至三行，皆系短篇。这些颂诗大多源自希腊古风和古典时期，相传为“荷马”所作，故名《荷马颂诗集》。不过据现代学者考证，所谓《荷马颂诗集》实为多人多地之作，大概起源于被称为“荷马后人”(Homeridai)的职业吟诵诗人，它们被冠以“荷马”之名，表明这组诗篇隶属荷马传统，与荷马史诗密切相关，且享有重要的地位。可以说，它们有着与荷马史诗一般的“泛希腊”属性——超越了地方崇拜仪式的特殊性，而具有泛希腊的宗教眼界，或曰“奥林坡斯”的神学眼界。因此，相对于荷马的英雄史诗和赫西奥德的神谱与教诲史诗这几部最高经典而言,《荷马颂诗集》不啻为重要性紧居其后的“次经”。

根据传世抄本,《赫尔墨斯颂》位列《荷马颂诗集》第四。细观之下,前六首颂诗的排列寓有深意:第一首《狄奥尼索斯颂》和第二首《德墨忒颂》可以对观,因为两位同是古希腊最重要的密仪之神;第五首和第六首均为《阿芙洛狄忒颂》,其中也隐含了两位爱欲之神即阿芙洛狄忒和爱若斯之间的张力;居中的第三首《阿波罗颂》和第四首《赫尔墨斯颂》亦需对观,两首诗呈现了这两位神明之间多重的互补和对比关系。就篇幅而言,这两首颂诗属现存诗集里最长者:《赫尔墨斯颂》以580行列第一,《阿波罗颂》以546行列第二。《赫尔墨斯颂》达到如此篇幅,很可能是该颂诗诗人以《阿波罗颂》为参照并与之竞比所致。从风格和性格塑造来看,相较于《阿波罗颂》的庄严肃穆,《赫尔墨斯颂》的轻松诙谐与之形成了鲜明的反差。后一首颂诗的诗人自始至终以游戏笔墨来描摹这位谐谑之神,他采用一种“讽拟史诗”的诗体,将赫尔墨斯呈现为调皮鬼与捣蛋鬼、无赖与滑头的形象,这显然与他的兄长阿波罗的严峻性格相对立。再从内容和旨趣来看,赫尔墨斯正是凭借与阿波罗的对立才能获得属于自己的“尊荣”(timai),颂诗诗人将两者的对立集中于两个方面来展示:其一,阿波罗乃神谕之神,他宣告真理,赐予真知与智慧,而赫尔墨斯乃诡计之神,他擅长修辞和雄辩之术,善于运用骗术、伪证和魔咒;其二,阿波罗的神谕还与诗歌相通,因而他也是诗歌之神(“缪斯女神的引领者”),他赐予诗的灵感,让凡间的诗人通达神性智慧,而赫尔墨斯的诡计也会涉足诗歌领域,他发明弦琴,表演了第一首颂歌以及神谱之歌,其效果与目的却与阿波罗迥然不同,并且赫尔墨斯的赋诗作乐也与凡间的诗人无关。

《赫尔墨斯颂》里的赫尔墨斯与阿波罗之间的对立,还有《赫尔墨斯颂》与《阿波罗颂》这两首颂诗之间的对立,乃是我们通达赫尔墨斯之丰富神性的关键所在。本刊推出对《赫尔墨斯颂》的“经典译解”,便致力于从这个角度重新审视赫尔墨斯的多重面目。“经典译解”由《赫尔墨斯颂》的“汉译简注”和近几十年来西方学界发表的四篇重要学术论文的译文组成。笔者从原文译出的《赫尔墨斯颂》力求与原诗诗行一一对应(但中、希两种语言差距甚大,为使译文晓畅通顺,有几处不得已而调整行序);译者添加的简注分为几个层次:除了将原诗分段,疏通每段文意外,还注意辨析词意和名物,此外译者也撰写了部分评论文字,乃细读文本时的一得之见。“汉译简注”之后,编者特意挑选了美国著名古典学者柯雷所撰的《“窃取”尊荣》(标题为该文译者所拟)一文,使读者能循着文本的脉络更加透彻地理解颂诗。这篇长文选自柯雷出版于 1989 年的名著《奥林坡斯的政治——长篇荷马颂诗的形式与意义》(此书被誉为近三十年来荷马颂诗研究领域的首选之作),为该书第二章论《赫尔墨斯颂诗》的完整译文。柯雷以“为什么赫尔墨斯是最晚出生的神”和“为什么阿波罗应该是赫尔墨斯唯一的对手”这两个问题为主导线索,把整篇颂诗分为“著名事迹”(《赫尔墨斯颂》第 1—141 行)、“对质”(第 142—396 行)和“交换行为”(第 397—580 行)三个单元,展开了精密细致的通盘解读,作者最后得出的结论是,奥林坡斯神界的终极秩序是由赫尔墨斯与阿波罗的“互补与相依”来界定的。第二篇论文由专门研究《赫尔墨斯颂》的青年希腊学者韦伽多斯(其博士论文为《〈致赫尔墨斯的荷马颂诗〉详注》,已于 2013 年在德古意特出版社刊印)所作,题名《〈致赫尔墨斯的荷马颂诗〉:幽默与显灵》,该文选自近年来最重要的《荷马颂诗》研究论文集(牛津大学出版社,2011 年),探讨了与其他荷马颂诗相比《赫尔墨斯颂》最显著的两个特征,此即赫尔墨斯及颂诗诗人的幽默和颂诗当中缺乏对“显灵”的叙述。作者主张,这两个特征恰恰相辅相成,颂诗诗人虽然没有直接描述,却用贯穿始终的幽默悄然实现了赫尔墨斯这位谐谑之神的显灵,让受众得以领悟,赫尔墨斯如何以偷偷摸摸和机巧来行事,其效果是致人发笑以达到目的。

其余两篇论文是对文本的局部研究。赫尔墨斯在阿尔菲斯河畔的“献祭”(《赫尔墨斯颂》第 105—141 行)非常令人迷惑不解,也是学界聚讼纷纭的一个段落,对于我们把捉全诗的意义举足轻重。已故著名德国古典学家布尔克特(1931—2015)所撰的《献祭与亵渎:滑头的鼻祖》(1984 年)一文,以渊博的学识比较了众多古希腊祭祀仪式及古代近东的祭祀神话后提出,赫尔墨斯创设的是一场真正的献祭,与阿卡迪亚的地方祭祀传统有关,赫尔墨斯执掌司祭之职,一方面由于他是“宙斯的使者”,因为“使者”不仅仅是传令官,还在祭祀时击杀牺牲、分发胙肉,另一方面由于他是“滑头”(trickster)之神,通过诡计和骗局把阿波罗的神牛变型为有死的可供献祭的牺牲,从而推动了人类文明的诞生。针对这同一场“献祭”,法国古典学者勒迪克所作《“赫尔墨斯的伪献祭”》(2005年)一文反问:这一举动是否推进了众神对赫尔墨斯的认可?与他进入宙斯确立的众神等级有无关系?作者细致分析了颂诗里出现的重要地理方位饰词、运用在赫尔墨斯身上的主要神明“饰词”以及赫尔墨斯的行为方式与他所发明的火之间的种种相似性,指出这首颂诗的主旨之一是“贸易”的发明,赫尔墨斯在制造了弦琴这个用于交换的物件后,必然还需要发明一种可在那个年代使用的计量货币,以便让阿波罗来换取弦琴,而正是这场“伪献祭”让阿波罗不死的牛群变化为可计量的货币。

读罢以上几篇论述《赫尔墨斯颂》的力作,让我们再回到颂诗本身。颂诗里的赫尔墨斯是“奥林坡斯神们的信使,道路与边界之神,睡眠与梦想之神,死者的向导,演说者、商人、小偷、旅者和牧人的保护神”,同时也是一位发明之神,是为人类带来文明的“滑头”鼻祖,还是一位机灵的交换之神,所有的交换活动(包括语言交流,翻译、对话和解释)都属于他掌管的范畴——但首要的是,赫尔墨斯是一位诡计和骗术之神,尤其擅长使用话语的模棱两可和晦暗不明来施行他的计谋,而此种特性只有在阿波罗执掌的真理、神谕及另一种话语的模棱两可和晦暗不明的映衬下,才会充分展露;赫尔墨斯令人捉摸不透的狡黠只有与另一种令人捉摸不透的阿波罗的智慧相互参照时,才能在宙斯治下的宇宙秩序里得到安顿。诚如颂诗尾声所言,两位神明在宙斯的主持下缔结了牢固的友谊,用彼此互补与制衡的神性完成了奥林坡斯的终极秩序。《赫尔墨斯颂》的诗人突破一切信仰的拘束,以狂放不羁的谐谑之趣向世人昭示了他所颂赞的神的秘密。

张　巍

二〇一八年十月

经典译解

Classical Text: Translation & Studies

《致赫尔墨斯的荷马颂诗》汉译简注*

张巍 译注

1—19[①] 缪斯啊[②],颂唱赫尔墨斯——宙斯与迈娅[③]之子!
他主宰库列涅[④]和牛羊成群的阿卡迪亚,
他是不朽众神的迅捷使者[⑤],由迈娅所生,
那秀发飘逸的宁芙[⑥]与宙斯情迷欢好,
她好不羞涩,避免同有福众神相与往还, **5**
独居于幽暗的洞穴,在那里克罗诺斯之子[⑦]
趁夜色正浓与秀发飘逸的宁芙交欢,

---

* 译文所据古希腊文原本为 Nicholas Richardson ed., *Three Homeric Hymns. To Apollo, Hermes, and Aphrodite*. Cambridge: Cambridge University Press, 2010, pp.53-71。译者参考了 Martin L. West, *Homeric Hymns, Homeric Apocrypha, Lives of Homer*, Cambridge, Mass.: Harvard University Press, 2003, pp.113-159 的英译文,以及"赫尔墨斯颂诗研读班"上几位研究生同学的中译文,特此致谢。

① 第一段为序诗,诗人呼唤缪斯女神,随后点明颂诗的主题(1—3),并初步展开主题(4—19)。详细的解说参阅本辑柯雷一文,第37—40页。

② 原诗第一个单词是"赫尔墨斯"(而非"缪斯",汉译为顾及语序做了调整),直接点明了颂诗的主题,并呼唤接受颂唱的神明(赫尔墨斯)到场。

③ 迈娅为提坦神阿特拉斯之女,后成为昴星团(七星)之一。

④ 山名,位于伯罗奔尼撒半岛中部地区阿卡迪亚,该地区以畜牧业著称,两处均为赫尔墨斯崇拜隆盛之地。

⑤ 这是颂诗提及的赫尔墨斯的众多名号里的第一个,也是最主要的一个,标示了他最为人所知的职分。

⑥ 通常指的是居住于山林水泽的神女,在神界的地位较低,迈娅大概因为是提坦神之女,在奥林坡斯众神的统治下像宁芙一般离群索居。

⑦ 即宙斯。

正当香甜的睡眠牢牢占据着白臂的赫拉，
他躲过了不朽众神与速朽凡人的耳目。
就在那时伟大的宙斯的意愿开始完成， **10**
因为第十个月份已在天空为宁芙到来，
她把儿子带入阳光，显赫功业由此造就；
那时她生下的儿子足智多谋、诡计多端、
偷鸡摸狗、驱赶神牛、引领梦幻、
夜间望风、潜伏门口[①]——他迫不及待 **15**
着手在不朽的众神当中展示光辉功业：
他于破晓时分降生，日当正午奏响弦琴，
日落之际又偷盗远射神阿波罗的牛群。
雍容的迈娅在弦月渐盈的第四日生下他。

20—61[②] 当他从母亲不朽的肢体里一跃而出， **20**
并没有在神圣的摇篮里躺卧多久，
便起身外出想要找寻阿波罗的神牛，
正准备跨过穹顶高耸的洞穴的门槛，
在那里邂逅一只乌龟，顿时鸿运当头[③]：
正是赫尔墨斯第一个把乌龟变作歌手。 **25**
那乌龟与他在洞穴前厅迎面相遇，
它正在神的居所前享用丰茂的青草，
不时步履蹒跚地行走，宙斯迅捷的儿子
一见它便放声大笑，说出如下之言：

“这于我是巨大收益的征象，无法拒绝！ **30**

---

① 这里出现一连串七个饰词或饰词短语，有些刻画了赫尔墨斯的性情，另一些罗列了他的职分，如小偷和盗贼之神以及亡灵引领之神（“梦幻”与死亡关系密切）。

② 第二段叙述婴儿赫尔墨斯出门偶遇一只乌龟，便把它制成第一把弦琴（20—51），并在弦琴伴奏下演唱了一首“赫尔墨斯颂诗”（52—61）。详细的解说参阅本辑柯雷一文，第 40—45 页。

③ 古希腊人称意外之财或意外之喜为“赫尔墨斯的赏赐”（hermaion），诗人在此暗指这一说法的最初来源。

你这身姿曼妙，舞步翩跹的宴会女伴[1]，
欢迎你到来！你这栖居山间的乌龟，
从哪里得来这精美玩物，色彩斑驳的壳？
让我把你拾起带进屋，你对我不无用处，
我不会辱没你，而你也将首先让我获益， 35
常言道：‘外边危险大，最好待在家’[2]。
当你在世，你定能抵御带来祸害的恶咒[3]；
一旦瞑目，你将会婉转动听地大展歌喉。”

他如是说，同时把这招人喜爱的玩物
用双手举起，搬回了自己的居所里边。 40
他在那儿将其翻转过来，用灰铁凿子
剜去了曾在山间攀爬的乌龟的血肉
有如一个念头飞速闪过某人的胸膛，
正当那人被各种想法频繁地造访；
又如转盼的流波从眼眸里一闪而过， 45
荣耀的赫尔墨斯也是如此即言即行。
他按着尺寸裁取苇秆，并将其固定，
又刺穿了龟背，从它的甲壳里穿过；
在其周围他灵巧地伸展开一张牛皮，
又安装了一双琴柱，并以琴栓连接， 50
他又扯起七根羊肠弦，使其音律和谐。[4]
制作完毕后，他拿起这招人喜爱的玩物，

---

① 原文里“乌龟”一词为阴性，在这里被比作“女伴”（hetaira），语带嘲讽，不过赫尔墨斯正打算把乌龟制成充当“宴会女伴”的弦琴，参见下文第436—437行，以及第478—488行赫尔墨斯对阿波罗的描述。

② 这是对流行谚语（参见赫西奥德《劳作与时日》，第365行）的戏用。

③ 古希腊人相信山龟可以祛除魔咒、治愈疾病，参见普林尼《博物志》32.33—40的记载。

④ 这里描述了第一把“龟壳弦琴”的制作工艺，这是本诗叙述的赫尔墨斯的第一项发明。诗人不加区别地称这把“弦琴”称作lyra（423）、phorminx（64，506）及kitharis（509，515），虽然事实上赫尔墨斯发明的“龟琴”比phorminx或kitharis更为小巧轻盈，很可能是其前身。

用拨子按音律调音，弦琴便在他手里
发出天籁之声；伴着乐声，神放声和歌，
他即兴地尝试着，就像欢庆的宴席上 55
年青的人们相互之间嬉笑取乐那般。[1]
他颂唱克罗诺斯之子宙斯和足踏美鞋的
迈娅如何常常耳鬓厮磨且情意缠绵，
同时也宣告了他自己声名显赫的身世；
他还赞美迈娅的侍女们和她辉煌的居所， 60
还有那屋里的三足鼎和数不尽的三足锅。[2]

62—104[3] 他一面如是歌唱，一面却另有打算。
他拿起枵腹的弦琴，放置在神圣的
摇篮里；此时，他心里正贪婪着肉食，
便从芬馥的厅堂里跃至山上的瞭望点， 65
心中盘算着彻头彻尾的诡计，恰如
贼人们在漆黑的半夜时分偷偷行事。

正当赫利奥斯[4]随同他的马匹和马车
朝着环河[5]沉向地下，那时赫尔墨斯
急速来到草木葳蕤的皮埃里亚群山[6]， 70
有福众神的不死牛群在那里栖息，
享用着未经践踏、甘美可口的青草。
迈娅之子、目光敏锐的阿尔戈斯杀戮者[7]

① 参见下文第454行及注。

② 在这首颂诗里，赫尔墨斯共唱了两首歌（另一首见下文第423—433行）；有趣的是，这第一首歌乃是献给他自己的一首颂诗。

③ 第三段叙述赫尔墨斯偷盗阿波罗的"神牛"（62—86），途中遇见一位老人，赫尔墨斯命令他保守秘密（87—104）。详细的解说参阅本辑柯雷一文，第45—51页。

④ 即太阳神（注意：阿波罗在早期希腊并不等同于太阳神），这里点明了赫尔墨斯"盗牛"的时间为"日落之际"。

⑤ 原文作 Okeanos，意为环绕大地边缘流淌而首尾相连的河流。

⑥ 皮埃里亚山为奥林坡斯山的北坡，位于马其顿境内。

⑦ 赫尔墨斯这一称号里的"阿尔戈斯"究竟何所指，尚有争议，通常认为指的是赫拉派去看守伊娥的百眼怪兽。值得注意的是，这一事件在本首颂诗里尚未发生。

从牛群当中分离出五十头低吼的母牛，
他赶着它们九曲十八弯地穿过沙地， 75
翻转它们的脚印；他未忘记欺骗的伎俩，
把牛蹄反转过来，让前蹄在后面，
后蹄在前面，而他自己则倒退行走。
到了海边沙滩上，他便立即用柳条
编出一双凉鞋[①]（神奇的造物，不可名言）； 80
他首先混合了柳树枝和桃金娘枝
将这两者的一把新枝绑在了一起，
又将这轻盈的凉鞋谨慎地束在脚上，
上面飘着枝叶，是荣耀的阿尔戈斯杀戮者
采摘，为了掩去他离开皮埃利亚的足迹， 85
恰如那赶着远路的人往往要随机应变。

一位老人[②]，劳作于盛开的葡萄园里，看见他
快步穿过绿草茸茸的翁凯思托斯[③]走向平原，
光荣的迈娅之子率先开口对他说：

"老人家，你耸肩曲背刨挖田地里的作物， 90
你会有充裕的美酒，当这一切都开花结果，
只要你目睹却不曾看见，耳闻却不曾听见，
还要三缄其口，于你自己的利益并不受损。"[④]

说罢这番话，他继续驱赶倔强的牛头。
荣耀的赫尔墨斯赶牛穿过许多葱茏的山冈， 95

---

① 这是本诗叙述的继"弦琴"之后赫尔墨斯的第二项发明。

② 这是本首颂诗里出现的唯一一位凡人，不久之后阿波罗在找寻母牛的途中还会遇到这同一人。

③ 位于比奥提亚地区的一座并不知名的城市，主要崇拜的并非赫尔墨斯而是波塞冬，见下文第186—187行。

④ 赫尔墨斯使用谜一般的语言表达的意思是，老人只要视若无睹、听若罔闻、缄口不言，就能领受赫尔墨斯的神恩，让他种植的葡萄大获丰收。这是否意味着赫尔墨斯以神的身份向老人"显灵"？参阅本辑韦伽多斯一文对相关问题的详论。

流水潺潺的河谷,还有百花盛开的草地。
他的同伙,神秘莫测的黑夜已过去大半,
行将结束,唤起人们劳作的晨曦就要来临,
月亮女神塞勒涅,梅伽墨德斯之子帕拉斯之女①,
刚刚爬升至中天,攀登到了制高点。② **100**
那时,宙斯强健的儿子朝着阿尔菲斯河③
驱赶光辉的阿波罗④那额头宽广的牛群,
这些从未负轭的母牛来到顶棚高高的牛圈,
以及位于丰饶牧场前的一条条饮水槽。

105—141⑤ 在那里他让低声哞叫的母牛饱食青草, **105**
随后把它们聚拢成群,一一赶入牛圈,
它们还在咀嚼苜蓿和沾露的高莎草,
而他收集起许多木柴,尝试生火的技艺。
他拿起一截华美的月桂树枝,用小刀刮削,
小刀紧握在手掌,灼热之气已升腾而起—— **110**
众所周知,赫尔墨斯最先发明钻木取火⑥。
他取来大量干透而又密实的木柴,不停地
铺在一旁挖出的坑里,火焰便放出光芒,
熊熊燃起的剧烈气焰不断向四处迸射。

---

① 这里给出了塞勒涅的父名和祖父名,帕拉斯是一位提坦神或巨人。塞勒涅的兄弟姐妹还包括太阳神赫利奥斯(68—69)和黎明女神艾俄丝(184—185)。

② 这四行诗(97—100)点明了赫尔墨斯抵达阿尔菲斯河并即将举行"祭祀"的时间,即破晓之前。

③ 伯罗奔尼撒半岛最长的一条河流,源于阿卡迪亚,流经奥林匹亚后向西入海。赫尔墨斯从奥林坡斯山北坡的皮埃里亚山来到毗邻奥林匹亚的阿尔菲斯河畔,这条行进路线寓有深意,参见本辑柯雷、布尔克特和勒迪克等文的相关讨论。

④ 原文为"福波斯 · 阿波罗"(Phoebos Apollon)。据传,"福波斯"乃一位古神,为阿波罗所杀,阿波罗遂以之为别名表示纪念,这里按照"福波斯"一词的含义意译为"光辉的",下同。

⑤ 第四段叙述赫尔墨斯赶着五十头盗来的母牛抵达奥林匹亚附近的阿尔菲斯河畔,屠宰了其中的两头,并举行了一场"祭祀"。详细的解说参阅本辑柯雷一文第51—62页;关于这场"祭祀"的真实性质,学界聚讼不一,较有代表性的观点除柯雷外,可参阅本辑布尔克特一文及勒迪克一文。

⑥ 这是本诗叙述的继"弦琴"与"凉鞋"之后赫尔墨斯的第三项发明。注意:赫尔墨斯发明的"钻木取火"的技艺与普罗米修斯从天上盗取的"神火"并不相同。

当强大的赫淮斯托斯助力火焰的燃烧， 115
他从牛圈拽出两头低吼的长有弯角的母牛，
来到火堆边——他果真拥有无穷的力量——
把这两头喷着鼻息的母牛背朝下摔在地上，
他倚靠着母牛，刺穿它们的脊髓并将其翻转；
活计一桩接着一桩：他将肥美的牛肉脔切， 120
又穿在木制的钎子上用火慢慢地炙烤——
普通的肉和享有尊荣的脊肉，以及包裹在
牛肠里的暗黑牛血——剩余部分留在了地上；
他又把牛皮展平，铺在一块嶙峋的岩石上，
——所以直到今天，虽然经历了悠悠岁月， 125
这些印记依旧保存，不会磨灭[①]——随后
满心欢喜的赫尔墨斯把肥美的劳动成果
放在一块平整的石头上，通过抓阄分成
十二等份[②]，并把完美的荣耀授予每一份。
此时荣耀的赫尔墨斯渴望自己的那份肉食， 130
那甜美的肉香撩拨着身为不朽的神，
但他刚毅的血性并没有因此而屈服，
没有让渴望的肉食滑入他神圣的喉咙，
他把这些物事放入顶棚高高的牛圈，
油脂和丰盛的肉食，立即把它们挂起， 135
标示他新近的偷盗；他又聚集起干柴，
让牛头和牛蹄被烈火的气焰焚烧殆尽。
当神明按部就班地完成了所有这一切，
便把凉鞋扔进旋涡幽深的阿尔菲斯河，
熄灭了余火，整平了沙子上的焦黑余烬， 140
此时夜色深沉，皎洁的月光洒下清辉。[③]

① 据推测，这两行诗（125—126）指涉当时位于阿尔菲斯河畔的一个洞穴口形状如牛皮的岩层表面。

② “十二等份”正好对应十二位奥林坡斯主神，如此一来，赫尔墨斯就把自己纳入了这些主神的行列。

③ 再一次强调“祭祀”的时间是在破晓之前，参见上文第97—100行。

142—181[①] 随后他立即返回库列涅神圣的山巅，正值
啼晓时分[②]，漫长的旅途中无人与他相遇，
既没有至福的众神，也没有速朽的凡人，
甚至没有犬吠。宙斯之子，快捷的赫尔墨斯， **145**
侧着身子从大厅门闩的孔洞里钻了进去，
有如夏末的一缕微风，又仿佛一阵薄雾，
他径直穿过山洞来到富丽堂皇的内殿，
蹑手蹑脚，并未像在地上行走发出响声；
接着荣耀的赫尔墨斯疾步跨入他的摇篮， **150**
用襁褓包裹自己的双肩，好似一名婴儿，
尚不知言语，只用双手把玩膝上的铺盖，
平躺着，左手臂弯里夹着那把可爱的龟琴。
但这位神没能瞒过女神母亲，她如是说道：
“你意欲何为，满腹诡计的家伙？夜黑之际 **155**
你披上无耻之衣从何处归来？如今我确信，
你的肋骨很快会被牢不可破的枷锁捆住，
就这样你会被勒托之子的双手拖出前门，
你休想再翻山越岭干那偷鸡摸狗的勾当。
滚回去！是你的父亲生下你这大麻烦， **160**
对于速朽的凡人和不朽的众神皆是如此。”

可是赫尔墨斯用狡诈的言词向她作答：
“我的母亲，你为何如此吓唬我，当我是
不知言语的婴儿，心中毫无顽皮的念头，
战战兢兢，因为母亲的责备而惊恐万分？ **165**
我正在谋求所有技艺里的上善之计，

---

① 第五段叙述赫尔墨斯回到库列涅山上洞穴的摇篮里，装作若无其事，但早已被他母亲发觉，随后母子之间的对话表明了赫尔墨斯“盗牛”背后的真正意图。详细的解说参阅本辑柯雷一文第62—66页。

② 赫尔墨斯在日落之际前往北部的皮埃里亚山“盗牛”，破晓之前抵达阿尔菲斯河举行“祭祀”，此刻又在破晓时分返回位于南部阿卡迪亚地区的库列涅山。

让你我永远养尊处优；我们不能再忍受
唯独我俩在不朽的众神当中得不到供养，
也无人祝祷，若如你所愿我们待在此地。
日复一日地与不朽众神欢聚，开怀畅谈， 170
尽享优裕、富足与丰饶，无疑要胜过
在这幽暗之地穴居岩处；再说还有尊荣[1]，
我也要如阿波罗一般，分享同等的供奉。
倘若不蒙父亲的应允，我就另作安排，
凭我的能力，一定能当上盗贼的首领； 175
倘若光荣的勒托之子对我穷追不舍，
我相信会有更大的灾祸降临他头上：
我将前往皮托[2]，从他高大的屋宇[3]破门而入，
那里堆放着美轮美奂的三足鼎，还有大锅、
黄金、白铁和华服，所有这些数量众多， 180
我将洗劫一空——你若乐意，不妨亲眼见证。"

182—211[4] 就这样，他俩彼此之间不停地言来语去，
持帝盾[5]的宙斯之子和雍容华贵的迈娅，
而早生的黎明女神[6]已从深流的环河升起，
给凡人带来光明。[7]这时，阿波罗来到了 185
翁凯思托斯，抵达响声震天的持地之神[8]
那座美好宜人的圣林，在那里他寻见一位

---

① "尊荣"原文为 timē，是这首颂诗的核心概念，也是赫尔墨斯的目标所在。
② 即德尔斐，阿波罗的圣地。
③ 指阿波罗的神庙，这座神庙以来自各地的丰厚贡品著称于世。
④ 第六段叙述阿波罗来到翁凯思托斯找寻失窃的母牛，遇见同一位老人，与他对话并询问牛的下落。详细的解说参阅本辑柯雷一文第 66—67 页。
⑤ "帝盾"原文为 aigis，指的是以各种恐怖图案（如戈尔贡的头颅）为装饰的盾牌；"持帝盾的"（aigiochos）这一饰词一般只用来形容宙斯和雅典娜。
⑥ 黎明女神艾俄丝是太阳神赫利奥斯和月亮神塞勒涅的姊妹。
⑦ 赫尔墨斯从诞生到完成一系列事功的一日一夜已经过去，次日的黎明到来。
⑧ 即波塞冬，他作为大海之神环绕大地，因此也可以说护持大地。

步履迟缓[①]的老人在路旁修剪葡萄园的围栏。
光荣的勒托之子率先开口对他说：

“这位在多草的翁凯思托斯拔除荆棘的老人家， 190
我到此地是为了寻找来自皮埃里亚的牛群，
它们清一色全是母牛，全都长着弯弯的角，
同属一群，只有那头黝黑的公牛是离群
独自进食；它们身后尾随着目光犀利的牧犬，
共有四条，像人一般勠力同心。可是它们， 195
牧犬和公牛统统被抛下，发生这事令人称奇：
母牛在太阳刚刚落山之时出发，全都离开
葱翠丰茂的牧场还有那甘美可口的青草。
请告诉我，年事已高的老人，你是否看见
一个男人[②]跟在这些母牛身后匆匆趱程？” 200

而老人则用如下的言词向他作答：
“我的朋友，每个人双眼所能看见的一切
难以细述：在这条路上行走的人数不胜数，
一些人心怀叵测图谋不轨，另些人为行善事
往来奔波——难就难在分清各人的意图。 205
虽然这整整一天直到夕阳下山，我都在
葡萄园的斜坡上翻耕劳作，好不忙碌，
但我好像瞥见个男孩，好先生[③]，不过也无法
完全确定，这赶着弯角母牛的男孩是谁，
他尚不知言语，持着手杖，走起路来扭扭歪歪， 210
牛群被他牵着倒走，牛头和他倒是面对面。”

① 抄本里的这个单词有争议，这里采用了德国学者 Gottfried Hermann 的读法译作“步履迟缓”。

② 阿波罗没有料到“盗牛”者并非成年男子，而竟是一名婴儿。

③ 老人先称呼阿波罗为“我的朋友”（202），这里又称其为“好先生”，可见这位神明幻化成青年的模样出现在老人面前。

212—312[1] 老人如是说，神听闻这些言语连忙赶路。
他见到一只展翼飞鸟的征兆[2]，随即明白
偷牛贼乃是克罗诺斯之子宙斯的新生子。
于是宙斯之子威严的阿波罗急速赶赴 215
神圣的皮洛斯[3]，找寻他步履蹒跚的母牛，
天上一片紫色的祥云裹住他宽阔的双肩。
这位远射神注意到地上的脚印，便说道：

"奇哉！我双眼所见真令我大为惊异，
这边的脚印无疑属于长着直角的母牛， 220
但却倒转过来朝向长春花丛生的草地；
而那边的脚印不属于任何凡间的男女，
也不会是灰狼、狗熊或是狮子留下，
我想更不会属于鬃毛蓬乱的马人种族，
无论是谁用他敏捷的双足踩出此等异象： 225
路的一边已属诡异，另一边更是加倍诡异！"

宙斯之子威严的阿波罗如是说道，赶着路
转眼间已来到库列涅树木葱郁的群峦，
他走向那座阴影幽深的洞穴，在那里
永生的宁芙生下了克罗诺斯之子宙斯的孩子。 230
一股迷人的幽香弥漫于神圣的山冈，
许多腿脚纤长的山羊正在低头食草。
当时健步如飞地来到这里，跨过石头门槛，
亲自进入幽暗的洞穴里的正是远射神阿波罗。

---

① 第七段叙述阿波罗知晓盗牛贼的身份后，来到库列涅的山洞里盘问赫尔墨斯，后者佯装一无所知。详细的解说参阅本辑柯雷一文第68—70页。

② 阿波罗虽然掌管神谕而无所不知，在这里却是通过鸟兆（以及老人的"证词"）知晓盗贼的身份。

③ 这里的皮洛斯并非荷马史诗里老将涅斯托尔统辖的著名城池，而是阿尔菲斯河旁的一座小镇，参见下文第398行。不过，也有学者（如勒迪克，参见本刊第148—149页）主张，这正是同一个皮洛斯。

宙斯与迈娅的儿子看到来者是为了母牛 235
而怒气冲冲找上门来的远射神阿波罗，
便缩进自己芬芳馥郁的襁褓，好比是
树根燃烧后的大量余烬被木灰完全覆盖，
当赫尔墨斯觑见远射神，便把自己蜷缩起来，
缩起脑袋、双手和双脚，蜷成很小一团， 240
就像刚刚洗浴的婴儿召唤着甜美的睡眠，
而事实上他睡意全无，臂弯下夹着那把龟琴。
宙斯与勒托之子心知肚明，一眼认出
美貌出众的山居宁芙还有她心爱的儿子，
那位在狡诈的伎俩里藏身的小小婴儿。 245
他环视了这座宽敞屋宇的每个角落，
便手握一把闪亮的钥匙，打开三间密室，
其中满是琼浆玉液和诸神喜爱的珍馐，
里面还贮藏了数量众多的黄金和白银，
和许多宁芙的华服，紫红和雪白的衣袍， 250
这些物件正是不朽众神的神圣屋宇里常有。①
搜查了这座宽敞屋宇的每个角落以后，
勒托之子向荣耀的赫尔墨斯如此说道：

"躺在摇篮里的小毛孩，向我坦白牛的下落， 255
赶快！不然我俩马上会发生争执，乱了序次，
我会一把抓起你，扔进暗无天日的塔塔罗斯②，
扔进凄惨悲苦、无计可施的永夜；无论你母亲
还是你父亲都无法前去解救，让你重见光明，

① 有了老人的"证词"和鸟兆后，阿波罗进入洞穴搜查，寻找"物证"，却在不经意间发现了"密室"里囤积的珍宝，"这些物件"莫非是宙斯每次造访迈娅时带来的赠礼，为了讨取情人的欢心，让她的洞穴看上去如同"不朽众神的神圣屋宇"？

② 塔塔罗斯位于冥界的最深处，是囚禁提坦神的恐怖之地。

你将成为小人儿的头领[1],永远在地下游荡。”[2]

可是赫尔墨斯用狡诈的言词向他作答: **260**
“勒托之子,你为何说出这番严苛的话,
又为何到这里来找寻居住在野外的牛群?
我不曾目睹、不曾打听也不曾耳闻,
我无从坦白,也无从问你领取奖赏。
我看上去也不像体格健壮的偷牛贼。 **265**
这事非我所为,我在乎的是其他事情:
我在乎的是睡眠还有我母亲的乳汁,
披裹双肩的襁褓还有舒适的温水澡。
别让人知晓,这一场争端从何而起,
否则将会在不朽众神当中传为奇闻: **270**
一个新生婴儿竟与一群居住野外的牛
从门厅鱼贯而入! 你说的真是无稽之谈!
我昨日降生,双脚柔嫩,地面却粗粝不堪。
如果你想要,我将凭父亲的脑袋发下重誓:
我保证自己绝不对此事负有任何责任, **275**
也保证没有见到任何人偷盗你的牛,
不管牛究系何物,我只不过听说而已。”[3]

他如此说道,眼睑频频眨动,眉毛屡屡挑起,
身子翻来覆去,眼睛东张西望、左顾右盼,
竟吹起长哨,把听到的话当成了耳旁风。 **280**
远射神阿波罗莞尔一笑,开口对他说道:

---

① “小人儿”指的是亡魂,因为古希腊人把人死后的魂灵想象成这人生前形象的缩影,“小人儿的头领”意为“亡魂的引领者”,即作为 psychopompos 的赫尔墨斯。一说“小人儿”指的就是“儿童”。

② 阿波罗先是搜查,继而威胁,却没有出示任何证据。

③ 面对阿波罗的威胁,赫尔墨斯狡猾地为自己申辩(申辩词一),最后还发下重誓以示清白。

"小混蛋,你倒是诡计多端、骗人不眨眼,
从你说话的口吻,我料想你会经常趁着夜色,
从殷实人家逾墙而入,让不止一人瘫坐地上[①],
而你却悄无声息地把屋里屋外洗劫一空; 285
你还会让居处野外、徘徊于山谷的众多牧人
烦恼不堪,一旦你对肉食的贪欲发作,
又刚好碰上那些成群结伴往来的牛羊。
来,快从摇篮里滚下来! 倘若你不想
让这变成你最后的长眠,你这黑夜的同伙, 290
从今往后这正是你在众神里享有的特权,
你将被唤作窃贼的头领[②],直到永远。"

光辉的阿波罗如此说,旋即拿起婴儿准备带离。
与此同时,强健的阿尔戈斯杀戮者灵机一动,
正被双手擎在空中之际,他放出一个征兆, 295
肚腹的一名卑贱的奴仆,一位无礼的传令官[③],
随后他又剧烈地打起喷嚏;阿波罗听见,
便从手里把荣耀的赫尔墨斯摔到地上,
他俯下身蹲在婴儿面前,尽管急着赶路,
还是要揶揄赫尔墨斯一番,对他如此说道: 300

"别担心,你这襁褓里的宙斯与迈娅之子,
我终究会找到那些体格强壮的母牛,
就凭这些征兆;此外,你还要为我带路。"

他如此说,库列涅的赫尔墨斯赶紧一跃而起,
急切地已经上路;他把双手伸到耳边, 305

---

① 意思是说那被盗的屋主悲伤不已但又无计可施。
② 这恰恰是赫尔墨斯享有的称号和职分之一,前文已屡次提及,参见第 67 行和第 175 行。
③ 这是说赫尔墨斯排矢气。关于赫尔墨斯的谐趣,参阅本辑韦伽多斯一文第 97—110 页。

卷起裹在肩膀上的襁褓，然后说道：

“你带我去哪，远射神，众神里最狂怒者？
难道你因为那些牛而怒不可遏，把我袭扰？
真倒霉！让牛的种族全都死绝！我绝不曾
偷过你的牛，也不曾目睹别人偷你的牛， **310**
不管牛究系何物，我只不过听说而已；
你且住手，让克罗诺斯之子宙斯来断此公案。”[1]

313—396[2] 于是他俩相互质问，一五一十巨细靡遗，
独行的[3]赫尔墨斯与勒托光彩夺目的儿子，
双方各执一词；阿波罗一方直言不讳， **315**
并没有为了牛群错怪荣耀的赫尔墨斯，
库列涅之神一方则试图凭借种种诡计
与心口不一的花言巧语来诓骗银弓之神[4]。
当他发现对方足智多谋一如自己诡计多端，
赫尔墨斯随即飞快地从沙滩上穿越而过， **320**
他走在前面，宙斯与勒托之子紧随其后。
刹那间宙斯的两位俊美无匹的儿子已抵达
馥郁的奥林坡斯山巅，父神克罗诺斯之子的宫殿，
而正义的天平在那里已经为他俩摆放。
白雪皑皑的奥林坡斯山巅正是一派欢声笑语[5]， **325**

---

① 赫尔墨斯的目的正是要借此登临奥林坡斯山，来到宙斯和众神的面前，与阿波罗平起平坐，争取自己的“尊荣”和“职分”（timē）。

② 第八段叙述阿波罗与赫尔墨斯各执一词，僵持不下，来到奥林坡斯山上请求宙斯仲裁，宙斯命令两位神和好，并由赫尔墨斯带路去找回阿波罗的母牛。详细的解说参阅本辑柯雷一文第 70—71 页。

③ 原文里的 oiopolos 一词亦可解作“牧羊的”。

④ 即阿波罗。

⑤ 抄本里的这个单词有争议，这里采用了英国学者 Martin L. West 的读法（euōchiē）译作“欢声笑语”。

不朽的众神跟随金座的黎明女神会聚一堂。[1]
于是赫尔墨斯与银弓之神阿波罗双双站到
宙斯的膝前[2],那位驱雷掣电的宙斯便询问
自己光芒万丈的儿子,对他如此说道:

"光明之神,你从哪里赶来这乖巧伶俐的猎物, **330**
一个新生的婴儿,却拥有一副传令官的体格?
这事闹到了众神的聚会上,定然非同小可。"

远射之神、威严的阿波罗接过话头回答道:
"父亲啊,你马上要听到的故事绝非无足轻重,
尽管你调侃说,唯独我对猎物心生贪念。 **335**
我经历了长途跋涉,在库列涅的山岗上
找到这么个婴儿,倒是个十足的小毛贼,
这么厚颜无耻的家伙我在众神当中从未见过,
凡人当中也没有,尽管大地上到处贼人出没。
他从牧场偷走我的母牛,在夜幕降临的时分 **340**
驱赶它们沿着涛声滚滚的海岸,从海滩上
径直前往皮洛斯;留下的两行足迹着实诡异,
令人啧啧称奇,堪称大显神通的事功:
在牛群这边,黑色土灰显露出来的脚印
表明它们背朝着日光兰草地向后倒行; **345**
而在他这边,真是令人难以接受、难以置信,
他既没用脚也没用手就穿过了这片沙地,
他使用了别的伎俩来走路,足迹如此诡异,
就像是一个人靠着纤细的橡树枝行走。

---

① 也即是说在次日的黎明,众神会聚于宙斯的宫殿。接下去的场景好比是一场神界的法庭审讯:两造来到判官跟前(327—328a),判官询问事由(328b—332),控方阿波罗发言(334—364),被告赫尔墨斯发言(368—384),判官宙斯裁决(389—395a),两造接受裁决(395b—396)。

② 这是赫尔墨斯出生后第一次在奥林坡斯山上亮相。

不过，只要他还是穿行在这片沙地上， 350
所有的足迹都印在土灰上一目了然，
可一旦他走完了这段沙滩上的长途，
来到坚实的地面，牛群和他自己的痕迹
顿时就无法分辨；然而，一个速朽的凡人
注意到他把那些宽额的牛径直赶往皮洛斯。 355
当他悄悄地把母牛圈好，又快如闪电地玩弄
他的戏法，时而在路的这边，时而在那边，
他便躺回自己的摇篮，宛如一片漆黑的夜
栖身于昏暗洞穴的幽冥，纵使锐眼的苍鹰
也不能发现他；他还用双手频频揉搓眼睛， 360
进一步筹划着令人目乱睛迷的阴谋诡计。
他亲口说的话倒是直来直去，简直童言无忌：
‘我不曾目睹、不曾打听也不曾耳闻，
我无从坦白，也无从问你领取奖赏。’”[1]

光辉的阿波罗如此说道，随后退下就座。 365
赫尔墨斯在众神面前说了另外一番话，
并向号令众神的克罗诺斯之子做出手势：

“我父宙斯啊，我将要对你说的绝对真实，
因我生来就直言不讳，不懂得如何扯谎：
他来到我的居处，找寻步履蹒跚的母牛， 370
就在今天，当赫利奥斯刚刚升起的时候，
从有福的众神那里他没带来任何目击证人，
却对我反复强行逼迫，命我如实招来，
还一再威胁说要把我扔进广袤的塔塔罗斯，

① 与之前在库列涅的山洞里对赫尔墨斯的肆意威胁不同，阿波罗在奥林坡斯山上发表的控告词颇为正式：他首先描述被告的性格（336—339），继而陈述“犯罪”事实（340—342a），特别强调“物证”（342b—354a）及“人证”（354b—355），最后引用“口供”（362—364）。

只因他眼下风华正茂，尽享喜好荣光的青春，　　375
而我昨日才降生——他自己一清二楚，
我看上去也不像体格健壮的偷牛贼。
相信我，何况你声称是我亲爱的父亲：
我不曾把牛赶回家，也不曾跨过门槛，
此话千真万确，愿我因此而福星高照。　　380
我格外敬重赫利奥斯，还有其他各路神明，
我敬爱你，也尊重他。你自己很清楚，
我并无过失；虽如此，我还是要发个重誓：
就凭众神这些精雕细琢的门廊我起誓，
为这无情无义的偷盗，有朝一日我将要　　385
回敬他，就算他比我强壮——你要扶助幼小！”①

库列涅的阿尔戈斯杀戮者递着眼色如是说，
一边忙着把他的襁褓搭在臂上不让它滑落。
宙斯眼见他心思谲诈的孩子巧妙而娴熟地
抵赖了与牛群的干系，朗声大笑了起来，　　390
他随即命令他俩同心一意，一齐出发寻找，
由众神的信使赫尔墨斯在前面好生带路，
不再心存不良，而要明明白白地指出
他把体格强壮的母牛藏匿在什么地方。
克罗诺斯之子说罢颔首②，光辉的赫尔墨斯　　395
遵命，欣然服从持帝盾的宙斯的意愿。③

---

① 赫尔墨斯的申辩词（申辩词二）是他在奥林坡斯山上的首秀，因此不同于申辩词一（261—277）的狡猾抵赖，在这里他与阿波罗的控告词针锋相对，一一反驳：首先针对阿波罗的性格描述，他担保自己的诚实无欺（368—369）；继而针对阿波罗的“犯罪指控”，他陈述事实，绝口不提阿波罗所谓的“物证”，但格外强调控方“没带来任何目击证人”（372），并着力渲染阿波罗的强行逼供（373）；最后针对阿波罗引用的“口供”，他诉诸“父爱”，向宙斯请求信任和支持（378—383a），还发誓会对阿波罗的诬告施以报复（383b—386），以此表明自己绝不示弱。

② 宙斯颔首表示他最终的意愿，不可更改。

③ 因为赫尔墨斯已经达到了自己的目的，即登临奥林坡斯山，与阿波罗争衡并在宙斯和众神面前平起平坐。

397—512[①] 于是宙斯的俊美无匹的两位儿子启程赶路，
来到多沙的皮洛斯，阿尔菲斯河的渡口，
随后抵达那片草地和顶棚高高的牛圈，
在那里牲畜饱食草料，度过了夜晚时光。 **400**
赫尔墨斯旋即走入怪石嶙峋的山洞，
把体格强壮的母牛牵到光天化日之下；
勒托之子在一旁观望，注意到峭石上
挂着牛皮，便马上质问荣耀的赫尔墨斯：

"你这耍把戏的，你怎能屠宰两头壮牛， **405**
你不是乳臭未干、尚不知言语吗？连我都
不免要惊奇于你将来的力量；你最好还是
不要再继续长大，库列涅的迈娅之子。"

他如是说，立即在手里用柳条开始编织
坚固的绳索，可是柳条瞬间到了他脚下， **410**
就地生根，彼此缠绕起来，好像被移植，
毫不费力就缠住了所有那些野生的母牛，
正是狡黠的赫尔墨斯的计谋使然，而阿波罗
惊奇于眼前所见。于是强大的阿尔戈斯杀戮者
斜觑地扫视了一下四周，两眼灼灼放光， **415**
一心想要掩藏；无比光辉的勒托之子
……[②]
轻而易举安抚了远射神，正如他心中所愿，
尽管阿波罗更为强大；随后他左手持琴，
用拨子按音律调音，弦琴便在他手里
发出天籁之声，光辉的阿波罗心生欢喜， **420**

① 第九段叙述赫尔墨斯与阿波罗经由宙斯斡旋而和解，赫尔墨斯用弦琴与阿波罗交换五十头母牛及掌管畜牧的职分，但又为自己发明了一件新的乐器即排箫。详细的解说参阅本辑柯雷一文第72—80页。

② 有学者(如 Martin L. West)认为这里上下文不相连属，疑有脱漏，此处以省略号示之。

不禁莞尔，只因那神奇而又动人的乐音
沁入他的心脾，聆听之际一种甜蜜的欲望
攫住他的内心。迈娅之子一边迷人地弹奏
那把弦琴，一边无所畏惧地站到阿波罗
光辉之神的左手，随即伴着清越的琴音， **425**
他开始歌唱一支序曲①，他的嗓音令人着迷，
他用歌声授权②不朽的众神和幽暗的大地，
歌唱他们最初如何诞生，如何得到各自的份额；
众神当中他首先在那支歌里显扬涅莫绪内③，
缪斯之母，因为迈娅之子正受到她的管辖④； **430**
其余的众神根据各自的年资还有世系，
宙斯光荣的儿子给予他们应得的荣耀，
有条不紊一一叙说，同时弹奏腋下的弦琴。
难以抑制的欲望占据了阿波罗的心胸，
对着赫尔墨斯，他说出插翅飞翔的话语： **435**

"你这屠牛者，好不机灵，你忙于拨弄的
宴会女伴倒是值得上我那五十头牛的发明！⑤
我想，你我之间的争执不久便会化为玉帛；
可如今你且告诉我，迈娅足智多谋的儿子，
这样奇异的事功于你究竟是与生俱来， **440**

---

① 与赫尔墨斯演唱的第一首颂歌（上文第54—61行）相比，这首"序曲"是一首"神谱之歌"，类似于赫西奥德的《神谱》。赫尔墨斯从缪斯女神之母涅莫绪内开始歌唱，随后对众神以及他们各自分得的尊荣追本溯源；不过，由于这里所处的颂诗语境，这首"神谱之歌"没有充分展开。

② "授权"的原文为 krainōn，也可以理解为"实现"，这个动词与诗歌话语的效验有着密切联系：赫尔墨斯通过有条不紊地（kata kosmon，第433行）歌唱神谱，授予众神各自的"尊荣"，遂得以"实现"宇宙万物的有序排布。

③ 涅莫绪内为九位缪斯的母亲，她是天父乌拉诺斯与地母盖亚之女，乃提坦众神之一（参见赫西奥德《神谱》第135行），后成为宙斯的第五位妻子（参见赫西奥德《神谱》第915—917行）。

④ 涅莫绪内这个名字原文的含义为"记忆、回忆"，赫尔墨斯正在演唱一首"神谱之歌"，需要"记忆"的助力，所以说他正处在涅莫绪内的管辖之下。

⑤ 这虽是阿波罗与赫尔墨斯缔结友谊的表征，也是一种以物易物的交换，参阅本辑勒迪克一文的解读。

还是哪位不朽的神明或是速朽的凡人
赠你这绚丽的礼物,并授你神奇的歌艺?
我正在聆听的真是得未曾有的奇妙声音,
我敢说还从未有谁知晓,不管是凡人,
还是居住在奥林坡斯山上的不朽神明, **445**
除了你,你这宙斯和迈娅所生的贼子。
这是何种技能?这令人费解的赏心乐事
源自何种艺术?如何操练?它确乎同时带来
三件美事:愉悦之情、爱恋之欲和酣然入梦。
我也是奥林坡斯山上缪斯女神的亲随[1], **450**
她们关注的是舞蹈、辉煌的歌唱之路,
还有轻快的音乐和芦管奏出的迷人喧响;
可是,从未有何物在我心里如此备受关注,
就像宴会上年轻人从左到右的轮流歌唱[2]。
宙斯之子啊,我惊奇于你如此优美的弹奏。 **455**
既然你小小年纪就已知晓荣光闪闪的谋略,
坐下吧,小家伙,要听从年长者的话语:
如今在不朽的众神当中将会有美名传扬,
你自己的和你母亲的,而我实在地对你说,
就凭这把投枪我发誓,我定会把你引荐给 **460**
不朽众神,让你既赢得威望又鸿运当头,
我还要赠你光彩夺目的礼物,绝无欺诳。”

可是赫尔墨斯用狡诈的言词向他作答:
“你何必向我问询,睿智的远射神啊,
对于你涉足我的技艺我并不心生嫉妒, **465**
今日你就会明白,我愿与你和睦相处,

---

① 阿波罗主管诗歌,常常被奉为缪斯女神的首领,并拥有“缪斯引领者”(Mousagetēs)的名号,这里他谦称是“缪斯女神的亲随”,或许是因为他尚未从赫尔墨斯换得弦琴的技艺。

② 在古希腊的会饮或宴席上,参与者手持一只酒杯、一根桃金娘枝或一把弦琴,从左向右传递,传到谁的手里谁就要歌唱(或即兴赋诗或即席演说)。另见前文第55—56行。

待你心口如一，而你对这一切了然于胸，
因为你，宙斯之子啊，端坐众神的首席，
威猛又强健；深谋远虑的宙斯钟爱你，
还赐你炫目的礼物及尊荣，完全理所应当。 **470**
据说你，远射之神啊，谙悉出自宙斯口谕的
各种预言，对于宙斯所有的神示无不知晓，
而现在，我已切身体会，你所知极为宏富①。
其实你可以自由选择你渴求知晓的一切——
既然你的心思正驱使你去弹奏这把弦琴， **475**
那就载歌载舞地弹奏，乐在其中地享受；
请接受我的赠予，我的朋友，你也要回赠荣耀。
你且奏起那悦耳之音，手持这嗓音清越的女伴，
她知晓如何优美动人、有条不紊地叙说。
以后你可放心带她出入盛大华美的筵席、 **480**
令人陶醉的舞会还有那喜好荣光的庆典，
她会带来欢声笑语，日日夜夜。谁若是
熟练地询问她，技艺精湛且又不乏智慧，
她便开口作答，授受各种愉悦心智之事，
她轻易就会对温存的亲昵之举笑逐颜开， **485**
对难耐的劳苦却避而远之；不过谁若是
粗鲁地询问她，一位无知无能的新手，
她便发出错音，语无伦次地胡言乱语。
——其实你可以自由选择你渴求知晓的一切。②
我如今且把她赠送给你，宙斯光辉的儿子， **490**
而我将会在山间和养育骏马的平原上，
远射之神啊，放牧居住在野外的牛群；
在那里，母牛将与公牛交合，繁育众多

① 原文这一行的最后三个单词有误，这里根据德国学者 Gottfried Hermann 与英国学者 Hugh G. Evelyn-White 所做的修订翻译。

② 这行诗与第 474 行完全相同，仿佛形成一对括弧把中间的段落包含在内，好比是说："我要说的你早已知晓，但还是让我细细道来。"

牛犊,牝牡俱全;所以,你没有任何必要
怒不可遏,向我大动肝火,纵使你生性贪得。” **495**

他如是说,递出弦琴,光辉的阿波罗接下,
并把闪光的牧鞭欣然交到赫尔墨斯的手里,
授权他牧牛之职,迈娅之子愉快地接受。
随后他拿起弦琴,放到了自己的左臂上,
勒托光彩四射的儿子、威严的远射神阿波罗 **500**
用拨子按音律调音,弦琴便自手的下方
发出迷人之声,神则伴着她悠扬地歌唱。

随后他们把牛群朝神圣的草原调转方向,
而他们自己,宙斯俊美无匹的儿子们,
大步流星地返回白雪皑皑的奥林坡斯山, **505**
一路以琴自娱①;深谋远虑的宙斯心生欢喜,
让他俩缔结友谊:于是赫尔墨斯一直
对勒托之子满怀友爱之情,如此直到现今,
……②
标识,因为尽管他自己琴艺娴熟,还是把
心爱的弦琴交给远射神,让他在腋下弹奏; **510**
而他又找到另外一项充满智慧的技艺,
他为自己创制了排箫那遥遥可闻的乐声③。

513—578④ 那时,勒托之子对赫尔墨斯如此说道:

---

① 这是赫尔墨斯诞生后再次登临奥林坡斯山,他已经被众神(特别是宙斯和阿波罗)接纳,成为他们当中的一员。

② 有学者(如 Martin L. West 及 Nicholas Richardson)认为这里上下文不相连属,疑有脱漏,此处以省略号示之。

③ 这是本诗叙述的继“弦琴”“凉鞋”与“钻木取火”之后赫尔墨斯的第四项发明。“排箫”原文作 syrinx,是一种木管乐器,后来经常由赫尔墨斯之子潘神来演奏,故又名“潘箫”(pan-pipes)。

④ 第十段叙述阿波罗又以节杖和“蜂女神谕”回赠赫尔墨斯,于是这两位神明之间缔结了神圣而牢固的友谊。详细的解说参阅本辑柯雷一文第 80—86 页。

"我担心,迈娅之子,诡计多端的信使,
你还会从我这里偷回弦琴,外加我的弯弓, **515**
因为从宙斯那里你得到了尊荣,你将司掌
哺育万物的大地上凡人之间的交换行为。[①]
倘若你自愿向我发下一个众神间的大誓,
或是颔首为证,或是凭着恨河里的急湍,
如此会让我完全称心,你我也会情同手足。" **520**

那时,迈娅之子给出承诺,并颔首为证:
永远都不会偷盗任何远射神的所有之物,
也不会靠近他那座坚实的居所[②]。于是阿波罗,
勒托之子,也凭着友情的纽带颔首为证:
绝不会有谁在不朽者当中比赫尔墨斯更亲近, **525**
无论神明还是宙斯生下的凡人[③];"我将会
让这成为所有不朽者之间不可动摇的约定,
也会发自内心地信任和尊重它;除此之外,
我要回赠一柄精美绝伦的福运权杖,
黄金打造,呈三叶形,将护佑你免受危害, **530**
并实现所有的安排,无论出于美好的言辞
或是行动,只要是我宣告从宙斯的口谕中知晓。[④]
至于你问起的预言,宙斯养育的好伙伴,
它命定不为你或任何其他的不朽者所知,
这唯有宙斯的心智知晓,而我曾经承诺, **535**
颔首为证,而且还发下强有力的誓言:
除我而外,其他任何一位永生的神明

---

① 指的是赫尔墨斯将会掌管商业,也可能暗指偷盗,即不情愿的"交换行为"。古希腊人视赫尔墨斯同时为商人和小偷之神,是因为在他们眼里,这两者有着一定的相似性。

② 即德尔斐的阿波罗神庙。

③ 有学者(如 T. W. Allen)主张,这行诗的后几个单词以及接下去的几行诗有脱漏,这里按照 Nicholas Richardson 的校勘本翻译,他认为此处并无脱漏,而且诗人在同一行诗里从间接引语改为直接引语也算不得突兀,在早期史诗也能找到例证。

④ 这柄节杖通称 kērykeion 或 caduceus(标准的形制为杖身有两条蛇缠绕而杖顶有一对翅膀),乃是赫尔墨斯的重要标志。

都无法去洞悉宙斯那缜密周详的心思。
所以你,持黄金杖的兄弟,莫要命令我
透露远瞩高瞻的宙斯谋划的命定之事; **540**
对于凡人,我将损害一些,助益另一些,
引领悲苦的人群朝各个方向东碰西撞:
有人将从我的神谕受益,谁若是到我这里,
听从灵验的兆鸟,它的叫声或飞翔的轨迹,
此人将从我的神谕受益,我定不诓骗他; **545**
谁若是轻信空话连篇的鸟鸣,视之为征兆,
妄想出乎我的意愿之外来询问我的预言,
甚至还企图比那些永生的众神所知更多,
我宣告他的旅程无果,贡品我却照收不误。
不过,我要告诉你另外一事,荣耀的迈娅 **550**
与持盾的宙斯之子,众神们快捷的传令神:
有一些谨肃可畏的少女,生来就是姐妹,
全都长着轻盈的翅膀,数目统共是三位[①];
每一位的头顶都撒上了白色的大麦粉[②],
她们居住在帕纳索斯山的某座山谷, **555**
传授偏处一隅的预言之术,当我尚是
牧牛的孩童时曾经练习,但我的父亲对之
不以为意。此后她们从那里朝各处翻飞,
以蜂巢为食,并实现一个又一个预言。
一旦她们食用了金黄的蜂蜜而受到感发, **560**
就会变得友善可亲,也会乐意言说真理;
如若她们被剥夺了众神那甘美的食物,
就会彼此相互冲撞,同时还满口虚语。

---

① 据传(如阿波罗多洛斯《希腊神话》3.10.2),这三位宁芙一般的"蜂女"曾经在帕纳索斯山养育了年幼的阿波罗,并训练他次一等的占卜术(有说是石子占卜),以便在他成年后能够胜任最高等级的占卜术(即德尔斐神谕)。这里描述的"蜂女神谕"并非石子占卜,倒是与德尔斐神谕较为相似,但根本的不同是,前者可能"言说真理",也可能"满口虚语"。

② "白色的大麦粉"或指蜜蜂头上黏附的花粉。

从今往后我把她们交付予你,你若切实发问,
定会倍感愉悦;倘若你传授给某位凡人, 565
他将经常聆听你的口谕,若是他走运。
这些你且收下,迈娅之子,以及居住野外、
长着弯角的牛;并看护马匹和辛劳的骡子[①]
……[②]

还有凶猛的狮子、长着白色獠牙的野猪、
狗群和羊群,广袤的大地所养育的一切; 570
荣耀的赫尔墨斯将统领天下所有的畜群;[③]
唯独他才有权身为使者进入哈德斯的冥府[④],
那冥王虽悭吝无比,却给予他莫大的特权[⑤]。"
就这样,威严的阿波罗以种种方式向迈娅之子
示以友情,克罗诺斯之子又添加了他的恩惠。 575

赫尔墨斯得与所有的速朽者和不朽者为伴,
但他鲜少施惠,总是在漆黑一片的夜里,
无休无止地诓骗一群又一群速朽的凡人。[⑥]

579—580[⑦] 如此这般我向你致敬,宙斯和迈娅之子,
我将会同时把你和其他的歌牢记在心。 580

(译注者:张巍,复旦大学历史学系教授)

---

① 强调赫尔墨斯将成为畜牧之神,参见前文第 490—494 行。

② 有学者(如 Martin L. West)认为这里上下文不相连属,疑有脱漏,此处以省略号示之。

③ 再次强调赫尔墨斯将成为畜牧之神。在早期,赫尔墨斯不仅掌管家畜,而且也是野兽的保护神。

④ 在奥林坡斯众神当中,只有赫尔墨斯能够穿越生者与死者的界限,在人间与冥界往还,尤其是作为 psychopompos("亡魂的引领者")引导刚刚故去的亡魂去到冥界。

⑤ 冥王以吝啬著称,也即是说,他极少满足凡人的请求,特别是让死者复生的请求,但对于赫尔墨斯,他却特别优遇,甚至网开一面。

⑥ 这三行诗里的动词使用的是现在时,意味着从颂诗主体的"叙述"部分回到当下,诗人最后点明赫尔墨斯令人捉摸不透的狡黠本性。

⑦ 最后的两行诗是《荷马颂诗》里常见的一个结尾程式:诗人一边用上面演唱的这首颂诗向赫尔墨斯致敬,一边转向演唱另一首歌(可能是一首颂诗,也可能是一段史诗)。

“窃取”尊荣*

珍妮·施特劳斯·柯雷
（余静双 译）

ὡς ἀγαθόν ἐστ᾽ ἐπωνυμίας πολλὰς ἔχειν·
οὗτος γὰρ ἐξηύρηκεν αὑτῷ βιότιον.

拥有众多名号是多么美妙的事情！
他正是由此为自己赢得谋生之计。

（阿里斯托芬《财神》，1164—1165）

由于《致赫尔墨斯颂诗》通常被认为远晚于其他大部分荷马颂诗，它展现了许多奇特的用词以及明显不规整的叙事进程。顽固的文本问题极大地增加了阐释的难度。尽管诗歌戏谑的有时甚至粗俗的幽默吸引了读者，但许多批评家否认这首诗有任何严肃的意图①。因此，叙事线索的松散以及众多前后矛盾之处因作品的诙谐属性而

---

* Jenny Strauss Clay，“Hymn to Hermes”，in *The Politics of Olympus. Form and Meaning in the Major Homeric Hymns*，2nd edition，London：Bristol Classical Press，2006：95-151。本文标题为译者所拟。

① 例如，W. Schmid & O. Stählin，*Geschichte der griechischen Literatur*（Munich，1929）1，pt. 1：236，认为该诗“缺乏任何宗教或伦理的严肃性”。H. Van Herwerden，“Forma antiquissima hymni homerici in Mercurium”，*Mnemosyne* 35（1907）：181，把颂诗称为一个“古代渎神的例证”。

得到原谅[①]。这首颂诗的完整性不断遭到质疑,早期学者构建了复杂的理论来解释诗歌目前的混乱[②]。即使统一派的学者也感到茫然[③]。因此,艾伦(Allen),哈利迪(Halliday)和赛克斯(Sikes)认为,"为这首颂诗寻找单个能统一整体的主旨是一个错误",并最终把诗歌的主题定为"赫尔墨斯生命里的一天"[④]。不过,当格莫尔(Gemoll)把"新生的赫尔墨斯如何赢得肯定,成为奥林坡斯山上一位强大的神"称为这首颂诗"真正的主题"时,他毫无疑问更接近真相[⑤]。

无论《致赫尔墨斯颂诗》在语调、风格与结构方面可能与其他长篇颂诗有多大区别,诗歌整体上仍然符合广义的荷马颂诗的主要诗体特征。首先,诗的开端就通过叙述被选中的神的言行来表明他的核心特征;继而,它展示了颂诗特有的内容,即奥林坡斯众神间尊荣【timai】[⑥]的获得与(再)分配,这将为神灵世界带来一次永恒而不可逆转的秩序重组;最后,如同《致阿波罗颂诗》,《致赫尔墨斯颂诗》也重新叙述了一位新神的诞生,这位神起初看似对既有众神的稳固地

---

① 参见 Baumeister (1860), p.185:"然而在这里(译者按:指在颂诗中),正如在喜剧里,主题受到的限制甚少,有时还故意让期待落空,对立和相反的事物糅合在一起也不少见,甚至笑话也与严肃混杂。"

② 若要回顾早期分析派,参见 Baumeister (1860), pp.182–184; Ludwich (1908), pp.27–30; 以及 Humbert (1936), p.105. 经 C. Robert ("Zum homerischen Hermeshymnos", *Hermes* 41 [1906]: 389–425)的分析删减而成的"原初"的颂诗,比现在的一半长度还短。关于删减之后的文本,见 Herwerden (1907), pp.181–191。Ludwich (1908) 和 J. Kuiper, "De discrepantiis hymni homerici in Mercurium", *Mnemosyne* 38 (1910): 1–50, 试图反驳 Robert 的论点,但是 Ludwich 的极端"错简理论"说服不了任何人。统一派应包括 Baumeister (1860); Gemoll (1886); L. Radermacher, *Der homerische Hermeshymnus*, Sitzungsberichte (Akademie der Wissenschaften in Wien 213, no.1) (193); Humbert(1936); AHS(1936); 和 Càssola (1975)。但他们当中有一些质疑最后七十行的真实性。Janko (1982), p.133, 对研究现状的叙述如下:"尽管过去曾有许多拆解《致赫尔墨斯颂诗》的尝试,但现在它的完整性不再受到严重的质疑。"

③ 参见 Radermacher (1931), p.234:"诗人自身是印象主义者,他只看到近处,瞬间对他来说意味重大,以至于他忘记了大处的联系,因此他对事物的描述有自相矛盾之处。" Humbert (1936), p.107, 向 Lévy Brühl 致敬,把颂诗诗人称作"半原始人"。

④ AHS (1936), p.268.

⑤ Gemoll (1886), p.184. Ludwich (1908), p.27, 赞许地引用 Ilgen (1796)对颂诗整体的判断:"其他神的尊荣已十分显著,追逐不低于其他神的尊荣,这是他的全部行为的目的。""毫无疑问,"Ludwich 补充道,"这就是基本主题。"

⑥ 译者按:本文论及的一些拉丁化的希腊语词汇,如高频词 timai, time, dais, hosie, metis, techne 等,每一次出现都在中文翻译后将原文标出(为了和正文原有的括号区别开,使用黑方括号),且中文译词用楷体,以提示其重要性。

位造成了威胁,但最终接受他的权力并坐上他在神灵秩序内注定要获得的那个位子。然而两首诞生颂诗的差异同样令人惊异且重要。正如我们所注意到的,阿波罗诞生于宙斯统治初期,在这位至高无上的神完全巩固他的权力之前;而赫尔墨斯相反,依据他的颂诗内容,他是奥林坡斯众神中最晚诞生的①。其他神的尊荣【timai】均已分配完毕。赫尔墨斯一无所得,因此只能用盗窃或交换来取得他的尊荣【timai】。那么,《致阿波罗颂诗》与《致赫尔墨斯颂诗》就被安放在奥林坡斯家族的神话史中遥相呼应的两端。

人们可能的确会好奇为什么赫尔墨斯应该是众神中最后一位诞生的。历史地看,他在希腊土地上似乎出现得非常早;他不能被视作是刚来的或外来的神②。事实上,关于赫尔墨斯的基本或原始功能,有大量推测。他一直被视为牧人之神、与土地有关的生育之神、火神、风神、盗神和石堆及界碑之神③。试图从单一来源发展出赫尔墨斯的多重形象从未成功。甚至在赫尔墨斯应当被视作前希腊还是印欧神祇④这个问题上都没有共识。赫尔墨斯的原初性质仍然不明晰,

---

① 参见 S. C. Shelmerdine, "Hermes and the Tortoise: A Prelude to Cult," *GRBS* 25 (1984): 205, n.22。

② 参见 Nilsson, *GGR* (1955), 1: 501。

③ 关于赫尔墨斯的"原始"功能的研究综述,见 H. Herter, "Hermes", *Rheinisches Museum* 119 (1976): 193-204。正如 Herter 所评价的:"他(赫尔墨斯)忠诚地追随着 19 世纪的宗教研究潮流。"(p.194)一尊 Villa Albani 出土的赫尔墨斯半身像上的铭文给出了该神的一份特权清单:诸神的调解者,天地间的旅行者/我教给凡人对话与技艺……对话与梦的给予者/朱庇特的信使及其愿望的执行者(*Inscriptiones Graecae* 14.978)。Horace, Odes 1.10, 展现了对赫尔墨斯的含义的真正理解。Burkert ([1977],p.246)的简要定义也有所助益:"作为边界与打破禁忌的通道之神,牧人、盗贼、坟墓和信使的保护者,这即是赫尔墨斯之所是。"

④ 例如,É. Benveniste, "Le sens du mot ΚΟΛΟΣΣΟΣ," *Revue de Philologie* 6 (1932): 129-130; J. Orgogozo, "L'Hermès des Achéens", *Revue de l'historie des religions* 136 (1949): 170-176; 和 C. Ruijgh, "Sur le nom de Poséidon et les noms en-ᾱ-Fον-, -ῑ-Fον-", *REG* 80 (1967): 12, 他们都认为赫尔墨斯不可能是印欧神祇。另一方面, A. Kuhn, *Die Herabkunft des Feuers und des Göttertranks*, 2nd ed. (Gütersloh, 1886); A. Hocart, *Kings and Councillors* (Cairo, 1936), pp.18-23; R. Mondi, "The Function and Social Position of the Kêrux in Early Greece" (Ph.D. diss., Harvard, 1978), pp.109-146, 他们都将赫尔墨斯等同于印度火神 Agni。但是 C. Watkins, "Studies in Indo-European Legal Language, Institutions, and Mythology", in *Indo-European and Indo-Europeans*, ed. G. Cardona & H. Hoenigswald (Philadelphia, 1970), pp.345-350,发现赫尔墨斯与吠陀经里的 Pusan 相似。Wilamowitz (1959), 1: 156, 把赫尔墨斯称作"一个原希腊并且纯希腊的神"。参见 A. Van Windekens, "Sur le nom de la divinité grecque Hermès", *Beiträge zur Namenforschung* 13 (1962): 290-292.

但我们可以颇为自信地说，当这位神被纳入奥林坡斯家族时，他的性质改变了或者说经过了修饰。

当然，“家族”成员们也都拥有多种来源以及多重的在地形象。只有当他们组成泛希腊众神之时，他们才获得各自的最终特征和轮廓。韦尔南恰当地指出：

> 把希腊神祇互相孤立地定义为各自分离、互不相干的形象，所有以此为起点的研究都有忽略本质问题的风险。正如处理语言系统一样，除非研究诸神在与彼此的关系中所处的位置，人们不可能理解一个宗教系统。必须用对众神的结构分析取代简单的神灵分类，阐明不同的神灵力量是以何种方式相聚集、相联系、相对立以及相区别的。唯有如此，每一位神或一组神的相关特征才得以显现——也即是那些从宗教思想视角看重要的特征。①

韦尔南强调了这一方法的必要，尤其是在审视像赫尔墨斯这样复杂的形象时。

现在，我们可以回到开始的问题：从《致赫尔墨斯颂诗》的视角看，为什么赫尔墨斯是最晚出生的神？尊荣【timai】在众神间的分配已经完成，奥林坡斯宇宙的结构也多少算完整了。但目前仍缺少某种对它的运转至关重要的东西。当我们观察到，奥林坡斯的分配与边界系统联结完毕后，除非它获得在它的范围与限制中移动的可能，它将保持静止，毫无生气，那一缺失要素的性质马上浮现出来。直到秩序的等级轮廓成型并且边界得以确立，赫尔墨斯才被引入，他是运动原则的化身②。因此，赫尔墨斯一边使得宇宙保持有序的结构，一边引入在互相联结的部件之间的运动。正是沿着这些线索，韦尔南尝试通过赫尔墨斯与灶神赫斯提亚（Hestia）的对立来定义这位神的

---

① Vernant (1974), pp.110-111.

② 非常有趣的是，F. G. Welcker, *Griechische Götterlehre* (Göttingen, 1857), 1: 342 依据一个可能不正确的词源（赫尔墨斯［Hermes］来自 ὁρμᾶν）将赫尔墨斯称作“活力运动”之神。Càssola (1975), p.154 评价道，“赫尔墨斯的一个典型特征便是移动”。

基本特点:

> 由于大量饰词以及众多属性,赫尔墨斯的形象显得异常复杂。学者们发现他太令人困惑,因此他们只能假定,最初有若干个不同的赫尔墨斯,后来才融为一体。然而,如果我们考虑到他和赫斯提亚的关系,构成这位神之面相的多种特征将清晰起来……任何内部的、闭合的、固定的事物,人类社群对自身的观照,都属于赫斯提亚;任何外部的、开放的、移动的事物,与外部事物的联系,都属于赫尔墨斯。可以说,赫尔墨斯-赫斯提亚这一对神通过他们的对立表达了一种张力,这张力是古老的空间表现形式的特征;空间需要一个中心,一个享有特权的固定点,从这个点出发,人们可以定位和确定方向。但空间又表现为运动的场所,它也隐含着从任意一点跳跃和移动到另一点的可能性。①

意味深长的是,传统赋予赫斯提亚的身份正是奥林坡斯众神中最早出生的一位②;而赫尔墨斯,她的互补者与对立者,成了最晚的一位。

韦尔南没有直接处理《致赫尔墨斯颂诗》;卡恩(Kahn)从颂诗入手发展自己的洞见,建立了重审奥林坡斯众神中最费解的一位的框架③。根据他的观点,构成赫尔墨斯典型行为模式的活动的特征是进入边界与限制并在其间穿行,因此也就有调和一系列对立的特征,其中包括内/外、神/人、生/死和男/女。但即便赫尔墨斯跨过或进入边界,他并没有摧毁甚至没有质疑这些边界。他的专属活动是通过、穿入;而界限,即使曾被越过,仍坚不可摧。

如果说穿越边界的运动定义了赫尔墨斯的活动范围,那么他

---

① J.-P. Vernant, "Hestia-Hermès: Sur l'expression religieuse de l'espace et du mouvement chez les Grecs", in *Mythe et pensée chez les Grecs* (Paris, 1965), 1: 128.

② 参见 Hesiod, *Theogony* 454, and the *Hymn to Aphrodite* 22-23。见本书[译者按:指 J. S. Clay, *The Politics of Olympus: Form and meaning in the major Homeric Hymns*, 2nd (London, 2006).下同]下文对《致阿芙洛狄忒颂诗》第 22—23 行的讨论。

③ L. Kahn, *Hermès passe ou les ambiguïtés de la communication* (Paris, 1978).

完成这种旅程的特有手段就是智谋【mētis】[1]。“穿透”这一行为与智谋【mētis】的紧密联系可以通过我们熟悉的特洛伊战争传统得到说明。攻城的希腊人之间出现了分歧：应该用强力(biē)还是诡计与骗术(mētis)来突破城池的防守？木马计占了上风。整个特洛伊城无人怀疑，他们打开城门，拖进了“枵然的藏身物”，这是《奥德赛》的说法，随即，杀气腾腾的一伙人从木马腹中涌出。即使城墙仍固若金汤，城池无法从正面袭击攻取，敌人还是进来了。智谋【mētis】战胜了强力【biē】，而这场胜利的策划者是奥德修斯，他是与赫尔墨斯最相近的英雄，并且享有神的饰词“诡计多端”【πολύτροπος】[2]。

作为最年轻的奥林坡斯神，直到尊荣【timai】基本分配完毕，赫尔墨斯才出现。因此新神必须以盗窃或者与其他神明谈判的方式获得他的尊荣【timai】。这样，甫一诞生就遭剥夺的赫尔墨斯从一群不同的神那里攫取各种各样的权力，看起来可能就理所当然了，可是颂诗只表现了他与阿波罗的交易。为什么阿波罗应该是赫尔墨斯唯一的对手？当然，聪明的婴儿与他富有、已经确立身份的兄长之间的对质，蕴含许多潜在的谐趣，颂诗并未忘记穷尽这些可能[3]。除此以外，很多批评家尝试发现这两位神明之间内在的宗教崇拜角力。例如，埃特莱姆(S. Eitrem)试图从这一角度来解释《致赫尔墨斯颂诗》几乎所有的特点[4]。另一方面，对布朗(Brown)而言，两位神明的冲突反映了公元前6世纪晚期雅典的政治动乱，以及旧贵族被商人阶级取

---

① 对mētis的总体讨论见Detienne and Vernant (1974)；它与赫尔墨斯的关系见Kahn (1978)。

② 试想圆目巨人的洞穴，它容易进，但若没有智谋【mētis】则很难逃出。参见Clay (1983)，pp.29-34关于诡计多端【polytropos】的赫尔墨斯与奥德修斯之间的联系，另见Thalmann (1984) pp. 173 - 174以及P. Pucci, *Odysseus Polutropos* (Ithaca, 1987), pp.23-26。

③ 参见K. Bielohlawek, “Komische Motive in der homerischen Gestaltung des griechischen Göttermythus,” *ARW* 28 (1930)：203-209.

④ S. Eitrem, “Der homerische Hymnus an Hermes”, *Philologus* 65 (1906)：248.他认为诗人描绘了“两位神以及两种宗教崇拜之间的竞争”，因而使颂诗成为重要的“希腊宗教史文献”。参见Radermacher (1931), p.217：“从宗教史的视角看，诗歌最开头也是最长的一段表明，赫尔墨斯崇拜已经侵入原来只属于阿波罗的领地。”

代,后者将赫尔墨斯视作他们特别的保护神[1]。沿着相似的线索,赫脱(Herter)却将颂诗作品限定在德尔斐一带,由此发现了阿波罗的贵族祭司与崇拜者和赫尔墨斯更为平民的信徒之间的张力[2],但在德尔斐或其他地方并没有相关证据。即令赫尔墨斯获得帕尔纳索斯山上显然是附属的"蜂女"的神谕,他也无法对德尔斐神谕的威望造成真正的威胁。像卡索拉(Càssola)还有其他学者所声称的,两位原始畜牧神之间存在真正的对抗也没有说服力[3]。阿波罗与牧人的关系以及他的牧群保护者形象是次要的,并且是后来衍生出来的[4]。类似的,尽管赫尔墨斯创造了弦琴,他也从来不被认为与音乐艺术有任何密切联系。因此,两位神明的对应不能被约化为宗教职能和范围的简单重合。最后,我们必须注意到颂诗的总进程是由不共戴天发展到握手言和;诗歌结尾反复肯定了兄弟间的亲爱【philia】和亲密。在祭仪中,他们同享供奉奥林坡斯十二主神的六个祭坛之一,这一安排表明的不是对抗而是和谐的统一[5]。虽然证据并不充分,荷马史诗同样点出了他们的和平联结:在"众神之战"(theomachy)当中,赫尔墨斯对与阿波罗的母亲勒托交手报之一笑(《伊利亚特》第21卷第497—501行),而《奥德赛》第八卷第334—342行中两兄弟的戏谑调笑也暗示了他们的亲密。

以上观察说明《致赫尔墨斯颂诗》中赫尔墨斯与阿波罗的冲突必须要从别处去寻找其深层原因。在这一文本中,对我们有所帮助的或许是对比一下位于德尔斐的真正宗教冲突——即阿波罗与狄奥尼索斯之间的冲突。全面探索这两个形象的复杂关系未免离题太远。我要提及的仅是众所周知的事实,即:在阿波罗缺席的冬月,据说是

---

① N. O. Brown, *Hermes the Thief* (Madison, Wis., 1947). 参见 G. Graefe, "Der homerische Hymnus auf Hermes", *Gymnasium* 70 (1973): 515-526。他认为两位奥林坡斯神之间的对抗与和解表现了约公元前475年时民主派的特米斯托克利与客蒙的贵族团体间的政治关系。读者们会注意到我在《致赫尔墨斯颂诗》的写作时间问题上没有表态,我就是不知道而已。

② Herter (1981), pp.198-199.

③ Càssola (1975), p.153;参见 J. Duchemin, *La Houlette et la lyre* (Paris, 1960)。

④ 参见 Nilsson, *GGR* (1955), 1: 536。

⑤ 参见 Pindar, Olympian 5.10a 古注,注家引用了语法学家 Herodorus (Fr.G.H. 34a)来说明奥林匹亚两个祭坛的安排。参见 Pausanias 5.14.8。

狄奥尼索斯掌管德尔斐神庙。这一交替表明两位神不容易融合。虽然最终达成了相互的接纳,某种不易解决的冲突仍然存在。希腊人把阿波罗认作是维护秩序、遵守等级与差异的神,尤其是遵守区别人、神的那些等级与差异。狄奥尼索斯的出现模糊并消解了界限,唤醒了迷狂力量的解放但也带来了混乱[①]。赫尔墨斯的情况与狄奥尼索斯有本质上的不同:狄奥尼索斯倾向于从既定秩序外部威胁整个系统,而赫尔墨斯因其有能力穿梭于既定秩序内,而在内部发挥他的灵活性。赫尔墨斯的穿行、进入活动既没有否定奥林坡斯等级秩序,也没有消除阿波罗对有序界限的坚持。虽然使边界间的调解与流动成为可能,赫尔墨斯的穿行却并未撼动边界,反而重新确认了它们的存在。赫尔墨斯同时成为边界的护卫者,同样也成为阿波罗的帮手。阿波罗与赫尔墨斯的握手言和最终体现了他们必要的相辅相成。

为了找到他在奥林坡斯山上的位置,赫尔墨斯必须发掘专属于他的活动领域——穿越边界;相应地,他也必须为了他的权力与保卫边界的神博弈。于是,赫尔墨斯为本来可能是秩序井然的静态宇宙注入了动态变化与生命力。

根据它们的特性,赫尔墨斯的尊荣【timai】与其他神祇的不同;他的尊荣【timai】不是影响单个甚或某几个领域,而是涉及直接闯入不同领域并在其间穿行的活动模式。正如韦尔克(Welcker)很早前就认识到的那样,"赫尔墨斯是唯一一个没有可见根基的大神,他的神话属性不建立在物质的基础之上"[②]。赫尔墨斯尊荣【timai】的抽象性给本质上是叙事媒介的颂诗的作者带来了特别的麻烦,他不能满足于简单地贴一个抽象概念的标签,虽然他在前边确实用一连串的饰词(第 13—15 行)罗列并限定了一些赫尔墨斯的特殊表现,而这在荷马颂诗里是独一无二的[③]。相反,诗人用叙事中的戏剧化进程来

---

① 例如参见 C. Segal, *Dionysiac Poetics and Euripides' Bacchae* (Princeton, 1982), p.12:"阿波罗设置限制并加固边界,他的对立面与互补者狄奥尼索斯则消解了它们。自《伊利亚特》以降,阿波罗就是神与人的距离的化身,狄奥尼索斯拉近了这一距离。"

② Welcker (1857), 1: 343.

③ 有一些所谓的俄耳甫斯颂诗就只有一连串的饰词。荷马颂诗里的《致阿瑞斯颂诗》被认为作于希腊化时期,它的开头罗列了十七个饰词。

表现、嵌入抽象概念,在这一过程中,赫尔墨斯通过完成功能成为功能本身。诗人的不规整叙事进程,以及其中突然的跳跃、断裂,可能仅仅是部分出于文本残缺,因为这看起来为神无休止的运动以及他瞬息万变的想法与动机提供了绝佳的表达方式。正是通过这些,赫尔墨斯发现并获得了他的角色与尊荣【timai】。不同于一出生就能索取权力的阿波罗,赫尔墨斯必须自己创造权力,而在这之前,他还得发掘自己适当的位置。因为他究竟属神还是属人绝不是立刻就明确的。

虽然不得不承认还有为数不少的细节晦暗不明,也有一些难缠的问题尚未解决,但我相信以上分析为接下来对《致赫尔墨斯颂诗》的通盘考察提供了充分的起点。

著名事迹

诗歌首先呼唤缪斯歌唱赫尔墨斯,接着列出神的父母和他的两处宗教崇拜地点,库列涅(Cyllene)和阿卡狄亚(Arcadia),还有他的一项功能——"诸神的飞毛腿信使"。简短地确定主人公身份后,颂诗通过标志性的关系从句结构切换到叙事模式:"他,是迈娅怀着对宙斯的爱生下的。"赫尔墨斯父母的名字在首四行中出现了两次。在第五行之前就很清楚,我们面对的是一个诞生故事①。

正如在阿波罗颂诗那里,关于神的成胎和他的诞生的背景描述,对解释该神的性质以及之后的叙事进程大有用处。迈娅自己就生活

① 存在将赫尔墨斯的出生地落在 Tanagra 的另一些传统。古代证据见 L. Preller 及 C. Robert, *Griechische Mythologie*, 4th ed., Berlin, 1887, 1, pt. 1: 397。Philostratus, *Imagines* 26 则把赫尔墨斯的出生地设定在奥林坡斯山下。这些版本与我们的颂诗均不相合。在前一种情况中,神在 Tanagra 叫作 Promachos,他与本地宗教崇拜和建城史的联系过于紧密。至于后一种情况,赫尔墨斯出生在奥林坡斯山或其附近,他要确认自己的奥林坡斯神身份就不会有任何困难。然而,颂诗坚持神出生在极遥远的地方。

在布满阴影的洞穴里①,一个对宁芙来说再自然不过的栖息处;但是她也主动避免与"被祝福的诸神交往"。她是否是诸神之一尚不明确。无论如何,她与宙斯是在最死寂的深夜,远离奥林坡斯山秘密结合的。时间和地点不仅对应该会嫉妒的赫拉,还对其他神与人隐藏了这一偷情。但既然宁芙被饰词尊为"可敬的"(5)②,那么他们的情事就从持续时间上与宙斯的众多艳遇区别开了③。这不是一夜露水。

除了一些微小的异文,颂诗的前九行成为荷马颂诗的第十八首。正如通常所接受的看法,后者是长版本的缩写④。隐秘性总是与赫尔墨斯的概念相伴而行,对这一隐秘性的刻意强调在短版本中无足轻重,但在更完整的讲述中至为关键。至尊神与低微的宁芙的隐秘结合以及他对合法伴侣的夜间行骗最终会反映在他的后代⑤——一个在夜间行动的骗子手,还是私生子,既不完全是奥林坡斯神又不仅仅属于凡尘,一个完美的中间者——的性情上。而这些,诗人向我们保

---

① 例如,不妨再考虑一下栖居于洞穴的卡吕普索(Calypso)(《奥德赛》卷5第57—74行)以及波吕斐摩斯(Polyphemus)的母亲托奥萨(Thoosa),后者"与波塞冬在大山洞中交合"(《奥德赛》卷1第71—73行)。关于卡吕普索的山洞和迈娅的山洞的相似性,参见S. C. Shelmerdine, "The 'Homeric Hymn to Hermes': A Commentary (1-114) with Introduction", Ph. D. diss., University of Michigan, 1981, p. 15; 及S. C. Shelmerdine, "Odyssean Allusions in the Fourth Homeric Hymn," *TAPA* 116 (1986): 55-57。还应注意迈娅和卡吕普索一样,是阿特拉斯(Atlas)的女儿(参见《致赫尔墨斯颂诗》(第18首第4行),以及《奥德赛》卷1第52行)。尽管我们这首《致赫尔墨斯颂诗》没有提及这一事实,但我们也许可以推测,来自母亲的提坦血缘可能会对婴儿赫尔墨斯的个性造成某种影响。

② αἰδοίη("可敬的")的跨行位置提醒我们注意这一事实;这绝不是νύμφη("宁芙")的常用饰词。在荷马和赫西奥德那里,这个形容词的阴性形式最常用于修饰妻子,还有女神、女管家和少女。关于αἰδοῖος与φίλος的密切联系,见É. Benveniste, *Le Vocabulaire des institutions indo-européennes*, Paris, 1969, 1: 340-341。我怀疑第六行中不寻常的ἔσω是否想要强调迈娅不仅栖居在洞穴中,还一直待在里面。

③ 正如反复时态的μισγέσκετο和希求语态的ἔχοι所表明的。关于后者的效力,见Gemoll (1886), p.195及Càssola (1975), p.517。Shelmerdine (1981), pp.50-51注意到在荷马笔下只有两处平行例证:《伊利亚特》卷9第450行,由于福尼克斯(Phoenix)的父亲的情事持续得太久,他母亲便请求他去和阿明托尔(Amyntor)的侍妾睡觉;《奥德赛》卷18第325行,墨兰托(Melantho)与欧律马科斯(Eurymachus)持续的鬼混,表明她对佩涅洛佩(Penelope)忘恩负义、毫无敬意。

④ 参见Baumeister (1860), pp.187-188; Gemoll (1886), p.331; Ludwich (1908), p.76; AHS (1936), p.401及Shelmerdine (1981), p.47。

⑤ Eitrem (1906), p.249:"另外,赫尔墨斯的出生即是这个小男孩后来的全部行为的原型:他是偷情的结果,成胎于夜晚的黑暗中。"亦见Lenz (1975), p.73:"小男孩的诞生史……对他的行动来说意味深长,因为他的本性是由此决定的:在这样的双亲和这样的情况下,夜间行骗进入了赫尔墨斯的性格。"强调赫尔墨斯的诞生的隐秘性,似乎是这首颂诗独有的。

证,与伟大宙斯的意图吻合(10),随着赫尔墨斯的出生,宙斯的意图正在实现[1],但要到颂诗结束才会彻底完成。

καὶ τότ᾽ ἐγείνατο παῖδα πολύτροπον, αἱμυλομήτην,
ληϊστῆρ᾽, ἐλατῆρα βοῶν, ἡγήτορ᾽ ὀνείρων,
νυκτὸς ὀπωπητῆρα, πυληδόκον, ὃς τάχ᾽ ἔμελλεν
ἀμφανέειν κλυτὰ ἔργα μετ᾽ ἀθανάτοισι θεοῖσιν.

而那时她分娩出一个变化多端、能言善诱的孩子,
一个扒手、盗牛贼、掌梦者,
他监视着夜晚,徘徊在大门外,他不久即将
在不朽的众神间彰显他的著名事迹。[2]

(13—16)

赫尔墨斯从布满阴影的洞穴的黑暗中,诞生到日光底下。某种意义上,整首颂诗等同于新神的现身。序曲简短地勾勒出神在诞生第一天完成的“著名事迹”后终止:

ἠῷος γεγονὼς μέσῳ ἤματι ἐγκιθάριζεν,
ἑσπέριος βοῦς κλέψεν ἑκηβόλου Ἀπόλλωνος,
τετράδι τῇ προτέρῃ τῇ μιν τέκε πότνια Μαῖα.

黎明出生,中午便弹起了弦琴;
傍晚时分,他盗取了远射的阿波罗的牛群,
在迈娅女士生出他的那个月的第四天。

(17—19)

---

① ἐξετελεῖτο 的未完成时态的全部效力应当保留,它在《伊利亚特》的序诗中的效力参见 A. Pagliaro, “Il proemio dell’ Iliade”, in *Nuovo saggi di critica semantica*, 2nd. ed. (Florence, 1971), p.19。

② 译者按:本文出现的古希腊文引文,如原作者附英文译文,就按英文译文译出,以保留作者的理解;如没有附译文,则由译者重新译出。

这段对赫尔墨斯“著名事迹”【kluta erga】的总结令人惊讶,原因有两点。其一,在其他包含两个故事情节的版本中,偷盗牛群发生在发明弦琴以前。实际上,被剖杀的牛就用来制作乐器①。而在《致赫尔墨斯颂诗》中,顺序颠倒了,弦琴从而得到了特别的强调②。弦琴一经制成就被藏了起来,它是一件秘密武器,之后将成为解决赫尔墨斯与阿波罗之间的冲突的工具。因此,用于和解的工具出现在两兄弟的纷争之前,保证了纷争的最终解决。

对赫尔墨斯在诞生首日的活动的简要描述还有另一点怪异之处。从第20行一直到第153行,所叙述的那些事件不仅包括弦琴和盗窃牛群,还有赫尔墨斯在阿尔菲斯(Alpheus)进行的奇怪的“献祭”,而这里的预告对后者没有任何指涉。在罗列神的行动时排除这件事,让人怀疑屠杀牛群算不上是赫尔墨斯的“著名事迹”【kluta erga】。我们在考察那个令人费解的片段时应该时时想到这种可能性。

赫尔墨斯从他母亲的子宫诞生之初就展现了他典型的不知疲倦。他放弃摇篮的舒适,一跃而起,跨过洞穴的门槛去追寻阿波罗的牛群。他的动机还不明确。无论是何种动机,他的追寻突然被打断了,因为他在洞穴入口偶遇正在进食的乌龟。赫尔墨斯带着孩子气的喜悦欢迎这偶然的发现——希腊人把这叫做 hermaion——把它视作能为自己带来极大好处的来源。由于婴儿神极易从原有的目的转移注意力,叙事也暂时偏离了原轨。叙事的之字形进程映照出神在出发获取他的尊荣【timai】时也是无方向地移动的;看似偏离方向,但仍然能抵达他的最终目标。

现在,赫尔墨斯首次开口发话。言语,既然与个体和个体的交流或沟通有关,就属于赫尔墨斯的职能领域。但是赫尔墨斯的说辞非

---

① 参见 Sophocles, *Ichneutae* 376-377 (E. V. Maltese, *Sofocle Ichneutae*, Florence, 1982),及 Apollodorus 3.10.2。依据一些注释者(如 Robert [1906], p.400,及 Radermacher [1931], p.184),阿波罗多洛斯的版本“纠正”了《致赫尔墨斯颂诗》的错误,并使故事的“发生顺序更易于理解”。另一方面,Ludwich (1908), p.4,坚持颂诗不可能是阿波罗多洛斯的原始材料;Burkert (1984), p.835,提出阿波罗多洛斯可能保留了一个比颂诗更早的版本。

② 参见 Shelmerdine (1984), p.202。

常特别，有说服力，有诱惑力，又具有欺骗性，非常典型的模棱与费解，揭示多少便隐藏多少，充斥着双重和隐含意味。把乌龟称为“踩出舞蹈节奏”者和“宴席的伴侣”，赫尔墨斯已经预示了他将如何使用这“可爱的玩具”。把这生灵变为弦琴需要经历多重转化。首先，它必须被带进室内，把它之前的山间居处转变为家养环境；但是与赫尔墨斯用来诱骗乌龟入室的那句习语相反，室内也并不安全①。其次，这没有声音的活物必须放弃它的生命以成为死后的歌者②。如果说活着的乌龟相当于对抗邪恶诅咒的幸运物，那么一旦转化为弦琴她也会对她的听众施加魔力。赫尔墨斯极具诱惑力的说辞充满奉承与费解的悖谬，故而掩饰了变形的暴力。

神迅速以他特有的方式“刺穿它的生命”，杀死乌龟③。赫尔墨斯打破生与死的脆弱边界，他设法使乌龟壳完好以便作弦琴稳固的琴板。一个比喻表达了神的动作的速度：

ὡς δ’ ὁ πότ’ ὠκὺ νόημα διὰ στέρνοιο περήσῃ
ἀνέρος ὃν τε θαμιναὶ ἐπιστρωφῶσι μέριμναι,
καὶ τότε δινηθῶσιν ἀπ’ ὀφθαλμῶν ἀμαρυγαί,
ὣς ἅμ’ ἔπος τε καὶ ἔργον ἐμήδετο κύδιμος Ἑρμῆς.

正如一个被稠密的忧虑团团围住的人，

① 这一表达无疑是谚语，它出现于赫西奥德的《农作与时日》第365行。关于赫尔墨斯对乌龟所说话中的情欲味道，见W. Hübner, “Hermes als musischer Gott”, *Philologus* 130 (1986): 161。乌龟的诱惑力随后就会出现。

② 参见Sophocles, *Ichneutae* (Maltese)，他也玩了这个文字游戏：θανῶν γὰρ ἔσχε φωνήν, ζῶν δ’ ἄναυδος ἦν ὁ θήρ【死了才拥有声音，活着却是哑的，这动物】(300)；οὕτως ὁ παῖς θανόντι θηρὶ φθέγμ’ ἐμηχανήσατο【就这样，小孩儿从死去的动物中制作出了声音】(328)。

③ 关于τορέω(“刺穿”)与赫尔墨斯的联系，见《颂诗》第119行和第283行；还有《伊利亚特》卷10第267行，在那里它被用于形容赫尔墨斯最喜爱的奥托吕科斯(Autolycus)(参见《奥德赛》卷19第395—398行)；Aristophanes, *Peace*, 381; Aratus, *Phaenomena* 268-269。第42行和第119行的αἰών应该笼统地理解为“生命力量”或者“生命所在”而不是“脊髓”，参见Gemoll (1886), p.200; Ludwich (1908), p.96, n.1及Càssola (1975), p.519。关于该词的意义，试比较《伊利亚特》卷19第27行。Shelmerdine (1984)把杀死乌龟解读为一种祭祀，又把接下来对乌龟说的话解读为某种颂诗，二者都与之后的牛祭类似。两次举动确实相似，但正如我在本章后文所讨论的，我认为二者都不是祭祀。

当他脑中灵光一闪，
双眼放光：就是这样，
荣耀的赫尔墨斯策划了言与行。

(43—46)

这里被比较的是赫尔墨斯发明制作的迅捷[①]。自救的主意进入被焦虑围困之人的心中并径直解决了这些烦恼；几乎就在同时，他的双眼发亮，闪动着胜利的智慧之光。但是整个画面又描绘出赫尔墨斯头脑的敏锐，他不停歇的观察力，飞快地一瞥即能看清所有相关细节并且不错过任何要点[②]，思维如闪电般迅疾，能够穿越一切困难与障碍抵达目的地。

当婴儿神用他的技艺【technē】着手将死掉的动物转变为能歌唱的弦琴之时，他是想到就做。赫尔墨斯集齐不同的物件——不仅是乌龟壳，还有苇秆、牛皮、羊肠，钻孔、剪切、调整、拉长并且把它们连接到一起，就这样组成了一件新发明。他的组装能力(bricolage)在于他能充分利用所有触手可及的事物以及从偶然的发现中制造解救的工具。智谋【mētis】的标志正是这样一个装置，即一个 mēchanē【机巧】或 poros【通道】，能解除无援无策的境地，也即 amēchania【无策】或 aporia【困窘】。不仅如此，它可能还需要被好好地保存，耐心地藏好，直到时机(即 kairos)来临，它可以最有效地发挥作用，解除即便是最强劲的对手的武器，并且令其措手不及[③]。这才是机巧与计谋大师赫尔墨斯使用他的绝妙发明的方式。

“可爱的玩具”一经完成，赫尔墨斯就试了一试，在它的伴奏下唱

---

① 我采纳了 Ludwich (1908, p.85)对比喻的解读，并在第 45 行采用 καὶ τότε 的读法。大多数校勘者(Radermacher, AHS, Càssola, Shelmerdine)都读作 ἠ ὅτε，并把文本视为两重比喻，前一重比喻思考的速度，后一重比喻目光的速度。M. Treu, *Von Homer zur Lyrik* (Zetemata 12), 2nd ed. Munich, 1968, p.252，接受了通常读法，但把两幅图景整合到一起，他引用了 Schmid (1929), 1: 237, n.1:“突然想到有用的好主意时的双眼放光。”

② Baumeister (1860), p.192 提供了 αἰ δέ τε 这样的修正，并评论道：“把眼睛的转动描述为思维敏捷的表征，诗人对此尤为热衷。”(“vibrationes autem oculorum, mobilis ingenii indices, in deliciis hic poeta”)试比较第 278—279 行对赫尔墨斯目光的描述。

③ 这让人再一次想起身处圆目巨人的洞穴的奥德修斯，在那儿，他必须耐心等待使用橄榄木棍的时机，即便是他的同伴被吞食的时候。

起了歌并表演了某种“致赫尔墨斯颂诗”。神的即兴表演被比作年轻人在宴会上的即兴表演,他们“用双关语(παραιβόλα)互相挑逗”①。由于即兴表演构成了对比的参照物(tertium comparationis),这一比喻延伸至两种不同类型的音乐的对比,在形式或表演的层面以及在内容的层面。乍一眼看去,这一对比在两个层面都不太合适。但是之后,当阿波罗第一次听到弦琴的声音,他也类似地把赫尔墨斯的弹奏比作“年轻人在宴会上的熟练把戏”(454)②。显然,对于赫尔墨斯制作音乐的新模式,最贴切的比喻是会饮场合的即兴诗歌,而这种诗歌总是伴以管笛,正如阿波罗直接提到“管笛可爱的响声”(452)所暗示的。通过把赫尔墨斯的表演比作有许多参与者(κοῦροι, νέοι【少年、青年】)的活动,诗人点出了婴儿神决定性的创造。在发明弦琴以前,歌唱与伴奏必须在二人或更多的表演者之间分配,一个歌手和一个乐手。赫尔墨斯的独特发现不仅带来新的制作音乐的方式,还带来完全不同类型的音乐,由于制作者的天才,新音乐将截至目前判然两途的活动结合在一起。此后,同一个人可以自如地同时掌控语言与音乐。

除了比较两种诗歌表演的模式之外,这一比喻还把我们的注意力引向赫尔墨斯创作的这首别致歌曲的独一无二性。神歌唱了致赫尔墨斯颂诗的开端,它与我们面前的职业行吟诗人所歌唱的非常接近。但尽管表面上与这样的典型表演极为相似,赫尔墨斯的“颂诗”在几个重要方面有所不同。当然,通常是颂诗的凡间诗人褒扬歌颂一位神,而这里是一位神——他确切的身份尚不明晰——在褒扬他自己。在奥林坡斯山上,是由缪斯来歌唱神的神圣

---

① Radermacher(1931)及 AHS (1936)将 παραιβόλα 解读为“放肆的”,参见 J. Hooker, “A Residual Problem in *Iliad* 24” *CQ* n.s. 36 (1986): 34:“就像节日中的年轻人的放肆回嘴。”但是《伊利亚特》卷 4 第 6 行中的相似用法表明不同的含义,那里,宙斯试图通过建议在希腊人与特洛伊人之间建立和平来激怒赫拉: κερτομίοις ἐπέεσσι, παραβλήδην ἀγορέυων【用嘲弄的言词,他话里有话地说道】。他的目标当然与他的建议相反。

② 也许与每月的第四天举行的赫尔墨斯节宴有关,参见阿里斯托芬:《财神》第 1226 行,及 Hesychius, *s.v.* τετραδισταί: σύνοδος νέων συνήθων κατὰ τετράδα γινομένῳ【四日节:年轻友人在每月第四日的聚会】。C. Diano, “La poetica dei Faeci,” in *Saggezza e poetiche degli antichi* (Vicenza, 1968), p.210,把赫尔墨斯的第一首诗歌称为一首“讽刺诗”。

礼物【dora ambrota】[①],而地上的诗人在诗歌的开头呼唤缪斯助他一臂之力。赫尔墨斯当然无须如此。最后,没有听众出席这位早熟的神的表演。赫尔墨斯的歌曲的异常情形反映了他的异常处境:不是凡人,但也还未成神。

如果我们比较赫尔墨斯唱给他自己的颂诗和由缪斯激发的行吟诗人的颂诗,很明显的是神在抬高自己的诞生背景并将其合法化这一点上远超颂诗诗人。通过歌唱他的出身,赫尔墨斯不仅强调了父母的结合的持久,还强调了他们双方的势均力敌。赫尔墨斯削弱了他们的关系中完全是性的成分,而把宙斯和迈娅描述为"习惯于ἑταιρείῃ φιλότητι【满怀同伴间的友爱】地谈话"(58)。这一短语暗示了对等者之间双向互惠的义务[②]。将赫尔墨斯的父母的关系表现为对等双方的持久结合而不是短暂的露水情,如此,他们的关系和赫尔墨斯的出生便得到了合法化,而他的血统也被抬高了(γενεὴν ὀνομακλυτόν,[59])[③]。神继续通过描述他的出生地来光耀自己。在赫尔墨斯的叙述中,布满阴影的洞穴成了一个堂皇之地,还配有多名女仆和其他设施。学者们很早就注意到赫尔墨斯对迈娅的洞府的描述看起来与先前的描述矛盾,并且二者与后来提及的也都不一致。相应地,这些矛盾被引用来证明颂诗具有多位作者[④]。但此处赫尔墨斯对出生地的理想化毫无疑问是一段神的自我夸耀。他不仅仅是颂扬自己,还γέραιρε【馈赠礼物】,这个词的意思是提供 geras【礼物】或说是一份象征荣誉与地位的可触摸的礼物[⑤]。这首歌本身即是礼物。

---

① 参见《致阿波罗颂诗》第190行。在《致潘神颂诗》行27—47,宁芙们歌唱神的诞生,而在《致阿尔忒弥斯颂诗》(第27首)中,缪斯女神们与美惠女神们歌颂勒托和她的孩子。亦见《神谱》行43—49。

② 关于 ἑταιρία 的含义,见 H. Jeanmaire, *Couroi et courètes* (Lille, 1939), pp.97-111。

③ 参见 Radermacher (1931), p.76,他把赫尔墨斯称为"莽撞的":因为他目前仍然是 νόθος【私生子】,他诞生于 σκότιον λέχος【不合法的婚床】,因此必须赢得父亲的认可。谁没有父亲,也就没有 γενεή【家族】。

④ 尤见于 Robert (1906), pp.389-390,对他来说这些矛盾构成了分析颂诗的基础。Ludwich (1908), pp.7-8; Kuiper (1910), pp.7-9;及 Humbert (1936), pp.106-108,他们试图回应 Robert 的反对意见,但他们为文本所作的辩护并不令人满意。然而一个充分的回答并不难获得:赫尔墨斯或者像在这里一样美化洞穴,或者像之后那样贬低它,视情况而定。

⑤ 参见 Benveniste (1969), 2: 43-49。

正如比喻中的年轻人的隐晦含义,赫尔墨斯的"颂诗"构成了一个间接的挑衅行为,这挑衅既隐藏又显示了他字面意义以外的意图。神的创作偏离了颂诗通常的功能,它包含一个遥远的目标并公开了一个隐藏的计划,即索取他尚未获得的神性地位。即使在他弹奏的时候,他也"另有所图"(62)。即使赫尔墨斯发明了弦琴,他也不能成为诗歌的保护神。虽然神对音乐的潜在魔力了然于心,他自己却不为所动,因为对他来说,诗歌——语言也是一样——首先是达成目的的手段。赫尔墨斯弹奏弦琴正如他的人类对应者奥德修斯讲述故事。二人就像一位真正的行吟诗人,都拥有令他们的听众着迷的能力,而奥德修斯正是被直接比作这样一位诗人[①]。但是两个角色都在他们的歌曲中掩盖了隐含的意图,这一意图又塑造了他们表演的内容,无论这意图是英雄想要归乡,或获得斗篷,或考验听众,还是赫尔墨斯想要在奥林坡斯众神中获得他那一份尊荣【timai】。如此,赫尔墨斯掌管的领域便不是要求真理的语言范畴[②],而是语言的使用,语言的目标超出它本身,它只是达成目的的手段:劝诱、魅惑人的修辞、谎言、誓词、伪证甚至还有魔咒。

καὶ τὰ μὲν οὖν ἤειδε, τὰ δὲ φρεσὶν ἄλλα μενοίνα.
καὶ τὴν μὲν κατέθηκε φέρων ἱερῷ ἐνὶ λίκνῳ
φόρμιγγα γλαφυρήν· ὁ δ' ἄρα κρειῶν ἐρατίζων...

这便是他所唱的内容,但在心中他另有所图。
接着他拿起栲然的七弦琴放在
他神圣的摇篮里;但他,渴望着肉类……

(62—64)

① 参见《奥德赛》卷11,第367-369行。

② 参见M. Detienne, *Les Maîtres de vérité dans la Grèce archaïque*, 2nd ed.(Paris, 1973), pp.61-80。专门取悦听众的诗歌与含有更深动机的诗歌,这二者之间做出的类似区别,参见G. B. Walsh, *The Varieties of Enchantment: Early Greek Views of the Nature and Function of Poetry*(Chapel Hill, N.C., 1984), pp.18-21。Walsh, p.22对奥德修斯的描述——不上当的听众和靠不住的讲故事者——也同样适用于赫尔墨斯。参见Diano(1968), pp.208-212,他把赫尔墨斯使用智谋【mētis】与蒙骗【apatē】的诗歌语言与奥德修斯的进行比较。

赫尔墨斯弹奏弦琴与他的饥饿之间可能存在什么联系，完全是模糊不明的，但至少值得考虑他的音乐演奏让神想起了食物这种可能性[①]。无论如何，此刻他对肉类的食欲打断了他的歌唱。

对摇篮的提及架构并结束了发明弦琴这个片段[②]。回到他的启程点，神又一次向前进发。之前，我们已经得知他要“寻找阿波罗的牛群”(22)，虽然诗人并没有解释为什么赫尔墨斯对阿波罗的牛群有特殊的兴趣。这里我们知道的是，婴儿神很饥饿，甚至可以说是饥肠辘辘，因为“渴望着肉类”这样的表述在其他地方用来形容饥饿的狮子[③]。赫尔墨斯人性的——或者说兽性的——欲望应该可以被任何一种肉类满足[④]，但他对阿波罗的牛群的兴趣出自不同的动机：对神圣尊荣【timai】的渴望。盗窃牛群的双重动机——一是人性的，一是神性的——在某种意义上完全是交错的，但是它们都指向赫尔墨斯介于神与人的位置。赫尔墨斯横跨在人与神的界限之上，直到他解决他的身份问题。一开始，由于赫尔墨斯的出生背景尚不明晰，并且他扮演的是调解者的角色，他是否属神也就不那么确定。只有在他毫不含糊地确认他的神性之后，他才能一心一意地追求自己的特权。

像窃贼于夜幕降临后，“在心中盘算让人捉摸不透的计谋”，赫尔墨斯马上开始行动(65—67)。夜盗阿波罗的牛群分为三个阶段，每一个阶段都有时间标志[⑤]。黄昏时分，赫尔墨斯向皮埃里亚(Pieria)出发；午夜之后，他抵达阿尔菲斯河(Alpheus)；日出之际，他回到了库列涅(Cyllene)的洞穴。盗窃的地理路径揭示了这首颂诗最终通

---

① 注意这几行中 μέν…δέ… μέν…δέ…这两组的对称。弦琴与宴会【dais】的密切联系接下来就会显现。

② 参见 Shelmerdine (1981), p.95。

③ 参见《伊利亚特》卷 11 行 551 及卷 17 第 660 行。当然，仅从诸神享用牺牲散发的油脂香【knisē】来看，也可以说诸神渴望肉类。赫尔墨斯对他的肚腹【gastēr】的异常热衷(这再一次把他与奥德修斯联系起来)，亦见第 130—132 行及第 296 行，那里，他释放了“来自肚腹【gastēr】的消息”。肚腹【gastēr】主题，尤其是与奥德修斯相关的部分，Pucci (1987), pp.157-187有所讨论。

④ 就像我们之后会看到的，在库列涅实际上有羊群正在吃草(232)。

⑤ 关于被视作互相矛盾的时间标志，见 Robert (1906), pp. 390-391。Ludwich (1908), pp.9-13; Kuiper (1910), pp.9-16 及 Humbert (1936), pp.108-109 都为文本的现貌做了充分的辩护。

往奥林坡斯的走向。牛群的牧场所在地在不同版本中都有出入[①],但在这里神是从皮埃里亚偷走牛群的,即奥林坡斯山下“众神的阴影密布的山丘”。在《阿波罗颂诗》中,皮埃里亚是阿波罗前往奥林坡斯途中到达的第一站(216)。同样地,出生在奥林坡斯的山丘皮埃里亚的缪斯女神们,从她们的出生地上升到她们在奥林坡斯的家(《神谱》,53—62)。将一位新神引入奥林坡斯山,这构成常见的颂诗故事情节,也意味着他被纳入奥林坡斯的秩序中[②]。目前,赫尔墨斯接近但仍然尚未进入奥林坡斯山;那儿对他的接纳延宕了。关于他最后把盗来的牧群藏在何处,说法也各不相同[③]。在《致赫尔墨斯颂诗》中,神把牛藏在阿尔菲斯河岸的洞穴里,这个地点与位于奥林匹亚的宙斯的泛希腊神庙密切相关。因此,赫尔墨斯夜间旅程的起点和终点加强了这首颂诗的奥林坡斯导向。[④]

正如《奥德赛》中赫利俄斯的牛群免于生死的自然周期,阿波罗的牛群也是不死的,它们在草永不会减少的牧场上饱餐[⑤]。在其他地方,它们被称作 admetes【不配种的】,可想而知,它们是不繁殖的。赫尔墨斯在皮埃里亚牵走的五十头牛中,他只杀死两头。剩下的会被

---

① Apollodorus 3.10.2 与《致赫尔墨斯颂诗》一致,说盗窃的地点在皮埃里亚。参见 Philostratus, *Imagines* 26 (ἐν τῷ τοῦ Ὀλύμπου πρόποδι【在奥林坡斯山坡上】)。但在 Antoninus Liberalis 23, 阿波罗在 Magnesia 的皮埃里亚放牧他的牛群,和阿德墨托斯(Admetus)的牛群一起。根据奥维德《变形记》卷 2 行 679—685,阿波罗在美塞尼亚(Messenia)和厄利斯(Elis)牧牛,但盗窃发生在“皮洛斯的牧场上”。关于不同版本的地理位置,见 AHS (1936), pp.272-273.

② 参见例如《致阿芙洛狄忒颂诗》(第 6 首)、《致潘神颂诗》,以及(根据推测)《致狄奥尼索斯颂诗》(第 1 首)的残篇,还有《神谱》第 68—71 行。

③ 在 *Ichneutae* 一剧中,牛群被藏在库列涅的洞穴里。Antoninus Liberalis 23 及奥维德《变形记》卷 2 第 684 行,二者都把牛群的藏身地定位在美塞尼亚的皮洛斯。Eitrem (1906), p.264 相信在原本的神话里,赫尔墨斯将牛群藏在冥界,而皮洛斯指的是通往地底的入口。参见 R. Holland, “Battos”, *Rheinisches Museum* 75 (1926): 165-166。

④ W. Burkert “Sacrificio-sacrilegio: II ‘trickster’ fondatore,” *Studi Storici* 4 (1984): 842 把牛群的移动过程扼要地描述为“从奥林坡斯到奥林匹亚”(译者按:参见本刊第 131 页)。

⑤ 大多数注释者没有给予 ἄμβροτοι(71)一词充分的意义:牛群不仅仅是神的所有物,它们自己也是不死的。关于它们与《奥德赛》卷 12 中日神的牛群的相似性,见 J.-P. Vernant, “Manger aux pays du Soleil”, in *La Cuisine du sacrifice en pays grec*, ed. M. Detienne and J.-P. Vernant (Paris, 1979), p.241(以下引作 Vernant [1979b])。参见 Kahn (1978), pp.48-50。注意在那些阿波罗为阿德墨托斯牧牛的版本中,牛群不是不死的。参见 Brown(1947), p.140。

转变为家养动物,它们在普通的草地上吃草,它们会增长并积累。当它们脱离神的范畴,它们的驯化同时也把它们领进了人和有死者的领域[①]。这一变形的媒介便是赫尔墨斯,他沟通有死者与神,他使得在这两种领域间的移动成为可能。

尽管文本存在一些模糊的地方,但很清楚的是,赫尔墨斯采用了三种不同的策略来掩饰他的盗窃。首先,他不按照正常的道路,而是以之字形的路线驱赶牛群(πλανοδίας δ' ἤλαυνε[75];ὁδοιπορίην ἀλεείνων[85]);其次,他把它们往回赶,使得它们的足迹倒错(ἀντία ποιήσας ὁπλάς[77]);最后,他在自己的脚上绑上树枝来掩饰他自己的足迹(ὑπὸ ποσσὶν ἐδήσατο σάνδαλα[83])。赫尔墨斯的凉鞋,那 θαυματὰ ἔργα【无与伦比之物】,和神的其他发明一样,都是把不同的事物——在这里是柽柳和香桃木——结合在一起(διέπλεκε, συμμίσγων, συνδήσας)制造出一些闻所未闻的新事物(ἄφραστ' ἠδ' ἀνόητα)。赫尔墨斯的技艺【technē】仍是一样,但凉鞋不像弦琴和后来的钻木取火,它只是应一时之需,是一种 μηχανή【巧计】,只要它的使用价值耗尽,就会被弃置一旁,而弦琴和钻木取火是文化性的发明,它们将不断地巩固人类生活的特性。赫尔墨斯的创造力的这两个方面又可以通过《奥德赛》中的平行例证得到说明:在圆目巨人的洞穴里,奥德赛把橄榄木棍变成了刺瞎波吕斐摩斯(Polyphemus)的武器;他运用的技巧被比作造船术和打铁术的技艺,这二者都是人类处境所独有的[②]。因此赫尔墨斯的发明确证了他的聪慧与智谋【mētis】的两个方面,其一与文化英雄不朽的发现有关,其二与敏捷地利用一时之需有关。

赫尔墨斯不仅充当窃贼,还是文化英雄,这一点也许能为之后费解的翁凯思托斯(Onchestus)故事带来一丝线索[③]。赫尔墨斯驱赶阿波罗的牛群时,在翁凯思托斯平原遇见了一位老人(87—88)。后来阿波罗追索他的牛群时将停下来询问这同一个人。两次相遇构成了

---

① 尤见 Kahn(1978), p.50; 亦见 Burkert(1984), p.842。

② 参见 Clay(1983), pp.118-119。

③ Eitrem(1906), p.256:"正如我们在此处看到的,这一片段对于诗作整体没有很大的意义。"依据 Radermacher(1931), p.214,这一插曲只是用来娱乐听众逗他们笑的:"它对故事的发展没有任何影响。"参见 Shelmerdine(1981), p.119。

发生在阿尔菲斯河的一系列奇怪之事。不仅如此，这一情节是《致赫尔墨斯颂诗》所独有的。其他版本中，赫尔墨斯在阿卡狄亚遇见某一位“巴托斯”（Battos【口吃者】），他给了他一点好处让他不要说出他所看到的事情①。当赫尔墨斯返回来考验“巴托斯”时，他背叛了神并且得到了惩罚，神把他变成了一块石头。这个故事的要点似乎在于“巴托斯”因告密而受到的惩罚，其中还包含阿卡狄亚人对一处成型岩石为何被称为“巴托斯的看守”的解释。

一些学者曾以为颂诗中的片段是“巴托斯”故事的缩略版，这个故事至少和托名赫西奥德的《名媛录》一样古老②。尽管颂诗中的老人没有名字，但是当阿波罗称他为采浆果者【batodrope】时，他可能是在影射原故事，不过将故事发生地设置在翁凯思托斯仍是一个谜团③。更重要的是，这位老人不仅没有因他的背叛而受罚，还直接从叙事中消失了。删去赫尔墨斯报复的情节完全改变了这一插曲的意义④。故事在颂诗中的功能必须从别处入手。

先从最明显的部分开始：翁凯思托斯的无名老人是颂诗中唯一多少发挥作用的凡人。颂诗诗人在大部分篇幅里都专注于展现赫尔墨斯在诸神间的著名事迹【kluta erga】（参见第 16 行）；人类只具有边缘性的位置。作为诗中唯一的凡人，老人扮演了一个具有代表性的角色，而且是非常特殊的角色。他的意义被误读，部分是因为描述他的活动的文本不仅有残缺，而且还被学者们进一步更改并误读了⑤。赫尔

---

① 这个故事保存在 Antoninus Liberalis 23 及奥维德《变形记》卷 2 行 687—707，但是 Antoninus 的注家告诉我们，此类传说可以追溯到赫西奥德。参见 Holland（1926），pp.156-162。在 Apollodorus 3.10，2 阿波罗向皮洛斯的居民打听消息。

② 参见 Brown（1947），p.137；但是 Holland（1926），pp.173-175 认为《致赫尔墨斯颂诗》比赫西奥德的版本更为古老。

③ Holland（1926），p.167 有所保留地提出，赫尔墨斯也许与翁凯思托斯一带在宗教崇拜上有着特殊的联系。参见 Càssola（1975），p.523。

④ Radermacher（1931），pp.193-196 认为颂诗中的这一插曲来自易容的神或是未被认出的神这一传统，并且与“巴托斯”故事截然不同。

⑤ 我把第 90 行读作：ὦγέρον，ὥστε φυτὰ σκάπτεις ἐπικαμπύλα κᾶλα（参见 Radermacher［1931］，p.85，但是 κᾶλα 指的是圆木或树桩，不可能是葡萄藤）。并译为：“老头，你用弯曲的圆木打桩，好像种下植物似的；当它们都结果时你将拥有大量的酒。”（也就是说：永远不会）在第 188 行我读作 δέμοντα，而不取 AHS 本的 νέμοντα。第 87 行以及第 188 行的 δέμων 并不是指筹划或者扩张，而是指建造。最后，我把第 190 行的 βατοδρόπε 理解为“采浆果者”，而不是“摘黑莓者”或通常所认为的“除草者”。

墨斯经过时,老人在“建造一座花果园”,还很明显地在用曲木筑梯田。后来阿波罗责问他时,他也在劳作,正在把果园围上或者插上篱笆,还在采浆果。孤独的“老野人”——他就是这样被称呼的——的活动与《奥德赛》最后一卷中拉埃特斯(Laertes)的活动(第24卷,第226—231行)相似[①]。儿子迟迟未归,拉埃特斯绝望了,他离开城市,在乡村过着原始生活,花费全部精力照看他的果园。老拉埃特斯因悲伤而变得可怜的存在,是对公民社会和政治生活的弃绝。然而,我们没有理由认为《致赫尔墨斯颂诗》中的老人出于同样原因抛弃了一种更为文明的生活。相反,他像是代表人类存在的原初阶段,在农耕以前,在畜牧以前,在政治生活以前[②]。事实上,《奥德赛》中的圆目巨人提供了与颂诗中怪物般的老人最接近的参照。他们的特征都是孤身一人,缺乏技术和政治性组织,还有智力上的迟钝,他们也完全没有好奇心。老人没有认出婴儿神,他表现出自己笨拙到不能理解赫尔墨斯谜语一般的警告[③]。

> καί τε ἰδὼν μὴ ἰδὼν εἶναι καὶ κωφὸς ἀκούσας,
> καὶ σιγᾶν, ὅτε μή τι καταβλάπτῃ τὸ σὸν αὐτοῦ.
>
> 看到,但要看不到,听不到,即使听到,
> 别出声,既然你的利益没有受损害。
>
> **(92—93)**

也许人们可以在这里看到一点暗示,它指向其他版本里“巴托斯”的石化,或者更普遍地指向希腊境内道路上的石堆或界碑。但这

---

① 参见 Shelmerdine (1981), pp.17, 119, 123-124;亦可见 Shelmerdine (1986), pp.59-60。

② 老人显然以他果园里的果子和野莓为生。很长时间我都为这个在其他方面均很原始的伙食里出现了葡萄园和葡萄感到困惑不已,尽管荷马史诗中的圆目巨人也拥有酒(参见《奥德赛》卷9第357—358行),但 Pausanias 7.42.5-12 所描述的前农业时期的祭祀证明,葡萄藤的果实(ἀμπέλου καρπόν)属于前农业时期。对 Pausanias 这一段落及其含义的讨论,见 L. Bruit, “Pausanias à Phigalie”, *Mètis* 1 (1986): 71-96。

③ 见第49页注⑤。赫尔墨斯对老人说的谜语一般的话与他之前对乌龟说的神秘话语相似。

几行诗更与普罗米修斯对人类原始境况的描述有着惊人的相似度：“起初，他们也看，却看得徒劳，他们也听，却什么也听不到。”（《被缚的普罗米修斯》，447—448）

我相信我们现在可以看出为什么整件事要发生在翁凯思托斯。在《致阿波罗颂诗》中，这个地点属于远古时期，甚至比古老的忒拜建城还要早[①]。因此翁凯思托斯的老人象征着在赫尔墨斯的技艺与聪慧出现之前人类的原始状态[②]。颂诗诗人于是把一个无足轻重的本地故事转化成对赫尔墨斯出现以前人类生活的野蛮状态的描述，且这一描述令人印象深刻。

午夜过后，赫尔墨斯与牛群抵达阿尔菲斯河的浅滩。牛群吃草、饮水，然后被赶进一个高高的洞穴中。这时神聚集了一些木头，并用月桂树和石榴木钻木取火[③]。人们明确把取火技艺（πυρὸς τέχνην）的首次发现归功于赫尔墨斯，但他无论在什么意义上都没有发明火本身。当然，赫尔墨斯与普罗米修斯之间存在某种相似。两个角色都拥有狡诈骗子和文化英雄的特征，但启发人的是他们的差异。普罗米修斯试图运用他的技巧和诡诈来戏弄宙斯并最终动摇奥林坡斯的秩序，而赫尔墨斯正相反，他成功地使用花招和诡计来确立他在秩序中的地位。前一个例子里，人类以失败告终；而赫尔墨斯的成功，正如我们将要看到的，带来了人类境况的改善。

在接下来的片段里，赫尔墨斯首先宰杀并分解了两头牛，然后把肉分成十二份，但一份也没食用，最后擦除了他的活动所留下的全部痕迹。许多注释家把这一片段视作自足的故事，对诗歌的进程没有什么推动。据布朗所言，“这一片段对情节的发展没有任何贡献”[④]。拉德马赫尔（Radermacher）认为偷盗和宰牛都意在解释本地阿尔菲

---

① 《致阿波罗颂诗》第 225—230 行，见本书前文对这一部分的讨论［译者按：指的是 *The Politics of Olympus. Form and Meaning in the Major Homeric Hymns* 第一章的相关讨论］。

② 试比较《被缚的普罗米修斯》行 454—506 对普罗米修斯的技艺的罗列。赫尔墨斯的众多技艺【technai】同样包括驯养牧群，但不包括农耕。

③ 我采用了 Càssola（1975）和 Radermacher（1931）的文本，他们听从 Ludwich（1908）的建议，读作 δάφνης ἀγλαὸν ὄζον ἐλὼν ἐν δ’ ἴλλε σιδείῳ（109）。再一次，赫尔墨斯的典型技艺【technē】存在于他结合不同事物的能力——这里是两种具有对立属性的树木。

④ Brown（1947），p.102.

斯河旁一个未知洞穴里形态奇怪的岩石的成因(aition)[①]。通常认为颂诗这里描绘的是赫尔墨斯行使他的信使/屠夫功能,以及他在确立一种举行于奥林匹亚或其他地方的祭祀十二神的宗教仪式。无论哪一种看法,神的活动都被视为整个叙事的附属或是插曲。卡恩的分析中极具价值的一点是,她肯定了颂诗用以表现赫尔墨斯作为通道和调解之神的一系列描写极其重要,但她较少关注这段描写在叙事的动态进程中的意义。尽管如此,她对这一幕的整体结论是完全有说服力的:“赫尔墨斯不仅能确认十二神的神性,还可以确认他自己的神性。但是,他的经历决定了他将成为一位‘对人类友好’的神。”[②]

我并不自命有能力解决这一部分所有的文本问题和解读问题,事实上我也疑惑在缺乏新证据的情况下有一些问题能否得到肯定的回答。但是在深入细节问题之前,我想应该陈述一下,我认为这一片段在这首颂诗的总体结构中的意义何在。至此,赫尔墨斯的确切身份仍有疑问:他是一位神还是一个凡人?当赫尔墨斯在他那首献给自己的即兴颂诗中索要神性时,他同时被太过人性的饥饿包围,而他坚持只要阿波罗不死的牛群来满足自己的食欲。此外,他遇见的那个凡人没有认出这位新神。赫尔墨斯的“身份危机”在他发现他无法咽下为自己准备的肉时才解除。明白无误地确认了他的神性之后,他回到了迈娅的洞穴,现在它被称为“富丽堂皇的庙宇”(πί ονα νηόν [148]),因为它已被证明是神的栖所。

赫尔墨斯在阿尔菲斯河畔杀了两头牛,如何阐释他处理它们的细节仍有待尝试。在最近的两个研究中,卡恩和布尔克特(Burkert)全面地考察了这一场景,但却得出了不同的结论[③]。在卡恩堪称精微但时而缺乏逻辑的分析中,赫尔墨斯的行为表现的是伪祭祀或者反

① Radermacher (1931), pp.190–191. K. O. Müller, “Die Hermes-Grotte bei Pylos”, in *Hyperboreisch-römische Studien für Archäologie*, ed. E. Gerhard (Berlin, 1833), pp.310–316 相信他在皮洛斯附近发现了颂诗所描述的洞穴。对这一发现的有力反驳,见 Ludwich (1908), pp.100–101 及 Radermacher, p.190。

② Kahn (1978), p.66.

③ Kahn (1978), pp.41–73; Burkert (1984), pp.835–845(译者按:参见本刊第122—135页)。

祭祀，那些支配奥林坡斯祭祀的法则，为了区别神和凡人的法则，在这里被颠倒了。通过系统性地混淆献祭词汇，赫尔墨斯有意识地歪曲仪式的规范，这使他得以在分隔凡人与神明的界线中创造一丝缝隙，并在两者间搭起了通道。这样一来，赫尔墨斯就发挥了他作为阈限和调解之神的功能。

布尔克特质疑卡恩把那一场景视作伪献祭的解读，而回到一种更为传统的观点，即这一片段解释了奥林匹亚一带祭祀赫尔墨斯和十二神的本地仪式的起源[①]。我们对古希腊祭祀的了解是非常零碎的，而且许多本地祭祀活动都与荷马和赫西奥德描述的不同，注意到这两点之后布尔克特引证了一些与颂诗中的元素相似的例子，那些元素被卡恩视作偏离了正宗的奥林坡斯祭祀活动。他得出的结论是，没有理由认为赫尔墨斯在阿尔菲斯河的活动展现的不是实际的祭祀。由于缺乏支持性证据，布尔克特的论点既不能被证实，也不能被证否，但是他征引的相似例子存在某些疑问。例如，虽然灶坑的使用在英雄崇拜中能找到，但赫尔墨斯明显是想要供奉奥林坡斯十二神。互相矛盾的并非单个元素，而是元素与元素的联结方式。不仅如此，我要主张的是，即便赫尔墨斯完成的活动为一种特定的仪式提供了起源解释（而且有一些元素确实可以与赫尔墨斯崇拜仪式相联系），对这些活动的描述需要在叙事的层面显示出某种一致。一首神话颂诗与宗教律法文本不同。因此，即使我们知道诗歌描述的活动会在崇拜仪式上一模一样地重演，我们也不能以此为借口而不在神话叙事的语境下阐释这一活动。

最后是一个总体上的思考：我已经论证过，荷马颂诗作为一种体裁显示出一种突出的泛希腊/奥林坡斯倾向。虽然《致赫尔墨斯颂诗》有许多特异之处，但它也不例外。这一点也许在诗歌分配给宙斯的角色上最为清楚[②]，但在诗歌的地理定位上也同样明白：阿波罗的牛群最开始处于奥林坡斯附近，最后抵达奥林匹亚一带，这样的地理形态是泛希腊听众极易理解的。而布尔克特相反，他设想了一种没

---

① 参见 Eitrem（1906），p.257。Brown（1947），pp.102-122 坚持认为颂诗描绘的就是公元前 550—前 525 年间在雅典举行的十二主神崇拜仪式。

② 参见 Lenz（1975），pp.69-75 以及本章后文我对颂诗结尾的探讨。

有留下任何痕迹的阿卡狄亚当地的崇拜仪式。《致赫尔墨斯颂诗》有意识地规避本地神话或是将其改头换面，我以为，一个像这样的泛希腊文献，从它的性质来讲，不可能嵌入一段仅有本地听众能理解的对一种无名仪式的描写。

布尔克特和卡恩的阐释，和其他学者一样，都假设发生在阿尔菲斯河边的一幕必须理解为这一种或那一种祭祀仪式①，但我认为，在这里起作用的模式属于另一种不同的活动，这一活动当然与祭祀密切相关，但也拥有足够的差异来形成它特有的一系列法度与规范，即dais 或说宴会。

赛义德（Saïd）清楚详细地解释了主宰宴会【dais】的习俗②。正如她所指出的，这个词本身并不指对食物的享用，而是来源于分割、分派的行为；因此 δαὶς ἐΐση 这一程式化的表达指的是公平、均匀的分配。作为一种社会活动，宴会【dais】肯定了那些被允许参与的人之间共同的纽带和相互的义务。

> 实际上，共餐是归属同一个社群的标志。关于这点的一个证据是，神不会参加人的宴会，除非是以间接而遥远的方式。“他们享用百牲祭中属于他们的那一份”（《伊利亚特》第 9 卷，第 535 行），也即是说在他们的祭坛上，那上面摆满了酒和燃着的脂肪，但他们不再像普罗米修斯介入以前那样是人类真正的宾客了。③

据 Saïd 的说法，公平或者均等的宴会【dais】包含两种互异的分

① AHS（1936），p.269 谈到赫尔墨斯的“焚烧牺牲的制度”。Humbert（1936），p.111 提及“火与祭祀的发明”。参见 Càssola（1975），p. 525。T. Van Nortwick，The Homeric *Hymn to Hermes*（Ph.D. diss.，Stanford University，1975），pp.108-110 将这一片段的词汇与荷马史诗中的传统祭祀部分进行比较，他注意到“诗人不仅没有从荷马史诗的宴会/祭祀场景引用哪怕一行诗句，他有时甚至像是刻意避免使用明显是荷马式的措辞”。用 Van Nortwick 的话说，“这一反常的态度”也许是由于赫尔墨斯根本不是在进行祭祀。

② S. Saïd，“Les Crimes des prétendants，la maison d'Ulysse et les festins de l'Odyssée”，in *Études de littérature ancienne*（Paris，1979），pp.13-22. 参见 G. Berthiaume，*Les Rôles du mágeiros*（Leiden，1982），pp.50-51 以及 M. Detienne 在前言（p.xvi）中的评论。

③ Saïd（1979），pp.17-18.

配。第一种是分成严格意义上均等的部分【moirai】,这证明了所有宴会成员的平等。第二种是依据各自的价值和地位分配荣誉的份额,即 geras【礼物】。因此平等的宴会【dais eisē】表明,一方面,参与者作为一个社会群体的成员是平等的;另一方面,基于荣誉【timē】的社会等级无处不在。正是通过宴会【dais】习俗的视角,赫尔墨斯的活动大体上才可以理解。

赫尔墨斯拿着他刚制作出来的火棍点燃了堆在灶坑里的干木。这样一个沟壕【bothros】用于死者祭祀和英雄崇拜,因此可以与奥林坡斯祭祀中高于地面的祭坛作比较,但它还与普通的家用灶即 eschara 相似[1]。这表明赫尔墨斯可能既不是在进行奥林坡斯祭祀,也不是在祭祀亡魂,而仅仅是在做晚餐。接着,神把两头母牛拖到[2]火堆旁并把它们推倒在地,这个动作需要很大的力气。两头母牛发出低吼,喘着气,牺牲好像在抗议它们所遭受的暴力。通常祭祀的准备环节尽其所能地使牺牲看起来像是同意自己被宰杀,卡恩将这一过程与之相比毫无疑问是正确的[3]。把动物翻个身之后,赫尔墨斯接着刺穿了它们的脊椎。他杀死牛的方式和他处理乌龟的过程非常接近,他把乌龟从活的、哑的、野外的生物变成了死的、室内用的制造歌曲的器具,一个 δαιτὸς ἑταίρη【宴会的伴侣】(31)。但在牛的故事中,不仅仅是从生到死的转变:不死的牛成了会死的,它们从神的所有物转移到了人类的领域,而在祭祀仪式中,牺牲被移除出凡界,顺从地成为神的所有物;这里,作为对比,原来属神的母牛失去了神性[4]。

神继续切割并烹饪已失去神性的肉。然后他把牛皮铺在一块大圆石上,石头上的牛皮“即使现在”也清晰可见,他又把肉分成十二

---

① 参见 Kahn (1978), p.53。古代证据见 J. Rudhardt, *Notions fondamentales de la pensée religieuse et actes constitutifs du culte dans la Grèce classique* (Geneva,1958), p.250。

② 我不理解为什么 Burkert (1984), p.837(译者按:参见本刊第 125 页)发现这里暗示了“举起牛”,文本仅仅是说拖(第 116 行的 ἕλκε)。

③ 参见 Kahn (1978), p.58。Burkert (1984), p.837, n.15(译者按:参见本刊第 125 页注⑥)引用了《伊利亚特》卷 20 第 404 行作为平行例证。

④ 参见 M. Mauss, “Les fonctions sociales du sacré”, in *Oeuvres* 1, ed. V. Karady (Paris, 1968), pp.193-307。他把祭祀定义为紧接着去神性化的神性化。赫尔墨斯的行为只涉及前者,母牛原本是 hiera【属神的事物】,即它们属于神;宰杀、切割它们构成了去神性化的行为。

份。这一划分与牺牲的分配形成了鲜明的对比，根据接受者的不同，牺牲的不同部分有着不同的处理方式，诸神在进行庆典的凡人之前获得他们的份额。我们可以说赫尔墨斯仅仅是忽略了祭祀，即对诸神的供奉，只不过肉已经去神化了；这肉没有哪一部分可以恰当地供奉给神。正如在宴会【dais】上，所有可食用的肉都分为相同的份额。赫尔墨斯致力于建立的不仅是一个基于级别与地位差异的垂直等级秩序，还有维护平等的水平分配。赫尔墨斯不是作为祭司或献祭者在行动，而是作为主人给平等相待的*友人们*【philoi】举行宴会，他通过热情好客创造了*友爱*【philotēs】的纽带[①]。一个不同寻常的饰词，χαρμόφρων，“怀着愉悦的心情”或“欢快的”，用来形容正在准备食物的神。饰词指出了赫尔墨斯既是宴会的侍者又是主人的双重角色，并且在 χαριζομένη παρεόντων【殷勤招待在场者】这一荷马式套语中找到了呼应，它用来形容为宾客们服务的主妇。宴会【dais】本身即是*恩惠*【charis】的场所[②]。赫尔墨斯费尽力气把十二份当中的每一份都分得均等以后，他这会儿又给每一份添加了“精确的荣誉份额”，τέλεον γέρας【最后的礼物】，由此拒绝区分不同的目标接受者[③]。此外，为了确保绝对的平等，他通过掣签来分配。掣签预设了一个平等者的社群，忽略了成员间存在等级差异[④]。因此在《伊利亚特》中，当宙斯因他更年长且有智慧，想凌驾于波塞冬之上时，波塞冬为了确保他与兄弟的平等地位，提醒他克罗诺斯的三个儿子最初通过掣签瓜分了宇宙[⑤]。值得注意的是，抽签的请求从处于下风者的嘴

① 参见 Benveniste（1969），1：341-344。

② Saïd（1979），p.23. 亦见《奥德赛》卷 15 行 319—324，易容的奥德修斯向求婚者们推销自己的侍宴技术，那是“赋予所有人类劳动以恩惠【charis】与荣耀【kudos】的赫尔墨斯依照心意”赠给他的。

③ Kahn（1978）p.36 错误地将 geras 等同于留给诸神的部分，因此认为赫尔墨斯在这里不加区别地混淆了指定给人和神的部分，而两者本来应该分开。但是根据文本所明确表明的，geras 等于 νῶτα γεράσμια【享有荣誉的排骨肉】（122），即指定给尊贵的客人的部分。赫尔墨斯的步骤遵照宴会【dais】的习俗，而不是祭祀的习俗。Kahn，p.65 指出，“通过掣签，赫尔墨斯将众神视作人类群体来对待”，这是正确的。

④ Eitrem（1906），p.258，误解了赫尔墨斯诉诸掣签的意图：“如果只通过掣签的决定就将第一份也是最大的一份分配给赫尔墨斯自己，那效果就会更滑稽。”但 Burkert（1984），p.839（译者按：参见本刊第 127 页），正确地强调了使用掣签的方式预设了参与者的平等。

⑤ 《伊利亚特》卷 15 行 187—195。

里说出最为令人印象深刻。

那么，赫尔墨斯不是在祭祀，而是作为与其他神相等的神【par inter pares】为奥林坡斯诸神举行宴会【dais】。他对份额的分配反映出他要求群体内部的平等，他不接受宾客在礼物【geras】因此也在荣誉【timē】上存在任何合法的差异。神的行为表达了一种满怀期望的想法：通过拒绝等级分层的众神系统的观念，赫尔墨斯隐含的意思是，所有的奥林坡斯神都平等地配得上荣誉【timē】——考虑到他是他们当中最年轻、最不受尊敬的神，他有这样的主张完全可以理解。这一主张表达了想要在平等的基础上加入众神群体的愿望。

宴会准备就绪，宾客们却没有到来。尽管赫尔墨斯精心准备，他忘记了一个基本事实：众神不吃肉。事实上，正如赫尔墨斯马上发现的，不能吃肉是神的标志：

> ἔνθ' ὁσίης κρεάων ἠράσσατο κύδιμος Ἑρμῆς·
> ὀδμὴ γάρ μιν ἔτειρε καὶ ἀθάνατόν περ ἐόντα
> ἡδεῖ'· ἀλλ' οὐδ' ὧς οἱ ἐπείθετο θυμὸς ἀγήνωρ
> καί τε μάλ' ἱμείροντι περῆν' ἱερῆς κατὰ δειρῆς.

> 这时，光荣的赫尔墨斯渴望那一份失去神性的肉；
> 因为那香甜的味道令他虚弱，即使他是不死的神；
> 但即便如此，他果敢的心也没能劝服他，
> 让肉穿过他神圣的咽喉，尽管他如此渴望。

（130—133）

并非如赫尔墨斯所尝试的，在宴会【dais】上共同进餐可以确立他在众神群体中的成员身份，而是相反，他无法吃下肉这一点确认了他的神性①。赫尔墨斯刚确立的地位得到承认之后，诗人现在称他为daimōn【灵】（138）。不死的牛群从神界跨入了凡界，而赫尔墨斯则

① 参见 Vernant（1979b），p.242：“赫尔墨斯小心地不吃他为自己准备的肉，一旦他吃了，他就会变成人。”

进入了神的领域,由此完成了他作为跨界者的本质功能。

未完成的宴会【dais】的残余证明了赫尔墨斯在他自身的神性特征问题上错得离谱。因此神迅速藏起他那难堪的错误的证据[①]。肉放在洞穴里的高处,很适宜地悬"在半空中",在天与地之间、神与人之间,作为他不久前的盗窃行为的标记。然后赫尔墨斯焚烧了牛头和牛脚,把他的凉鞋丢进了阿尔菲斯河中,试图抹去篝火堆的全部痕迹。接下来的内容显示他这一系列努力只获得部分成功。阿尔菲斯河边的宴会构成了赫尔墨斯获得尊荣【timai】的第一步,尽管这一步非常关键,它仍然是持续不断的尴尬来源,证明赫尔墨斯的神灵身份一直处于晦暗不明的状态。我们现在就可以理解为什么诗人在罗列神的"著名事迹"时省略了他夜间在阿尔菲斯河岸边的活动。

年轻的奥林坡斯神的发明,钻木取火和宴会【dais】,在某种意义上与普罗米修斯的发明相同——但是顺序颠倒了。在赫西奥德的版本中,普罗米修斯同样分割了一头大牛(μέγαν βοῦν…δασσάμενος [《神谱》,536—537]),当时神和人还在一起进餐(参见《名媛录》残篇1 M-W)。狡黠的提坦神试图戏弄宙斯,他把骨头藏在发亮的脂肪下给了宙斯,却把可以食用的部分给了人类。普罗米修斯的宴会【dais】造成了神和人的永恒分离,标志即是祭祀[②]。而另一方面,赫尔墨斯的宴会【dais】以这一分离为前提,开启了一种完全属于人类的习俗,在人类的宴会上分享可吃的肉,即平等的宴会【dais eisē】。相类似的,赫尔墨斯制造的火也和普罗米修斯的火不同,后者是在宙斯对人类藏起火之后从诸神那里盗来的(《神谱》,563—567;《农作与时日》,50)。提坦神盗来的火是暴力【hybris】的产物,也证明了欺骗宙斯的智谋【mētis】是不可能成功的;而赫尔墨斯的火,本身即是智谋【mētis】和技艺【technē】的产物,具有人的属性和文明开化的功

---

① Radermacher(1931), p.100 说,赫尔墨斯试图"销毁盗窃的证据",这并不准确。他要掩盖的并非偷盗牛群,而是对它们的分割。

② Rudhardt(1981), pp.216-217 坚持认为不是普罗米修斯创造了对奥林坡斯诸神的祭祀,而是他的行为造成了一系列的后果,这些后果导致了祭祀仪式的建立,我认为他是对的。普罗米修斯将神与人分开,这最终带来一种新的神人交流形式。

能[①]。毫无疑问,赫尔墨斯造火的新方法是以普罗米修斯的盗火为前提的,正如年轻的奥林坡斯神的宴会【dais】也以很久以前普罗米修斯的分牛为前提。《致赫尔墨斯颂诗》中的行为发生在一个绝对是后普罗米修斯的年代里;叙事所设定的确切时间点可以进一步明确并指出。翁凯思托斯的老人提供了一个后普罗米修斯时代的人的象征,他与神分离,退回到孤寂的野蛮状态[②]。根据这首颂诗,不是普罗米修斯,而是赫尔墨斯的技艺【technē】与智谋【mētis】将改善人的野蛮状态。赫尔墨斯新的 πυρὸς τέχνη【造火技艺】使人类得以制造并随心所欲地控制火。不仅如此,新的宴会【dais】远不是分离的工具,反而作为人类共生的基本习俗,成为重新把人团结成社会群体的方法之一。

因此,《致赫尔墨斯颂诗》表明,提坦神普罗米修斯使人类下降到野蛮的状态,但奥林坡斯神赫尔墨斯,这位人类真正的朋友,使人上升到文明的程度。诗人把人类的技术进步归功于赫尔墨斯,这样一来就消除了传统的普罗米修斯形象固有的令人困扰的暧昧之处:传统上他既是宙斯的敌人又是人类的朋友。普罗米修斯对奥林坡斯的暴力挑战导致人类失去与神的亲密,而赫尔墨斯有益的行为完全与宙斯的想法一致(参见第 10 行)。奥林坡斯是无可责备的。

我已经论证过,发生在阿尔菲斯河边的一幕表现的既不是通常意义上的祭祀,也不是伪祭祀,而是一场宴会【dais】,它首要地是凡人的制度。不过,赫尔墨斯的行为也给神与人的关系带来了冲击,故而拥有一重宗教的维度。在奥林坡斯祭祀纪念的墨科涅(Mecone)宴会【dais】上,普罗米修斯促使神疏远了人类,而赫尔墨斯通过他在阿尔菲斯河边的宴会【dais】又把他们拉近了。作为调解之神和人类之友,这位新神的和解行动也在宴会【dais】的情境里含有恰如其分的纪念性质。

---

① 参见 Kahn (1978), p.52:“因此赫尔墨斯的火是技艺带来的火:由技艺【technē】制造,由智谋【mētis】生发,它与普罗米修斯盗来的火相反。”

② Burkert (1984), p.842 肯定了普罗米修斯与赫尔墨斯的相似性:“他们都狡诈地在神界的对立面营造了人的境况”(译者按:参见本刊第 131 页),但他没有看出翁凯思托斯的老人的示范功能,当他如此补充道:“我们的文本直接提及人类的地方不多”(译者按:参见本刊第 131 页)。贺拉斯非常了解赫尔墨斯,他会在老人身上辨认出“初民们未开化的生活方式”【feros cultus hominum recentum】(*Odes* 1.10.2)。

首要的文学证据来自《奥德赛》第十四卷，忠诚的欧迈奥斯(Eumaeus)为他的新客人，即伪装的奥德修斯，宰杀了一头猪以表敬意(第14卷，第418-456行)[①]。猪倌的祭祀开始于向“所有神”祈祷，接着把包裹着脂肪的肉——比通常奥林坡斯祭祀所用的肉少一些——放到灶(eschara)上焚烧，剩下的肉用来烤。史诗强调了欧迈奥斯在这些事情上的娴熟[②]，他继续把烤熟的肉分成七份，先为赫尔墨斯和宁芙们留出一份，再给其他宾客们享用。他为奥德修斯保留了专属尊贵客人的一份：νώτοισιν δ' Ὀδυσῆα διηνεκέεσσι γέραιρεν(437)。

分给赫尔墨斯的那一份和分给其他参与者的完全相等。其他神接受的是他们的典型贡品，经过焚烧的肉，这是宴会的第一步，赫尔墨斯仅仅是作为其中一位受邀请的客人参与平等的宴会【dais eisē】——甚至不是尊贵的客人。卡德莱茨在他对这一片段的分析中把赫尔墨斯的贡品和一种常见的习俗联系在一起，这一习俗是沿着境内的道路在石头路标或方碑下放一些食物供旅行者食用[③]。饥肠辘辘的旅行者碰见这些小份美食会把它们当作幸运发现，一个hermaion【偶然发现】，是来自旅行者的保护神赫尔墨斯的礼物。无论如何，熟食作为供品处于奥林坡斯祭祀和死者燔祭的中间地带，暗示了给予者与预期接受者的亲密[④]。这些所谓的菜肴【trapezomata】

---

① 我采纳了 E. Kadletz, “The Sacrifice of Eumaios the Pig Herder,” *GRBS* 25 (1984): 99-105 的分析。Orgogozo (1949): 157 极具洞察力地评论道:“要进一步了解神(赫尔墨斯)，描述欧迈奥斯的祭祀的几行诗比卡吕普索那一场重头戏更为重要。”但她继而把赫尔墨斯描述为杜梅齐尔所说的第三功能之神，即劳动者的保护神。

② 《奥德赛》卷14行432—434:“猪倌起身安排宴会。因他熟稔如何恰当地分配。按照比例，他将它们分为七份。”这里 αἴσιμα 指的是它的词根意“恰当的分成或份额”。

③ Kadletz (1984), pp.103-105.

④ K. Meuli, “Griechische Opferbräuche”, in *Phyllobolia für Peter von der Mühll* (Basel, 1946), p.196 认为所有这些食物供品都起源于死者或英雄崇拜，只有当奥林坡斯众神变得更有人味并且与崇拜者更亲密，这些供品才转移给他们。对于欧迈奥斯留给赫尔墨斯和宁芙们的食物，他评述道:“对他来说，这些神秘而神出鬼没的力量就如同这片土地的英雄一样亲近而熟悉。”(p.214) Nilsson, *GGR* (1955), I: 145, n.2 否认食物供品必须要与亡魂或英雄崇拜相联系。D. Gill, “*Trapezomata*: A Neglected Aspect of Greek Sacrifice,” *Harvard Theological Review* 67 (1974): 135-136 同样表达了怀疑，并提出这样的食物也许起源于民间信仰或家族崇拜。参见 Kadletz (1984), p.105。他将欧迈奥斯的供奉描述为“朴质的”。Burkert (1977), p.176 同样提出这些“诸神的食物”适于“家庭日用而不是城邦宗教”。Gill, p.137 进一步注意到“先前的证据似乎表明，他们认为神通过某种方式以自己的本来面目出现在食物旁”。事实上，所有这类供品的普遍共性也许就是亲密。

在另一些类似赫尔墨斯的调解角色如赫卡忒(Hakate)、狄奥斯库里(Dioscuroi)那里也被证实普遍存在①,这并不令人惊讶。尽管赫尔墨斯最终成为奥林坡斯群体的正式一员,他作为“宴会的伴侣”(δαιτὸς ἑταῖρος,436),仍然继续参与他创立的人类的宴会【dais】。正如我们所看到的,那一制度构成了人类团体的基础。在这样的语境下,我们应该想到普鲁塔克提到的一句智慧谚语:“当聚会或集会突然陷入寂静,人们说是赫尔墨斯进来了。”②赫尔墨斯突然的、捉摸不定的,甚至可以说是鬼魂般的出场,不仅证明他对社会制度的保护③,还证明他联结奥林坡斯神和人的能力。

这样说来,这位新奥林坡斯神既没有发明火,也没有发明祭祀仪式。相反,他重新建立了曾经被普罗米修斯破坏的宴会【dais】,但是加上了一个重要的改变:神和人再也不会像在墨科涅那样一同进餐了。不过,通过这位“陪伴所有有死者和不死者”的神的行为,神和人之间形成了新的联系。

目前为止,我已经考察了赫尔墨斯的宴会【dais】为人类社会和神人关系带来的后果。但是发生在阿尔菲斯河边的一系列事件,对诸神自身也有着不容置疑的意义。虽然赫尔墨斯在任何意义上都没有创立十二主神崇拜④,但是他通过他的行为把奥林坡斯十二主神群

① 作为“家神”的狄奥斯库里,见 Nilsson, *GGR* (1955), 1: 409-410。作为调解者的赫卡忒,见 J. S. Clay, “The Hecate of the *Theogony*”, *GRBS* 25 (1984): 24-38。赫卡忒的食物【deipna】放置在十字路口,与放在界碑处的食物相似。关于赫卡忒与赫尔墨斯的关系,见 T. Kraus, *Hekate* (Heidelberg, 1960), pp.71, 85, 101, 151:“赫卡忒与赫尔墨斯有许多共同之处”(p.71)。关于赫卡忒的食物【deipna】,见 Kraus, pp.88, 91 及 Meuli (1946), p.200。不妨也考虑 Burkert (1977), pp.175-176 的讨论,他强调了献给友好【philos】宙斯的食物供品:“这个人们与他往来如此亲密的宙斯,显然与那掷雷的天神不同。”关于罗马世界中的平行例证,见 G. Dumézil, *Archaic Roman Religion*, trans. P. Krapp (Chicago, 1970), 1: 182-183。亦可参见 É. Benveniste 在 *Problèmes de linguistique générale* (Paris, 1966), 1: 323-325 中对祭祀宴【daps】的讨论。

② *De garrulitate* 502: ὅταν ἐν συλλόγῳ τινὶ(译者按:原作 τινί,当误)σιωπὴ γένηται τὸν Ἑρμῆν ἐπεισεληλυθέναι λέγουσι. 关于 Kahn([1978], p.184)对这一谚语的误读,见 Hübner (1986), p.157。

③ 参见 J. Toutain, “Hermès, dieu social chez les Grecs,” *Revue d'Histoire et de Philosophie Religieuses* 12 (1932): 297-298 及 Watkins (1970), p.345。Watkins 把赫尔墨斯称作“人类学和社会学的基本原则——互惠原则——的保护神”。

④ 品达把奥林匹亚崇拜仪式的创立归功于赫拉克勒斯(*Olympian* 10.49)。Hellanicus (*Fr.G.H.* 4, fr.6) 称 Deucalion 为该仪式的创立者。

体确立为一个完整、永恒的团体。从此以后，永远会有十二位奥林坡斯神，不多也不少[①]。随着赫尔墨斯诞生并被纳入这个群体，在此之前仍残缺不全的神灵世界抵达了它的最终形态和目标（telos）。赫尔墨斯的夜宴因其对诸神群体、人类群体还有二者的相互关系的三重影响，引入了一种新的事物秩序【novus ordo rerum】。

对质

就在黎明时分，赫尔墨斯回到了库列涅的洞穴，现在它被称作“富丽堂皇的庙宇”（148），他悄无声息地从锁眼溜了进去[②]。神迅速回到摇篮，用襁褓把自己包裹好，扮演着提抱之婴，始终紧紧地抓着他“可爱的乌龟”。回归洞穴和摇篮标志着神的著名事迹（kluta erga）的终结。行之后是言。三次对质将占据诗歌的中心位置，先是和他母亲，再是和阿波罗，最后和宙斯——明显是由低到高的顺序。明确他的神性以后，赫尔墨斯的身份改变了。但他的身份仍然反常：他确实是神，但是一位没有尊荣【timai】的神。颂诗余下的部分将描述他获得尊荣【timai】的过程。

赫尔墨斯与迈娅的对话充满了他对新身份的自知[③]。他第一次明确地陈述，他想要获取理当伴随他的身份而来的特权。诗人引出迈娅的话时，把二者的交流视作是神与神之间的，θεὰν θεός（154），由此强调了情况已变。赫尔墨斯或迈娅的神性已毋庸置疑。迈娅清楚

---

① 尽管成员有所不同，但十二这个数字却总是不变的。见 O. Weinreich, “Zwölfgötter,” in *Ausführliches Lexikon der griechischen und römischen Mythologie* 6, ed. W. H. Roscher, 尤见 cols. 838-841，参见 Wilamowitz（1959），1，323，n.3。他非常奇怪地认为颂诗诗人没有把赫尔墨斯算进十二主神中；Radermacher（1931），p.99 也持此见。Welcker（1857），2：164-165 提出十二主神崇拜也许由梭伦创立。

② 参见 Càssola（1975），pp.160，527。他注意到赫尔墨斯的行动与《奥德赛》卷 4 第 802 和 836 行中的梦之间的相似性，以及赫尔墨斯与梦的关联（参见《致赫尔墨斯颂诗》，14）。

③ Robert（1906），p.406 主张这一片段是后来窜入的；Radermacher（1931），p.214 发现迈娅与赫尔墨斯的对话对叙事没有任何推动作用，但是 Kuiper（1910），p.45 把第 166—175 行称作“诗歌的高潮”【summa carminis】，肯定了它的重要性。F. Dornseiff, “Zum homerischen Hermeshymnos”, *Rheinisches Museum* 87（1938）：83 把这几行诗视作赫尔墨斯的“人生规划”，并把它们与《致阿波罗颂诗》的第 131—132 行作比。

地知道赫尔墨斯去了哪里,她责骂她尚是婴儿的儿子,预言不是阿波罗用ἀμήχανα δεσμά【不可抵抗的链条】把他绑走,就是赫尔墨斯将成为峡谷里的窃贼。当然,用锁链捆缚是对不顺从的神的传统惩罚,而阿波罗确实试图捆绑这位新神,但他没有成功。迈娅的第二个预言一定程度上实现了:阈限之神总是多少有点逍遥法外,栖息于城市与乡野之间。迈娅总结道:

μεγάλην σε πατὴρ ἐφύτευσε μέριμναν
θνητοῖς ἀνθρώποισι καὶ ἀθανάτοισι θεοῖσι.

你的父亲生下你
让有死的人和不死的神都伤脑筋。

(160—161)

她的话令我们想起,赫尔墨斯的出生是符合宙斯的意图的(参见第10行)[①]。尽管他造成了麻烦,喜偷盗的神是神的计划的必要元素。

虽然赫尔墨斯之前装作无助的小孩子,之后和阿波罗对质时再一次装作无助的小孩,但此时他对母亲的责骂不予理睬,告诉她不要拿他当小孩子看待。在他的回答中,他流露出想要获得与他刚确定的神性相称的尊荣【timai】。他将使用任何必要的手段(τέχνης... ἥ τις ἀρίστη)来达到最大利益。赫尔墨斯提议改变他们的住所,搬离他轻蔑地称为“发霉的洞穴”(172)的地方到奥林坡斯山上去;改变他们目前的孤立状态,而去与众神作伴;最后改变他们的身份,不做收不到人类的祈祷和礼物的神,而要获得神应有的财富与荣华。他总结他的意图道:

ἀμφὶ δὲ τιμῆς
κἀγω τῆς ὁσίης ἐπιβήσομαι ἧς περ Ἀπόλλων.

① 见 Shelmerdine 即将出版的评注本。

至于尊荣，
我也将获得与阿波罗拥有的同样的“供奉”(hosiē)。
(172—173)

Hosiē 一词在这里造成了相当大的困惑。许多注疏家简单地译为“崇拜仪式”,尽管上下文表明它是某种更为具体的事物。赫尔墨斯刚刚抱怨过他从人类那儿既没有收到礼物,也没有收到祈祷(168)。这里他索要 hosiē——确切地说,即是神应得的供奉,且与阿波罗所有的相同。然而,hosiē 的这种解释似乎与这个词在前面部分的使用矛盾,前面说 ὁσίη κρεάων,“失去神性的肉”[①],不能滑下赫尔墨斯“神圣的咽喉”(130)。这一片段与其他许多片段一样,把 ta hosia【世俗的事物】与 ta hiera【属神的事物】并置,这使得让马里(Jeanmaire)和本维尼斯特(Benveniste)把 hosiē 定义为“神的律法让渡给人类的那些”——也就是世俗的事物,与 hiera 相反,后者指的是属于神的或神圣的事物[②]。当我们用这个意义去理解这一片段里的 hosiē,问题出现了。本维尼斯特和卡恩都认为赫尔墨斯在这里误用了词语,他像个凡人而不是神在说话。赫尔墨斯所觊觎的 hosiē 其实是应当属于人的世俗物品。相应的,神的词语误用证明他的身份仍暧昧不明,他究竟该属于人界还是神界仍不确定[③]。但如果我们对之前那一幕的解读是正确的话,赫尔墨斯从阿尔菲斯河回来以后,他的神性就没有任何疑问了,他坚决要获得与他的地位相称的特

---

① 参见 Burkert (1984), pp.837-838, 他将 *hosiē kreaon* 翻译为 *daps profanata*【世俗的宴会】:“这是祭神仪式(*hiera*)结束后可以供人类正常食用的那部分肉。”当然,切割阿波罗的两头牛时,并不是在进行祭神仪式【hiera】;不死的牛群一旦离开神界,就内在地世俗化了。如果它们是为了祭祀的目的而被宰杀、成为牺牲,那么它们只是被变成“属神的事物”【hiera】(即,重新获得神性)。但是我们已经看到,赫尔墨斯没有实现这一点。Kahn (1978), pp.61-66 坚持认为在第 130 行中“*hosios* 一词被误用了”,并且这里是一个“有效的文字游戏”(p.66)。但我认为,她的解读尽管细致入微,却是错误的。*hosiē kreaon* 有我们预期的“失去神性的肉”的含义,并与它在其他对比 ta hosia 和 ta hiera 的段落中的含义相吻合。

② 参见 Benveniste (1969), 2: 198-202 及 H. Jeanmaire, “Le Substantif *hosia*,” *REG* 58 (1945): 66-89。亦见 M. H. Van der Valk, “Zum Worte ‘ΟΣΙΟΣ,’” *Mnemosyne* 10 (1942): 113-140; Rudhardt (1958), pp.30-38 及 A. Pagliaro, “Ἱερός in Omero e la nozione di ‘sacro’ in Grecia,” in *Saggi di critica semantica* (Messina, 1953), pp.92-96。

③ Benveniste (1969), 2: 201 及 Kahn (1978), pp.68-71。

权——包括 hosiē。

如果 hosiē 仅仅是指诸神让渡给凡人的世俗物品，我们所面对的文本就讲不通了，但如果我们采取本维尼斯特更宽泛的定义，“神的律法指定给人的”[1]，我们就不仅可以从赫尔墨斯的宣言中得出一个满意的含义，还能得出可以说明新神的窘境的含义。因为神的律法指定人的，首先也是最重要的是通过祭祀和祈祷的方式礼拜诸神；其次才把世俗的物品让渡给人供他们使用。具体的语境决定了词语在每一个用例中的确切含义。只有当文本中有明显的语言标志表明 hosia 或显或隐地与 hiera 相对照时，hosiē 才意味着世俗的【profanus】。因此，hosiē 既包括献给神的供奉，也包括专门供人类享用的事物。

赫尔墨斯的话语确实暴露了一种困惑，但无关他的神性身份，而是在 hosiē 和 timē【尊容】的区别上[2]。赫尔墨斯已经充分地确认了自己的神性，现在他渴望获得相应的特权与荣誉，即尊荣【timai】。这些包括作为奥林坡斯诸神之一的成员身份和来自人类的供奉（hosiē）。在奥林坡斯的词汇中，timē 意味着一位神的势力范围。比如，射箭构成了阿波罗的尊荣【timai】之一。因此，人类射箭命中靠的是阿波罗的意愿，恰当的供奉和祈祷（hosiē）可以确保这种意愿。另一方面，一旦他们疏忽了供奉和祈祷，就有可能失败[3]。赫尔墨斯

---

① Benveniste（1969），2：198.

② hosiē 和 timē 的关系在第 469—472 行表达得很清楚，Jeanmaire 和 Benveniste 都未能为这一段提供可信的解释。赫尔墨斯在那儿有一点嫉妒地描述宙斯与阿波罗的特殊关系（我采用我认为正确的断句方式给出这一段希腊文文本，并把第 470 行中抄本作 δέ 者改为 γέ）：

> …φιλεῖ δέ σε μητίετα Ζεὺς·
> ἐκ πάσης ὁσίης ἔπορεν γέ τοι ἀγλαὰ δῶρα
> καὶ τιμὰς· σὲ δέ φασι δαήμεναι ἐκ Διὸς ὀμφῆς
> μαντείας.
> ……拥有智谋的宙斯喜爱你，
> 他［宙斯］从所有的供奉中赐给你华贵的礼物
> 和尊荣；他们说你从宙斯的声音中习得了
> 预言。（469—472）

预言与尊荣【timai】关系紧密，而供奉【hosiē】带来华贵的礼物，即它来自人类。那么，宙斯不仅赐予阿波罗他的尊荣【timai】，还强加给人们供奉他最喜爱的儿子的义务。

③ 例如参见《伊利亚特》卷 23 第 862—883 行，透克罗斯（Teucer）由于忘记供奉阿波罗而在射击比赛中失利，而墨里奥涅斯（Meriones）因牢记在心而获胜。

的宣言来自他处境的异常;他毫无疑问是神,但却是一位尚未获得被承认的尊荣【timai】的神。当赫尔墨斯索要与阿波罗相等的 hosiē 时,他当然暴露了一种粗野的物质主义,但更重要的是,他流露出了自己对奥林坡斯秩序的无知:供奉【hosiē】取决于尊荣【timai】。赫尔墨斯应该说的是:"我想要和阿波罗拥有一样的尊荣【timai】(如预言或牧牛),这样我就会和他一样富有供奉【hosiē】。"通过索取供奉【hosiē】而不是尊荣【timai】,赫尔墨斯表露了他的异常处境——相比那些身份确定并且已经拥有界限清晰的领域的神。直到现在,赫尔墨斯还没有尊荣【timai】,并且不知道他的尊荣【timai】将是什么。然而,他确实知道要如何尝试获得它们:通过他的智巧,即技艺【technē】和智谋【mētis】。讽刺的是,年轻的神没有意识到,他的每一个行为,从发明弦琴到宰牛,都会构成他的尊荣【timai】的一个要素。因此,赫尔墨斯已经在成为一位奇技淫巧之神、诡计与偷盗之神、穿越与进入之神,还有转换与调解之神。

在接下来发出的恐吓(174—181)中,赫尔墨斯表现出他新近意识到奥林坡斯由谁统治。尊荣【timai】是由宙斯来分配和保证的,赫尔墨斯也必须最终从他那儿获得。如果宙斯拒绝,那么赫尔墨斯就将试图通过进入(ἀντιτορήσων,[178])[①]德尔斐并盗取阿波罗的无数珍宝来成为"窃贼的首领"。在这里我们再次发现尊荣【timai】与人理应给神的礼物之间的混淆。为了完全获得神的身份并由此而得到尊荣【timai】,赫尔墨斯必须用某种方式潜入奥林坡斯;如果做不到这一点,他至少想获得供奉【hosiē】,也就是献给神的物质供品,通过抢劫阿波罗的神庙的方式。当然,恐吓的内容从来没有实现,因为在接下来的故事中,赫尔墨斯将试图要花招进入奥林坡斯,通过他典型的迂回而间接的路线。

黎明时分,赫尔墨斯已经退回到他的摇篮,阿波罗动身寻找他的牛群并来到了翁凯思托斯。一个核心事实浮出水面:尽管有老人提供给他的信息(这位老人突然变得饶舌了,"赫尔墨斯的路过"似乎赋予了他语言),尽管神拥有预言的能力,尽管他已经发现了足迹,阿

① 参见第 41 页注③。

波罗仍然不能发现他那群被偷运走的牛在哪里。实际上,它们突然消失得无影无踪[1];只有赫尔墨斯才能把他的兄长带到它们藏匿的地方。

在急迫的追逐中,阿波罗不由自主地不断惊叹赫尔墨斯的劫掠,首先是因为只剩一头公牛和几条狗还留在原地(可以想见,公牛通常会跟随母牛,而狗也会追逐盗贼)。当然,惊叹是面对充满智谋【mētis】的行为的典型反应[2]。当阿波罗问哪个成年男子可能曾牵着牛群经过,翁凯思托斯的老人一开始似乎回避神的问题,也许是想起了赫尔墨斯的警告,但是接着他又透露了他"认为自己看到了"一个走着奇怪的之字形路线并把牛群往后拉的孩子。当阿波罗无声地继续赶路时,一个预兆在他面前出现,表明盗贼是宙斯的儿子[3]。于是阿波罗朝着皮洛斯(Pylos)的方向狂奔,直到他看见了巨大的足迹(μέγα θαῦμα,[219]),首先是牛群的,然后是赫尔墨斯的,后者完全不像人类的或者野兽的足迹,甚至不像半人半兽的肯陶洛斯。如果足迹既不像人又不像兽,那么罪犯实际上一定是神,或至少是半神。这时阿波罗突然改变了他的路线,事实上他不再追踪足迹了,而是调头冲向库列涅。当然,足迹是不会把他领到那儿去的,我们必须假设阿波罗也是通过占卜知道赫尔墨斯的家在阿卡狄亚的山洞里,正如他是通过占卜知道盗贼是宙斯的儿子。阿波罗无法找到他的牛群,这注定了他和赫尔墨斯的对质。

阿波罗后来向宙斯陈述他的搜寻(334—361)要远比叙事进程中的这一片段更具有连贯性。陈述的顺序是清晰而有逻辑的[4]。那里,

---

① 注意赫尔墨斯最喜爱的,或者在有一些传统里就是他儿子的 Autolycus 也拥有相同的能力。参见 Hesiod, fr. 66-67(M-W)。

② 参见第 196 和 219 行的 θαῦμα。关于 thauma 和 mētis 的联系,见 Kahn(1978),p.75及 Clay(1983),p.179。

③ 参见 Shelmerdine 即将出版的评注本对行 213—214 的注释,他注意到套语 Διὸς παῖδα Κρονίωνος 是"全新的",并且"可以用来形容宙斯的任何一个儿子"。Van Nortwick(1975),p.36 注意到诗人本可以在这里使用格律相同的 Διὸς καὶ Μαιάδος υἱόν,但他误解了诗人的选择。阿波罗通过占卜发现的是盗牛贼的父亲是谁,因此也知道了他与自己的兄弟关系(参见下一行出现的 Διὸς υἱὸς Ἀπόλλων)。

④ 依据 Robert(1906),p.407,阿波罗寻牛的叙事(186—227)与他向宙斯陈述的版本之间有出入,是由于文本的错简。Radermacher(1931),pp.138, 211 在二者的不一致中,发现了一个未被完全纳入颂诗的更早版本的痕迹。

阿波罗声称他追随足迹一直到一块坚硬地面并不再能看到脚印为止,然后他从一个老人那儿得知,赫尔墨斯前往皮洛斯并把牛群藏在那儿后(此处神的说法又有些含糊)又回到库列涅。那么,在宙斯面前,阿波罗隐瞒了自己的路线并掩饰了他的困窘【aporia】和找不到牛群的无能。事实上,赫尔墨斯把阿波罗引向了一个白费力气的追逐,最后的结果正是赫尔墨斯所欲求的——他自己进入了奥林坡斯山。

阿波罗和赫尔墨斯的对质(233—318)聚焦于自信满满、仗势欺人的大哥与理应是无辜、无助的婴儿形成的对照。尽管充满粗俗的幽默,这一片段仍然提供了一个强力【biē】与智谋【mētis】对立的典范。智谋【Mētis】,毫无疑问,喜欢隐藏自己,装出柔弱和孩子气的天真模样追逐它的目标。当阿波罗进入洞穴时,赫尔墨斯用襁褓把自己包裹好,使自己显得更幼小并假装是一个嗜睡的新生儿,"但是,事实上,他非常清醒,手臂下夹着乌龟"(242)。颂诗的又一个卓越比喻把婴儿神比作藏在一堆灰烬下仍在燃烧的余火[①]。神永远警觉的智谋的火星隐藏在他婴儿的外表下闪光:

παῖδ' ὀλίγον δολίῃς εἰλυμένον ἐντροπίῃσι.

一个小小的婴孩,裹在狡黠的伪装下。[②]

(245)

阿波罗彻底打破人和神的礼仪,莽撞地把洞穴的角角落落搜了个遍,他仍然希望找到他被偷走的牛群,但是只发现通常"受祝福的神明的神圣居所具备"的那些装饰和珍宝[③]。当阿波罗搜寻无果时,他蛮横地要求赫尔墨斯交出他的牛群,还马上补充了一个残忍的威胁,说要把他扔进无处可逃的塔尔塔罗斯的深处。赫尔墨斯用"狡诈

① 参见《奥德赛》卷5行488—491,精疲力竭的奥德修斯躺在树叶铺就的床上,被比作闪动的余火。见Shelmerdine(1986),p.58。

② 赫尔墨斯无疑是真的裹在襁褓中,参见行151。以玩笑的方式将抽象与具体倒置,是这位颂诗诗人的风格。

③ 迈娅与自己的女神身份相称的富足和赫尔墨斯在第171—181行所渴望的战利品之间,并不存在任何矛盾。后者来自凡人,是他们礼拜、敬神的标志。

的言词"回答了阿波罗的强力威胁(260)。他大言不惭地声称自己对牛群一无所知,并指出他不像是可能的嫌疑人[1]。事实上,他只关心睡觉、吃奶以及婴儿会关心的其他事。无论如何,阿波罗的指控缺少可信度:没有人会相信一个刚出生的婴儿能带着一群牛跨过一扇门;他太柔弱了,不能完成这样的劫掠。最后,赫尔墨斯说他愿意凭着"他父亲的头"起誓,他既没有做这件事也没有目击谁做这件事;事实上,他根本不明白牛群是什么东西,他只是听说过而已。聪明的神小心地斟酌词句,不仅是此处,即使是后来在宙斯面前,他也没有发过伪誓;他从没有把牛群拉进家门[2]。

赫尔墨斯清白受损的姿态,连同他无耻的否认,惹得阿波罗发笑,但接下来他不知疲倦、充满智慧的目光,闪闪发亮的双眼,背叛了自己(278—279)。正如迈娅在他面前所做的那样,阿波罗也为这个诡计多端的骗子预言了作为盗马贼、小偷的生涯,他将常常在夜晚潜入(ἀντιτοροῦντα)住着许多人的房子里面。

> τοῦτο γὰρ οὖν καὶ ἔπειτα μετ' ἀθανάτοις γέρας ἕξεις·
> ἀρχὸς φηλητέων κεκλήσεαι ἤματα πάντα.
>
> 因此,这往后也会成为你在诸神中的特权:
> 永远地被称作众贼之王。
>
> **(291—292)**

阿波罗目前唯一愿意让给他弟弟的特权是神已经认领为自己的那一种。然后,阿波罗为了重申自己在体力上的优势,他抓起了婴

① H. Görgemanns, "Rhetorik und Poetik im homerischen Hermeshymnus," in *Studien zum antiken Epos*, ed. H. Görgemanns and E. A. Schmidt (Meisenheim, 1976), pp.113-119 尝试以赫尔墨斯的修辞尤其是他的或然性论辩方式为基础,发展出一套为颂诗系年的标准,但即便是早期智术师中的修辞学家最早为这一种辩论方式归类,它的基础——表象与真实的区分——可以追溯到荷马。

② 参见 Baumeister (1860) 和 Gemoll (1886) 对第379行所作的注释。关于"微妙的誓言",见 R. Hirzel, *Der Eid: Ein Beitrag zu seiner Geschichte* (Leipzig, 1902), pp.41-52, 尤见 p.43, 他对"发誓的艺术"的定义尤可参看:"那张精致的网,熟练地由语言构成,愚钝者和轻信者将会落入其中。"

儿,当然是想要迫使他说出牛群的藏身地。但是这一次,赫尔墨斯不再凭借言词,而是用拉伯雷式的胃胀气使讲究的阿波罗放下婴儿——正如赫尔墨斯意图的那样。因为阿波罗在意的仅仅是寻回他的牛群,而赫尔墨斯从始至终另有一个计划:利用盗窃一事获得进入奥林坡斯山的入场券,正如他表示愿意用宙斯的头起誓时就暗示过的那样。赫尔墨斯又重复了他无耻的否认,并要求把这个案子带到宙斯面前。

尽管阿波罗的指控是正义的,赫尔墨斯想要的只不过是“用诡诈而具有哄骗性的语言行骗”(317—318),二人的对质还是以僵局告终。诡计多端(polymētis)的赫尔墨斯遇到了一个同样足智多谋(polymēchanos)的对手。赫尔墨斯一直在积极地向目标的方向推进,但现在,两个曾经的对头首次在这一表述中联结:“宙斯的可爱的孩子们”(Διὸς περικαλλέα τέκνα,[323])。这预示了他们最终的和解。

诸神群体在奥林坡斯山上友好地会聚在一起①。毋庸置疑,这就是赫尔墨斯想要进入的群体,可以说,他是通过非正统的方式,即一次审判,偷渡进来的。

κεῖθι γὰρ ἀμφοτέροισι δίκης κατέκειτο τάλαντα.

那里,为双方都调平了正义的天平。

(324)

通过把审判带到宙斯面前,赫尔墨斯使自己合理地站在奥林坡斯的法庭中。同时,这一幕取代并戏仿了描述新神首次进入奥林坡斯的标准颂诗情节②。

奥林坡斯山从不缺少低俗喜剧,宙斯开始审判时,先开玩笑地问阿波罗从哪儿得来“这么大个的战利品,一个长得像信使的小孩儿”

---

① 我认为这是只出现了一次的 εὐμιλίη(326)的含义,也是这里的上下文所要求的含义,尽管该词不合格律。诸神群体正是赫尔墨斯所渴求(ἤματα πάντα μετ' ἀθανάτοις ὀαρίζειν[170])也是他最终达成的(πᾶσι δ' ὅ γε θνητοῖσι καὶ ἀθανάτοισιν ὁμιλεῖ[576])。

② 见第 47 页注②。

(330—331)。毫无疑问，一个有分量的问题来到了诸神的集会上。阿波罗反驳说不是只有他贪心，并将他对"敏锐的窃贼"的控诉一一道来，他重新叙述了他如何追逐盗贼，但正如我们所看到的，他所说的路线掩饰了他的困窘。当阿波罗完成他的控诉发言后，赫尔墨斯起来为自己辩护。他的发言堪称模棱两可的小杰作。开头他先保证自己的诚实，为了避免直接反驳阿波罗的指控，他首先反告阿波罗没有走恰当的程序——他没有证人——还以暴力恐吓远比自己弱小者。然后，赫尔墨斯再次利用可能性为自己辩护：他仅仅是个婴儿，不可能有足够的力量盗牛。就像之前，神的反驳也是字斟句酌的：他事实上并没有把牛群拖回家，他也没有跨过门槛。再一次，赫尔墨斯一边大言不惭地声称自己是无辜的，一边又"凭着众神的门廊"(384)立了一个模棱两可的誓言①，以此巧妙地避免了发伪誓。最后，他强调了自己此刻的无助，他以这样的吁请结束他的陈词：终有一天，他希望他能报复阿波罗，但在此之前，宙斯应该保护年幼者。

宙斯听完他淘气的儿子老练的辩白，大笑起来，并下达了他的判决：赫尔墨斯不许再耍花招，必须带路并指出牛群的藏身之所。那么，从法律上说，牛仍是阿波罗的所有物。如果赫尔墨斯还想设法获得它们，他必须诉诸其他手段。不用说，赫尔墨斯立即接受了宙斯的裁决。毕竟，他从未想要反驳阿波罗的指控，而是要把控局面以获得通往奥林坡斯的入场券，并由此赢得正式承认：他是神，他的父亲是宙斯②。

---

① 试比较《伊利亚特》第15卷第36—44行中赫拉的模棱两可的誓言以及宙斯愉快的回答。这里，赫尔墨斯用奥林坡斯的大门起誓，也显得与这位正想方设法进入其中的年轻神尤其相称。赫尔墨斯对阿波罗所说的话(261—277)与他对宙斯所说的话(368—386)之间的相似性，见 Hübner (1986), pp.169-171。

② Radermacher (1931), p.200 看出奥林坡斯一幕具有双重功能，它表现的不仅是两兄弟的纷争，还表现了"对私生子的承认，承认【σκότιος】赫尔墨斯是一位大神"。奥林坡斯家族，经过必要的改动，与希腊人的家族一样，都是父亲掌握着认子的特权，只有父亲可以使儿子合法化，将他们纳入家族中。参见 J. Rudhardt, "La Reconnaissance de la paternité dans la société athénienne," *Museum Helveticum* 19 (1962): 51 :"一个希腊男婴，并不属于他父亲的家族，他不会仅仅因为诞生在那个家里就被承认……必须要给他一个名字并为他举行一些仪式才算正式把他纳入到家族群体中，才可以介绍给不同的亲戚群体并加入他们。"

交换行为

诗歌的最后部分(397—580)表现了两兄弟的终极和解。在宙斯的祝福下,他的两个“可爱的孩子”飞奔向阿尔菲斯河的浅滩。但是这里,叙事又发生了一次完全出乎意料的转折。如果我们不把前一个晚上发生在这儿的事考虑进来,对这一部分的解读仍将晦暗不明。当赫尔墨斯把牛从它们的藏身之所赶出来时,阿波罗突然注意到两头被杀的母牛的皮,它们一直被留在洞穴外。阿波罗惊叹道,区区一个婴儿到底如何聚集起必要的力量“切开”牛的“喉咙”①。如果他现在就如此强大,那么他很有可能在将来变得更加强大。阿波罗的醒悟使两位神的关系来了一个急转。至此,他一直理所当然地认为,他们在体力上是不对等的,赫尔墨斯也坚称是如此。然而,母牛皮的证据表明赫尔墨斯的威胁比他原先以为的更大。因此,阿波罗现在试图执行迈娅曾预言过的事:用强韧的绳索把赫尔墨斯绑起来。这时,赫尔墨斯设法改变柳条绳索;首先,它们在地下生根,其次它们缠绕牛群,“按照贼头贼脑的赫尔墨斯的安排”,使牛群原地不动(413)②。通过他的捆绑魔法,赫尔墨斯展现了他超越单纯体力的力量,这再一次激起了阿波罗的惊叹。

阿波罗的惊叹还没有结束,因为情节再次突然发生了始料未及的转折。赫尔墨斯用眼角余光瞥见了闪着亮光的火焰,那显然是前一晚的宴会【dais】留下的③。为了不让阿波罗发现余火,赫尔墨斯掏

---

① δειροτομῆσαι(405)清楚地表明阿波罗以为他的弟弟是出于祭祀的目的杀了母牛。

② Kuiper (1910), p.43 对比了这里的柳条和《致狄奥尼索斯颂诗》(第 7 首)第 39—42 行中的葡萄藤和常春藤。关于捆绑及其与智谋【mētis】的关系,见 Kahn (1978), pp.81-117。关于它与魔法的关系,见 Brown (1947), pp.12-13。

③ 第 415 行抄本读作 πῦρ ἀμαρύσσων, Radermacher (1931), AHS (1936)及 Humbert (1936)均保留这一读法。Baumeister (1860)及 Gemoll (1886)修正为 πύκν' ἀμαρύσσων, 但是他们都认为这里指涉赫尔墨斯闪烁的或灼灼的目光,并且都假设这里存在一处包含赫尔墨斯试图掩藏的对象的脱漏:即弦琴(Gemoll, Radermacher, Humbert),或一部分肉(AHS)。不过,Ludwich (1908) 及 Càssola (1975)读作 πῦρ ἀμαρύσσον 才是在正确的道路上,但他们仍然把这一短语解读为神试图掩饰的目光。赫西奥德《神谱》第 827 行描述怪物提丰(Typhoeus)眼中闪过一道火光,并不构成与这里相似的平行例证。因为赫尔墨斯的眼睛也许会眨动或闪光,但却不会真正产生火。

出他的终极武器弦琴来转移阿波罗的注意力,他一直把弦琴藏在褓下随身携带[①]。我们也许会奇怪,为什么赫尔墨斯花那么长时间吸引阿波罗的注意力,让他看不到火焰。如果母牛皮的证据证明了赫尔墨斯在此之前未引起怀疑的力量,那么火的痕迹会指出一个事实,这个事实揭露出来将使年轻的神感到极为难堪,因为它们证明赫尔墨斯原先不确定自己的神性。同时,赫尔墨斯已经被奥林坡斯接纳,他现在想得到的仅仅是作为羽翼丰满的诸神成员必要的配件。他早先不知道自己的身份,所有暴露他无知的痕迹、他的烹饪和试图食用被宰杀的母牛的肉,必须不惜一切代价瞒住阿波罗。

在这关键时刻,赫尔墨斯揭开了弦琴的面纱。乐器待命已久,它甫一露脸便造成未曾料及的局面突转,而这正是智谋【mētis】的伎俩成功的典型标志。看起来更弱小、即将被判有罪的那一方出乎意料地解除了对手的武器并战胜了他,后者大吃一惊,束手无策。足智多谋【polymēchanos】的阿波罗先前还惊异于赫尔墨斯使用技艺【technē】和修辞的计谋,现在则成了利用欲望的计谋的受害者[②]。赫尔墨斯的音乐的魅力比任何一种链条都更紧地箍住了阿波罗。它的魔力不仅网罗身体,还使灵魂因欲望而迷醉。弦琴的声音和赫尔墨斯的歌声都被描述为"可爱的"(ἐρατόν[423];ἐρατή[426])。受到语言与音乐的全新结合体的诱惑,阿波罗向不可抗拒的爱欲(eros)投降了(434)。

赫尔墨斯早先为自己即兴演奏了一首颂诗,为阿波罗他则表演了众神的诞生。神为什么要在这一特殊时刻挑选这一特殊歌曲?形容赫尔墨斯活动的动词 κραίνων 隐含着比单纯的"庆祝"或"歌唱"更多的意味;它的字面意是"用语言来结束某事""完成"[③]。从某种意义来说,赫尔墨斯的诗歌具有为世界带来秩序的力量。从最原初的开端开始(ὡς τὰ πρῶτα γένοντο[428]),然后依据行辈(κατὰ πρέσβιν,[431]),它奖赏给众神应有的荣耀,并且描述了整体,πάντ' ἐνέπων(433)。赫尔墨斯的主题正是有序的宇宙和众神,其中每一

① 参见 Gemoll(1886),p.186。
② 参见 Kahn(1978),pp.127-153。
③ 参见 Benveniste(1969),2:35-42。

位神都拥有他自己的份额或说 moira【份额】。由于诗歌是依据行辈次序来结撰的,那么它必须以神的诞生的终结点为结尾:赫尔墨斯自己的诞生和他在众神体系中获得他注定的份额。诗歌本身是达到它的目标的途径,因为它将带来交换,而那是赫尔墨斯的尊荣【timai】的基础。

赫尔墨斯赋予涅莫绪内最为尊贵的位置,这似乎打破了他自己的结撰原则:

> Μνημοσύνην μὲν πρῶτα θεῶν ἐγέραιρεν ἀοιδῇ
> μητέρα Μουσάων, ἡ γὰρ λάχε Μαιάδος υἱον.
>
> 他在歌曲中首先向众神中的涅莫绪内致敬,
> 她是缪斯女神们的母亲,因为她接受了迈娅的儿子作为命运。
>
> **(429—430)**

当然,神的这一步骤是在模仿通常引出诗歌的祈祷格套。但是陈述涅莫绪内"接受赫尔墨斯作为她的命运"看起来被奇怪地曲解了[①]。它所表明的是,神制作音乐的新技能使得涅莫绪内掌管的那种诗歌得以成为可能——也就是希腊人称为 epos 的诗歌,六音步韵文,所囊括的不仅有史诗,还有神谱诗和颂诗。或者这里我们可能应该说,尤其是颂诗。因为颂诗作者的独特使命即是"记住而不要忘记"他所歌颂的神灵;并且在颂扬完毕之后,他又谨慎地向神灵保证他会在另一场合也"记住"他。因此,叙事诗【epos】的诞生与赫尔墨斯的神谱诗【theogony】同步。但是正如我们已经看到的,这首特殊的诗歌在全部神的诞生过程结束以前是不能被唱出来的。诗歌当然不会创造宇宙,但是却揭示并歌颂它的秩序与完满,并由此"带来不死众神和黑色大地的完结"(427)。赫尔墨斯是最早能唱神谱诗的,

---

① 我不能理解 Thalmann 的陈述:"赫尔墨斯放肆地声称自己是分派给迈娅(原文如此,应为涅莫绪内)的命运,如此,整个的灵感概念成为一个娱乐性的主题。"在大英博物馆的一份纸草(Pap. Gr. 46, 415-416) = K. Preisendanz & A. Henrichs, eds, *Papyri graecae magicae*,2nd ed. [Stuttgart, 1973] 1: 194)上,赫尔墨斯被称为 Mnēmē【摩涅眉】之子。

因为只有他诞生以后神性宇宙的结构才最终成形①。由于颂诗与神谱诗属同一范畴,且颂诗是神谱诗的延续,赫尔墨斯的表演必定要以致赫尔墨斯的颂诗结束。我们现在便可以认识到,神早前的诗歌,在他尚未万无一失地确立神性或进入奥林坡斯之时,是早熟的。他现在的诗歌表明,神灵世界的等级秩序至此全部完成。

不久,弦琴将从赫尔墨斯手里传给阿波罗,但赫尔墨斯将保有饰词“宴会的伴侣”(436)。正如他仍然是拥有制作弦琴的技艺的大师,赫尔墨斯同样保有诱人和魅人的艺术,而这是诗歌的核心要素。如果说他的煽动力和技艺【tēchne】把他与赫淮斯托斯及雅典娜联系在一起,那么他劝诱、迷住、吸引人的魔力使他加入阿芙洛狄忒与阿波罗的领地,即爱欲【eros】与音乐。其实,智谋【mētis】就涵盖了它们全部②。赫尔墨斯把他们的不同掌管领域融合在他一己之身,同时还保留着他独有的在他们之间沟通的能力。

阿波罗被震住了,想要拥有赫尔墨斯那件迷人的乐器的欲望折磨着他,他立马宣布他愿意接受交易,愿意和平解决他们之间的纷争:弦琴完全值得五十头母牛的代价。在快速的交接过程中,阿波罗询问他的弟弟“这些美妙的作品”(440)的性质。它们是从他一出生就属于他,还是由教他“神的歌曲”(442)的神或人传授给他?毫无疑问,这两个问题的答案都是否定的:赫尔墨斯的智谋【mētis】创造了弦琴和诗歌;二者都把原先分离的元素结合成为“新的美妙的声

---

① 一个类似的想法隐藏于《神谱》第68—74行之下,缪斯女神们出生后来到奥林坡斯山歌唱宙斯打败克洛诺斯获得王位,也歌唱他如何 εὖ δὲ ἕκαστα ἀθανάτοις διέταξε νόμους καὶ ἐπέφραδε τιμάς【妥善地为每一位不死者颁布律法并宣示尊荣】。参见 Wilamowitz (1920), p.468。亦见 Aristides 2.420 (= Pindar, fr. *31[Snell-Maehler])的证据:“品达……说,在宙斯的婚礼上,宙斯询问其他神是否还缺少什么,他们请求他为自己造一些神,用语言和音乐来装点他所有这些伟大的工作和全部的安排。”这一证据通常与品达的第一首《致宙斯颂诗》(参见 Snell-Maehler & A. Turyn, *Pindari Carmina* [Cracow, 1948])相联系,它也许暗示着缪斯女神们或阿波罗的诞生。但无论是何种情况,都说明宇宙的安排要直到它被诗歌歌颂才全部完成。关于品达的第一首《致宙斯颂诗》,见 B. Snell, “Pindar's Hymnos auf Zeus,” in *Die Entdeckung des Geistes*, 4th ed. (Göttingen, 1975), pp.82-94。Snell 评述品达的话对我们的颂诗诗人同样有效:“诗歌对世界意味着什么,品达说得最为令人印象深刻:在世界完成的那一天,他发现:如果无人称扬,所有的美都是残缺的。”(p.87)

② 关于阿芙洛狄忒的智谋【mētis】,见本书第三章。

音”(443)。事实上,当阿波罗问什么样的技艺【technē】和技能[①]可以产生这样一首激起不可抗拒的激情的诗歌时,他已经回答了自己的问题[②]。它的效果恰可与爱比拟:快乐、欲望以及甜蜜的睡眠。作为缪斯的伴侣和音乐的保护神,阿波罗当然对这种艺术不陌生,但是还没有哪一种表演如此深切地打动了他。

热情爆发之后,阿波罗开始让自己镇定下来,并微妙地重申他凌驾于赫尔墨斯的优越性,后者虽然非常聪慧,但仍年幼,应当听从比他年长者的建议。阿波罗可以运用他在奥林坡斯的影响力来赋予赫尔墨斯及其母亲声名【kleos】,他还进一步表示愿意帮助赫尔墨斯在众神中获得声名与荣华[③],愿意给他货真价实的华贵礼物。

赫尔墨斯用“狡诈的言词”(463)回答了阿波罗含糊的承诺。一宗交易即将敲定,这是一桩双方都同意的交换,但是,虽然他们的言语都彬彬有礼,两方都在极力为自己争取利益。赫尔墨斯带着恭维的语调声称他愿意马上向他的哥哥介绍他的新技艺。毕竟,阿波罗有能力掌握任何他想要掌握的技艺。甚至赫尔墨斯都已经对他哥哥在众神中的崇高地位有所耳闻。宙斯自己也把来自人类的华贵礼物[④],还有尊荣【timai】,让与他。在阿波罗的特权中,赫尔墨斯挑出了预言:

σὲ δέ φασι δαήμεναι ἐκ Διὸς ὀμφῆς
μαντείας θ' Ἑκάεργε· Διὸς πάρα θέσφατα πάντα.

他们说你曾从宙斯之口
学会了预言,远射手;所有的神谕都来自宙斯。

(471—472)

---

① 第448行中的τρίβος等同于τριβή,即“研习”“操练”,而不是如*LSJ*所给出的“道路”。参见M. Kaimio,“Music in the Homeric Hymn to Hermes,” *Arctos* 8 (1974): 36。

② 我被Càssola (1975), p.537的观点说服了,他认为μοῦσα ἀμηχανέων μελεδώνων的意思不可能是一首“平息难以招架的忧虑的诗歌”。毕竟赫尔墨斯的演奏刚刚在阿波罗心中激起“不可抗拒的爱欲”。

③ 第461行脱漏的ἡγεμονεύσω可能是由于与上一行末尾的ἦ μὲν ἐγώ σε形近而致脱,因此大部分修正建议都必须遭到否定。

④ 这段文本的断句与含义见第65页注②。

狡黠的赫尔墨斯虽然对此一带而过，但他其实是在明确地暗示他想要从阿波罗那儿得到的礼物的性质。但是由于阿波罗此刻渴望学习弹奏弦琴，赫尔墨斯将会把弦琴交给他；然而阿波罗反过来则应该给他的弟弟*荣耀*【kudos】。

卡恩已经注意到赫尔墨斯的请求中的异常[①]。毕竟，*荣耀*【kudos】是神赐给凡人的。赫尔墨斯采用这一词语，是把自己置于阿波罗之下，但是他称他的哥哥为*朋友*【philos】，这又狡猾地暗示了他们的平等。实际上，赫尔墨斯是在回应阿波罗早先对*声名*【kleos】的允诺，这个词语同样属于人的范畴，因而带有微妙的轻视意味；但同时他拒绝了阿波罗对他低一等身份的暗讽。这里是一个小把戏；赫尔墨斯既不想要*声名*【kleos】，也不想要*荣耀*【kudos】，甚至也不要阿波罗提供的精美礼物。他在追逐更大的猎物，用弦琴和牛群来交换只不过是一个初步阶段：*尊荣*【timai】最终要由宙斯来保障（参见第470—471行和第516行）。

从此，阿波罗将把“声音轻柔的伴侣”带到“热闹的宴会和可爱的舞蹈以及盛大的宴饮”中去（480—481）[②]。从一开始，赫尔墨斯的发明就注定要成为“宴会的伴侣”（31）并在整首颂诗中都与其紧密相连（参见第56行和第454行）。因此弦琴与赫尔墨斯创立的另一习俗密切相关，并且成为后者和谐运作所不可或缺的要素。正如奥德修斯对费埃克斯人所说：

> 我要说，没有什么结果比这更快乐
> 当宴饮时的同伴情谊（εὐφροσύνη）笼罩着所有人；
> 房子里在举行宴会，他们倾听歌手，
> 按次落座；一旁的桌子摆满了

① 参见 Kahn（1978），pp.159-164。

② Mondi（1978），p.135 依据他对印欧社会中的 kēryx 角色的分析，提出了一个令人困惑的说法：“赫尔墨斯与阿波罗代表了诗歌的两种类型，仪式性的和世俗性的。弦琴从赫尔墨斯手上传给阿波罗不仅反映了庇护诗歌的职能从一个神转移到另一个神，还折射出世俗性诗歌如史诗从宗教仪式性的颂诗分离出来的历史进程。”我无法在《致赫尔墨斯颂诗》找到这样一个转变的切实证据，而我们也许会注意到，在《阿波罗颂诗》中，神伴随着缪斯女神们的诗歌，这诗歌既涵盖神也涵盖人。我更认为，赫尔墨斯代表的是在宴会背景下叙事诗【epos】的统一，其中包括神谱诗、颂诗和史诗。

面包与肉，侍者拿来从调缸中
打出的酒，将它倒进杯子。

（《奥德赛》第 9 卷第 5—10 行）

宴会与弦琴相结合，制造出友爱的同伴情谊氛围，即 εὐφροσύνη（参见第 449 行和第 482 行）[①]。虽然弦琴不久将落入阿波罗手中，但仍是赫尔墨斯——他不仅是边界与分离之神，还是联盟与结合之神——是他发现了一股柔和的力量，这力量以友爱【philotēs】的精神将凡人们甚至还有诸神[②]联合在一起。

这时赫尔墨斯继续指导他的哥哥弹奏弦琴的技艺[③]。需要耐心、技术和温柔才能从乐器中引出“各种不同的事物，愉悦头脑的事物”（484），但若愚蠢粗笨地对待她，她则也报之以噪声。在整个音乐课中，赫尔墨斯强调了乐手与弦琴的和谐互动：二者进行某种对话，弦琴手发问、探询，而乐器应答、指引[④]。赫尔墨斯再次展现了他作为驯化者和沟通者的角色，表明他的技艺【tēchne】是可以传递的。他的技艺并非专属他一人，而是可以无条件地授予那些渴望学习者。

作为弦琴的交换，赫尔墨斯得到了牛群，它们从此成为家畜，在他的保护下繁衍。它们被移除出神界，将在凡人的世界里增殖。伴随着阿波罗的弦琴演奏，宙斯可爱的孩子们回到了奥林坡斯山，他们

---

① 见 Saïd，（1979），p.22。关于宴会【dais】与同伴情谊【euphrosynē】的联系，参见《伊利亚特》卷 15 行 99 及《奥德赛》卷 2 行 311。

② 弦琴与宴会的密切联系，参见例如，《奥德赛》卷 8 第 99 行：“弦琴……是热闹宴会的伴侣。”（φόρμιγγος θ’，ἣ δαιτὶ συνήορός ἐστι θαλείῃ）《奥德赛》卷 17 行 270—271：“弦琴，神们把它造成宴会的伴侣。”（φόρμιγξ….ἣν ἄρα δαιτὶ θεοὶ ποίησαν ἑταίρην）参见《神谱》第 917 行：“缪斯女神们……喜爱欢宴与诗歌的享受。”（Μοῦσαι…τῇσιν ἅδον θαλίαι καὶ τέρψις ἀοιδῆς）在奥林坡斯山上，众神似乎不断地在举行宴会。《伊利亚特》中，偶尔有一位神抱怨他们在凡人问题上的纷争会损害宴会的欢乐（卷 1 第 575—579 行；卷 15 第 95—99 行）。《神谱》中，把一位神驱逐出众神的聚会与宴席是对他发伪誓的惩罚（802）。Hübner（1986），p.161，n.32 提出 δαιτὸς ἑταῖρος 也许原本是赫尔墨斯的惯用饰词。

③ Thalmann（1984），p.155 看到用牛群交换弦琴是某种“诗人的圣职授予仪式”【Dichterweihe】，他还援引了阿尔基罗库斯（Archilochus）的传统故事：阿尔基罗库斯偶遇一些年老的女人，她们拿走了他的母牛并把弦琴给了他。但是要注意，颂诗中的故事提供了一个对诗歌诞生的传统情节的有趣倒转。赫尔墨斯把弦琴交给阿波罗，他这么做是为了成为牧人而放弃诗歌——正与赫西奥德和阿尔基罗库斯的情形相反。

④ 弦琴的弹奏作为一种对话，见 Kaimio（1974），p.39。关于赫尔墨斯教授阿波罗音乐，见 Görgemanns（1976），pp.123-127。

的父亲为他们刚建立但将永久持续的友谊感到高兴,这友谊的凭证是弦琴,它本身就是名副其实的制造和谐的器具。

三件事物都是年轻的神在生命的第一天就留下的:弦琴被带到奥林坡斯山作为和解的象征(509);被宰杀的母牛的皮永远留在大地上(124—126);肉仍藏在洞穴里,悬在天地之间(136),为这位新神神秘的调停能力提供了看不见的无声证词。

由赫尔墨斯的盗窃所导致的二神之间的纷争,显然以所有人都满意的方式解决了。自格罗德克(Groddeck)(1786)以来,许多学者都相信《致赫尔墨斯颂诗》原本在这里就结束了,现在的结尾部分(512—580)是后来由一个阿波罗崇拜者添加的,他急切地渴望这两位奥林坡斯兄弟间的天平倾向德尔斐的大神那边①。他们认为,文本中的一些不协调和怪异之处表明它出自后人之手,他给现存的作品附加了一个带有倾向性的结尾,但并不成功。不严密的添补在第533行尤其明显,此处阿波罗显然是指赫尔墨斯要求分享他的神谕技艺,但在此之前赫尔墨斯并未提出这样的要求。我们马上会回到这个问题,但是现在必须承认,诗歌的结尾充满令人望而生畏的文本与阐释困难。我想正是那些困难促使批评家们认为最后的结尾完全是后来窜入的伪作。

让我们心平气和地承认,在这首最棘手的颂诗中,没有哪一片段像这一段有如此之多的难解之处。路德维希(Ludwich)相信诗歌的完整性,他诉诸大规模的诗行调换来保证文本的一致性②。然而,他的论证过程建立于一个乐观但没有保证的假设之上:这个拼图的各个部分,虽然被打乱了,但是完整无缺的。不仅如此,他的方法还因他拒绝解释某一个诗行顺序上的错误为何又如何出现而失去效力。尽管如此,文本至少在第568行有一个重要脱漏,以及至少有一处错

---

① 对之前针对颂诗结尾的观点的总结,见 Gemoll(1886),pp.87-88。Gemoll, Baumeister(1860)以及 AHS(1936)基本上是统一派;Radermacher(1931),Humbert(1936),及 Càssola(1975)都质疑颂诗尾声的真实性。Radermacher(p.218)的观点最有代表性:《赫尔墨斯颂》第513—578行的作者是"阿波罗的拥趸,他使天平最终平衡而不是向婴儿赫尔墨斯倾斜。"

② 他对"错简理论"的整体论述,见 Ludwich(1908),pp.31-36,这一理论由于他认为颂诗的创作单位是诗节而进一步失效。在他的文本中,第513—580行之间至少有四处错简。

简，有六行诗（507—512）本属结尾部分，应在第575行和第576行之间，这两点我认为是可信的。[1]不过我们也要承认，颂诗不能仅仅以牛群和弦琴的交换为结尾。那一情节对诗以及诗中的神灵的目标——赫尔墨斯获得他的全部尊荣【timai】——来说，虽然是极为重要的一步，但也是第一步。况且，文本本身也很清楚地说明了这一点。阿波罗宣布他愿意拿他的牛群来交换弦琴之后，赫尔墨斯用μύθοισιν…κερδαλέοισιν【狡诈的言词】（463）来回答[2]，他的言词既狡猾又对准更大的利益。事实上，他通过强调阿波罗在预言方面的卓越公开暗示他的目标。最后，我们也许注意到整首诗呈现出三乘三的结构：著名事迹【kluta erga】（弦琴、盗窃、宴会【dais】）；接着是三次口头对质（迈娅、阿波罗、宙斯）；最后是阿波罗的三种礼物（牛群、节杖、蜜蜂占卜）。那么，抱着适当的审慎态度，我们也许可以试图解读我们面前的文本，但时刻要记住我们的结论必然是尝试性的。

牛群和弦琴的交易显然令人满意，它也已经完成，但阿波罗突然表达了他的担忧，他担心赫尔墨斯会抢走他的弦琴与弓[3]：

τιμὴν γὰρ πὰρ Ζηνὸς ἔχεις ἐπαμοίβιμα ἔργα
θήσειν ἀνθρώποισι κατὰ χθόνα πουλυβότειραν.

因你从宙斯那儿获得荣誉
来为繁盛大地上的人确立交易行为。

（516—517）

① 我认为这一错简是这样发生的：第507—512行先从第575行以下脱去，然后又被添加在页边，一位后来的抄工不确定这几行的位置，但他认出了συνήγαγε的主语一定是宙斯，于是就把这几行错误地加在了第506行之后。

② 关于这一非荷马式的套语μύθοισιν…κερδαλέοισιν（参见行162和行260），见Van Nortwick（1975），pp.46-47。他认为在第463行，“赫尔墨斯似乎不再需要诡诈，因为他已经凭借他的歌唱彻底征服了阿波罗”，但Van Nortwick也承认“κερδαλέοισιν一词在文本中是否具有特殊含义，对于解释第513—580行的前后矛盾是一个重要问题”（他也把这归因于“某种为阿波罗而作的修改”［p.130］）。Κερδαλέοισιν清楚地表明，赫尔墨斯还想要拥有比目前获得的更多，这个“更多”即是预言。

③ 见Horace，Odes 1.10.11。盗弓的故事也许可以追溯到Alcaeus。

当然,交易发生得很突然,但却不是不可理解的。毕竟,牛群是最早被偷走的,赫尔墨斯把它们扣留在手中直到阿波罗拿它们“换”弦琴。表面上的互相交换遮蔽了实际的不对称;阿波罗面对的是既成事实。面对这样一个偷窃成癖的无赖,阿波罗很容易想到,他可能会再一次试图窃取他的所有物并敲诈其他特权。因为正如阿波罗清楚认识到的那样,赫尔墨斯掌管的领域包含所有“交换行为”——盗窃还有交易。牛群本身已经成为这位新神的特权的标志;它们不仅最早被偷走并用来作第一次双方同意的以物易物的媒介,还在刚驯化的情况下成为进行交易的标准。换言之,它们已经成为 χρήματα【财物】(参见第 400 行)[①];然后由于它们刚获得的繁衍增殖能力,它们成了可以流通的商品以及所有贸易活动的共同基准。但是在物质商品的移动以外,epamoibima erga【交换行为】还包含了语言交流,因为语言同样是交换的一种媒介[②]。希腊语中表示“回复”“回答”的常用词 ἀμείβομαι 与 epamoibima 拥有相同的词根。所有的语言交换、对话以及交流活动都属于赫尔墨斯掌管的范畴。正如偷盗和贸易只是一体两面,所以赫尔墨斯治下的语言领域,谎言、欺骗及伪誓与誓言、契约及指令并存,而后者,正如我们已看到的,被描述为对话。将 epamoibima erga 的各色表象统一起来的是运动与通道。

在这个节骨眼上,阿波罗有充足的理由向赫尔墨斯索取一个有约束力的誓言,保证不抢夺甚至不靠近他的“坚固的房子”(译者按:指德尔斐)。作为回报,阿波罗向他承诺了永恒的友谊。两兄弟间的共同契约成为后来所有协议的模范,正如阿波罗所说,是一个完美的 symbolon【符节】,可靠而受尊敬。[③]此外,阿波罗还将赐予赫尔墨斯“带来繁荣与财富、用黄金制成、有三个分叉的可爱玩意”,它将实现阿波罗从宙斯那儿得知的善好之物[④]。赫尔墨斯获得节杖后,便成为

---

① 参见 Kahn (1978), p.181。

② 参见 Kahn (1978), p.184-185。

③ 此处的文本以及接下来的几行极其困难,我基本上遵照 Càssola (1975), p.540 的释读。

④ 节杖【Rhabdos】来自哪里?阿波罗托付给赫尔墨斯的其他礼物——牛群和蜜蜂预言,都是本来属于阿波罗的。Ludwich (1908), p.133 在第 460 行采取 κραναιαῖνον 的读法并将它等同于“实现心愿”的长矛,阿波罗拿它和他交给赫尔墨斯的能实现心愿(ἐπικραίνουσα)的东西来起誓。

神的信使，是神与人之间最佳的沟通者，也是“善好之物的赐予者”（δωτῆρ ἐάων），以及所有人类传令官的保护神。

阿波罗与赫尔墨斯都将成为宙斯与人类的中介，但他们的介入将采取不同的形式。预言，作为沟通神人的途径，看起来确实就像是沟通神的恰当标志——这也正是赫尔墨斯曾想要占有它的原因。但是阿波罗给了他的弟弟另一种沟通方式，即作为神的传令官和信使。本来就属阿波罗职能范围的那一种预言——传达宙斯的 ὀμφή【声音】——是阿波罗独有的；它无法与其他神共享，也不能转移给其他神。因此，阿波罗的神谕技艺与赫尔墨斯的技艺形成鲜明的对比，后者是可以传授、交流的，后者的发明可以广为流布。阿波罗对他的神谕的描述看起来与赫尔墨斯的音乐课相似①，但成功的问卜并不取决于技术或技艺，而在于吉兆。但是，正如粗鲁地对待乐器的弦琴手只能制造不悦耳的噪声，抱着敌意前来询问神谕或者逼问它的人，“想要知道得比永生的神还多的人”，“他这一趟将白跑”（548—549）②。虽然阿波罗狡猾地补充道，无论哪种情况他都能收到问卜者的礼物，但德尔斐之神在此最为鲜明地表现为划分神人界限的执行者。不仅如此，由于他的神谕传达的是宙斯对人类的意图，阿波罗从未说过神谕会撒谎。

因此，阿波罗的神谕是专属于他的特权，仅限于传达宙斯的意志③。阿波罗给予赫尔墨斯的蜂女的神谕则与德尔斐神谕在一些重要方面存在差异。比如说，阿波罗可以把它给出去，而它与宙斯也无密切联系。它不限于传达至高神的目的，应该处理较为次要的事情。另外，这一小型占卜形式似乎与赫尔墨斯恰好匹配；阿波罗自己也曾在青年时期边照看牛群边练习。最后，蜜蜂神谕既传达真理，也传达谬误：当蜜蜂受到蜂蜜这神的食物的激发时，便传达真理；当它们被

---

① 关于《颂诗》对神谕描述与对音乐描述的相似性，见 Eitrem（1906），pp.280-281。

② 参见 Euripides, *Ion* 374—380，伊翁（Ion）劝阻克瑞乌萨（Creusa）为她被抛弃的儿子向阿波罗问卜：“如果我们强迫神灵违背他们的意愿说出他们不想说的内容，无论是通过在他们的祭坛前宰羊还是群鸟的飞翔，我们就是愚蠢至极。因为如果我们在神不愿意的时候逼迫他们，女士，我们将获得不会带来益处的善好之物；但他们情愿给出的任何东西，都将有益于我们。”

③ 参见《致阿波罗颂诗》第132行。Dornseiff（1938），p.83 依据两首颂诗对阿波罗预言能力的相同定义，论证了《致阿波罗颂诗》对《致赫尔墨斯颂诗》的影响。

夺走蜂蜜,则传达谬误①。正如我们所看到的,阿波罗似乎并不认为他的神谕会有谬误。能否从德尔斐得到成功的回应,部分地取决于问卜者的内心态度,而赫尔墨斯的神谕缺少这一伦理维度。对阿波罗来说,蜜蜂预言只是他登上宙斯的唯一传声筒的神圣位置以前,过去年轻时的练习。向蜜蜂问卜的凡人不会听到宙斯的声音,而是听到赫尔墨斯的声音——如果他走运的话。一个捉摸不定的既传达真理也传达谬误的神谕看起来与盗神很相称,后者的司掌范围便包括真理与谬误二者②。

阿波罗委托给赫尔墨斯的礼物——蜜蜂预言、传令官的事务、不仅是牛还是所有家畜的保护神——都有沟通的共性并成为赫尔墨斯尊荣【timai】的基础。在这里,我们的文本似乎断裂了。一段无法确定长度的脱漏之后,诗歌的结构从直接对话变为间接对话。说话者必然是宙斯③,他肯定并增加了赫尔墨斯的特权,不仅包括阿波罗赐予他的那些,应该还有一些别的神所让出的。第569—570行提供了一个完整的动物列表,既有野生的也有家养的。由于没有理由把赫尔墨斯定位为“动物的掌管者”④,我认为宙斯可能说的是赫尔墨斯

---

① 见S. Scheinberg, “The Bee Maidens of the Homeric Hymn to Hermes,” *Harvard Studies in Classical Philology* 83(1979): 11; 还有Detienne(1973), p.74; 关于诗性/神谕性语言,见P. Pucci, *Hesiod and the Language of Poetry*(Baltimore, 1977), pp.19-21。

② 其他地方把赫尔墨斯与抓阄或卵石占卜(参见Apollodorus 3.10.2)和谶语(kledones)相联系。

③ 试思索第一首《致狄奥尼索斯颂诗》的结尾,在那里宙斯也肯定了狄奥尼索斯新近获得的尊荣。在《致赫尔墨斯颂诗》中,第391—394行也是间接引述了宙斯的话语,见Gemoll(886), p.256:“这些话出自阿波罗之口并不合适,因此我们需要让别的角色来说。他只能是宙斯。这句话(第575行)也表明宙斯有事要做: χάριν δ' ἐπέθηκε Κρονίων【克洛诺斯之子赐予恩惠】。”参见AHS(1936), p.348:“主语几乎不可能不是宙斯。”Càssola(1975), p.544亦持此见:“毫无疑问指涉的是宙斯的决定。”Radermacher(1931), p.175仍坚持阿波罗是说话者,并断言第568行以下的脱漏包含一些大意如此的内容:“最终阿波罗给予赫尔墨斯权力。”阿波罗是否拥有这一权力仍存在问题。

④ 参看《致阿芙洛狄忒颂诗》第4—5行及70—71行对动物的枚举;以及《神谱》第582行中最早的女勾引者(译者按:指潘多拉)的发带。J. Chittenden, “The Master of Animals”, *Hesperia* 26(1947): 102称,颂诗在这里为赫尔墨斯作为动物掌管者的原始功能提供了“最早的明确的书面记录”,他没能说服我。Wilamowitz(1959), 1: 163把第567—571行归于“一个唱过头的行吟诗人,他主动给赫尔墨斯增加了权力”Càssola(1975), p.165遵从Chittenden的“两级化”原则,把赫尔墨斯视作既是牲畜之神又是它们的天敌。亦参见also Herter(1976), p.239。

的中介角色的一个面相，这一点将他与阿芙洛狄忒的领域联系在一起[1]：通过性交将所有物种的雌雄两性结合在一起的能力。宙斯重申赫尔墨斯对畜群的掌管权之后，他挑出一种在奥林坡斯诸神中独属赫尔墨斯的特权给他的"尊荣【timai】清单"殿后：进入冥界并带信给哈德斯的特权。宙斯以一种打哑谜的方式结束他的列举：即使是不赠礼物的哈德斯，赫尔墨斯也能从他那儿得到分量不小的特权（γέρας［573］）[2]。

如果我对宙斯那一番话的重构是正确的话，那么颂诗就以赫尔墨斯的"尊荣【timai】录"结尾，其中每一种都被描述为奥林坡斯众神中的其他神贡献给最年轻成员的礼物（geras）。尽管起点有误，还曾偏离轨道，赫尔墨斯为了获得完整的奥林坡斯神身份这一战役最终胜利，而宙斯为他任性的儿子所设的计划也实现了：Διὸς νόος ἐξετελεῖτο【神的意图完成了】（10）。

宙斯在颂诗结尾所扮演的角色把我们带回颂诗开头他的意图，当时他瞒着众神与凡人（9），生下了对二者来说都是个麻烦（160—161）的赫尔墨斯。颂诗的尾声处，宙斯正式把那些尊荣【timai】赐给赫尔墨斯，但它们都是他的小儿子在出生第一天便已经获得并运用过的。宙斯还主宰了诗歌的中心部分。正如拉德马赫尔所论证的，所谓的判决一幕占据着叙事的轴心位置[3]，但是如伦茨（Lenz）所阐述的，这一部分可能不见于早期版本，而且对于我们目前的版本来说也很明显不是必要的[4]。因为，尽管宙斯命令赫尔墨斯把牛群归还给阿波罗，但他们的永恒和解是由他们自己通过交换的方式达成的，与宙斯的积极干预无涉。

如伦茨所指出的，宙斯的出场在长篇荷马颂诗中是一个常见元

---

① 赫尔墨斯与阿芙洛狄忒在欺骗与诱惑领域的联系，见 Detienne（1973），pp.65ff；赫尔墨斯与婚姻的关系，见 Kahn（1978），pp.54-55。

② 赫尔墨斯从哈德斯那里得到的礼物【geras】，也许正如 Càssola（1975），p.544 所指出的，是他在与巨人大战中（参见 Apollodorus 1.6.2）使用并借给佩尔修斯（参见 Apollodorus 2.4.2-3）的隐形帽。见 J. Roeger，ΑΙΔΟΣ ΚΥΝΕΗ（Graz，1924）. Radermacher（1931），p.175 认为第 573 行的 ὅς 指的是赫尔墨斯。

③ Radermacher（1931），p.215："在奥林坡斯面对宙斯的那个场景是整首颂诗的轴心。"

④ Lenz（1975），pp.69-73.

素，并且是反复出现的文体特征之一。然而，宙斯的出场，并不像伦茨所暗示的，只是一种艺术手法，他称作“次级史诗化”[1]，而是一个基本的神学元素。宙斯的出场，即使是明显多余的，比如说判决一幕，但也在我们眼前呈现出史诗彻底的奥林坡斯取向。阿波罗和赫尔墨斯之间的对质，不仅仅是一个更为年长、地位已经确立的哥哥和他年幼、一夜发迹的弟弟之间的对质，甚至也不是互为对手的神之间的对质，而是一个高度联结的众神群体中的两个成员间的对质。实际上是宙斯制造了纷争的来源，而纷争又交由他仲裁，这表明双方都属于奥林坡斯群体；接下来，他又在最后的和解上加盖了许可印章，由此把赫尔墨斯提升到正式的众神成员之一。

许多学者都感觉到颂诗的结尾（512—580）一定是由一位阿波罗宣扬者创作的。毕竟，赫尔墨斯最后对一个神谕就心满意足了，而这个神谕毫无疑问比德尔斐之神拥有的低一级；这位初来乍到者从来没有实现他曾陈说的目标，即获得与阿波罗相同的荣誉【timē】与供奉【hosiē】[2]。但是，这对赫尔墨斯明显的贬低并非说明颂诗作者亲阿波罗的倾向，而是说明他对我称为奥林坡斯主义的原则的忠诚[3]。把赫尔墨斯置于阿波罗之上——即使是在一首向赫尔墨斯致敬的诗中——会意味着无视且歪曲奥林坡斯的结构。同样，在《致阿波罗颂诗》中，阿波罗也不能被提升到宙斯之上，而是成为宙斯忠诚的盟友与追随者。此外，正如我们将看到的，在颂扬阿芙洛狄忒和德墨忒尔的诗作中，二者都没能完成她们的计划的关键环节，反而遭遇了权力的削弱。宙斯的意愿总是压倒单个神的利益。如果赫尔墨斯不能真正地对抗或挑战阿波罗，他仍然会获得他在奥林坡斯山命定的位置，并且实现他作为诸神中的信使和沟通者，作为智谋之神和交易、旅

① Lenz（1975），p.78。对判决一幕，Lenz 评述道：“由于奥林坡斯那一幕是十足的颂诗作品，行吟诗人就必须使用颂诗体裁的形式来引入那一幕。”（p.14）这还称不上一种解释。

② Herter（1976），p.238 提及颂诗最后赫尔墨斯的“失败”，并疑惑诗人究竟站在哪一边。但是 Càssola（1975），p.172 认为：“阿波罗的优越性是故事从头至尾的前提。”

③ 参见 P. Raingeard, *Hermès psychagogue*（Rennes, 1934），p.613：“［颂诗的］主题响应了宗教统一活动：致赫尔墨斯颂诗与致德墨忒尔颂诗一样，调和分歧并认可一致；我们似乎看到诗歌在纪念一种深思熟虑的活动，这个活动想要创造一个在宙斯的王权下统一起来的同质的奥林坡斯。”

途、沟通之神的重要功能。

《致赫尔墨斯颂诗》的最后几行简要地总结了刚被奥林坡斯接纳的赫尔墨斯的几个主要特征：他发明排箫取代弦琴表现了他永不枯竭的创造力（511—512），他沟通神与凡人的功能（576）；他既是施恩者又是永恒的骗子手的双重身份（577—578）[①]。但结尾的诗行还是最为着重地落脚在建立于宙斯的两个儿子之间的友爱【philotēs】纽带上，这友爱是双向且互惠的：

οὕτω Μαιάδος υἱὸν ἄναξ ἐφίλησεν Ἀπόλλων
παντοίῃ φιλότητι, χάριν δ᾽ ἐπέθηκε Κρονίων,
ἄμφω δ᾽ ἐς φιλότητα συνήγαγε. καὶ τὰ μὲν Ἑρμῆς
Λητοΐδην ἐφίλησε διαμπερὲς ὡς ἔτι καὶ νῦν...

因此，主人阿波罗爱着迈娅之子，
怀着每一种友谊；克罗诺斯之子又施加恩惠，
将他们带入友爱。而赫尔墨斯
也持久地爱着勒托的儿子，直到如今……

（574—575，507—508）

这两位神之间的联系与赫尔墨斯和赫斯提亚之间的联系相似（φίλα φρεσὶν ἀλλήλοισιν / εἰδότες【怀着友爱认识彼此】[《致赫斯提亚颂诗》，第9、12行]）[②]。内不能无外，静也不能无动。同样，限制与边界的完整意义也包含穿梭和进入的可能——阿波罗和赫尔墨斯。他们的互补与相依定义了新的完全实现了的奥林坡斯：明确地连为一体，等级秩序井然，但是因为有了赫尔墨斯，也能够流动、改变和沟通。

---

① 参见《伊利亚特》卷24第334—335行，宙斯对赫尔墨斯说：Ἑρμεία, σοὶ γάρ τε μάλιστα γε φίλτατον ἐστιν / ἀνδρὶ ἑταιρίσσαι, καὶ τ᾽ ἔκλυες ᾧ κ᾽ ἐθέλησθα【赫尔墨斯，对你而言，最好最亲爱的是/与人作伴，你只听你所愿意听的】。最后的短语也许暗示了任性。参见 Clay（1984），pp.34-35。

② 我依据的是 Càssola（1975）的文本并把第9行放在第11行之后。关于赫尔墨斯与赫斯提亚的互补性，见 Vernant（1965c）1：124-170。

征引书目①

AHS: T. W. Allen, W. R. Halliday, and E. E. Sikes, *The Homeric Hymns* (Oxford, 1936).

GGR: M. P. Nilsson, *Geschichte der griechische Religion*, 2nd ed. (Munich, 1955).

Baumeister, A., ed. 1860. *Hymni homerici*. Leipzig.

Benveniste, É. 1932. "Le sens du mot ΚΟΛΟΣΣΟΣ", *Revue de Philologie* 6: 118-35.

——1966. *Problèmes de linguistique Générale*, vol. 1. Paris.

——1969. *Le Vocabulaire des institutions indo-européennes*. 2 vols. Paris.

Berthiaume, G. 1982. *Les Rôles du mágeiros: Études sur la boucherie, la cuisine et le sacrifice dans la Grèce ancienne. Mnemosyne* Supplement 70. Leiden.

Bielohlawek, K. 1930. "Komische Motive in der homerischen Gestaltung des griechischen Göttermythus", *Archiv für Religionswissenschaft* 28: 185-211.

Brown, N. O. 1947. *Hermes the Thief*. Madison, Wis.

Bruit, L. 1986. "Pausanias à Phigalie", *Mètis* 1: 71-96.

Burkert, W. 1977. *Griechische Religion der archaischen und klassischen Epoche*. Stuttgart.

——1984. "Sacrificio-sacrilegio: II 'trickster' fondatore", *Studi Storici* 4: 835-845.

Càssola, F., ed. 1975. *Inni omerici*. Milan.

Chittenden, J. 1947. "The Master of Animals", *Hesperia* 26: 89-114.

Clay, J. S. 1983. *The wrath of Athena*. Princeton.

——1984. "The Hecate of the *Theogony*", *Greek, Roman and Byzantine Studies* 25: 24-38.

Detienne, M. 1973. *Les Maîtres de vérité dans la Grèce archaïque*. 2nd ed. Paris.

Detienne, M., and J.-P. Vernant. 1974. *Les Ruses de l'intelligence: La Mètis des Grecs*. Paris.

Diano, C. 1968. "La poetica dei Faeci", in *Saggezza e poetiche degli antichi*, pp. 185-214. Vicenza.

Dornseiff, F. 1938. "Zum homerischen Hermeshymnos", *Rheinisches Museum* 87: 80-84.

Duchemin, J. 1960. *La Houlette et la lyre*. Paris.

① 译者按：以下书目根据作者在本章脚注里所征引的文献，从全书的"参考文献"(Bibliography)中提取出来，以便读者检阅。

Dumézil, G. 1970. *Archaic Roman Religion*, 2 vols., translated by P. Krapp. Chicago.

Eitrem, S. 1906. "Der homerische Hymnus an Hermes", *Philologus*. 65: 248-282.

Gemoll, A., ed. 1886. *Die homerischen Hymnen*. Leipzig.

Gill, D. 1974. "*Trapezomata*: A Neglected Aspect of Greek Sacrifice", *Harvard Theological Review* 67: 117-137.

Görgemanns, H. 1976. "Rhetorik und Poetik im homerischen Hermeshymnus", in *Studien zum antiken Epos*, edited by H. Görgemanns and E. A. Schmidt. pp.113-128. Meisenheim.

Graefe, G. 1973. "Der homerische Hymnus auf Hermes", *Gymnasium* 70: 515-526.

Herter, H. 1976. "Hermes: Ursprung und Wesen eines griechischen Gottes", *Rheinisches Museum* 119: 193-241.

Herwerden, H. Van. 1907. "Forma antiquissima hymni homerici in Mercurium", *Mnemosyne* 35: 181-191.

Hirzel, R. 1902. *Der Eid: Ein Beitrag zu seiner Geschichte*. Leipzig.

Hocart, A. 1936. *Kings and Councillors: An Essay in the Comparative Anatomy of Human Society*. Cairo.

Holland, R. 1926. "Battos", *Rheinisches Museum* 75: 156-183.

Hooker, J. 1986. "A Residual Problem in *Iliad* 24." *Classical Quarterly* n.s. 36: 32-37.

Hübner, W. 1986. "Hermes als musicher Gott", *Philologus* 130: 153-174.

Humbert, J. 1936. *Homère: Hymnes*. Paris.

Janko, R. 1982. *Homer, Hesiod and the Hymns: Diachronic Development in Epic Diction*. Cambridge.

Jeanmaire, H. 1939. *Couroi et couretès: Essai sur l'éducation spartiate et sur les rites d'adolescence dans l'antiquité hellénique*. Lille.

——1945. "Le Substantif *hosia*", *Revue des Études Grecques* 58: 66-89.

Kadletz, E. 1984. "The Sacrifice of Eumaios the Pig Herder", *Greek, Roman and Byzantine Studies* 25: 99-105.

Kahn, L. 1978. *Hermès passe ou les ambiguïtés de la communication*. Paris.

Kaimio, M. 1974. "Music in the Homeric Hymn to Hermes", *Arctos* 8: 29-42.

Kraus, T. 1960. *Hekate: Studien zu Wesen und Bild der Göttin in Kleinasien und Griechenland*. Heidelberg.

Kuhn, A. 1886. *Die Herabkunft des Feuers und des Göttertranks*. 2nd edtion. Gütersloh.

Kuiper, K. 1910. "De discrepantiis hymni homerici in Mercurium", *Mnemosyne* 38: 1-50.

Lenz, L. 1975. *Der homerische Aphroditehymnus und die Aristie des Aineias in der*

Ilias. Bonn.

Ludwich, A. 1908. *Homerischer Hymnenbau*. Leipzig.

Maltese, E. V. 1982. *Sofocle Ichneutae*. Papyrologica Florentina 10. Florence.

Mauss, M. “Les fonctions sociales du sacré”, In *Oeuvres* 1, edited by V. Karady, pp.193–307. Paris.

Meuli, K. 1946. “Griechische Opferbräuche”, in *Phyllobolia für Peter von der Mühll*, pp.185–288. Basel.

Mondi, R. 1978. “The Function and Social Position of the Kêrux in Early Greece”, Ph.D. dissertation, Harvard University.

Müller, K. O. 1833. “Die Hermes-Grotte bei Pylos”, in *Hyperboreisch-römische Studien für Archäologie*, edtied by E. Gerhard, pp.310–316. Berlin.

Orgogozo, J. 1949. “L'Hermès des Achéens”, *Revue de l'historie des religions* 136: 10–30, 139–179.

Pagliaro, A. 1953. “Ἱερός in Omero e la nozione di ‘sacro’ in Grecia”, in *Saggi di critica semantica*. pp.91–122. Messina.

——1971. “Il proemio dell' Iliade”, in *Nuovo saggi di critica semantica*, 2nd. edtion. Florence.

Preisendanz, K., and A. Henrichs, eds. 1973–1974. *Papyri graecae magicae*. 2nd edtion. Stuttgart.

Preller, L. and C. Robert. 1887. *Griechische Mythologie*, 2 vols. 4th edition. Berlin, 1887.

Pucci, P. 1977. *Hesiod and the Language of Poetry*. Baltimore.

——1987. *Odysseus Polutropos*. Ithaca, N.Y.

Radermacher, L. 1931. *Der homerische Hermehymnus*. Sitzungsberichte Akademie der Wissenschaften in Wien 213, no.1: 1–263.

Raingeard, P. 1934. *Hermès psychagogue*. Rennes.

Roeger, J. 1924. ΑΙΔΟΣΚΥΝΕΗ: *das Märchen von der Unsichtbarkeit in den homerischen Gedichten*. Graz, 1924.

Robert, C. 1906. “Zum homerischen Hermeshymnos”, *Hermes* 41: 389–425.

Roscher, W. H., ed. 1884–1937. *Ausführliches Lexikon der griechischen und römischen Mythologie* 6 vols. Leipzig.

Rudhardt, J. 1958. *Notions fondamentales de la pensée religieuse et actes constitutifs du culte dans la Grèce Classique*. Geneva.

——1962. “La Reconnaissance de la paternité dans la société athénienne”, *Museum Helveticum* 19: 39–64.

——1981. *Du mythe, de la religion grecque et de la compréhension d'autrui*. Revue Européenne des Sciences Sociales 19. Geneva.

Ruijgh, C. 1967. “Sur le nom de Poséidon et les noms en-ᾱ-Fον-, -ῑ-Fον-”, *Revue des Études Grecques* 80: 6–16.

Saïd, S. 1979. "Les Crimes des prétendants, la maison d'Ulysse et les festins de l'Odyssée", in Schmid, W., and O Stählin, *Geschichte der griechischen Literatur*. Volume 1, part 1, by W. Schmid. Munich. *Études de littérature ancienne*, pp.9–49. Paris.

Scheinberg, S. 1979. "The Bee Maidens of the Homeric Hymn to Hermes", *Harvard Studies in Classical Philology* 83: 1–28.

Segal, C. 1982. *Dionysiac Poetics and Euripides' Bacchae*. Princeton.

Shelmerdine, S. C. 1981. "The 'Homeric Hymn to Hermes': A Commentary (1–114) with Introduction", Ph.D. diss., University of Michigan.

——1984. "Hermes and the Tortoise: A Prelude to Cult", *Greek, Roman and Byzantine Studies* 25: 201–7.

——1986. "Odyssean Allusions in the Fourth Homeric Hymn", *Transactions and Proceedings of the American Philological Association* 116:1–24.

Snell, B. 1975. *Die Entdeckung des Geistes*. 4th edtion. Göttingen.

Snell, B. and H. Maehler, eds. 1975–1980. *Pindari Carmina*. 2 vols. Leipzig.

Treu, M. 1968. *Von Homer zur Lyrik*. Zetemata 12. 2nd edtion. Munich.

Thalmann, W. G. 1984. *Conventions of Form and Thought in Early Greek Epic Poetry*. Baltimore.

Toutain, J. 1932. "Hermès, dieu social chez les Grecs", *Revue d'Histoire et de Philosophie Religieuses* 12: 289–329.

Turyn, A. 1948. *Pindari Carmina*. Cracow.

Van der Valk, M. H. 1942. "Zum Worte 'ΌΣΙΟΣ'", *Mnemosyne* 10: 113–140.

Van Nortwick, T. 1975. "The Homeric *Hymn to Hermes*: A Study in Early Greek Hexameter Style", Ph.D. dissertation, Stanford University.

Van Windekens, A. 1962. "Sur le nom de la divinité grecque Hermès." *Beiträge zur Namenforschung* 13: 290–292.

Vernant, J-P. 1965b. "Hestia-Hermès: Sur l'expression religieuse de l'espace et du mouvement chez les Grecs", in *Mythe et pensée chez les Grecs*, 1: 124–184. Paris.

——1965c. *Mythe et pensée chez les Grecs*. 2 vols. Paris.

——1974. *Mythe et société en Grèce ancienne*. Paris.

——1979b. "Manger aux pays du Soleil", in *La Cuisine du sacrifice en pays grec*, ed. M.

Detienne and J.-P. Vernant, pp.239–249. Paris.

Walsh, G. B. *The Varieties of Enchantment: Early Greek Views of the Nature and Function of Poetry*. Chapel Hill, N.C.

Watkins, C. 1970. "Studies in Indo-European Legal Language, Institutions, and

Mythology”, in *Indo-European and Indo-Europeans*, edited by G. Cardona and H. Hoenigswald, pp.321-354. Philadelphia.

Welcker, F. G. 1857. *Griechische Götterlehre*. 2 vols. Göttingen.

Wilamowitz-Moellendorff, U. von. 1920. *Die Ilias und Homer*. 2nd edtion. Berlin.

——1959. *Der Glaube der Hellenen*. 2vols. 3rd edition. Darmstadt.

（译者：余静双，复旦大学历史学系博士生）

《致赫尔墨斯的荷马颂诗》：幽默与显灵*

阿萨纳修斯·韦伽多斯
（唐晓霞　钟一鸣　译）

《致赫尔墨斯的荷马颂诗》与其他主要的《荷马颂诗》在其异乎寻常的遣词用句、叙述风格和对待众神的幽默态度上存在差异，对此学者们多有评述[①]。然而有一个特征还未曾得到充分的关注，那就是：跟其他主要的《荷马颂诗》相比，《致赫尔墨斯》缺乏对显灵的叙述。

神的显灵似乎是赞美颂诗中常见的组成部分，它有一套固定的模式可遵循，就像图尔克尔陶布（D. Turkeltaub）所详细列举的那样[②]。在所有其他主要的《颂诗》（以及第七首《致狄奥尼索斯》）中，被赞颂的神某些时候会在叙述中向凡人揭示他或她神圣的身份。在

---

* Athanassios Vergados, "*The Homeric Hymn to Hermes*. Humour and Epiphany", in Andrew Faulkner, ed. *The Homeric Hymns. Interpretive Essays*. Oxford: Oxford University Press, 2011, pp.82-104.

① 例如参见 WL 12："《致赫尔墨斯的颂诗》（荷马颂诗第四首）在其他方面有其特别之处：在所有希腊早期的六音步诗当中，它无疑是最有趣的；它的语言是最不受束缚的，用了许多晚期的单词和词语，许多用得相当草率，且不准确；在结构上是最不完善的，有许多叙述上的不一致，过多或甚至没有掌握史诗故事叙述的恰当节奏。"Richardson（2007, p.85）把这首诗不同寻常的语言风格和叙述风格跟它的幽默联系起来，另见 Richardson 2010, pp.19-20,23-24。

② 关于荷马式显灵场景模式的概述，参阅 Turkeltaub 2003, pp.16-50；关于《荷马颂诗》中的相关实例，参阅该书 pp.51-122。另见 Kullmann 1956, pp.83-111, Richardson 1974, pp.207-208, Bremer 1975, pp.1-12, Sowa 1984, pp.236-272。

《致阿波罗颂诗》(第400、440—445行)当中,当阿波罗以海豚和白日星辰出现之后,这位神以一位男青年的形象现身(第449—450行),并宣称道：εἰμὶ δ' ἐγὼ Διὸς υἱός, Ἀπόλλων δ' εὔχομαι εἶναι("我是宙斯之子,我宣布我是阿波罗",第480行)[①]。类似地,在第七首颂诗当中,狄奥尼索斯非常清楚地表明他的出现,随着芳香的葡萄酒流淌在海盗船上(第35—37行),桅杆上长出了一棵葡萄树和常春藤(第38—41行),船桨绕满了花环(第42行)。此外,这位神还把自己变成了一头狮子(第44—45行)[②]。所有的海盗都吓得跳入大海并被变成了海豚,但神饶恕了舵手,因为只有他一人从一开始,也就是在海盗的绳索掉到地下的时候,就承认了狄奥尼索斯的神圣身份(第15—24行;参见第46行)[③]。狄奥尼索斯告诉舵手无须害怕,并向他揭示了自己的神性(第56—57行)：εἰμὶ δ' ἐγὼ Διόνυσος ἐρίβρομος ὃν τέκε μήτηρ | Καδμηῒς Σεμέλη Διὸς ἐν φιλότητι μιγεῖσα("我是大声吼叫的狄奥尼索斯,卡德摩斯的女儿塞墨勒与宙斯结合后生下了我")。在《致阿佛洛狄忒》中,爱神以神圣的外形出现在安基塞斯(Anchises)面前：她的头高及房梁,双颊散发出神性之美(第172—179行);接着她明确地宣告自己的身份(第285—286行)。最后,德墨忒尔在献给她的《颂诗》中有两次显灵。诗人第一次叙述的是她部分的显灵：当女神进入刻娄斯(Celeus)宫殿的时候,她的头高及房梁,而门则被四射的神圣光芒所笼罩(第188—189行)。不过要到后面,观众才能体验到德墨忒尔揭示身份时的完整显灵(εἰμὶ δὲ Δημήτηρ τιμάοχος...,"我是德墨忒尔,受到崇敬的那位……",第268行)。之后,她很快就显现出应有的外形,令整个宫

---

① 除特别指出外,所有英译文皆出自笔者。(译者按：鉴于英译文是作者对古希腊文本的一种理解,因此大部分古希腊语引文根据作者的英译文进行翻译,其余情况在文章脚注中另有说明)

② 关于《颂诗七》中的显灵,参阅本书(译者按：指收录本篇论文的 *The Homeric Hymns: Interpretative Essays*, edited by Andrew Faulkner, Oxford University Press, 2011,下同)第七章 Jaillard 一文。第45—47行提到一头熊出现在船中央,而神的举动都用 σήματα 一词标记。但这部分可能被窜改过;参阅 Sparshott 1963。关于恐惧作为对神显灵的反应,参见本书(p.162) Thomas 对《颂诗十九》第38—49行的讨论。

③ 有意思的是,同样的奇迹还出现在《致赫尔墨斯》第409—414行：阿波罗试图用柳条捆住赫尔墨斯,但绑带掉到地上生出根,反而把牛绑住了。参阅 Kuiper 1910, pp.43-44, Baudy 1989, Vergados (即出),第409—414行注。

殿充满了光芒和神圣的芳香(第268—280行)[①]。

尽管《致赫尔墨斯》缺少对显灵的完整叙述,但诗人有时会使用一些与神的显灵相关的典型主题,如典型的荷马式显灵场景中的部分场景在颂诗中就有所体现。赫尔墨斯偷了位于皮埃利亚(Pieria)的阿波罗的五十头牛之后,就领着那群牛回到了伯罗奔尼撒。在彼奥提亚(Boeotia)的翁凯思托斯(Onchestus),他遇到一位正在葡萄园工作的老人,对此人他出言不逊并下达命令(第90—93行)。在《颂诗》的稍后部分,阿波罗不知为何竟觉察到老人的存在,遂前往翁凯思托斯就被盗的牛群加以盘问(第184—200行)[②]。赫尔墨斯闪亮的双眼屡被提及(第278、415—416行),一如神圣芳香和神圣脚印的主题(第231—232、237、342—343行),这令注意到赫尔墨斯举动的观察者既感到无能为力,又觉得惊奇万分[③]。

值得注意的是,以上某些显灵主题的观察者(或聚焦者)不是一位凡人,而是阿波罗。因此,是阿波罗发现自己被赫尔墨斯的诡计所迷惑:在第196行,他向老者承认自己因母牛消失,而公牛和四条狗仍在牧场一事感到惊奇[④]。在第219行,他惊呼ὢ πόποι, ἦ μέγα <u>θαῦμα</u>[⑤] τόδ' ὀφθαλμοῖσιν ὁρῶμαι("哎呀,我的双眼所看到的东西

---

① 《致德墨忒尔》中的显灵场景可能依赖于《致阿佛洛狄忒》中的相似场景,参阅Faulkner(2008, pp.38-40)就这两首诗的关系的讨论,以及Sowa 1984, p.243。

② 关于"无礼"这一母题,参阅Turkeltaub 2003, p.33;关于在神的显现过程中指引凡人这一典型事件的讨论,参阅Richardson 1974, pp.242-244,Turkeltaub 2003, p.27。阿波罗与老人的相遇让人想起在典型的显灵场景这一母题下的一些扩充:神注意到老人,试图说服他提供信息以帮助他找回丢失的牛群。参阅Turkeltaub 2003, pp.19, 24。老人对阿波罗要求信息的回答同样值得注意,很显然他认为他与赫尔墨斯的相遇格外不同寻常(一个说着话的婴儿领着五十头倒着走的牛!)。人们可能期望老人能意识到他跟神相遇了,也许诗人在这一点上就是在逗弄观众的期待。老人没有觉察到赫尔墨斯的神性,这使得他遭受神的侮辱的正当性得到了进一步确定(参考本文第101页注①)。阿波罗综合了老人提供的信息,还有他在第213行获得的鸟兆,以及他对第242—243行的脚印的观察,觉察到了小偷的神的身份。

③ 《颂诗》第342—343行(τὰ δ' ἄρ' ἴχνια δοιὰ πέλωρα | οἷά τ' ἀγάσσασθαι καὶ ἀγαυοῦ δαίμονος ἔργα,"留下如此令人惊讶的双重怪异足迹,这是杰出的神灵的作品")。在《伊利亚特》第13卷第68—75行当中,波塞冬的神性从他的ἴχνια ... ποδῶν ἠδὲ κνημάων("脚步……和胫骨")被辨认出来;可比较Sowa 1984, pp.247-250。

④ 看门狗的不作为可能是神性的另一暗示:在《奥德赛》第16卷第162—163行处,欧迈尔斯小屋里的狗感知到了雅典娜,它们没有朝她吠而是逃走了。

⑤ 译者注:原文所加下划线,强调阿波罗如同凡人一般亦将赫尔墨斯所做之事视为奇迹。以下均予保留。

真是个巨大的奇迹啊”），这个短语另见于古风时期的六音步长短短格作品中，凡人目睹神的业绩之后也会如此感叹[1]。在第407行，阿波罗夸赞起赫尔墨斯的能力（θαυμαίνω κατόπισθε τὸ σὸν κράτος，“我很好奇你将来的能力”）。当赫尔墨斯成功逃脱阿波罗的束缚之后，后者 θαύμασεν ἀθρήσας（“惊奇地看着”，第414行）。最后，在第455行，阿波罗表达了他对赫尔墨斯音乐技能的钦佩（θαυμάζω Διὸς υἱὲ τάδ' ὡς ἐρατὸν κιθαρίζεις，“我倍感惊奇，宙斯之子，你用弦琴弹的音乐真美妙”）。阿波罗在其演说中向宙斯评论了赫尔墨斯的奇怪脚印，在他看来那些脚印 οἷά τ' ἀγάσσασθαι καὶ ἀγαυοῦ δαίμονος ἔργα（“引起如此的惊奇，这是杰出的神灵的作品”，第343行）。此外，神圣芳香的主题出现于阿波罗突然闯入迈娅的洞穴搜寻牛群的时候：ὀδμὴ ἱμερόεσσα（“一阵迷人的芳香”）飘浮在库列涅（Cyllene）山间（第231—232行），与此同时，又有赫尔墨斯在看到阿波罗时裹上了他的 σπάργανα θυήεντα（“飘香的襁褓”，第237行）[2]。最后，赫尔墨斯闪亮的双眼在他与阿波罗的对质中屡被提及：在他的首段辩护词结束后，赫尔墨斯“从双眉之下投射出许多闪亮的瞥视”（πυκνὸν ἀπὸ βλεφάρων ἀμαρύσσων，第278行），而在第415—416行，他试图在阿波罗面前隐藏他光辉的样貌（χῶρον ὑποβλήδην ἐσκέζψατο πῦρ ἀμαρύσσον | ἐγκρύψαι μεμαώς，“他用眼扫视那块地方，想要隐藏如炬的目光”）。[3]然而这些主题并没有导向显灵的瞬间。事实上，无论是赫尔墨斯还是阿波罗，在对翁凯思托斯的老人现身之前都不曾想过要稍微伪装一下，尽管在别的《颂诗》中神会有所伪装（例如在《致阿波罗》第400行，神以海豚的样子出现

---

① 比较 *Il.* 15.286，20.344 和 *Od.* 19.36。跟 θαῦμα 和 θάμβος 相关的词经常用来表示观察者对神的显灵的反应；比较 Pfister 1924，p.317，Bremer 1975，2 n.p.2，Turkeltaub 2003，pp.31-32，Jaillard 2007，p.83。

② 关于这个母题，参见 Lohmeyer 1919，pp.4-14；Deonna 1939，Lilja 1972，pp.25-30；Meloni 1975，pp.12-14。这个母题很幽默地被用于《致赫尔墨斯》当中：在第232行，诗人补充道：πολλὰ δὲ μῆλα ταναύποδα βόσκετο ποίην（“无数细长腿的羊正在吃着草”）。还有，人们不能指望婴儿的尿布能香气扑鼻！

③ 《致赫尔墨斯》的作者把赫尔墨斯光芒四射的眼光跟他的发明关联起来；比较第43—46行的明喻。关于《致赫尔墨斯》第415行，参阅 Vergados（即出）的该行评注。把光芒作为神显母题的一部分，参阅 Keyssner 1932，p.150，Bremer 1975，p.5，7，Dietrich 1983，p.68，Turkeltaub 2003，p.137。

在克里特的水手面前,又如在《致德墨忒尔》第 101 行,女神以老妇人的样貌抵达厄琉西斯)。

鉴于《致赫尔墨斯》与其他较长的《颂诗》所遵循的模式基本一致,正式的神圣显灵的缺失显得尤为显著。从在颂诗叙述中占主导的第三人称(*Er-Stil*)切换到颂诗开头(*envoi*)中典型的第二人称(*Du-Stil*),暗指被称呼者(也就是神)在颂诗结尾的出场。换言之,对神的故事的叙述影响着他或她之于听众的显灵,以及理想情况下他或她对该共同体的祝福①。《致赫尔墨斯》也不例外,同样遵循着这个模式。接续着部分宣明《颂诗》主题的序诗,我们转入了以第三人称或直接引语来表现神的出生故事和首项业绩的"史诗部分"(*pars epica*)。第 579—580 行切换到第二人称,邀请神享受刚刚完成的颂歌,此处第二人称暗指赫尔墨斯在表演现场的到来。然而缘何在其他长篇《颂诗》中,神被感知的到场(因而从第三人称切换到第二人称)是在"史诗部分"叙述了显灵之后实现的,而在《致赫尔墨斯》中如是叙述却从未出现?②

倘若我们考虑到赫尔墨斯在早期希腊文学作品中的出场模式,便可解释第四首《荷马颂诗》对其显灵的特殊处理。赫尔墨斯常常出现于含有幽默的场合和喜剧当中:如是表现的例子可见于《奥德赛》、《致潘神的荷马颂诗》、希波纳科斯(Hipponax)的残篇以及旧喜剧(Old Comedy)。当赫尔墨斯的显灵的确发生的时候(例如在《伊利亚特》第 24 卷中他对普里阿摩斯[Priam]的显灵),它并没有被呈现以典型颂诗式显灵的华丽风格。这可能与赫尔墨斯诡计多端的属性有关,因为他经常骗人并喜欢暗中行事。《致赫尔墨斯》的诗人用

---

① 关于《荷马颂诗》的结构,参阅 Janko(1981),以及本书 Calame(第十四章)关于召唤(invocationes)、史诗赞颂(epicae laudes)和祈祷(preces)的讨论。至于《颂诗》作为神显现的舞台"在有限的范围内,它们塑造了表演者,以及他提到的'记住'或'歌颂'神的群体,也就是说把神带进演出现场以提供一个口头的神像(agalma)",参见 Depew 2000,尤见 pp.73-74;此外,参阅 Danielewicz 1976, pp.116-119; García 2002, 尤见 pp.28-34,在他看来,"惊叹 χαῖρε……(是)歌手欢迎神的到来(p.33),以及本书 Thomas(p.164)。Bierl(2004, p.45)指出"《荷马颂诗》似乎通常是歌颂神的到来的颂歌"。参阅 Furley 和 Bremer(2001, i.61)关于第二人称祈使语气的使用表示渴望神的到来。

② 《致阿波罗》也不是完全符合这个标准,比起其他更长的《荷马颂诗》,它在第二人称和第三人称中的切换显得更为自由。

类似的偷偷摸摸实现了赫尔墨斯的显灵：赫尔墨斯的显灵没有像其他主要《颂诗》那样直接描述，而是发生于表演之中。诗人通过两种方式达到了这一效果。其一，通过叙述一则极为幽默的故事，他引出听众（《颂诗》的外部听众）做出同样的反应，就像赫尔墨斯的行为给受众（赫尔墨斯的内部听众，即阿波罗和宙斯）带来的效果那样——大笑（参见第281、389、420行）。其二，通过叙述神是如何发明听众在日常经验中熟悉的物品和制度（其中一些是颂诗表演所需，或与之密切相关）的，诗人暗示赫尔墨斯在听众生活中的持续显灵[①]。当然，后一种策略并非《致赫尔墨斯》独有。但是正如笔者希望在下文展示的，《致赫尔墨斯》的诗人把要颂唱的神表现为最卓越的（*par excellence*）发明者，并让自己与其合而为一，由此将这种策略发挥到了极致。

赫尔墨斯与幽默

《致赫尔墨斯的荷马颂诗》既风趣又幽默，作为一首赞美骗子形象的诗再适合不过[②]。尽管其他《荷马颂诗》偶尔也有展现幽默的瞬间[③]，但赫尔墨斯的神圣角色尤为引人发笑，因此把包含了幽默与笑声的出场称为一种传统或许并不为过[④]。

史诗提供了赫尔墨斯的神圣角色在这方面的例子。在德墨多克斯的第二首歌中（《奥德赛》第8卷第266—366行），男神们聚集在赫

---

① 卡利马库斯（Callimachus）很好地理解了赫尔墨斯隐秘的出场；试比较 Vergados（即出），Introduction IV B §13-17。关于希腊文学对《荷马颂诗》的接受，参阅 Faulkner（本书第九章）。

② Eitrem（1906, p.248）已经注意到了这首诗的喜剧层面，他评论道：“乍一看，整篇颂诗表现的宗教元素很少；稍带戏谑的语调，满是幽默和把戏；这位神婴被设想成一个恶作剧的希腊青年，他欺骗年长的人，尤其是最亲近的家庭成员，为了玩得高兴并为自己铺平道路；[赫尔墨斯被表现成]具有神一样的才赋，在粗鄙的程度上又有些幼稚。”（笔者的翻译，黑体字的强调为原文所有）Schneidewin（1848, p.663）曾说过创作这首颂诗的诗人是位“顽皮的诗人”。此外，试比较 Bielohlawek 1930, pp.203-209; Sikes 1940, p.123。Otto（1987, 142, p.315）称赫尔墨斯为一个“淘气鬼”。

③ 参阅本书 Clay, pp.245-246。

④ 参阅 Nesslrath（2010, pp.147-149）关于早期文学作品中赫尔墨斯出场的简要概览。

淮斯托斯的床前，见证了这位跛足神是如何凭靠技艺来困住阿瑞斯和阿芙洛狄忒的[1]。阿波罗问赫尔墨斯：

> Ἑρμεία，Διὸς υἱέ，διάκτορε，δῶτορ ἑάων
> ἦ ῥά κεν ἐν δεσμοῖσ' ἐθέλοις κρατεροῖσι πιεσθείς
> εὕδειν ἐν λέκτροισι παρὰ χρυσέῃ Ἀφροδίτῃ
>
> (*Od*.8.335—357)

> 赫尔墨斯，宙斯之子，引路神，施惠神，
> 纵然身陷这牢固的罗网，你是否也愿意
> 与黄金的阿芙洛狄忒同床，睡在她身边？[2]

对此，神圣的信使回答道：

> αἲ γὰρ τοῦτο γένοιτο，ἄναξ ἑκατηβόλ' Ἄπολλον.
> δεσμοὶ μὲν τρὶς τόσσοι ἀπείρονες ἀμφὶς ἔχοιεν，
> ὑμεῖς δ' εἰσορόῳτε θεοὶ πᾶσαί τε θέαιναι，
> αὐτὰρ ἐγὼν εὕδοιμι παρὰ χρυσέῃ Ἀφροδίτῃ
>
> (*Od*.8.339-342)

> 尊敬的射王阿波罗，我当然愿意能这样。
> 纵然有三倍如此牢固的罗网缚住我，
> 你们全体男神和女神俱注目观望，
> 我也愿睡在黄金的阿芙洛狄忒的身边。[3]

这个回答引得围观的众神哄笑不止（第 343 行，ὣς ἔφατ'，ἐν δὲ γέλως ὦρτ' ἀθανάτοισι θεοῖσιν，"他这样说，引得不死的众

---

① 若想获得更多关于这一片段的讨论，可参阅本书 Clay，pp.249-250。
② 译者按：中译文参考荷马著，王焕生译：《奥德赛》，人民文学出版社 2008 年版。
③ 译者按：同上。

神哄然大笑”）。[1]

此外，赫尔墨斯与讽刺诗人有着很紧密的联系。《致赫尔墨斯》这首颂诗的情节与摩涅希佩斯铭文（Mnesiepes Inscription）上所记述的关于帕洛斯（Paros）的阿尔基洛科斯（Archilochus）的故事有些相似。笔者自柯雷（Clay 2004）处转引相关段落（E_1 II. 22－40）及其译文如下，[2]并以下划线标记了与《致赫尔墨斯》故事情节相似的词和词组[3]：

λέγουσι γὰρ Ἀρχίλοχον ἔτι νεώτερον
ὄντα πεμφθέντα ὑπὸ τοῦ πατρὸς Τελεσικλέους
εἰς ἀγρόν, εἰς τὸν δῆμον, ὃς καλεῖται Λειμῶνες,
[ὥ]στε βοῦν καταγαγεῖν εἰς πρᾶσιν, ἀναστάντα 25
πρωιαίτερον τῆς νυκτός, σελήνης λαμπούσης,
[ἄ]γειν τὴμ βοῦν εἰς πόλιν· ὡς δ᾽ ἐγένετο κατὰ τὸν
[τ]όπον, ὃς καλεῖται Λισσίδες, δόξαι γυναῖκας
[ἰ]δ̣εῖν ἀθρόας· νομίσαντα δ᾽ ἀπὸ τῶν ἔργων ἀπιέναι
αὐ̣τὰς εἰς πόλιν προσελθόντα σκώπτειν. τὰς δὲ 30
δ̣έ̣ξασθαι αὐτὸν μετὰ π̣αιδιᾶς καὶ γέλωτος καὶ
[ἐ]π̣ε̣ρωτῆσαι, εἰ πωλήσων ἄγει τὴμ βοῦν· φήσαντος δέ,
[εἰ]πεῖν ὅτι αὐταὶ δώσουσιν αὐτῷ τιμὴν ἀξίαν·
[ῥη]θέντων δ̣ὲ τούτων αὐτὰς μὲν οὐδὲ τὴμ βοῦν οὐκέτι
[φ]ανερὰς εἶναι, πρὸ τῶν ποδῶν δὲ λύραν ὁραν αὐτόν· 35
[κα]ταπλαγέντα δὲ καὶ μετά τινα χρόνον ἔννουν
[γ]ε̣νόμενον ὑπολαβεῖν τὰς Μούσας εἶναι τὰς φανείσας

① 关于这幕场景中笑声的意义，参阅 Brown 1989, pp.290－291; Halliwell, 2008, pp.77－78。还要注意《颂诗十九》的第 44—46 行，赫尔墨斯在向奥林坡斯众神展示他的新生儿子潘的时候，逗得他们十分高兴。比较赫尔墨斯在《伊利亚特》第 21 卷第 497—501 行的发言。

② 参见 Clay（2004, p.104）及其关于铭文（*SEG* 15. 517）的书目。

③ 第一位编辑 N. Kontoleon（1952, pp.64－67）曾指出摩涅希佩斯铭文和《致赫尔墨斯》的一些相似之处；比较 Peek（1959），他否认这些相似之处。Kambylis（1963, 143）认为这两个文本之间只有泛泛的相似处。还可以参阅 Compton 2006, pp.41－43。

[κα]ị λύραν αὐτῷ δωρησαμένας καὶ ἀνελό-
[με]ṿον αὐτὴν πορεύεσθαι εἰς πόλιν καὶ τῷ πατρὶ
[τὰ] γενόμενα δηλῶσαι. **40**

他们说当阿尔基洛库斯还是年轻人时
他父亲特雷西克勒斯派他去那个
被称作“牧场”的地方， **25**
让他带一头小母牛去卖。他起床时
天还没亮，且月亮还悬挂高空，
他就领着一头小母牛进城。当他走到一个
叫做滑岩的地方时，他们说他认为自己
看见了一群妇女。他以为她们要动身
到城里工作，他走近并嘲笑了她们一番。但 **30**
她们非常幽默地笑着向他打了个招呼，
并问他是否想卖掉他拉着的那头母牛；他回答要卖，
她们说可以给他一个好价钱。
但就在她们说完这句话后，那群女人和那头母牛
消失了，只见在他脚边留下了一把弦琴。 **35**
他惊呆了，等他恢复理智后，他意识到
出现在他面前的那群女人就是缪斯，
是她们把弦琴作为礼物送给了他，
于是他拿起弦琴进到城里，告诉了父亲
所发生的事情。 **40**

两则故事的主人公都很年轻。故事皆涉及母牛：赫尔墨斯偷走了阿波罗的五十头母牛，而阿尔基洛库斯则受其父派遣去卖一头母牛。事件均发生在夜晚（参阅 Mnesiepes Inscription E_1II. 26，与《致赫尔墨斯》第 99 行 ἡ δὲ νέον σκοπιὴν προσεβήσατο δῖα Σελήνη，“神圣的塞勒涅刚刚抵达最高的瞭望点”，和第 141 行 καλὸν δὲ φόως κατέλαμπε Σελήνης，“塞勒涅散发的美丽光线笼罩着他”）。两位

主角都碰到了他们加以嘲弄的角色[①]，这两则故事均涉及一头（或多头）母牛交换一把弦琴的情节；弦琴的价值被言及（在铭文中，这把弦琴有 τιμὴν ἀξίαν [sc. τῆς βοός]，“一个好价钱”，而在《致赫尔墨斯》第 437 行，阿波罗在赫尔墨斯完成第二首歌后惊叹道：πεντήκοντα βοῶν ἀντάξια ταῦτα μέμηλας，“你创作的这首歌值得五十头牛”）。此外，这两则故事都提到了牧场（λειμῶνες），且两位主角都与缪斯有关（阿尔基洛库斯从她们那里获得了一把弦琴；比较《致赫尔墨斯》第 429 行，该处说摩涅莫绪涅是赫尔墨斯的保护女神）[②]。

这一类故事源于民间故事传统，在赫西俄德《神谱》（*Theogony*）开篇的神赋圣礼（*Dichterweihe*）中亦有所反映[③]。但《致赫尔墨斯》和摩涅希佩斯铭文与赫西俄德叙述的差异在于赫尔墨斯和阿尔基洛库斯的故事都发生在夜晚而非正午——神赋圣礼通常发生的时间[④]，两个文本都提到弦琴的价值等同于一个（或多个）动物；如是提法在赫西俄德的描述中并未出现，因为缪斯并没有给诗人呈送一件乐器。此外，在《致赫尔墨斯》和摩涅希佩斯铭文这两个文本中，叙述都由一个第三者（一个“客观的”叙述者）来呈现，而非经历了与缪斯邂逅的主人公。最后，这两个文本的主角们都拿与诗和歌相关的神们寻开心（参阅 E_1 II. 33，以及《致赫尔墨斯》第 75—78、261—280、294—

---

① 摩涅希佩斯铭文中的术语是 σκώπτειν。我们也许要比较在第 90—93 行赫尔墨斯秘密地对老人说的话：ὦ γέρον, ὅς τε φυτὰ σκάπτεις ἐπικαμπύλα κᾶλα, | ἦ πολυοινήσεις εὖτ' ἂν τάδε πάντα φέρησι· | και τε ἰδὸν μὴ ἰδὼν εἶναι καὶ κωφὸς ἀκούσας, | καὶ σιγᾶν, ὅτε μή τι καταβλάπτῃ τὸ σὸν αὐτοῦ（“噢，老人，你挖掘着这些虬曲的木头，如同在挖掘植物，/你当然会收获许多葡萄酒，倘若所有这些都能有所产出[也就是说：绝不会！]/你既没有看见你所看到的，也没有听见你所听到的，/既然你的事务没有受到妨害，就保持沉默”）第 90 行我采用了 AS 和 Radermacher（1931）的 κᾶλα。抄本在此产生分歧：Ψ 流传的是 ἐπικαμπύλος ὤμους，而 M 给出的是不符合格律的 ἐπικαμπύλα ξύλα，ξύλα 肯定是对 κᾶλα 的注释而窜入了文本（在 Hes. *Op*. 427，ἐπικαμπύλα κᾶλα 出现于六音步诗行的另一个位置）；参见笔者的讨论 Vergados（即出），此行评注。赫尔墨斯通过这些话暗示老人的苦干是徒劳的（第 90—91 行，他在挖的原木毫无价值，因为它们不会产出任何东西），命令他继续这种没有思想的生活（第 92—93 行）；这些话当然是隐晦的，并巧妙地利用了谚语性的智慧；参阅 Clay 1989，p.115 和 Tzifopoulos 2000，尤见 pp.154-158。

② 关于赫尔墨斯的歌，参见本书的 Calame，pp.348-350。

③ 神赋圣职意味着诗人的艺术使命由一位神（或多位神）赋予，这位神将他引入诗歌并激发他创造诗歌的灵感。关于神赋圣职这一主题，参阅 Kambylis 1965，West 1966，pp.159-161。

④ 参阅 Kambylis 1965，pp.59-61。

298、464—474行)。

除了《致赫尔墨斯》中赫尔墨斯的一些 κλυτὰ ἔργα("光荣业绩")和摩涅希佩斯铭文所保存的阿尔基洛库斯与缪斯的相遇之间在情节上的一般相似处以外,在存世稀少的希波纳科斯(Hipponax)的诗歌残篇里,赫尔墨斯的出现引人瞩目①。这位讽刺诗人向赫尔墨斯祈祷,求他赐给自己靴子和斗篷以抵御严寒:

Ἑρμῆ, φίλ' Ἑρμῆ, Μαιαδεῦ, Κυλλήνιε,
ἐπεύχομαί τοι, κάρτα γὰρ κακῶς ῥιγῶ
καὶ βαμβαλύζω...
δὸς χλαῖναν Ἱππώνακι καὶ κυπασσίκον
καὶ σαμβαλίσκα κἀσκερίσκα καὶ χρυσοῦ
στατῆρας ἑξήκοντα τοὐτέρου τοίχου

(**Hipponax, fr.32, *IEG***)

赫尔墨斯,亲爱的赫尔墨斯,迈娅的小崽儿,库列涅的神啊,
我庄严地向你祈祷;因为我在严重地颤抖,
牙齿也在打颤……
从墙的另一头给希波纳科斯一条斗篷,一小件羊毛内衣,
一双小鞋和一双小靴子以及
六十斯塔特(stateres)金子吧。②

这一残篇是对于祷词的滑稽模仿,以强调语气向神呼告开篇:赫尔墨斯被召唤了两次,第二次作为 φίλε("朋友"),仿佛说话者在

---

① Walcot(1979, pp.347-348)提及《致赫尔墨斯》和讽刺诗之间的部分相似之处。

② 关于这个残篇参见 De Sousa Medeiros 1961, pp.16-18; Degani 2007, pp.99-102。这位讽刺诗人贬低了常见于颂诗乞灵中的典型母题:Μαιαδεῦ 让人想起神的母亲,不过其构词法是引人发笑的,就像 Degani (2007, p.100)指出的:它包含了常见于史诗的父名后缀-ίδης /-(ι)άδης(例如 Πηληϊάδης、Ἀτρείδης),但又添加了另一个后缀-εύς,这种拼合只见于源自动物名称的名词(例如 ἀλωπεκιδεύς、γαλιδεύς、πελαργιδεύς)。因此,德加尼翻译成"cucciolo di Maia",即"迈娅的小崽儿"。另可参阅 Degani 2002, pp.189-191。Acosta-Hughes(2002, pp.71-72 n.6)发现这个残篇有对于《致赫尔墨斯》开篇的影射,并让我们注意同时出现在希波纳科斯残篇和《致赫尔墨斯》当中的"文体并置"现象。

称呼一位侪辈而非神明。此外,ἐπεύχομαι("我庄严地祈祷")——一个属于高级诗作的词汇——所接续的祈求是用低等词汇表达出来的相当平庸的事情①。祈求的最后一部分(黄金斯塔特 τοὐτέρου τοίχου,"从墙的另一头")或许有着出人意料的效果,因为清单中的所有项目都是衣物。不过这会让人想起赫尔墨斯还是小偷之神:在《致赫尔墨斯》中,这位神自己就曾宣称他想要闯入阿波罗在德尔斐的神庙以窃取那里的黄金、白银、黑铁以及其他值钱的财物的意图(第 176—181 行)。因此,希波纳科斯祈求赫尔墨斯赐予墙的另一头(即别人家里)的黄金是说得通的②。在希波纳科斯的残篇 3a (*IEG*)中,说话人(*persona loquens*)在呼唤赫尔墨斯:Ἑρμῆ κυνάγχα, μῃονιστὶ Κανδαῦλα, | φωρῶν ἑταῖρε, δεῦρό μοι σκαπρδεῦσαι("赫尔墨斯,狗项链,麦奥尼亚方言中的坎道拉(Kandaula),小偷的同伴,来这里帮助我出去")③。残篇反映了赫尔墨斯作为看门狗的敌人和小偷引领者的角色(参见《致赫尔墨斯》第 175、292、194—196 行)。希波纳科斯残篇 35(*IEG*)中有一个祈求赫尔墨斯的许诺(ἐρέω γὰρ οὕτω· ʻΚυλλήνιε Μαιάδος Ἑρμῆʼ;"因为我将这么说:ʻ库列

---

① 关于高级诗作中的ἐπεύχεσθαι,比较 *Il.* 5. 119, 16. 829, 17. 35, 17. 450, 21. 121, *Od.* 14. 423, 22. 286, 23. 59, *Apoll.* 370, Thgn. 358, 994, A. *Sept.* 276, *Ag.* 501, *Cho.* 856, *Eu.* 58, Soph. *Trach.* 809, *OT.* 249, *OC* 484, Eur. *IT.* 508,等等。关于希波纳科斯的低俗请求的低俗措辞,比较拟声的 βαμβαλύζω("喋喋不休地谈,结结巴巴地说")和指小词 κυπασσίσκον("小件的羊毛内衣"),σαμβαλίσκα("小鞋子"),ἀσκερίσκα("小靴子"),这些词都带有口语色彩。

② Degani(2007, p.102)译作"nell altro piatto della bilancia"("在天平的另一头"),因为他在此看出对赫尔墨斯作为重量和度量之神的指涉,他的依据是写在行间的 τοῦ νερτέρου;不过可比较 Masson 1962, p.124 n.2,认为这是文本的退化而不是一个注释;因此 De Sousa Medeiros(1961, p.20)、West(1974, p.29)、Masson (1962, p.124 n.3)都怀疑 τοιχωρθχία 这个说法,而 Fränkel (1993, p.248)翻译成"von der inneren Wand"("从内墙"),这就把希波纳科斯的请求与赫尔墨斯作为小偷保护神的功能联系了起来。Hipponax. fr.34(ἐμοὶ γὰρ οὐκ ἔδωκας οὔτέκω χλαῖναν δασείησι | δασεῖαν ἐν χειμῶνι φάρμακον ῥίγεος | οὔτ' ἀσκέρησι τοὺς πόδας δασείησι | ἔκρυψας, ὥς μοι μὴ χίμετλα ῥήγνυται,"但你没给我一件抵御寒冬的斗篷,你也没用厚靴子遮住我的双脚,以便我不会罹患冻疮")要么暗示赫尔墨斯没有满足希波纳科斯的愿望,要么用来辩解赫尔墨斯为什么应该提供诗人这些物品(即,过去你没有把它们提供给我,至少现在可以做到了)。

③ 关于 σκαπαρδεῦσαι,参考 LSJ,σκαπερδεύω 词条,里面提到 Tzetzes *ap. Analect. Oxon.* 3. 351(出现在 συμμαχῆσαι 的注释中);但比较 Hsch. σ 855 σκαπαρδεῦσαι、λοιδορῆσαι。把这位讽刺诗人的"学识"(在召唤赫尔墨斯作为小偷保护神时,竟包含了一个外来语注释)与诗行结尾非常低俗的 σκαπαρδεῦσαι 一词并置,这当中存在着明显的不协调,参阅 Fränkel 1993, p.247。

涅的赫尔墨斯,迈娅之子'")。这诗行的开头是讽刺诗格律,结尾却是长短短格(参见《致赫尔墨斯》第 408 行 Κυλλήνιε Μαιάδος υἱέ)①。此外,在希波纳科斯的残篇 3(*IEG*)中据说布帕洛斯(Boupalos)曾召唤过赫尔墨斯,(ἔβωσε Μαίης παῖδα, Κυλλήνης πάλμυν,"他召唤迈娅之子,库列涅的统治者")②,而在残篇 177(*IEG*)中,说话者将赫尔墨斯称呼为与睡眠相关的神(Ἑρμῆ μάκαρ,〈σὺ γαρ〉(Meineke-〈ὃς καὶ〉West)κάτυπνον οἶδας ἐγρήσσειν,"有福的赫尔墨斯,因为你知道如何把一个人从睡眠中唤醒";参见《致赫尔墨斯》第 15、290 行)。

值得再次强调的是,在希波纳科斯所有的残篇当中,提到赫尔墨斯的场景都让人回想起颂诗的背景:在残篇 3、3a 和 32 当中,这位神的母系(迈娅之子)和一处重要崇拜地(Kultort),即其出生地(库列涅)得到描述;残篇 3a 还展示了另一种颂诗修辞格,即对这位神一些主要别名和特性刻画的堆砌(κυνάγχα, Κανδαῦλα,③ φωρῶν ἑταῖρε)。此外,希波纳科斯对赫尔墨斯的祈求有一种喜剧式的不协调,因为他用"高级"形式的祈祷去表达"低级"的诉求④。

对此,我们有必要再加上两则残篇。其一,残篇 47(*IEG*)(παρ' ᾧ σὺ λευκόπεπλον ἡμέρην μείνας | πρὸς μὲν κυνήσεις τὸν Φλυησίων Ἑρμῆν,"你在他身旁等待白衣的黎明,你将会向佛吕埃希的赫尔墨斯臣服"⑤)或许包含着喜剧意图:就像德加尼(Degani)所注意到的⑥,Φλυήσιοι 这个名字或许是来源于 φλυάζειν 的虚构;因此,这行诗相当于说"吹牛炫耀之徒的赫尔墨斯"⑦。其二,残篇 79

---

① 注意我们在希波纳科斯残篇中确实发现了六音步诗行的痕迹;例如,可能出现在 fr. 23 *IEG* τοὺς ἄνδρας τούτους ὀδύνη †πιαλλιρειτιαε†, Masson(1962, 该行评注)以及 Degani(2007, p.84)都接受 Bergk 的修订,作ὀδύνη 'πιαλεῖ ῥιγηλή。关于希波纳科斯的不规则短长格(choliamb)当中出现的长短短格(dactyls),参阅 Masson 1962, pp.26-27。当然,希波纳科斯的残篇里还有纯粹用来戏拟的六音步长短短格——比较 fr. 128-9a *IEG*;同时参阅 West 1974, p.30, Degani 2002, p.217 n.96, Carey 2009, p.163-165。

② 关于说话者的身份,参见 Degani 2007, p.79。注意外来的术语 πάλμυς(=国王),戏仿 Κυλλήνης μεδέοντα;试比较 Masson 1962, p.103 及 n.4。

③ 参阅 Masson 1962, pp.104-106。

④ 参阅 West 1974, p.29。

⑤ 译者按:此句无英译文,译自希腊语原文。

⑥ 参阅 Degani 2007, p.107。

⑦ 如果这一解读正确无误,这可能很幽默地指出赫尔墨斯是演说术的保护神。

第9—10行(*IEG*)(Ἑρμῆς δ' ἐς Ἱππώνακτος ἀκολουθήσας |... τοῦ κυνὸς τὸν φιλητήν)，韦斯特(West)建议将这行诗解作“赫尔墨斯尾随他到了希波纳科斯的家，让窃贼免受恶犬之虞”[1]。考虑到相应文本背景的缺失，虽然很难在这些残篇的阐释上言之凿凿，但这位讽刺诗人很显然将自己表现为与赫尔墨斯存在特殊关系的人。

我们在旧喜剧中观察到对赫尔墨斯的类似呈现。阿里斯托芬《和平》一剧里的主角特律盖奥斯(Trygaios)逃到奥林坡斯，在那里他遇到了赫尔墨斯，后者以一种不庄重的样子出场，这让人想起希波纳科斯残篇当中的描述。这位神是奥林坡斯的守门人，被其他神留在那里看守他们琐碎的家用物什[2]。有趣的是，赫尔墨斯在特律盖奥斯给了他几块肉之后，马上改变了对这个凡人不友善的态度[3]。应当记得的是，《致赫尔墨斯》曾两次提到这位神“对肉的渴望”(κρειῶν ἐρατίζων；第64、287行)，事实上他确实想品尝他在阿尔菲斯河畔烤的肉，只不过他无法吞食自己的那份份额[4]。

特律盖奥斯和赫尔墨斯之间的对话充满谐趣，对神并无虔敬之意。譬如，在第400—402行这位凡人不诚实地宣布赫尔墨斯是一个小偷，陈述的语气相当随意，仿佛他和赫尔墨斯是长期处于最友好关系的侪辈(留意第924行表示亲密的指小词Ἑρμήδιον，“我亲爱的小赫尔墨斯”)。同样的解释亦适用于第363—365行，这里特律盖奥斯表达了他的信心：赫尔墨斯是好运之神和好命之神，定会帮助自己。此外，直到特律盖奥斯向赫尔墨斯解释了希腊崩溃会导致的牵连诸神的物质损失后，赫尔墨斯才决定帮助他[5]。赫尔墨斯与一位凡人之间如是的颠倒关系亦出现在《财神》一剧的第1139—1170行：通常

---

① 参阅 West 1974, p.144。

② Ar. *Pax* 201-202.

③ Ar. *Pax* 191-194.

④ 在伪阿波罗多洛斯(3. 113)中赫尔墨斯食用了部分的肉。阿里斯托芬《财神》(1136—1138，1118—1132)也把赫尔墨斯的饕餮之欲放在显著的位置，该剧中，神悲悼自己因失去先前的供品而忍饥挨饿。另请比较 Telecl. Fr. 35 (*PCG*) ὦ δέσποθ' Ἑρμῆ, κάπτε τῶν θυλημάτων(“主人赫尔墨斯，大口吞下一些供品吧”)。

⑤ 他的论点在于，受到异族人供奉的赫利奥斯和塞勒涅已经和这些异族人一起密谋反对奥林坡斯神，以期在奥林坡斯神被移除后，他们可以享用原本奉献给这些神的供奉。参见阿里斯托芬《鸟》第1515—1524行。

是凡人向神提醒自己先前对这位男神(或女神)的服务以替自己的请求辩护(*da quia dedi*),此处却是赫尔墨斯向卡里昂(Karion)提醒自己先前对他的服务并要求人类承认他[1]。

所有这些当然都是幽默的,因为众神(按照定义乃是“崇高的”角色)被描述为凡人的样子,并被卷入产生喜剧式幽默的较低下的行动[2]。对诸神的这一呈现与《致赫尔墨斯的荷马颂诗》密切相关。这首古风颂诗在诸多方面都让人想起并预示着我们刚刚所检视的讽刺诗和喜剧对赫尔墨斯的呈现。首先,被歌赞的神以婴儿形象出场:赫尔墨斯在只有两天大的时候就完成了他所有的 κλυτὰ ἔργα(“光荣业绩”)。当然,偷牛的神话非常古老,可以追溯至印欧时期的原型[3],赫尔墨斯偷牛亦广为人知晓,但把这一行动归于刚出生的赫尔墨斯——或许是阿尔凯奥斯(Alcaeus)的发明,他也创作了一首致赫尔墨斯的颂诗[4]——必然有着喜剧甚或怪诞艺术的巨大潜质。事实上,中喜剧(Middle Comedy)见证了 θεοῦ γοναί(神的诞生)剧目的激增[5],而希腊化时期的诗歌则在极大程度上承袭了这一主题[6]。然而还不止如此:婴儿赫尔墨斯,当他还包裹在襁褓里,就向阿波罗和宙斯作出了在结构组织上和修辞效果上都已高度润色的辩护演说(第 261—277、368—386 行)[7]。

---

① 赫尔墨斯亦出现于福律尼科斯(Phrynichus)残篇 61 和残篇 204。腓力思库斯(Philiscus)创作了一部题为Ἑρμοῦ καὶ Ἀφροδίτης γοναί(《赫尔墨斯与阿芙洛狄忒的诞生》)的戏剧,但惜乎无一残篇存世。对神的讽刺在其他喜剧里也有出现;参见阿里斯托芬《鸟》第 1565—1693 行由诸神组成的使团,或《蛙》一剧里随处可见的对狄奥尼索斯的呈现。

② 参见 Nesselrath(1995),p.10,有关此处所论的喜剧式不协调在古风时期的先例;他援引亚里士多德《诗学》1448a 第 17 行及以下诸行与 1449a 第 32—34 行来说明“对角色的贬低”。有关荷马史诗对诸神的喜剧式呈现,参见下文(pp.97-98)。

③ 参见 Lincoln(1976),Walcot(1979),West(2007)pp.451-452。

④ Cairns(1983),pp.29-33.

⑤ Nesselrath(1995).

⑥ 参见 Ambühl(2005)。

⑦ 有关讨论已见于 Radermacher(1931),pp.127-128;Görgemanns(1976),p.115。肯尼迪(Kennedy 1994),p.14 认为赫尔墨斯所使用的是“希腊文中第一例从可能性出发的论证”。诗人试图将赫尔墨斯的演讲呈现得孩子气:在赫尔墨斯面向阿波罗的辩护演说(第 261—277 行),我们观察到词汇的重复(第 263—265、265—266、275—276 行)和节奏的重复(17 行中有 11 行以一种在格律上体现为短长长 wqq 的动词形式结尾[第 261—266、269—271、274、277 行];其中 6 行包含一个出现于动词形式之前的长短格的名词[第 263、265、266、269、274、279 行],而第 268 行尽管不含动词,却也显示了同样的格律模式)。此外,赫尔墨斯的演说包含了一系列有时缺乏连词的短句(第 263—264、266—267、273 行)。所有这些都致力于创造出儿童讲话的印象,参见 van Nortwick (1974),pp.94-95。译者按:van Nortwick(1974)应为 van Nortwick(1975)。

此外，赫尔墨斯是一位用计谋斗败了阿波罗的骗子，后者尽管既比他年长又是司掌预言的神，却无法发觉自己牛群的去向，而只得向一位凡人和自己的婴儿弟弟打探消息（第190—200、254—259行）。他从阿波罗的牛群中盗走了五十头母牛并赶着它们反向离开以迷惑其主人，同时他还制造了一双神奇的凉鞋，踩下的脚印引起了阿波罗的惊奇[①]。作为一名婴儿，他造出了一把弦琴，为的是稍后以之为手段与阿波罗交易牛群（第34—35、47—51行）。最后，他的行为令自己的听众发笑：在第281行，阿波罗因他的辩护演说而失笑却佯装无动于衷；在第389行，则轮到宙斯因赫尔墨斯的撒谎技巧而大笑[②]。

此外，在《致赫尔墨斯》中有一处对讽刺诗精神特质的间接指涉。在第55—56行，赫尔墨斯以自己为对象即兴创作的颂诗被比作会饮场合上青年们相互抛出的玩笑戏谑（…ἠΰτε κοῦροι | ἡβηταὶ θαλίῃσι παραιβόλα κερτομέουσιν，“正如年轻人们在宴会上用间接攻讦来相互取笑”）[③]。这些 κερτομίαι 是一种在宴饮上典型的男青年的间接言语，包含对自身地位的维护且有时带有玩笑性质[④]。这正引出赫尔墨斯对自己所唱的颂诗的那则明喻的含义：这位年轻的神试图通过这首即兴创作的颂歌来维护自己的地位，他强调迈娅同宙斯间情事的持续之久，自己父母双方的平等地位（留意第58行：ἑταιρείῃ φιλότητι，“友善的爱意”），并歌赞了母亲洞穴中的财富。

① 参见本文第94页注③。

② 参见 Halliwell（2008），pp.100-103，以及 Furley 在本书中的讨论（224—245）；后者将赫尔墨斯在《颂诗》中的行动比作喜剧中狡猾仆人（*servus callidus*）的诡计，听众（无论内部还是外部）总会因这些诡计发笑。

③ 有关此种 κερτομίαι，参见 *IEG* 27. 1-6（Adespota）；Alex. Fr. 9，8-10 *PCG*（以及 Arnott［1996］此处评注）；A. R. 1. 457-459，μετέπειτα δ’ ἀμοιβαδὶς ἀλλήλοισιν | μυθεῦνθ’ οἷά τε πολλὰ νέοι παρὰ δαιτὶ καὶ οἴνῳ | τερπνῶς ἑψιόωνται，ὅτ’ ἄατος ὕβρις ἀπείη，“接着他们轮流相互致辞，正如年轻人们常以酒食自娱，当不知足的傲慢离开他们而去”（这或许是《赫尔墨斯颂诗》的一处回响）；进一步参见 Reitzenstein（1893），p.26 n.2，以及 MacDowell（1971）关于阿里斯托芬《蜂》第1308—1313行的讨论。有关κερτομία和κερτομεῖν的语义学探讨，参见 Clay（1999）第620—621页及其注释11、Clarke（2001）、Lloyd（2004）、Gottesman（2008）特别是 pp.6-7。笔者并不认同 Compton（2006）第43页注释5的提法，即认为赫尔墨斯的歌是讽刺性的：赫尔墨斯唱给自己的颂诗，其话题或许有伤风化，带有玩笑性质，但也因为与实际存在的《致赫尔墨斯的荷马颂诗》之开篇有诸多相似性而是严肃的。谁是赫尔墨斯讽刺的对象呢？关于诗人的歌和神圣音乐表演之间的一致性，参见 Calame 在本书中的讨论（第348—350页）。

④ Gottesmann（2008），p.11。译者按：应为 Gottesman。

但我们还可以更进一步。柯雷(J. Clay)已经向我们展示,几首主要的《荷马颂诗》怎样表现了神圣秩序中的决定性时刻。叙述者描绘了奥林坡斯山上的危机,这一危机恐将动摇由宙斯组织起来的世界。宙斯因而不得不扮演一位调停者的角色,而他的介入导致了“神圣职事”(*timai*)的再定义或再分配[①]。《赫尔墨斯颂诗》符合这一模式。赫尔墨斯是奥林坡斯神中最晚出生的,这就产生了一个问题:神圣的荣耀已经被分配完毕。为了在奥林坡斯诸神的世界中取得他自己的一席之地,赫尔墨斯(从背景上来说,他既因为宙斯而属奥林坡斯一系,又因迈娅而属提坦/普罗米修斯一系)诉诸偷盗,他怀着事后进行交换的心思偷走了本属于阿波罗的东西。通过这一举动,他部分地扮演了自己的传统角色。但诗人为这一神学主题添加了曲折变化。在这首《颂诗》中,诸神被极大地赋予了人性:赫尔墨斯,作为幼弟,觊觎兄长(阿波罗)的财产;他甚至威胁要诉诸(进一步的)盗窃,倘若他的父亲没有把他认为应得的东西给他的话(第174—181行);迈娅被刻画成一位会因儿子晚归而出言责备的母亲(第150—161行),她在第160行的措辞(ἔρρε πάλιν,“你滚回去吧”)体现了她的沮丧;争吵的兄弟需要求助于他们的父亲来裁定纷争(第322—324行)。于是,《致赫尔墨斯》的诗人用实属人间的话语来表述神圣角色,以喜剧的方式讨论了一系列或可动摇奥林坡斯的严肃问题(当一位新神加入业已存在的万神殿,将会发生什么?)。

如此的不协调同样出现在语言层面:赫尔墨斯的语言有着欺骗性的孩子气[②]。此外,崇高的史诗语言形容了诸如消化不良之类的低级事务。当阿波罗抓住赫尔墨斯欲迫使他说出牛群的藏匿地点时,赫尔墨斯通过“释放一个征兆,一个肚腹的低贱仆人、一位傲慢的信使”(οἰωνὸν προέηκεν… | τλήμονα γαστρὸς ἔριθον, ἀτάσθαλον ἀγγελιώτην,第295—296行),用他的机巧(*metis*)(留意第294行的σύν…φρασσάμενος,“巧妙策划了”)抵制

① Clay(1989),p.15及其在本书中的论述(第11章)。参见本书导言(第19—20页)。

② 参见本文第106页注⑦。

了这一强力（*bie*）[①]。τλήμων（“低贱的”）这一单词在早期诗歌中通常与诸如 θυμός（“血气”）和 ψυχή（“灵魂”）这类较高等的概念相联系，但在此处却与赫尔墨斯的肠胃胀气相组合，会造成喜剧式的贬损效果，正如卡茨（Katz 1999, 318）所注意到的：“……仅仅是听到 τλήμονα，《赫尔墨斯颂诗》的听众们就会把这个词与某种‘崇高’的精神相关联，进而对 γαστρὸς ἔριθον（‘肚腹的仆人’）所唤起的远非正面的那种气体感到好笑。”[②]

这首《颂诗》中的神圣世界与我们在希波纳科斯和阿里斯托芬笔下所见的并无明显区别。我们固然可以提出反驳：《致赫尔墨斯》并非古风史诗体作品中唯一展现神圣喜剧的。毕竟，早期史诗提供了一些如是呈现诸神的例子。比如，在《伊利亚特》首卷第 571—600 行，赫淮斯托斯为劝止与宙斯相争的赫拉而提醒她，当自己试图保护她免受宙斯的肢体伤害时，宙斯是如何把他从奥林坡斯山上扔下去的。当赫淮斯托斯向赫拉奉上琼浆玉液并在宙斯的宫殿里四下忙碌着斟满诸神的杯盏时，气氛轻松了起来——一位丑陋且跛足的神篡夺了本属于年轻貌美的伽倪墨德斯（Ganymede）或赫柏（Hebe）的角色。结果当然是一阵大笑[③]。又如前面已经提及的，在《奥德赛》第 8 卷，阿瑞斯与阿芙洛狄忒被困于赫淮斯托斯的床榻，捉住他们所用的看不见的罗网正是赫淮斯托斯在赫利奥斯告知他这两位的通奸之事后所创制的。当男神们聚集在赫淮斯托斯床前围观被困的通奸者时，此事也引发了一阵大笑[④]。

---

① 有关赫尔墨斯的“放屁预兆”，参见 Katz（1999），特别是 pp.317-319；以及 Bain（2007），pp.51-52，他指出了这一描述的字谜维度。有关希波纳克斯诗作中与《赫尔墨斯颂诗》类似的滑稽模仿策略（狡猾的计谋、创造新词、把崇高的史诗词语或词组用于较低的语境、歪曲荷马［detorsio Homeri］以及词源双关语），参见 Degani（2007），p.9。

② 我们会想起，在阿里斯托芬《骑士》第 639 行，屁也被当作一个征兆来对待。平行例证见于 Katz（1999）p.316 n.3。

③ 有关诸神在《伊利亚特》第 1 卷第 571—600 行的大笑，参见 Halliwell（2008），pp.58-64。在第 63 页，Halliwell 提出，诸神的大笑是由于赫尔墨斯在滑稽模仿赫柏与伽倪墨德斯时扮演了 γελωτο-ποιός（“引人发笑者”）所引起的。这一解读在《伊利亚特》第 1 卷第 584 行的评注 bT 和评注 A 中就已有体现。

④ 除这些场景，还可添加《伊利亚特》第 5 卷中阿芙洛狄忒和阿瑞斯被狄奥墨得斯刺伤，《伊利亚特》第 14 卷的“欺骗宙斯”（*Dios Apate*）以及《伊利亚特》第 21 卷的诸神之战（Theomachy）。诸神之战并不必然地不同于《伊利亚特》第 8 卷、第 14 卷和 （转下页）

这些场景当然是幽默的,但它们仍区别于《致赫尔墨斯》的喜剧。《颂诗》的幽默贯穿始终,而荷马史诗里短暂的喜剧场景只是打断了主体叙事(并且也为后者作出注解)[①]。《颂诗》诗人似乎特别乐于提醒我们赫尔墨斯在完成他种种业绩时的婴儿身份:他的襁褓被提及了不下六次(第151、237、268、301、306、388行)。此外,在两处荷马史诗场景中,诸神的大笑都意味着幸灾乐祸(*Schadenfreude*):在《伊利亚特》的场景里,诸神以一位扮演斟酒者的跛足神为笑料,而《奥德赛》里一众男神发笑的代价乃是一位被戴了绿帽子的丈夫(哪怕他们钦佩他的匠艺)[②]。

赫尔墨斯的显灵

到目前为止,我们已经审视了赫尔墨斯神圣角色(*persona*)中引人发笑的方面,如是特征一方面体现于他在史诗、讽刺诗和喜剧各种传统的作品里的出场,另一方面也体现于诗人在《赫尔墨斯颂诗》中呈现神的故事的方式。几乎没有人会在这样的背景下去期待一场华丽的显灵。但是还有另一系列考量或可解释他在《颂诗》中"显灵"的独特性。赫尔墨斯是一位狡猾的神,始终在运动之中,与夜晚和黑暗紧密相连:正如诗人屡次提醒我们的那样(第67—69、97—100、141、155、341行),偷牛一事发生在夜晚,这位神也被称为夜晚的伙

(接上页)《奥德赛》第8卷的神圣场景:尽管它具有更为公开的特性,这也仅仅是对享有特权的诗歌听众而言的,诗中的凡间人物对诸神之战浑然不觉,并不亚于他们对《伊利亚特》首卷中赫菲斯托斯斟奉琼浆玉液一事的了无所知。有关"欺骗宙斯"中对几位神的人格化呈现,参见Golden(1990)pp.48-50的评述。

① 这并不是说这些场景与主线故事无关;参见Bielohlawek(1930),pp.195-202;Sikes(1940),Rinon(2006),pp.211-213。

② 值得注意的是,荷马史诗中的这两个场景都包含了一位弱势者或骗子手要么凭借幽默(《伊利亚特》第1卷)要么凭借机巧(metis)(《奥德赛》第8卷)得胜的情节。不仅如此,正如赫尔墨斯的故事在《致赫尔墨斯》里被呈现的那样,这两个神圣场景都以富有人性的风格来描绘诸神,涉及了最为基础的人类组织——家庭——中的问题。《伊利亚特》表现了一位侮辱妻子的父亲和试图保护母亲的儿子;《奥德赛》的故事则包含了通奸。有关荷马的幽默面向,参见Friedländer(1934);另见Griffin(1980)pp.144-204所给出的强调其严肃面向的不同论述。

伴(第290行,参见第358行)[①]。作为一位凭借机巧(*metis*)偷偷摸摸行事的狡猾的神,他的本质有助于我们理解其显灵的本质——当显灵确实发生的时候。

在《伊利亚特》第24卷,赫尔墨斯受宙斯吩咐向普里阿摩斯和伊代奥斯(Idaios)显灵,以帮助他们不被发觉地穿过希腊人的营地,抵达阿基琉斯的营帐(第358—467行)。尽管这位神最终揭示了自己的神圣身份,他的显灵明显有别于荷马史诗和诸首《颂诗》中的其他显灵。这里并无华丽的外观,相反,赫尔墨斯的自我披露是不明显的,并被铺垫以他对于自己传统职事的行使[②]。

首先,赫尔墨斯最初示予普里阿摩斯的形象是一名即将成年的年轻男子(第347—348行)。他是ἀκάκητα,"无害的"(第370—371行:ἀλλ' ἐγὼ οὐδέν σε ῥέξω κακά, καὶ δέ κεν ἄλλον | σεῦ ἀπαλεξήσαιμι,"但我完全不会加害于你,且会为你抵挡其他任何人")。他父亲的名字是Πολύκτωρ(即"拥有许多财产的男子",第397行),正合宜于如赫尔墨斯这般贪婪的角色[③]。他是被抽签选中来参加特洛伊远征的幼子(第399行)[④]。在第439行他提到了自己的护送行动(οὐκ ἄν τίς τοι πομπὸν ὀνοσσάμενος μαχέσαιτο,"无人会因蔑视这样一位护送者而与你对抗";比照他的头衔πομπαῖος[护送者]、ψυχοπομπός[亡魂护送者])。在第440行他被称作ἐριούνιος,这个形容词在古代经常解作"有益的"[⑤]。在第445行他向米尔弥冬(Myrmidon)守卫们的眼睛上投出睡眠(于是扮演了他作

---

① 另需注意的是,赫尔墨斯与突然的沉默相关,正如普鲁塔克《道德论丛》502—503引用的一则谚语所揭示的:καθάπερ ὅταν ἐν συλλόγῳ τινὶ σιωπὴ γένηται, τὸν Ἑρμῆν ἐπεισεληλυθέναι λέγουσιν("恰当人群中出现安静,人们说这是赫尔墨斯突然降临")。

② 参见Turkeltaub(2007),p.60 n.28。他指出,赫尔墨斯"因人而异的个性……塑形了这 场景"。

③ 关于赫尔墨斯与波吕多拉(Polymele)(="拥有许多畜群的女子")的情事,参见《伊利亚特》第16卷第180—186行;他的儿子名叫欧多罗斯(Eudoros)("有美好礼物的男子")。

④ 赫尔墨斯是运气(lot)之神;参见《苏达辞书》k1785,Eitrem(1906)p.258、Olson(1998)对阿里斯托芬《和平》第365行的评注,Jaillard(2007)p.126及注释143。

⑤ 有关这一饰词的含义,参见Reece(1999)。注意《伊利亚特》中ἐριούνιος的六次出现中有四次都是在第24卷(第360、440、457、679行;另见于第20卷第34行、第72行)。在《伊利亚特》的这个部分,赫尔墨斯确实帮助了普里阿摩斯,这一事实或许表明诗人也是如此理解这一形容词的,于是,赫尔墨斯正扮演了这一头衔(被理解)的意义。

为与睡眠相关之神的角色),进而在第 446 行他打开了大门(遂扮演了作为门扉、锁头、铰链之神的角色)①。

另一个重要之处在于,当赫尔墨斯向普里阿摩斯揭示自己的神圣身份时,他并没有改换自己的外貌;对比诸首《颂诗》和荷马史诗中的其他神圣显灵,此处亦没有任何光辉、芬芳、身量改变或者其他任何身体上的表现②。并不像《颂诗七》中狄奥尼索斯被海盗们绑架时那样,赫尔墨斯在凡人面前没有行使任何神迹。普里阿摩斯和伊代奥斯当然也没有经历任何恐惧,因为赫尔墨斯悄悄地揭示了他是谁,以及他受宙斯委派前来作为老国王的护送者,悄悄地向老国王下达指示,又悄悄地离开,前往奥林坡斯。普里阿摩斯显然没有作出任何回答,正如《致赫尔墨斯》中那位老者也没有回应赫尔墨斯的简短致辞。

赫尔墨斯在《奥德赛》第 10 卷第 277—279 行也有一处类似的露面,这一次他是出现在奥德修斯面前。这个事件是借英雄之口转述呈现的,与赫尔墨斯在《伊利亚特》第 24 卷中那次露面在措词上有些许重叠③。在主题方面亦有相似之处:赫尔墨斯帮助了英雄,对英雄下达指示,但没有适当的显灵(又或者确乎有,但是被奥德修斯的叙

---

① 参见 Farnell(第 5 卷)第 66 页,此处给出了赫尔墨斯崇拜的头衔 προπύλαιος、πύλιος、θυραῖος、στροφαῖος 的证据。

② 有关荷马史诗和《荷马颂诗》中神之显灵的区别,参见 Dietrich(1983),pp.70-71;Pucci(2008)[译者按:Pucci(2008)应为 Pucci(2007)],pp.59-60,81-82。他谈到了荷马史诗中的"空白"显灵,这意味着我们不知道神以何种形式向凡人显现;以及 Faulkner(2008),p.235。不过需要注意的是,即便在荷马史诗的这些"空白"显灵中,仍然存有暗示着神性的身体表征:譬如《伊利亚特》第 1 卷第 199—200 行(θάμβησεν δ' Ἀχιλεύς, μετὰ δ' ἐτράπετ', αὐτίκα δ' ἔγνω | Παλλάδ' Ἀθηναίην· δεινὼ δέ οἱ ὄσσε φάανθεν,"阿基琉斯感到震惊并转身,立即认出了帕拉斯·雅典娜,她的眼目光芒可怖"),第 3 卷第 396—398 行(καί ῥ' ὡς οὖν ἐνόησε θεᾶς περικαλλέα δειρὴν | στήθεα δ' ἱμερόεντα καὶ ὄμματα μαρμαίροντα, | θάμβησέν τ' ἄρ' ἔπειτα ...;"当她看见女神美丽的颈项、胸脯还有闪亮的眼睛,她便感到震惊……"),或是《伊利亚特》第 13 卷第 68—75 行波塞冬的双足和腿胫。亦须注意,一位神的神性或可通过他或她的化形而揭示:参见《奥德赛》第 3 卷第 371—372 行(ὣς ἄρα φωνήσασ' ἀπέβη γλαυκῶπις Ἀθήνη | φήνῃ εἰδομένη· θάμβος δ' ἕλε πάντας ἰδόντας,"雅典娜如是说,化作海鹰飞离;所有眼见者都被震惊攫住")。

③ 参见《伊利亚特》第 24 卷第 347—348 行:βῆ δ' ἰέναι κούρῳ αἰσυμνητῆρι ἐοικὼς | πρῶτον ὑπηνήτῃ, τοῦ περ χαριεστάτη ἥβη("他化身为一个年轻王子的形象往前行,嘴唇上刚长胡子,正当茂盛华年");《奥德赛》第 10 卷第 277—279 行 ἔνθα μοι Ἑρμείας χρυσόρραπις ἀντεβόλησεν | ... νεηνίῃ ἀνδρὶ ἐοικώς, | πρῶτον ὑπηνήτῃ, τοῦ περ χαριεστάτη ἥβη("执金杖的赫尔墨斯与我迎面相遇,挡住我的去路,幻化成年轻人的模样,风华正茂,两颊刚刚长出胡须")。

述所抑制）[1]。

这种神在其中实行了自己某些职事的神圣临在，指向了理解《致赫尔墨斯》中赫尔墨斯独特显灵的另一条路径。赫尔墨斯的临在是微妙的，且对颂诗的内在听众与外在听众都是通过他的 ἔργα（“行动”）揭示的[2]。诗人在颂诗的过去和他所处的当下之间建立了一种类比：前者是赫尔墨斯在世界上现身，将自己的发明和崇拜制度介绍给世人的时代；后者是人们使用着这些发明，重复着最初那首“赫尔墨斯颂诗”的表演的时代。赫尔墨斯的功绩和发明——当中的一些正有益于这首《颂诗》的表演，建立起了神话过去和观众当下之间的联结。赫尔墨斯在诗的开头所发明并用来伴奏他歌赞自己且唱给自己听的那首颂诗的弦琴，正是与诗人表演我们所听到的《赫尔墨斯颂诗》时所用的相同的乐器[3]。赫尔墨斯不仅是这一乐器的发明者，也是颂诗体裁的创始人（或者至少是第一首“赫尔墨斯颂诗”的创作者）。此外，赫尔墨斯创立于阿尔菲斯河畔的 δαὶς ἐίση（把食物平等分配给宾客的宴会）也构成了听众经验的一部分，因为宴请和进餐，无论私人的或公开的，是贯穿于希腊古代的一项重要文化制度[4]。另外，如果正像有学者提出的[5]，《颂诗》是在一个宴饮场合中表演的，那么赫尔墨斯把弦琴交给阿波罗就可能是一个预期性的策略。站在赫尔墨斯的右侧，阿波罗接过了这件乐器并开始歌唱。两位神从而用一把弦琴扮演了ἐνδέξια ἔργα（字面义为“［年轻人在宴会上］从左

---

① 参见 De Jong（2001），pp.260–261。

② 参见 Versnel（1987），pp.50–52，他表明，对古希腊人来说一位神的直接临在可以通过他或她的神奇行动而被感知，哪怕没有对于其真容的视觉感知。Versnel 进而指出：“*epiphaneia*（显灵）这个术语表示了两件事情：一位神的亲自出现和他的神奇行动……在希腊人的观念中，这两个要素都仅仅是一个牢不可破的整体的两面，它们可以交替地主导对显灵的描述。”《致赫尔墨斯》的诗人强调了反映赫尔墨斯神圣临在的 κλυτά 或 ἀρίσημα ἔργα（著名的或显著的功绩），而非其神性的身体方面。

③ 参见 Clay 在本书中的论述（pp.244–245）。诚如 Calame 在本书中（第 14 章）所论述的，《颂诗》的内部表演和凡人歌手的表演间的联系亦在其他《颂诗》中有迹可循。将《致赫尔墨斯》与其他《颂诗》相区别的是，表演者再上演了这位神最初的表演（而不是仅仅去描绘或模仿之）。

④ 有关把阿尔菲斯河畔的活动作为一桩祭宴（dais）的诠释，参见 Clay（1989），pp.121–122。

⑤ Clay（1989），p.7，及其在本书中的讨论（p.233）。另参阅 Nobili（2008），pp.288–291。他提出，颂诗可能在半公开的会饮（*symposion*）上表演，另见本书导言（pp.16–19）。

至右的举动”,第 454 行)①。此外,格林(Greene)已经注意到《赫尔墨斯颂诗》中用于赫尔墨斯的预见性饰词②。不过这样的饰词描述并不限于赫尔墨斯。例如,在第 31 行这位年轻的神对乌龟说话时就已将它展望为一件乐器,使用了稍后我们将在《颂诗》中再次见到的赫尔墨斯把弦琴描述为一位交际花(*hetaira*)的双关语③。同时,这一段致词还在诗作的神话时间和听众们所处的当下之间搭建了另一重关联。赫尔墨斯在颂诗这一部分中的举动会对听众产生影响,因为如是的 χοροιτύπος(“打着节拍的[伴侣]”)正存在于颂诗表演的现场。

原因论的表述方式可以支持这一类比(又或许是时间上的重合),相关的表述方式强调赫尔墨斯初次露面对神人皆然的永久影响力。在第 124—126 行,我们获知赫尔墨斯如何处置被宰杀母牛的皮:ῥινοὺς δ' ἐξετάνυσσε καταστυφέλῳ ἐνὶ πέτρῃ, | ὡς ἔτι νῦν τὰ μέτασσα πολυχρόνιοι πεφύασι | δηρὸν δὴ μετὰ ταῦτα καὶ ἄκριτον(“他将牛皮摊展在一块粗糙的岩石上,于是它们至今仍在那里,在许多年以后,距这些事件过去了漫长而不胜计数的时间”)。表示时间的标记在这几行中的数量多得显著,诗人强调了这一仪式行为的延续性,哪怕是在赫尔墨斯首创之后又过了这么长时间。同理在第 507—510 行,诗人凸显了赫尔墨斯与阿波罗之间和解的永久性④。这里,诗人申明了神话过去与他所处的当下之间的又一种持续性:两位神界兄弟之间延续至今的和解,阿波罗仍是弦琴之神的事实可为此作证。这一证据是诗人向其听众表述其话语真实性的一个标志

---

① 参见 Manuwald(2002),p.161。

② 参见 Greene(2005),p.344。该作者将序诗中这些预见性饰词比作“一个存储着各种特征的比喻性的银行账户,这位孩子会在接下来的情节中通过赢取荣誉(*timai*)来从中支取”。

③ 参见第 478—486 行。对乐器的这种色情化提法在费瑞克拉提斯(Pherecrates)的《喀戎》(*Cheiron*)(PCG 残篇 155)里的一处喜剧语境中被利用,其中推行所谓“新音乐”的诗人们施加于“缪斯喀”(Musike)的种种苦楚,也被呈现以色情的术语。

④ καὶ τὰ μὲν Ἑρμῆς | Λητοΐδην ἐφίλησε διαμπερές, ὡς ἔτι καὶ νῦν | σήματ', ἐπεὶ κίθαριν μὲν Ἑκηβόλῳ ἐγγυάλιξεν | ἱμερτήν, δεδαώς ὁ δ' ἐπωλένιον κιθάριζεν(“在赫尔墨斯那方面,他持续地爱着勒托的儿子,其证据至今犹在;因为他将弦琴交给远射神,后者始在臂弯上富于技巧地弹奏弦琴”)。请留意,笔者没有在 καὶ νῦν 后作停顿。

(*sema*)。

诚然，在其他地方，神的法力与临在也通过其发明和事迹的永久性而得到感知。《致阿波罗》中德尔斐神谕的创立持续于听众的经验之中。德墨忒尔在那首献给她的长篇《颂诗》中所创立的仪式也可如是解读。对阿芙洛狄忒的法力的重新定义以及接下来英雄世代的中断，也显然与听众们所处的人类境遇相关。但再一次地，《致赫尔墨斯》诗人把这一主题更进了一步：《致赫尔墨斯》的表演本身便是使用着神的部分发明而对他的行动的再演。通过表演《赫尔墨斯颂诗》，诗人因重复赫尔墨斯最重要的行动之一——诗的创作——而承担了这位神的角色[①]。这一身份认同并不止以再演的方式而存在于象征性的层面，而且还两度以更为具体的方式出现于《颂诗》之中。其一，是赫尔墨斯歌赞自己的颂诗(第54—63行)。在这处微型的画中画(*mise en abîme*)里，诗的主人公表演了一首与外层文本(即一首致赫尔墨斯的颂诗)体裁一致的歌。尽管赫尔墨斯自己的颂诗是由ἀμφί加宾格引出的(与外层文本的开头，即Ἑρμῆν ὕμνει Μοῦσα…，"歌唱吧，缪斯，关于赫尔墨斯……" 相对)[②]，两个版本的内容却非常相似。赫尔墨斯的序诗和诗人的序诗都强调了这位神的出身和宙斯与迈娅之间情事的持续性[③]。诗歌内容上的一致证实了诗人自身的解释：如果这位神想要歌颂他自己，他会表演与我们实际上正在聆听的相似的一首颂诗。其二，在第475—488行赫尔墨斯的话语里，这位神圣的孩童向阿波罗解释了弦琴的使用方法。如果阿波罗想要获得令人满意的回应，他应该只在有合适准备和知识的情况下"询问"她。但如果是一个缺乏经验者暴力地向她发问，她会发出难听的回应。当此番话借赫尔墨斯这一角色之口说出时，实际上是由此时假扮赫尔墨斯的诗人所讲出来的。我们可

---

① 有关神的声音与说话者(enunciator)的声音的等同，参见Capponi(2003)，pp.19-20，29-30(关于《致阿波罗》)。类似地，在表演赫西奥德《神谱》的过程中，诗人也担任了赫西奥德的角色；参见Clay(2003)，p.3 n.6。

② 通过ἀμφί加宾格引出一首《颂诗》的做法见于《颂诗七》《颂诗十九》《颂诗二十二》《颂诗三十三》诸篇首行。

③ 请留意第58行表示重复(interative)的ὠρί ζεσκον，此词必然意在使我们回想起第7行表示重复的μισγέσκετο和第8行表示重复的祈愿式κατά…ἔχοι。

以想象,一位职业游吟诗人在用与赫尔墨斯一样的术语来谈论自己的技艺①。诗人因此与他的主人公——赫尔墨斯——等同,而这一点造成了如下印象:这位神通过一首恰如他自己最初创作的《颂诗》而临在②。

于是,赫尔墨斯的显灵是与众不同的一种。不同于其他《荷马颂诗》里的直白叙述,这里的神显是通过叙述这位神的 κλυτὰ ἔργα("光荣业绩")而间接表现的,且这些行动不仅是被描述出来,也寓于《颂诗》的表演之中。赫尔墨斯的神圣角色(*persona*)的幽默面向将《颂诗》与这位神在讽刺诗(一种或许有一定仪式—戏剧性表演成分的体裁)③和旧喜剧中以相似的笔触呈现的形象联结起来,这一处理阻止了那种像我们在其他长篇《荷马颂诗》或有时在荷马史诗中所遇到的完整的显灵。此外,在《致赫尔墨斯》的每一次表演中,游吟诗人再现了这位神的一些神奇业绩。歌者紧紧遵循这位神在赞颂自己时所奠立的典范。并且,正如歌者的表演部分地追溯了赫尔墨斯自己的颂诗,他的听众与诗的内部听众相像,因为两者对于这位神的故事共享了同样的反应,即大笑④。通过如此微妙的方式来召唤神的临在,诗人得以将颂诗的成规改编来适应赫尔墨斯这位骗子神的本性:他以偷偷摸摸和机巧(*metis*)行事,而他的举动往往引人发笑。

---

① 参见 Radermacher(1931),p.157,该作者评论道:"此时并不再是赫尔墨斯在讲话;此时是诗人自己在谈论被托付予他的技艺,且是带着热情和敏感来谈论的"(笔者自译)。有关赫尔墨斯在《颂诗》中的乐器演奏,另参见 Vergados(即出),导言,第 v 页。

② 参见 Sinos(1993),pp.83-85 有关铭文里所见的仪式上扮演神明的证据。她以东正教教堂圣餐仪式作为平行例证,讨论了"观众们在一出共享戏剧中玩笑性的参与",这种戏剧有着超越时间界线的作用,人类听众因而被提升至神话时代,"从他们平凡的世界中被拔擢出来,并且脱离了历史时代,去体验英雄的过去,即神话时代——在那时神人交往远比我们如今的世界自由随意"。

③ 有关讽刺诗的仪式起源,参见 West(1974),pp.22-39。Carey(1986,pp.63-67)反驳阿基洛科斯针对吕坎拜斯(Lycambes)及其女儿们的诗作具有仪式成分;另参见 Bowie(2002),pp.42-43。

④ 有关这种"戏剧性"的显灵方式,参见 Bierl(2004),p.45,他将欧里庇得斯《酒神女伴侣》和阿里斯托芬《和平》与《财神》解读为"表演中的显灵"。

征引书目①

Acosta-Hughes, B. (2002), *Polyeideia: The* Iambi *of Callimachus and the Archaic Iambic Tradition* (Berkeley).

Ambühl, A. (2005), *Kinder und junge Helden: innovative Aspekte des Umgangs mit der literarischen Tradition bei Kallimachos* (Leuven).

Arnott, W. G. (1996), *Alexis: The Fragments* (Cambridge).

Bain, D. (2007), "Low Words in High Places: Sex, Bodily Functions, and Body Parts in Homeric Epic and Other Higher Genres", in Finglass, Collard, and Richardson (2007), 40–57.

Baudy, D. (1989), "Das Keuschlamm-Wunder des Hermes (*Hom. h. Merc.* 409–413): ein möglicher Schlüssel zum Verständnis kultischer Fesselung?", *GB* 16: 1–28.

Bergk, T. (1872), *Griechische Literaturgeschichte* i (Berlin).

Bielohlawek, K. (1930), "Komische Motive in der homerischen Gestaltung des griechischen Göttermythus", *ARW* 28: 185–211.

Bierl, A. (2004), "'Turn on the Light!' Epiphany, the God-Like Hero Odysseus, and the Golden Lamp of Athena in Homer's *Odyssey* (esp. 19.1–43)", *ICS* 29: 43–61.

Bowie, E. (2002), "Ionian *Iambos* and Attic *Komoidia*: Father and Daughter, or Just Cousins?", in A. Willi (ed.), *The Language of Greek Comedy* (Oxford), 33–50.

Bremer, D. (1975), "Die Epiphanie des Gottes in den homerischen Hymnen und Platons Gottesbegriff", *ZRGG* 27: 1–21.

Brown, C. G. (1989), "Ares, Aphrodite, and the Laughter of the Gods", *Phoenix* 43: 283–293.

Cairns, F. (1983), "Alcaeus" *Hymn to Hermes*, P.Oxy. 2734 *fr.*1, and Horace, *Odes* 1, 10', *QUCC* 42: 29–35.

Calame, C. (2011), "*The Homeric Hymns* as Poetic Offerings: Musical and Ritual Relationships with the Gods", in Andrew Faulkner (ed.), *The Homeric Hymns: Interpretive Essays* (Oxford), 334–358.

Capponi, M. (2003), "Fins d'hymns et sphragis énonciatives", *QUCC* 75: 9–35.

Carey, C. (1986), "Archilochus and Lycambes", *CQ*[2] 36: 60–67.

——(2009), "Iambos", in F. Budelmann (ed.), *The Cambridge Companion to*

① 译者按：以下书目根据作者在本章脚注里所征引的文献，从全书的“征引书目”（Works Cited）里提取出来，以便读者检阅。

Greek Lyric Poetry (Cambridge), 149–167.

Clarke, M. (2001), "Heart-Cutting Talk: Homeric κερτομέω and Related Words", *CQ*² 51: 329–338.

Clay, D. (2004), *Archilochos Heros. The Cult of Poets in the Greek Polis* (Washington).

Clay, J. S. (1989), *The Politics of Olympus* (Princeton) [a 2nd edn. was published in 2006].

——(1999), "*Il.* 24.269 and the Semantics of κερτομέω", *CQ*² 49: 618–621.

Compton, T. M. (2006), *Victim of the Muses. Poet as Scapegoat, Warrior, and Hero in the Greco-Roman and Indo-European Myth and History* (Washington, DC).

Degani, E. (2002), *Studi su Ipponatte* (Hildesheim).

——(2007), *Ipponatte. Frammenti* (Bologna).

De Jong, I. J. F. (2001), *A Narratological Commentary on the* Odyssey (Cambridge).

Deonna, W. (1939), "Εὐωδία. Croyances antiques et modernes: l'odeur suave des dieux et des élus", *Genava* 17: 167–263.

Depew, M. (2000), "Enacted and Represented Dedications: Genre and Greek Hymns", in M. Depew and D. Obbink (eds.), *Matrices of Genre. Authors, Canons, and Society* (Cambridge, Mass.), 59–80.

De Sousa Medeiros, W. (1961), *Hipónax de Éfeso*, Vol. 1: *Fragmentos dos iambos* (Coimbra).

Dietrich, B. C. (1983), "Divine Epiphanies in Homer", *Numen* 30: 53–79.

Eitrem, S. (1906), "Der homerische Hymnus an Hermes", *Philologus* 65: 248–282.

Farnell, L. R. (1909), *The Cult of Greek States*, Vol. 5 (Oxford).

Faulkner, A. (2008), *The Homeric Hymn to Aphrodite* (Oxford).

Fränkel, H. (1993), *Dichtung und Philosophie des frühen Griechentums. Eine Geschichte der griechischen Literatur von Homer bis Pindar* (Munich).

Freed, G. and Bentman, R. (1955), "*The Homeric Hymn to Aphrodite*", *CJ* 50: 153–159.

Friedländer, P. (1934), "Lachende Götter", *Die Antike* 10: 209–226.

Furley, W. D. (2010), "Philikos' *Hymn to Demeter*", Paideia 64: 483–508.

——and Bremer, J. (2001), *Greek Hymns*, Vols. i–ii (Tübingen).

García, J. F. (2002), "Symbolic Action in the *Homeric Hymns*: The Theme of Recognition", *CA* 21: 5–39.

Golden, L. (1990), "Tò γελοῖον in the *Iliad*", *HSCPh* 93: 45–57.

Görgemanns, H. (1976), "Rhetorik und Poetik im homerischen Hermeshymnus", in H. Görgemanns and E. A. Schmidt (eds.), *Studien zum antiken Epos* (Meisenheim am Glan), 113–128.

Gottesman, A. (2008), "The Pragmatics of Homeric *kertomia*", CQ^2 58: 1–12.

Greene, E. (2005), "Revising Illegitimacy: The Use of Epithets in the *Homeric Hymn to Hermes*", CQ^2 55: 343–349.

Griffin, J. (1980), *Homer on Life and Death* (Oxford).

Halliwell, S. (2008), *Greek Laughter: A Study of Cultural Psychology from Homer to Early Christianity* (Cambridge).

Jaillard, D. (2007), *Configurations d'Hermès. Une Théogonie hermaïque*, *Kernos* Supplément 17 (Liège).

——(2011), "The Seventh Homeric Hymn to Dionysus: An Epiphanic Sketch", in Andrew Faulkner (ed.), *The Homeric Hymns: Interpretive Essays* (Oxford), 133–150.

Janko, R. (1981), "The Structure of the *Homeric Hymns*: A Study in Genre", *Hermes* 109: 9–24.

Kambylis, A. (1963), "Zur Dichterweihe des Archilochos", *Hermes* 91: 129–150.

——(1965), *Die Dichterweihe und ihre Symbolik. Untersuchungen zu Hesiodos*, *Kallimachos*, *Properz und Ennius* (Heidelberg).

Katz, J. (1999), "*Homeric Hymn to Hermes* 296: τλήμονα γαστρὸς ἔριθον", CQ^2 49: 315–319.

Kennedy, G. A. (1994), *A New History of Classical Rhetoric* (Princeton).

Keyssner, K. (1932), *Göttervorstellung und Lebensauffassung im griechischen Hymnus* (Stuttgart).

Kuiper, K. (1910), "De discrepantiis hymni homerici in Mercurium", *Mnemosyne* 38: 1–50.

Kullmann, W. (1956), *Das Wirken der Götter in der Ilias. Untersuchungen zur Frage der Entstehung des homerischen "Götterapparats"* (Berlin).

Lilja, S. (1972), *The Treatment of Odours in the Poetry of Antiquity* (Helsinki).

Lincoln, B. (1976), "The Indo-European Cattle-Raiding Myth", *HR* 16: 42–65.

Lloyd, M. (2004), "The Politeness of Achilles: Off-Record Conversation Strategies in Homer and the Meaning of *Kertomia*", *JHS* 124: 75–89.

Lohmeyer, E. (1919), "Vom göttlichen Wohlgeruch", *SHAW* 9.

MacDowell, D. M. (1971), *Aristophanes: Wasps* (Oxford).

Manuwald, G. (2002), "Das Singen des kleinen Hermes und des Silen: zum homerischen Hermeshymnos und zu Vergils Sechster Ekloge", *RhM* 145: 150–175.

Masson, O. (1962), *Les fragments du poète Hipponax* (Paris).

Meloni, P. (1975), *Il profumo dell'immortalità. L'interpretazione patristica di* Cantico 1, 3 (Rome).

Nesselrath, H.-G. (1995), "Myth, Parody, and Comic Plots: The Birth of Gods and Middle Comedy", in G. W. Dobrov (ed.), *Beyond Aristophanes. Transition and Diversity in Greek Comedy* (Atlanta), 1-27.

Nobili, C. (2008), "L'inno omerico a Hermes e le tradizioni poetiche locali" (thesis, Milan).

Olson, D. (1998), *Aristophanes:* Peace (Oxford).

Otto, W. (1987), *Die Götter Griechenlands* (Frankfurt am Main).

Pfister, F. (1924), "Epiphanie", *RE* Suppl. 4: 277-323.

Pucci, P. (2007), *Inno alle Muse. Esiodo*, Teogonia, 1-115 (Pisa).

Radermacher, L. (1931), *Der homerische Hermeshymnus* (Vienna).

Reece, S. (1999), "σῶκος ἐριούνιος Ἑρμῆς (*Iliad* 20.72): The Modification of a Traditional Formula", *Glotta* 75: 85-106.

Reitzenstein, R. (1893), *Epigramm und Skolion. Ein Beitrag zur Geschichte der alexandrinischen Dichtung* (Gießen).

Richardson, N. J. (1974), *The Homeric Hymn to Demeter* (Oxford).

——(2007), "The *Homeric Hymn to Hermes*", in Finglass, Collard, and Richardson (2007), 83-91.

——(2010), *Three Homeric Hymns: Apollo, Hermes, and Aphrodite* (Cambridge).

Rinon, Y. (2006), "*Mise en abîme* and Tragic Signification in the *Odyssey*", *Mnemosyne* 59: 208-225.

Schneidewin, F. W. (1848), "Anmerkungen zum Hymnus auf Hermes", *Philologus* 3: 659-700.

Sikes, E. E. (1940), "The Humour of Homer", *CR* 54: 121-127.

Sinos, R. H. (1993), "Divine Selection. Epiphany and Politics in Archaic Greece", in C. Dougherty and L. Kurke (eds.), *Cultural Poetics in Archaic Greece* (Cambridge), 73-91.

Sowa, C. A. (1984), *Traditional Themes and the Homeric Hymns* (Chicago).

Thomas, O. (2011), "The Homeric Hymn to Pan", in Andrew Faulkner (ed.), *The Homeric Hymns: Interpretive Essays* (Oxford), 151-172.

Turkeltaub, D. W. (2003), "The God's Radiance Manifest: An Examination of the Narrative Pattern Underlying the Homeric Divine Epiphany Scenes" (Diss., Cornell).

——(2007), "Perceiving Iliadic Gods", *HSCPh* 103: 51-82.

Tzifopoulos, Y. (2000), "Hermes and Apollo at Onchestos in the *Homeric Hymn to Hermes*: The Poetics and Performance of Poetic Communication", *Mnemosyne* 53: 148-163.

Van Nortwick, T. (1975), "The 'Homeric Hymn to Hermes'. A Study in Early Greek Hexameter Style" (Diss., Stanford).

Vergados, A. (2007), "A Commentary on the Homeric Hymn to Hermes" (Diss., Virginia).

——(forthcoming), *A Commentary on the Homeric Hymn to Hermes* (De Gruyter).

Versnel, H. S. (1987), "What Did Ancient Man See When He Saw a God? Some Reflections on Greco-Roman Epiphany", in D. van der Plas (ed.), *Effigies Dei. Essays on the History of Religions* (Leiden), 42-55.

Walcot, P. (1979), "Cattle Raiding, Heroic Tradition, and Ritual: The Greek Evidence", *HR* 18: 326-351.

West, M. L. (1974), *Studies in Greek Elegy and Iambus* (Berlin).

——(2007), *Indo-European Poetry and Myth* (Oxford).

（译者：唐晓霞，复旦大学历史学系博士生；钟一鸣，伦敦大学学院古典学系博士生）

献祭与亵渎：滑头的鼻祖[*]

瓦尔特·布尔克特
（刘保云　译）

庄周以庖丁解牛喻"道"为何物①，柏拉图用屠宰之术引述辩证之法②，两者同样认为，能以刀刃游走于天然骨节之间而不损骨头分毫，至关重要。在古希腊人的世界观里，有一个基本概念——份（moira），份由命（destino）定，连众神都难逃其约束。份（moira）本意简单，指"份额"（porzione），亦即盛宴之时作为头盘上桌的肉食③。作为一个主题，"分肉而食"（distribuzione delle carni）在不同地域分布甚广，意义亦举足轻重，这不免启示我们关注潜藏在古典世界理性观念背后的"原始思维"（pensiero selvaggio）。

本文将考察《致赫尔墨斯的荷马颂诗》（后文简称《赫尔墨斯颂》），尤其是诗中涉及偷牛和献祭的环节。在这份著名的文献里，"份"（moira）的具体含义"份额"（porzione）处于核心地位。一方面，

---

* Walter Burkert, "Sacrificio-Sacrilegio: Il Trickster Fondatore", *Studi Storici* (1984), pp.835–845.

① J.-F. Billeter, "Ding, der Koch, zerlegt ein Rind", in *Asiatische Studien*, 36, 1982, pp.85–101.（译者按：原文此句直译为"一份中国古代文献以解牛之举来说明道为何物"，译者根据《庄子·内篇·养生主》中的相关记载对此句内容略作调整。）

② Plat. *Phaedrus* 265 e，参见 J.M.E. Moravcsik, "Plato's Method of Division", in J.M.E. Moravcsik, ed., *Patterns in Plato's Thought*, Dordrecht, 1973, pp.158–180。

③ M. P. Nilsson, *Geschichte der griechischen Religion*, I, München, 1967[3], p.362; G.J. Baudy, "Hierarchie oder: die Verteilung des Fleisches", in B. Gladigow, H. G. Kippenberg, hrsg.v., *Neue Ansätze in der Religionswissenschaft*, München, 1983, pp.131–174，尤见 pp.162–165。

本文试图从起源学范畴厘清该诗为何将神赫尔墨斯刻画为一个使者(keryx),一个献祭的发明与执行者;另一方面,本文意在从神话学研究入手,将该诗的叙述主题置放于更为广阔的视域下,讨论如何借助一个身份不明的居间者将控制动物的力量之源从人世以外转换到人世之内。

分析一个神话应兼顾所有相关版本,并辨析特定文本与传统内容之间的关系。本文考察的文本的作者隶属荷马传统,但该作者的具体身份我们并不确知。事实上,相似的故事亦曾出现于伪赫西奥德(Pseudo-Esiodo)和阿尔凯乌斯(Alceo)的作品中。然而,这类作品传世的篇章极少,且都残缺不全,因此《赫尔墨斯颂》是我们仅有的从古风时期留存下来的这类文本。此外,索福克勒斯的剧作《狩猎者》(Ichneutai)里也残存不少相关内容,不过这些内容与我们的主题无甚关联。倒是伪阿波罗多罗斯的一个晚出版本提供给我们某些较之《赫尔墨斯颂》更为古奥的细节①,然而在对献祭的描述上,该版本与《赫尔墨斯颂》迥然有异。本文讨论的神话叙述基本集中在《赫尔墨斯颂》的前140行左右,之后的内容以对话形式展开,风格颇有荷马特色,符合此类作者的一贯文风。

一

卡恩(Laurence Kahn)近来对《赫尔墨斯颂》中的献祭场景进行了颇具原创性的分析,焦点集中于赫尔墨斯的献祭流程与古希腊祭

① Hes. fr. 256 = Nic. fr. 40 Schneider = Ant. Lib. 23; Alc. fr. 308 Voigt(现存文献中最为重要的是 Paus. 7, 20, 4, *Schol. D. Il.* 15, 256 以及 Philostr. *Imag.* 1, 26,该材料刨除了献祭：βοῦς…ἄγει…οὐχ ὡς ἀπόλοιντο, ἀλλ’ ὡς ἀφανισθεῖεν…); Soph. fr. 314 Radt; Apollod. 3 (112–115) 10, 2. 参考注疏本：T.W. Allen, W.R. Halliday, E.E. Sikes, *The Homeric Hymns*, Oxford, 1936[2](= AHS), pp.270–274; L. Radermacher, *Der homerische Hermeshymnus*, in Sitzungsber, Wien, 1931, pp.181–187; F. Cassola, *Inni Omerici*, Verona, 1975。关于神话与文本的区别、叙述结构的双重视角以及称呼的使用,参见 W. Burkert, *Structure and History in Greek Mythology and Ritual*, Berkeley-Los Angeles, 1979, pp.1–26(= *S&H*)。

祀的标准流程之间存在的差异①。参照赫西奥德对普罗米修斯祭祀的记载以及荷马史诗中的献祭场景,卡恩指出,《赫尔墨斯颂》实际上记录了一场"伪祭祀"(pseudo-sacrifice,第 46 页及以下),某种程度上甚至是一场"反祭祀"(anti-sacrificio),这与赫尔墨斯这个居间之神模棱两可的处境恰相呼应。这一阐释别出机杼,却仍难尽释疑窦。颂诗说,"分内之事赫尔墨斯神都已完成"②,卡恩认为这种说法简单含糊(前揭,第 56—58 页),是种障眼法,"分内之事"实质上指涉某一特别的献祭举措,与荷马和赫西奥德文本中记载的"标准祭祀"不同。不过,古希腊的祭仪并没有统一标准,尽管现存文献大多残缺不全,但是存世的证据足以表明祭祀依地域不同而有别。因此,没必要一开始就把差异划到两个针锋相对的对立面上。要知道,文献的流传可能存在盲区,在多元的古希腊世界中,某一地区的风俗极有可能与众不同。

不过,不管是哪种情况,都不妨碍我们将现存的大量古希腊祭祀仪式作为参照,与赫尔墨斯"特别"献祭的细节一一比较:

——赫尔墨斯用干柴生火并发明了生火的技巧(108—111)。在古希腊社会的几乎每个地方,献祭时都要使用新火、刚刚引燃的"纯"(puro)火。有时候,这火是人们用火把从别处引到祭坛来的,比如阿提卡地区泛雅典娜节上的祭火③。此外,雅典人也会从德尔斐引入新火,莱姆诺斯岛民会从提洛岛引入新火④。在德尔斐,新火则是通过凸透镜直接从太阳引来的。到罗马时期的维斯塔崇拜中,火灭之后人们必须通过木料摩擦起火来重新生火⑤。最古老的生火方式由此而保存了下来。

——赫尔墨斯在地下的凹陷——祭坑(bothros, 112—114)里把火烧旺:在荷马式的招魂(Nekyia)仪式中,祭坑之所以被挖出来,是

---

① L. Kahn, *Hermès passe ou les ambiguités de la communication*, Paris, 1978.

② 第 138 行:πάντα κατὰ χρέος ἤνυσεν。

③ Aristoph. *Ran.* 1090-8 c. *schol.*; W. Burkert, *Griechische Religion der archaischen und klassischen Epoche*, Stuttgart, 1977 (= *GR*), p.109.

④ 关于前者,参见 *GR*, p.109;关于后者,参见 Philostr. *Her.* 53, 5, *GR*, *loc. cit*。

⑤ 德尔斐:Plut. *Num.* 9;维斯塔:Festus p.106 M.; J. Morgan, *De ignis eliciendi modis*, in *HSCP*, 1, 1890, pp.50-64。

为了收集血液来向逝者献祭，以求得到预言。随后轮到炙烤牺牲的时候，火焰也需要被引燃①。地上的炉灶（eschara）常被径直称为祭坑（bothros）②。在奥林匹亚，对伯罗普斯的献祭绕着祭坑（bothros）进行，祭祀临近尾声，人们分肉而食，保萨尼阿斯在描述这一场景时，同样使用了“份”（moira）这个词③。

——赫尔墨斯用超人的力量把牛举起，将其四仰八叉摔在地上，扭断牛的脖子，并用尖刀刺穿牛的脊梁把牛杀死（aion，117—119）：把牛举起这种力量练习见于阿提卡地区信奉埃琉息斯秘仪的青年人，并同时也出现在其他祭祀场合里。根据神话记载，英雄忒修斯年轻时就曾有过这样的举动④。在阿卡迪亚地区，库奈塔（Kynaitha）人会从畜群中直接抬起一头牛送到狄奥尼索斯的圣所里来献祭⑤。

——牛被牵拽时哞哞叫唤，却又心甘情愿地跟随司祭者的步伐：献给波塞冬·赫利克尼奥斯（Eliconio）的公牛同样大声哞叫⑥。

——赫尔墨斯把牛皮展开，铺在石头上：这到底指的是岩洞（124）还是铺在至今依然可见的石头上（404）？有人猜想，是铺在一个人所共知的溶洞里⑦，洞中都是石灰岩、钟乳岩和石笋等。然而，不论如何猜测，祭祀的实际仪式都是不可或缺的前提。在通常的城邦祭祀里，牛皮都被祭司出售。在圣所里，牛皮也被祭献，像猎户所做那样，被挂在树上⑧。

——赫尔墨斯虽然胃口大开，却并未进食（130—134）：实际上，屠杀者甚至连狩猎者也包括在内，都不准食用被宰杀动物的肉。在

---

① *Od.* 10, 517-9, 531-3 = 11, 25-7, 44-6.

② Porph. in *Schol. Eur. Phoin.* 274; P. Stengel, *Die griechischen Kultusaltertümer*, München, 1920³, p.16 及以下。

③ Paus. 5, 13, 2.

④ αἴρειν τοὺς βοῦς, *GR*, p.394 及以下，p.392。

⑤ Paus. 8, 19, 2.

⑥ *Il.* 20, 404 c. *schol.*

⑦ 起先，穆勒（K. O. Müller）认为这就是 Koryphasion 的 Neleus 之洞（grotta di Neleus, Paus. 4, 36, 2），位于美塞尼亚地区的派罗斯，参见 E. Gerhard, hrsg. v., *Hyperboreisch-römische Studien für Archäologie*, I, Berlin, 1833, pp.310-316；另见 AHS, p.273。

⑧ AHS, p.304；Dion. *Or.* 1, 53；Longos 2, 30, 5；*Anth. Pal.* 6, 114-116，等等。

罗马,皮那里乌祭司(Pinarii)在大祭坛(ara maxima)执行希腊祭仪(ritus Graecus)时不能从丰盛的牺牲中享用分毫。人们说,他们以皮那里乌(Pinarii)相称,就是因为他们要忍饥挨饿(peinen)。在奥林匹亚,所有进入宙斯独有圣地(temenos)之人,都不得食用献给伯罗普斯的公羊[①]。赫尔墨斯期盼品尝却最终不了了之的祭品被特别称为胙肉(kreon hosie),这个术语与拉丁术语祭肉(daps profanata)多多少少彼此呼应,都指的是圣事(hiera)完成以后正常分配享用的肉食[②]。

——赫尔墨斯把分好的肉藏到岩洞里,并把余下的部分一并扔进火里,与牺牲的头脚一起烧化(134—138)[③]:在祭祀的宴席上,牺牲的头脚不会上桌,它们都被用特殊的方式处理了。有时候,它们被交由神抑或是祭司们解决;有时候它们就直接被烧毁了[④]。在罗马,人们不准在五月食用这些部位[⑤]。

——赫尔墨斯清除了所有献祭的痕迹,仅留下牛皮,并且用沙子掩盖了火堆(134—138):在格拉(Gela)举行的地母节(Tesmoforia)上,妇女们把祭祀剩下的一切都掩埋在沙堆之下[⑥]。在忒拜,主祭(ipparco)会在夜间将继位者带到迪尔克(Dirke)的神秘墓穴里,在那里举行无火祭祀,"祭后剩下的一切随即就被掩盖,所有人在祭祀的当晚立即离开"[⑦]。自然,颂诗中赫尔墨斯将祭后余物隐藏起来,是为了遮掩自己的盗窃之举。不过除此而外,赫尔墨斯的举措与希腊

---

① W. Burkert, *Homo Necans. Antropologia del sacrificio cruento nella Grecia antica*, Torino, 1981, p.46 (= HN). 皮那里乌祭司(Pinarii):*RE* XX 1935 及以下。伯罗普斯:Paus, 5, 13, 2; *HN*, p.83。

② 关于 ἱερόν 与 ὅσιον 的关系,参见 M.H.A.L.H. van der Valk in *Mnemosyne*, III, 10, 1942, pp.113-140; H. Jeanmaire in *REG*, 58, 1945, pp.66-89。在《荷马致得墨忒尔颂诗》第 211 行,ὁσίη 表示斋戒到了终点。卡恩的译文(25)"viandes consacrées "(第 61 页及以下)不可取。关于 profanare,参见 K. Latte, *Römische Religionsgeschichte*, München, 1960, p.391。

③ μετήορα δ'αἶψ' ἀνάειρε (135) 可能是说"他带走",ἀνάειρε = ἕλε 见 *Il*, 23, 614, 778。接下去,原文更可能是 σήμαθ' ἑῆς φωρῆς (ΣΗΜΑΤΑΕΗΣ 而不是 ΣΗΜΑΝΕΗΣ)。

④ *HN*, pp.88, 106. Hesych. s.v. ἔνδρατα,此处指头和脚。科斯岛有一条神律(lex sacra)明令烧毁 τὰ ἔνδορα,参见 F. Sokolowski, *Lois sacrées des cités greques*, Paris, 1969, n.151 B 9。

⑤ Lydos *Mens*, p.132, 3.

⑥ P. Orlandini, in *Kokalos*, 14/5, 1968/9, p.338; *GR*, p.367.

⑦ Plut. *Gen. Socr.* 578b; *HN*, p.142.

整体的祭祀流程实际上相差不远。

上文用以比照的材料五花八门，出自不同地区、不同领域（如崇拜、史诗、地方志等）。然而，这足以表明诗中的每一个元素都能在实际的崇拜活动中找到对应，因此不需要把这些元素视同虚假、伪造，更不需要视其为“伪祭祀”。若说存在龃龉，那么问题在于祭仪自身，不在于文本记载与标准流程之间的差异。我们有足够理由相信，《赫尔墨斯颂》虽然是孤本，但是从起源学的视角看，它实则涉及一个专门献给赫尔墨斯的节日，最初它也应是为了这个我们现在所知甚少的节日而做。事实上，诗中的细节都为该文本所独有，类似文本是在流程和地域上见出差别[①]。

赫尔墨斯的分肉之举处于整个流程的中点：他将脊背、血肠和其他部位都放在火上炙烤，用抽签的方式将它们平分为 12 份，并在每一份上加上“荣分”（geras，第 128 行及以下）。抽签（kleropaleis）这个词仅见于这个文本，算是“孤词”（hapax）。靠抽签，赫尔墨斯分配了祭品，祭祀的对象是谁又没有点明，所有的祭品随后又被他一起拿走，整个事件从头到尾迷雾重重[②]。可是，不论如何，研究者必须承认抽签之举可行。正如艾伦伯格（Ehrenberg）在一部研究抽签的力作里所言，抽签的基石在于公平[③]。只有当彼此之间的可能性并无明显差异之时，参与各方才会安然接受命运的安排。因此，抽签是以公平为前提执行的，这也是“抽签”（kleropaleis）一词的意义所在——更为常见的术语“平衡”（isopales）佐证了这一点[④]。年轻的赫尔墨斯把所有可食用部位都派上了用场，完美地平分为 12 等份，其技艺之高

① 参第 123 页注释①，Anton. Lib. 23, 5 提到 Koryphasion，见第 125 页注释⑦。祭祀的详情只记录在 Apollod. 3 (112) 10, 2, 2：“一部分肉被煮食，一部分被烧毁。”关于希腊祭礼上“煮”的意义，参见 *HN*, p.78, n.29。

② 卡恩认为掷色子（jeu d’oscillations）很复杂（前揭，pp.62-65），不过他提到，分肉的确会用抽签来决定。参见 F. Sokolowski, *Lois sacrées de l’Asie Mineure*, Paris, 1955, n. 50, 48; Plut. *Quaest. Conv.* 642-644。谚语“赫尔墨斯之签”（Suda κ 1785 κλῆρος Ἑρμοῦ）与此处我们所谈的内容没有任何关系。

③ V. Ehrenberg *RE* XIII 1465 s.v. *Losung*.

④ ἰσοπαλής 在战争场景里通常被解释为天平，与ἀντίπαλος 有关，然而从前缀来看，它与 κληροπαλής 更接近。最早见于巴门尼德 B 8, 44。

超由此可见一斑。随后，颂诗继续说道："他把荣耀完美地均分给每一份"。从本质上说，每一块肉各不相同，个别部位尤为珍贵，此即为"荣分"（geras），在后世的"祭法"（leges sacrae）中，"荣分"也依然广为使用①，其中尤以里脊为最为珍贵的"荣分"。所以说，赫尔墨斯主持的这场祭祀展示了十二位神祇理应共同受到同等的祭奠。

这样，该文本的起源学内涵横亘在我们面前。许多人都已意识到，这一文本涉及一场祭祀，对象是十二位神祇②。此外，祭祀的地点是阿卡迪亚，这在文本当中也明白无疑③。可是诗中虽然屡次明确提到派罗斯（Pylos，216、342、355、398），我们却不能从中得出任何结论，因为派罗斯的意涵颇具争议，极有可能是整个希腊的代称④。不过，对诗中提到的阿尔菲斯河（101、139、398），众人并无异议，而正是在阿尔菲斯河畔，在奥林匹亚，建立了十二位神祇的祭祀。这一祭祀曾两次被品达和托名品达的作品提及，古代评注亦曾引用赫拉克拉亚的希罗多德（Erodoto di Eraclea）给出了奥林匹亚祭祀中十二位神祇的名录：那里共有六个祭坛，每个祭坛祭祀两位神明；赫尔墨斯和阿波罗是其中一个祭坛的祭祀对象。这些祭坛中一大半也被保萨尼阿斯提及，可是对于各祭坛之间的关联，他看似所知不多⑤。抛开品达的佐证，我们不知道这一祭祀还能上溯到什么时候。然而，公元前5世纪，奥林匹亚已落入埃利斯之手，这一地区与阿卡迪亚的来往开始衰落，由此推知，这一祭祀至少可上溯至埃利斯占领奥林匹亚之

---

① W. Dittenberger, *Sylloge Inscriptionum Graecarum*, Leipzig, 1924^3, indice（IV, p.260）s.v.; Stengel 前揭, p.40 及以下；AHS, p.305。要强调的是，"荣分"不只归祭司管辖，见 Dittenberger, n.1106, 100; 1025, 20。

② Radermacher 前揭，p.99；O. Weinreich s.v. *Zwölfgötter in Ausführliches Lexikon der griechischen und römischen Mythologie*, ed. W.H. Roscher, VI, p.828 及以下；N.O. Brown, *Hermes the Thief*, New York, 1947, pp.106–117，该书认为，《赫尔墨斯颂》在影射奥利匹亚的同时，也涉及雅典。

③ 诗歌开头第二行称呼赫尔墨斯为阿卡迪亚和库列涅的领主。

④ 参见阿里斯托芬喜剧里的神谕，Aristoph. *Eq.* 1059 c. *schol.*; E. Meyer s.v. *Pylos RE* XXIII 2131–3; 2150 及以下。

⑤ Pind. *Ol.* 10, 49;［Pind.］*Ol.* 5, 5; Herodoros *FGrHist* 31 F 34 = *Schol. Pind. Ol.* 5, 10; Paus. 5, 14, 8; Weinreich 前揭, pp.781–785。该崇拜的建立者是赫拉克勒斯，《赫尔墨斯颂》展示的内容要么与之竞争，要么就是一个戏拟版。πλαταμών（128）一词暗示了后来的祭坛。要知道，在十二主神崇拜中，十二个神是确定的，具体神名是什么，则无定论，参见 *GR*, p.199 及以下。

前。然而我们对古风时期的阿卡迪亚亦所知甚少，只知道在某些地区，赫尔墨斯崇拜至关重要①。所有这些因素并不足以证明《赫尔墨斯颂》指的是奥林匹亚，不足以证明这首颂诗是为了这一地区举办的十二位主神庆典而作。然而，有一重关联却无论如何也无法被舍弃，那就是赫尔墨斯与阿波罗共享一个祭坛，这事关紧要。

行文至此，赫尔墨斯的行为是一场献祭，这场祭祀与阿卡迪亚的地方祭拜传统有关，已无可非议。赫尔墨斯恰好也执掌司祭之职，这一点到了宙斯说这个年轻的神灵从一开始就有当使者的潜质（natura di un araldo，331）时，就一清二楚了。使者（Kerykes）不仅仅是传令官和布告人，他还在祭祀时击杀耕牛、分发牛肉②。此外，在阿波罗向赫尔墨斯发话时，他用的 poneumene（436）一词也在影射献祭者的手艺③。同一句话里，阿波罗还用了另外一个词，buphone（击牛），这让人联想起雅典的著名节日——耕牛击杀节（Buphonia）④。

二

若如诗中所说，赫尔墨斯发明了取火，创设了祭祀，那么他与普罗米修斯将难免狭路相逢。当然，这并不是说《赫尔墨斯颂》里所有的细节都一定要用比较的眼光来考察。关于取火的发明（111），诗中的言辞确乎在影射不同的传统，至于其他，普罗米修斯早已被抛之于脑后⑤。赫尔墨斯的行为纯属自发，且有一细节与普罗米修斯从来没有过任何关联，这就是音乐。实际上，杀死乌龟、制造弦琴是这位年轻神灵的第一桩业绩，也是悠扬的乐曲使两兄弟最终能化干戈为玉帛。文本中，杀死乌龟与宰杀耕牛两者并举，对比清晰，意义深刻：

---

① L.R. Farnell, *The Cults of the Greek States*, V, Oxford, 1909, p.79 及以下；Pheneos 的还愿（野猪头）*IG* V 2, 84.

② Athen. 160a；参见 AHS, p.306, Farnell 前揭，V, p.36。在《奥德赛》里，奥德修斯就称呼赫尔墨斯为 δρηστοσύνη，参见 *Od.* 15, 319–323。

③ *Il.* 2, 409 .

④ 关于该节日，参见 *HN*, pp.109–114。

⑤ 关于普罗米修斯建立祭祀仪式，参见 Hes. *Theog.* 535–616；另见 J.P. Vernant, *Mythe et société en Grèce ancienne*, Paris, 1974, pp.177–194。

乌龟与耕牛一样,被“背朝天摔倒在地”,被破肚穿膛①。与此同时,宰杀耕牛之举被刻画为能力、力量和才干的体现,这与雅典的耕牛击杀节上戏剧化呈现的罪过与无辜形成了鲜明的对比,而杀死乌龟则被呈现为一场托生变形:“你死了能够引吭高歌,歌喉嘹亮美妙。”(38)音乐取代了死亡。实际上,在祭典中,音乐一般不可或缺,祭仪要么由竖笛伴奏 ,要么由弦琴伴奏。在伪阿波罗多罗斯(Pseudo-Apollodoro)的文本里,杀死乌龟制造弦琴的行为发生在耕牛宰杀以后,弦琴的琴弦由牛肠做成。献祭与音乐就此被紧密地联系在一起,而这应出自原创②。

赫尔墨斯在诗中唱的第一支歌曲与死亡这一主题正好相对,他歌唱了自己的生平、宣告了自己的降生,早熟的赫尔墨斯对这一切都一清二楚(54—61)。在诗歌的尾声,他又颇有赫西奥德风范地歌唱了宇宙生成(cosmogonia)(427—433)。“创造”(krainon, 427)一词在这里被使用,意味深长:赫尔墨斯歌唱,并在歌唱中“创造”了不死的神祇和幽暗的大地,“他们如何抽签,如何得到属于自己的份额”(428)③。与之前向十二位神灵献祭时使用“平分”(kleropaleis)一词相仿,这里的“份额”(moira)再一次与“抽签”(lache)联系到一起。在歌声当中,这位神的使者此前那悄无声息、不声不响的行为被清楚阐述:赫尔墨斯“根据各个神灵的地位”④给予他们荣耀,就像他之前完全合乎仪规地向他们分配“荣分”(geras)那样(138)。祭祀用的供品在宇宙生成(cosmogonia)之歌中也找到了神话的参照点:其根基就在于献祭之神的行动,这一行动集全部“荣分”(gerea)于一身并构建了整个神界。

然而,这样构建宇宙(cosmos)有双重含义,其前提及必要条件(condicio sine qua non)落在无序(acosmia),落在深夜的偷盗,落在对秩序的违背将依法受到惩处之上。因此,“正义的天平”(bilancia

---

① ἀναπηλήσας 41— ἐπὶ νῶτα βάλε 118, αἰῶν' ἐξετόρησεν 42 — δι' αἰῶνας τετορήσας 119.

② 参第123页注释①。

③ Καὶ ὡς λάχε μοῖραν ἕκαστος 428.

④ Τοὺς δὲ κατὰ πρέσβιν καὶ ὡς γεράασιν ἕκαστος ἀθανάτους ἐγέραιρε... πάντ' ἐνέπων κατὰ κόσμον 431-433.

della giustizia，324）这种表述首次在这首诗里出现并非偶然。赫尔墨斯转运牛群，象征着一段从遥远的神域（塞萨利的比埃利亚）来到邻近的现世（阿尔菲斯河畔）的旅程[①]。不论诗人还是公众，都能注意到这段旅程从起源学上来说在影射何事。换句话说，就是从奥林坡斯到奥林匹亚。与此同时，这一旅程还导致了一场变型（trasformazione）。有福之神（beati dei）的物产，在未经触碰过的原野（prati intoccabili）上觅食，母牛们永远神圣（ambrotoi，71）[②]，这确切来说，就意味着永生不死（immortali）。这一点在《奥德赛》描述赫利奥斯的牛群时表达得更为明白："它们永远不会生育，也不会受到任何毁伤。"（12.130 及以下）不过，它们能被杀害，并且死后神也无力回天（393）。在《赫尔墨斯颂》里，阿波罗的牛屡屡和赫利奥斯的牛呼应。可是，这样一个曾让奥德修斯的同伴付出惨痛代价的事件却让这位年轻的"滑头"喜得善终，原因在于，牛群变了型（trasformazione）：到阿尔菲斯河畔以后，母牛们以真正的牧草为食，在赫尔墨斯的照料之下，它们自然繁殖（412；491—495），它们的死亡由此得到补偿。凭借这样的行为，赫尔墨斯这个居间的使者打破了神界永恒的秩序，把排除人类在外的疆域撕开一个口子，让人类得以获得生存必不可少的依托。这样，文本就将赫尔墨斯放到了与普罗米修斯相仿的位置：他们都狡诈地在神界的对立面营造了人的境况（condicio humana）[③]。当然，我们的文本直接提及人类的地方不多，但如若这首史诗体颂歌是以口头形式在听众面前表演并且如本文所说，这一表演旨在重现神话传说的话，那么不论是在阿尔菲斯河畔，还是在阿卡迪亚的派罗斯地区，现场无疑都应有人在。

从远在他方的地域弄来牲畜，将其视为野生之物并作为祭祀的牺牲，是广泛见于神话的重要主题。就希腊文化而言，赫拉克勒斯是这类故事最常见的主角。他的伟业里，偷取巨人革律翁（Gerione）的牛那件事流传得尤为广泛[④]。这些牛来自远在天边的小岛埃瑞特亚

---

① 关于变体 Πιερίη/Πηρείη，参见 AHS，p.273。

② ἄμβροτος 揭示了其词源，"不死"，参见 Empedocle B 112，4，另见 *Il* 24，460；Kahn 前揭，p.41 及以下。

③ 参第 129 页注释⑤。

④ *S &H*，pp.83-98.

(Erytheia),在那儿,每当日落之时,红霞满天,天地杳然相接。赫拉克勒斯最终把这些牛送到阿尔戈斯,在牛眼睛的女神(boopis)赫拉最重要的圣所里,献给了她。希腊神话和非希腊神话中还存在着大量与不同的动物有关的相似传说。一次又一次,这些据说来自远方、不为人所有的野生动物都被送到人力所能掌控的范围:如哈德斯(Hades)、赫利奥斯、赫利奥斯的女儿奥佳(Augia)的牛,阿尔忒弥斯的鹿,狄奥墨得斯的马等。走出古典世界,类似的故事常与狩猎有关:猎户的行动要获得动物的主人——男主人也好,女主人也罢——的首肯,萨满一类的降神仪式也就派上了用场。萨满、灵媒的行动在故事中以不同的方式得到合理化:他们能凭强力取胜,他们能与男主人或者女主人达成一致,但是他们也会使诈。凭借诡计、骗局和破戒,这些人最终推动了文明的降生,在美洲印第安人的神话体系里,这类故事构成他们记录和讨论的主体①。在古希腊神话里,这种滑头(trickster)形象出现在这首颂诗讨论的赫尔墨斯身上,也出现在普罗米修斯身上。这样,在更普遍的比较场景中,赫尔墨斯的行为和普罗米修斯的行为之间存在的相似性(parallelismo)最终呈现在我们面前。

在此背景下,我想再次把注意力集中到两个并非来自希腊而是来自希腊周边地区的神话上,讨论另外两个曾与公牛打斗的著名神话人物:波斯神话中的密特拉和苏美尔神话中的吉尔伽美什。关于密特拉,我们此处不谈古典晚期伊朗与希腊罗马文化交织的细节②,单单讨论神刺公牛这一著名场景,它位于很多密特拉崇拜圣所的中心位置。与此相关的神话,我们只能通过密特拉神周围的大型浮雕呈现出来的连续场景来推断,部分细节直到现在依然是谜。现在清楚的一点是,这个场景描述的是一场盗窃、一场抢劫,密特拉由此被称作"偷牛之神"(Miste del Furto dei Buoi)③。在其中一个场景里,公牛似是在一座庙里休息,然而密特拉攻击了它,他把公牛驯服以

① P. Radin, *The Trickster*, London, 1956; M.L. Ricketts, *The North American Indian Trickster*, in *History of Religions*, 5, 1965, pp.327-350.

② 问题复杂,相关详尽论述见 U. Bianchi, ed., *Mysteria Mithrae*, 2 voll., Leiden, 1979; 简要说明见 R. Turcan, *Mithra et le Mithriacisme*, Paris, 1981。

③ Firm. *Err.* 5, 2.

后，扛到肩上背到山洞里，用蛮力把牛头往后掰，精准地把牛的尸身踢开。这与《赫尔墨斯颂》在细节上的相似性，实在是无须多言[①]。献祭之后，就是宴会，出席者包括密特拉和赫利奥斯。在另一个场景里，密特拉拿着牛腿击打赫利奥斯[②]，这似乎是席次出了问题，具体可从肉的分配中看出来。实际上，圣所中举行宴会，其目的在于庆祝神通过血祭而获得拯救[③]。我们也可从宇宙生成的范畴来考量密特拉的献祭之举：从牛尾巴上长出来了麦穗。这里，偷盗依然是获救的前提。

在阿卡德史诗中，吉尔伽美什和恩奇都战胜神牛的行为充满了惊悚和神奇色彩[④]。这头牛为天神阿奴（Anu）所有。伊师塔从天神那里要来这头牛并唆使它与吉尔伽美什作对并毁灭他，因为他拒绝了伊师塔的求爱。然而，吉尔伽美什和恩奇都对付得了这头牛，经过一场激战，他们进行了一场典范般的祭祀："吉尔伽美什，以专业屠夫的姿态，稳妥精准地用利剑刺向牛背、牛角以及……杀死牛后，他取出牛的内脏呈献到沙玛氏（太阳神，samas）面前；随后他秉着深深的敬意后退，跪拜到沙玛氏（太阳神，samas）面前。"[⑤]激战的尾声如同献祭，他熟练地刺穿牛背后，就有了祭品。随后发生的一幕是奇特的分肉场景：伊师塔开始哀叹，于是恩奇都扯下一条牛腿（imittu）扔到她身上，还说他也能把牛的内脏（erru）给她拿来挂在臂上。伊师塔的所有舞女们于是开始为了牛腿大放悲声。毫无疑问，出现这样一幕有其仪式背景。牛腿自身是一种"荣分"（geras）；在这个时候它被扔给一个固定在神庙里服务的群体，并由这个群体分享。哀叹与分食在此混为一体，构成了卡尔·莫里（Karl Meuli）所说的"闹无罪"

---

① F.Cumont 注意到这种相似性，但其评论不近情理，参见 AHS，p.272。

② Turcan 前揭，p.51 及以下。

③ 见罗马 Santa Prisca 出土的铭文"et nos servasti… sanguine fuso"，另见 Bianchi 前揭，p.103 及以下，p.883 及以下。

④ 意大利文译本见 G. Furlani，*Miti Babilonesi e Assiri*，Firenze，1958；英译本见J. B. Pritchard，ed.，*Ancient Near Eastern Texts relating to the Old Testament*，Princeton，1969^{3}，p.84及以下；德文译本见 *Das Gilgamesch-Epos*，übersetzt und mit Anmerkungen versehen von A. Schott，neu hrsg. v. W. von Soden，Stuttgart，1982，pp.57-60。此处（VI 92-175）多有缺漏。

⑤ VI 150-155.

(commedia dell'innocenza)①。甚至连恩奇都那令人作呕的主意，即把牛的内脏挂到女神的臂上，也发生在现实中，这种做法在安纳托利亚地区相当常见：被杀公牛的睾丸常被挂在女神像上，这也解释了以佛所的阿尔忒弥斯身上所谓的“多个乳房”②。这个阿卡德史诗文本背后，显然也有事关祭祀创立的神话，并具有特殊的仪式指向。于是，这段故事的开头部分也可以放到这一视角下考察：为了成功，猎人必须禁欲③。正是因为吉尔伽美什拒绝了伊师塔的求爱，她才把公牛派来。用这种方式，神牛落入凡人之手，被用来献祭和宴飨。吉尔伽美什同赫拉克勒斯和赫尔墨斯一样，把牛从地外神域带到人间，并把它当成了献祭的牺牲。

此外，关于用公牛祭祀，还有另外一个阿卡德文本，它里面记录了仪式。文中说，祭司(kalu)被分配一项任务，他要取下公牛的牛皮，来蒙庙里的那面大鼓。该文本共有四个来自不同时期的版本流传下来④，呈现了迄今所见美索不达米亚地区最为复杂的祭祀仪式。其中有三个细节与本文密切相关。“闹无罪”，即逃避屠杀的责任，也能在这个文本中找到最清楚的例证。祭司(kalu)杀死牛后说：“此举乃众神通力为之，与某个人无干。”⑤该仪式围绕制造一件乐器展开，而这件乐器在神庙祭典上的作用不同凡响。祭司也能像赫尔墨斯那样说，“一旦死了你便能引吭高歌，歌喉嘹亮美妙”。仪式的最后，十二位神走上舞台，被放入鼓里，并在祷告中发出声响⑥。这与赫尔墨斯的行为极其相像。此外值得注意的是，祭司(kalu)的地位处于社会结构的边缘⑦。自然，在美索不达米亚和阿卡迪亚之间，并没有什么直接关联。然而，这种相似性表明献祭、众神的一体性(la totalità

---

① K. Meuli, *Griechische Opferbräuche*, in *Gesammelte Schriften*, II, Basel, 1975, pp.952-954, 1005.

② G. Seiterle, *Artemis — die grosse Göttin von Ephesos*, in *Antike Welt*, 10, 3, 1979, pp.3-16.

③ *HN*, p.59 及以下。

④ 转写与译文见 F. Thureau-Dangin, *Rituels Accadiens*, Paris, 1921, pp.1-59；英译文见 Pritchard 前揭, pp.334-338。

⑤ 文本 E II 3 f., Pritchard 前揭, p.336。

⑥ 文本 A II 1, III 1-14；文本 D I 7 f.；Pritchard 前揭, pp.335, 337。

⑦ J. Krecher, *Sumerische Kultlyrik*, Wiesbaden, 1966, p.35 及以下；J. Renger in *Zeitschrift für Assyriologie*, 59, 1969, pp.187-195.

degli dei）和音乐之间的联系并不是随意冒出来的，而是彼此纠缠、不可分割的。这也说明《赫尔墨斯颂》的确以真正的祭祀为基底展开。

世界的秩序经由众神和凡人彼此之间平等分配代表荣耀的祭礼（doni onorifici）而得以实现，不论是在希腊还是在他方，秩序的合法性都由献祭得以落实。分肉而食代表了一种从生理—情感（biologia-emotiva）基础到理性—道德（razionale e morale）层面都普遍存在的根本原型（protipo fondamentale）。它构成了神圣的行为——圣举（sacri-ficare），而在神圣（sacrum）背后的就是渎神（sacrilegium）、转变和反叛，这预设了权力、暴力、杀戮以及对永恒公正秩序的对抗。由此，凭借罪恶抑或强力，发生了僭越、破戒，而人类的境况（condicio humana）也就此得以实现。其实，人与价值秩序之间的关系从来都不同于蚂蚁与它的组织之间的关系，这差异呈现在悲剧当中，也呈现在滑头之神的戏耍当中。

（译者：刘保云，上海师范大学人文与传播学院博士后）

“赫尔墨斯的伪献祭”

——《致赫尔墨斯的荷马颂诗》第一首第 112—142 行：仪式诗歌、神学和历史*

克洛迪娜·勒迪克
（虞欣河　译）

编者们认为，《致赫尔墨斯的荷马颂诗》第一首大致成型于公元前 6 世纪①。出于各种各样但相互趋近的理由，这首颂诗歌颂了这位神明在库列涅（Cyllène）②某个山洞里的诞生：当他问世仅仅一天，身上还裹着襁褓时，就在两次日出的间隔内完成了他的丰功伟业（*kluta erga*），以此得到他的父亲和宇宙主宰宙斯的认可，获得了他的荣耀（*timê*），并在奥林坡斯神系当中占据一席之地。虽然这个婴儿有着狡黠、敏捷与迅疾的天赋，但是他首先需要在众神中获得地位，使得他的天赋能够发挥作用，从而明确他掌管的职能，并且由此在人类当中建立他的崇拜仪式。诗人话语的受众，是那些学会了如何理解诗歌的仪式与传统内涵的人，正如保萨尼阿斯所言，是那些能弄懂“旧日里被视为智慧之士的希腊人晦涩地传达的内容”的人③，而在当

---

* Claudine Leduc, “«Le pseudo-sacrifice d’Hermès». Hymne homérique à Hermès I, vers 112-142. Poésie rituelle, théologie et histoire”, *Kernos* 18 (2005): 141-165.

① Filippo Cassola, *Inni Omerici*, Arnaldo Mandatori ed., 1975 (Edizione maggio 1991); Jules Humbert, *Hymnes d’Homère*, Paris: Les Belles Lettres, 1976; H. G. Evelyn White, *Hesiod and the Homeric Hymns*, The Loeb Classical Library, 1967[1936].译者按：《致赫尔墨斯的荷马颂诗》第一首下文简称为《赫尔墨斯颂诗》。

② 译者按：古希腊专有名词的汉译从古希腊语（而非括号内的法语）发音，下同。

③ 保萨尼阿斯，VIII，8，3。

下,诗的内容对读者而言显得过于暧昧不明。其中,新生儿在阿尔菲斯(Alphée)河畔的"伪献祭"被专家们视作赫尔墨斯功绩中的重要一环,这可能也是赫尔墨斯引发最多的疑问与阐释的行为。

按照诗人所说,在赫尔墨斯出生于库列涅山洞里的那天,这位被肉食欲望所折磨的神冲向了皮埃里亚(Piérie)树木茂密的群山,当时正有不死的畜群在那里食草;日落时分,从阿波罗留在这里的牛群当中他带走了五十头;穿着神奇的凉鞋,驱赶窃来的牲畜倒行(*epistrophaden*),赫尔墨斯穿过了翁凯思托斯(Onchestos)的圣林,穿过了阿尔菲斯河,并于月亮升起之时,在山洞里藏起了自己偷窃的成果;他摩擦两片插在洞眼里的木头,借此生起了火;接下来,赫尔墨斯杀死了两头牛,尽管动作粗暴,但没有让血液横飞;然后他又不加区别地炙烤了所有能够炙烤的部分(甚至包括灌在内脏中的血肠),又把牛皮摊开在一块干燥的岩石上;在此之后,他取下火上的烹调物并把它分成了十二份,出于平等的考虑,通过抽签将之分配——脊骨和传统的献祭部分都被重新分配了;他非常饥饿,不过尽管食物散发出诱人的香气,赫尔墨斯并没有把肉吞进他神圣的喉咙;他将肉悬挂于牛栏上方的山洞顶端,焚烧了牛头和蹄子,把凉鞋抛入阿尔菲斯河里,在拂晓将至之时用沙子覆盖了火堆的余烬。全诗只有在第 398 行当宙斯要求这个小小的窃贼向阿波罗指出他藏匿群牛的地点时,才提到了两兄弟快步走向"阿尔菲斯的渡口,多沙的皮洛斯(Pylos)"。

1. 研究的前提

赫尔墨斯的血祭通常有两种解读方式,不同的学者认为它建立了一种范例(modèle),或是一种反例(contre modèle):前者意味着它成为希腊地区分享食物的血祭的参照,后者则影响了埃里斯(Élis)人向奥林匹亚圣地"十二主神"供奉的月度无血献祭。无论是"荷马式的盛大献祭"还是"普罗米修斯式的献祭",用于祭祀的牲畜都不能用暴力屠宰,而且两种血祭仪式都允许无法与众神共餐的凡人和他们共享食物①,不死的众神嗅闻祭坛上焚烧的、从包裹着脂肪的腿骨飘出的青烟,至于有死的凡人,他们先享用串在铁扦上的内脏,再叉食祭坛上炙烤的或是锅子里煮熟的肉;而由埃里斯人传承下来的月度献祭仪式被保萨尼阿斯称为"ἀρχαῖον τινα τρόπον"("某种古老方式"),它要求人们在六个双神祭坛上"焚烧浇盖了蜂蜜和乳香的谷物",在顶端摆放橄榄枝,用葡萄酒浇祭(除非供奉的对象是宁芙)②。这种简单的献祭应该无法使人神之间产生复杂高频的交流,只能快速回应人们的疑问,并在他们自主形成猜测的过程中扮演十分有限的角色。

然而,如果只能得到一个模糊的回应(洛朗丝·卡恩那具有开创意义的著作《赫尔墨斯路过》③一书书名指代的就是这种模棱两可),那这种仪式是否还有存在的必要? 卡恩没有把赫尔墨斯的献祭从他所做的一系列事件里孤立出来,而是采用了一种结构主义的方法,从整体的视角来看待他全部的丰功伟绩,以便能通过"严密的文本语言"来辨别"神话的意义"和赫尔墨斯形象的整体性。她认为,尽管神的种种功绩从表面上看千差万别,但它们实际上都处在两条"轴线"——道路与智巧(*mêtis*)——周围,由于这两个主题出现在赫尔墨斯的所有故事里,所以称之为"轴线"应该是恰当的,也正是它们点出了他行事的特征④。我们也可以用同样的方式来分析赫尔墨斯在阿尔菲斯河岸"反常规"的血祭:通过狡黠地反转了普罗米修斯式献祭的步骤,他的智巧"给他的肉身提供了"一条往返道路;赫尔墨斯还有待在众神当中确立自己的地位,他拒绝食肉,以此"使自己突然转入神性空间";他屠牛作为祭品,让这两头不死的生物变得与那些

---

① Jean Rudhardt, «Le grand sacrifice homérique» & «Le grand sacrifice classique : la *thusia* », *Notions fondamentales de la pensée religieuse et actes constitutifs du culte dans la Grèce classique*, Paris : Picard, 1992[1958], pp.253-271.

② 保萨尼阿斯,V,15,10。

③ Laurence Kahn, *Hermès passe. Ou les ambiguïtés de la communication*, Paris: Maspero, 1978, 尤见 pp. 41 - 73; ead., «Hermès», *Dictionnaire des mythologies et des religions des sociétés traditionnelles et du monde antique*, Yves Bonnefoy ed., Paris: Flammarion, 1981, tome I, pp.500-504。该作者认为,可以"通过神话(即依照颂诗的文本),给赫尔墨斯所掌管的多项职能提供一种整体视角,使他行事中的两个关键词,即道路和智巧(*mêtis*)相互结合"。

④ Laurence Kahn,前揭书, p.177。

命定要繁衍和死亡的牲畜境况相同,让人们能够以此为范例,知晓如何操作共享食物的血祭仪式。

斯黛拉·乔尔古第在《希腊的"十二主神":一个主题的变奏》里探讨了这个问题,此文主要涉及奥林坡斯"十二主神"的演化[①]。她认为,不应当把赫尔墨斯拒绝食肉的举动视作这个婴儿加入众神的条件。他的身份不会受到质疑:诞生于两条神圣血脉的交汇,他生而为神,无须"成为"神。乔尔古第把赫尔墨斯的祭台与他献给"十二主神"的十二份均等的祭品和奥林匹亚圣地里的六对双神祭坛与埃利斯人献给"十二主神"中每一位的素食祭品联系起来。"十二主神"(*Dôdeka theoi*)的名单对所有城邦而言都"相当不固定",但在奥林匹亚,赫尔墨斯确凿无疑是他们当中的一员,与阿波罗共享同一个祭坛。她指出,当时的人们并不认为"十二主神"是"十二个截然不同的个体的简单叠加"[②]。他们的组合能够彰显主神之间紧密的关联和一种完美的多元性,这种多元性与主神所"创造的过去"相联系,表现出他们"团结与和谐"的一面。在"伪献祭"中,赫尔墨斯以他"引路神的身份",在祭台前既是献祭者又是享用者。他所属的那个整体并不食肉,倘若他食用了,便会使自己和众神疏离,让自己的身份成为一个疑问。

多米尼克·贾亚尔在其博士论文《赫尔墨斯的多重形态》里参考了乔尔古第的解读,并有所保留地接受卡恩的观点[③]。他认为赫尔墨斯在阿尔菲斯河畔献祭时,考虑的并不是他是否归属于神的世界,而是宙斯究竟把他归于诸神的哪一阶层。赫尔墨斯生而不死,但是他又"距离不死者甚远"[④]。他的母亲和母系所有的成员(阿特拉斯和他的女儿们)都缺乏荣耀,几乎不参与宙斯的统治,因此很少被凡人祈求,受凡人供奉。这个新生儿不打算像他们那样,他想加入那群充

---

① Stella Georgoudi, «Les douze dieux des Grecs: variations sur un thème», in *Mythes grecs au figuré de l'antiquité au baroque*, S. Georgoudi & J.P. Vernant eds., Paris: Gallimard, 1996, pp.43-80,尤见 pp.66-70。

② Stella Georgoudi, «Les douze dieux des Grecs: variations sur un thème», p.76.

③ Dominique Jaillard, Configurations d'Hermès. 这篇博士论文在 Marcel Detienne 指导下于 2001 年 9 月通过答辩,目前尚未发表。Dominique Jaillard 非常亲切地与我交流,我向他表示诚挚的谢意。

④ Ibid, p.29.

满荣耀的神,希望能获得一个拥有特权和权力的地位。他不仅想要肉,还想要肉的祭祀(*hosie*),这意味着他所觊觎的身份和地位,由一种"展现了众神荣耀的献祭"来标志①。然而,这种祭祀献给神的部分只包括祭品燃烧的青烟和神圣祭台上的祭品,因此他拒绝进食并准备了血祭的仪式。

多年来我都在研究我们的"游戏诗人"(poète *ludens*)献给狡黠之神的这首"游戏"(ludique)之作②,却从未真正探究过赫尔墨斯在阿尔菲斯河畔的供奉③。在缓慢接近这个片段的过程中,我的理解逐渐倾向于克洛德·伽拉姆的分析,他至今仍不断地为他的解读增添更多的细节④。他的研究方法极度关注语言形式的特殊之处,强调这是一首荷马颂诗⑤。另一方面,尽管优先关注文体和语言,但这种方法能够很好地与其他研究路径兼容,马塞尔·戴地安的比较研究法尤其如此⑥。把献给赫尔墨斯的《荷马颂诗》的"布局"(configuration)与献给其他神的颂诗的"布局"相比较,能够更好地捕捉这首诗的特色所在。

《赫尔墨斯颂诗》不是一部书面的文学作品,在尚未笔录为固定文本之前,它是一种"话语活动"(acte de parole),戴地安称之为"经

---

① Dominique Jaillard, *Configurations d'Hermès*, pp.88-93.

② Johan Huizinga, *Homo ludens. Essai sur la fonction sociale du jeu*, Paris: Gallimard, 1951[1938], pp.199, 201,219.

③ Claudine Leduc, «Une théologie du signe en pays grec: l'Hymne homérique à Hermès I», *RHR* 212 (1996), pp.5-49; ead., «Recherches sur la substance des divinités techniciennes: le cas d'Hermès», *Poikilia* 22 (1998), pp.39-58; ead., «Cinquante vaches pour une lyre! Musique, échange et théologie dans *l'Hymne homérique à Hermès I*», in *Chanter les dieux. Musique et religion dans l'Antiquité grecque et romaine*, Pierre Brulé & Christophe Vendries eds., Rennes: PUR, pp.19-36.

④ Claude Calame, *Le récit en Grèce ancienne*, Paris: Klinsieck, 1986; id., *Mythe et histoire dans l'antiquité grecque. La création d'une colonie*, Lausanne, Payot, 1996; id., *Poétique des mythes dans la Grèce antique*, Paris: Hachette Supérieur, 2000.

⑤ Id., *Le récit en Grèce ancienne*, i. a. pp. 38-39; id., «Les Hymns homériques. Modalités énonciatives et fonctions», *Mètis* 9-10 (1994—1995), pp. 391-400; id., «Variations énonciatives, relations entre les dieux et fonctions poétiques dans les Hymnes homériques», *MH* 52 (1995), pp.2-19.

⑥ Marcel Detienne, «Pour expérimenter dans le champ des polythéismes», *Mètis* 9-10 (1994—1995), pp.41-49; id., «Expérimenter dans le champ des polythéismes», *Kernos* 10 (1997), pp.57-72; id., *Comparer l'incomparable*, Paris: Seuil, 2000.

由口耳相传"[1]。圣歌的内容包括对神、他的诞生及其丰功伟绩的呼告(*evocatio*),它不能与吟唱它的特定场景、引用它的宗教庆典仪式和处于特定地理、历史和文化语境中的听众割裂开来[2]。伴随着音乐朗诵这首欢乐的颂歌直接传达给神(颂诗第579行使用了"χαῖρε"一词),这一举动本身就是一种独一无二的艺术创作(*poêsis*),也是一种"在特定场景下对特殊话语的引用"[3]。像颂诗第一行指出的那样,诗人既是在神圣瞬间受到缪斯灵感激发的介质,也是一位技巧娴熟的工匠,能够制作艺术品献给他歌颂的神。从某种程度而言,他自身也是一件送给神的礼物:通过诗意的语言(因而也是具有隐喻和符号含义的语言),在场的诗人再创了关于赫尔墨斯起源的宗教传统;根据创作的环境,他为旧日里的神话素材找到了新的含义——而听众知道是神赋予他这一权力。诗人的表演需要听众的注意力、敏感的领悟力和积极的参与,我甚至认为,听众是被囊括在表演当中的。诚然,在语言学层面我们可能找不到直接的证据,但是诗人常常热衷于混合各个阶层的文化,比如说许多箴言警句,就是用智者的语言来表达民众的智慧[4]。换言之,诗人自身也是听众之一,但是他对诗歌语言足够熟稔,能够解码和编译相当晦涩难懂的暗示[5]。就像对颂诗第210行提及的被盗牛群的逆行需要有足够的了解,才能理解

① Marcel Detienne, «Repenser la mythologie», in *La fonction symbolique. Essais d'anthropologie*, Michel Isard & Pierre Smith eds., Paris: Gallimard, 1979, pp.71-82; id., *L'invention de la mythologie*, Paris: Gallimard, 1981; id., *Transcrire les mythologies*, Paris: Albin Michel, 1994. 这种关于诗歌中的"话语行为"的研究路径参考了以下文献: Gregory Nagy, *Le meilleur des Achéens. La fabrique du héros dans la poésie grecque archaïque*, Paris: Belin, 1994 (Baltimore, 1979 & 1999); Jesper Svenbro, *Phrasikleia. Anthropologie de la lecture en Grèce ancienne*, Paris: La Découverte, 1988; Florence Dupont, *L'invention de la littérature. De l'ivresse grecque au texte latin*, Paris: La Découverte, 1998; Gregory Nagy, *La poésie en actes, Homère et autres chants*, Paris: Belin, 2000.

② Synnøve des Bouvrie, «The definition of symbolic phenomena in ancient culture», in *Myth and Symbol I. Symbolic phenomena in ancient Greek culture*, *ead.* ed., Bergen: the Norweigan Institute at Athens, 2002, pp.11-60. 作者尤其强调表演所在的社会和文化语境。

③ Claude Calame, «"Mythe" et "rite" en Grèce: des catégories indigènes?», *Kernos* 2 (1989), pp.179-204.

④ Yannis Z. Tzifopoulos, "Hermes and Apollo at Onchestos in the Homeric Hymn to Hermes. The poetics and performance of proverbial communication", *Mnemosyne* series IV 8 (2000), pp.148-163.

⑤ Claudine Leduc, «Une théologie du signe en pays grec: l'Hymne homérique à Hermès I», pp.23-26.

这个小小的文字游戏。如同佛洛朗丝·杜邦稍带幽默的表述,对仪式诗歌的接纳需要“公众智慧”,或者我们可以采用普鲁塔克在《论皮提亚的神谕》第五章23节里的描述,需要“生来就对诗歌有着独到癖好”的大众。

时至今日,我对《赫尔墨斯颂诗》的研究都绕过了他在阿尔菲斯河岸的供奉,因为这个行为集中于神学上极为精确的一个面相:神所赋予了灵感的诗人,能在表象之下表达隐含意义,让神存在于他的作品当中①。古希腊固有的秘仪不会如此表述,难以言说意味着最高层级的密仪(*epopteia*),也就是说,凝视和沉思②。即便当这种体验变成了语言,比如在吟唱圣歌之时,也多是诗人通过视觉启迪听众③。对诗人而言,使用诗意(因而也是晦涩难解的)语言的歌者复现了神的超自然举动,并让听众能够辨认出这一系列行为里的相似之处:库列涅山洞里神的诞生,随之而来他所做的丰功伟绩——制造里拉琴,带走群牛,发明了坑中生火并创立了交换制度。如保罗·利科所说,这种相似性能被构建为“一个让相同与不同之间冲突交汇的地点”④。这项研究使我辨别出神和他的功绩之间的两种关系⑤:其一是隐喻的关系——神的创造被视为神本身,但并非他的全部;其二是象征的关系(古希腊意义上的“象征”!)——神的创造被视为神的全部。赫尔墨斯制造的里拉琴是一种隐喻,让人想到库列涅山洞内婴儿的创造能力。相反,一天的几个小时里,坑中之火燃烧势头增高又降低,在山洞中出生的神改变自己的身高(他长高又变矮),且在两次日出之间完成了一次往返。这两者没有什么差异,这不是一个比喻:这是两样相同事物的交汇。赫尔墨斯和火是同一个象征物

---

① Jenny Strauss Clay, *The Politics of Olympus*, Princeton: Princeton University Press, 1989. 此书不仅讨论了希腊世界在《荷马颂诗》宙斯统治寰宇背景下的秩序,也讨论了古风时期的神学思想。

② Walter Burckert, *Les cultes à mystères dans l'Antiquité*, Paris: Les Belles Lettres, 1992, pp.82–83. 秘密仪式通过使用具有象征力量的工具,让神显现。

③ J.-P. Vernant, «Introduction», in *L'homme grec*, Paris: Seuil, 1993, pp.19–21.

④ Paul Ricœur, *La métaphore vive*, Paris: Seuil, 1975, ch. «Le travail de ressemblance», pp.221–272,引文出自第271页。

⑤ 我在1996年发表的《希腊地区的神学符号:致赫尔墨斯的荷马颂诗第一首》一文中讨论过这种相似性,在2001年又对之进一步完善,写出了《五十头牛换一架里拉!〈致赫尔墨斯的荷马颂诗第一首〉中的音乐、贸易和神学》一文(见第140页注③)。

(*symbolon*)的两半——外显的一面与内隐的一面。如赫拉克利特所言,火是一个可以变换的基本元素,赫尔墨斯也通过火交换到了荣耀和权能。《赫尔墨斯颂诗》的神学观念既是形而上的(赫尔墨斯与火相似),又具有隐喻含义(里拉琴与赫尔墨斯相似)。

为了探究赫尔墨斯所有行动的基底(或许它会被玛丽·德尔古称为赫尔墨斯的"深层本质"[1]),长期以来我的研究都没有足够关注颂诗的表达语境、表演它的节庆、受供奉的神在本地的形态,以及听众所处的时空背景。不过在我看来,当研究者的注意力转向阿尔菲斯河畔的供奉时,她就不能把歌者的创作与表演它(且着重于表现赫尔墨斯的独特形象)的仪式孤立开来研究。在赫尔墨斯功绩之链上这谜一般的一环,可能比其他所有的功绩更强调一种双重的时间维度:诗歌和宗教传统产生的时间,以及再现"统领库列涅和牛羊成群的阿卡迪亚"的赫尔墨斯传统的仪式时间。

2. 阿尔菲斯河畔的供奉:双重的时间维度

关于神明的饰词"语言"(如皮埃尔·布吕莱所云[2])以及关于地理的饰词"语言"(这既是描述性又是象征性的)指示出《赫尔墨斯颂诗》里这个片段的双重时间维度。

2.1 神明的饰词"语言":"统领库列涅和牛羊成群的阿卡迪亚"

阿尔菲斯河畔的献祭者"在昨日诞生",注定依靠血缘关系连接父亲的天界和母亲的地界,生来具有四处飞翔、疾驰、破坏和潜行的能力,他行动敏捷、不知疲倦,是最新出世的宙斯之子[3]。根据众神之王的意愿,他需要加入众神的某个阶层当中。因此,赫尔墨斯要设法让自己的才能转化为如今已被众人熟知的权能(而这个家伙正善于

① Marcel Delcourt, *Héphaïstos ou la légende du magicien*, Paris: Les Belles Lettres, 1975, p.11.

② Pierre Brulé, «Le langage des épiclèses dans les polythéismes helléniques (l'exemple de quelques divinités féminines). Quelques pistes de recherches», *Kernos* 11 (1998), pp.1-4.

③ 《赫尔墨斯颂诗》, 337。

此道!):他成为宙斯的信使,贸易的主宰和传达预言的神。他在阿尔菲斯河畔的供奉是他达成目标过程中不可或缺的一步。

不过,这不意味着赫尔墨斯自己与这场供奉无关,或是他没有资质被供奉,其实赫尔墨斯正是受到这个节庆供奉的神之一。正如宗教活动所规定的,人们会在仪式颂歌的开头呼告神的名字:"统领库列涅和牛羊成群的阿卡迪亚"的赫尔墨斯[①]。菲利普·博尔若认为,呼唤一位神灵的名字是为了重新定义他在这个宗教仪式里被赋予的独特形态,再次定位和他相关的神灵体系[②]。那么,给赫尔墨斯命名的饰词"语言"产生了何种功效?首先,赫尔墨斯的饰词明确地把他和库列涅与阿卡迪亚这片土地联系起来,也关联起他和他所行使的职权——统治者(μεδέοντα)。他治理一方,确保秩序井然,运转良好[③]。其次,这个饰词暗示了我们应该考察此神在阿卡迪亚所表现出来的形态,及其与当地多神系统中其他神灵之间的关系。

赫尔墨斯在库列涅有着年度的宗教献祭仪式,他的阿卡迪亚出身也成为诗歌传统的一部分:比如在《奥德赛》第二十四卷第1—5行里也出现了赫尔墨斯"库列涅的"(Κυλλήνης)这个饰词。但是,《颂诗》对他的称呼更加精确,这称呼让人知晓,诗人口中赫尔墨斯出生的库列涅山是阿卡迪亚的中心。作为本地的神,他因自己的仁慈和力量,让阿卡迪亚整个地区变得"牛羊成群"(πολυμήλου)。"拥有增长和缩小的能力"的赫尔墨斯会对他喜爱的人或物显露关怀,就像对待特洛伊人福尔巴斯(Phorbas)一样,让他们拥有繁盛的畜群[④]。那么如何解释赫尔墨斯成为所有的阿卡迪亚人的保护神——这种具有政治意味的呈现呢?根据马德莱纳·若斯特收集的证据,如果说赫尔墨斯是一位阿卡迪亚地区的重要神灵的话,那他并没有被非常

① 《赫尔墨斯颂诗》,2:"Κυλλήνης μεδέοντα καὶ Ἀρκαδίης πολυμήλου"。

② Philippe Borgeaud, «Manières grecques de nommer les dieux», *Colloquium Helveticum. Cahiers suisses de littérature comparée* 23, Berne: Colloquium Helveticum, 1996, pp.19-36.

③ Pierre Chantraine, *Dictionnaire étymologique de la langue grecque*, Paris: Klincksieck, 1968, s.v. μέδω.

④ 《伊利亚特》XIV,491—492。

普遍地供奉[1]。他的崇拜主要出现在库列涅、培涅俄斯(Phénéos)、司图姆帕勒斯(Stymphale)、美伽洛波利提德斯地区(Mégalopolitide)以及铁该亚(此处频率相对其他地区较低)。形容他能力的分词(μεδέοντα)的动词原型"μέδω",意味着赫尔墨斯被设想为王朝的缔造者和王国的统一者。那些老旧的阿卡迪亚故事的确把这位本地出生的神与王位的缔造者关联起来了:统一了这片地区,并以自己的名字为之命名的阿尔卡斯(Arcas)由迈娅抚育长大;按照保萨尼阿斯的说法,重新统一王国的埃皮托斯(Aepytos)的墓被安置在了库列涅山边,并在铁该亚和赫尔墨斯共享一个祭坛[2]。但这些神话来源都相当晚近,尽管荷马史诗中已经提到了库列涅山和埃皮托斯的墓穴之间的关系[3]。不过,《荷马颂诗》无一例外都被认作是公元前5世纪以前的产物。从称呼赫尔墨斯"统领阿卡迪亚"的传统,或许可以得出两个谨慎的猜想:第一个与表演《颂诗》的宗教节庆有关,这个饰词打破了原有城市分区,促使阿卡迪亚各邦联合在身为缔造者和统一者的神身边;第二,有关政治组织,这种表现形式可能就是它的回响。如果在节庆里赫尔墨斯能被诗人以"统领阿卡迪亚"之名呼告,这种地区凝聚力应该不止存在于神话时代,它对在场的听众依然有效。很可能是一种让他们都受到赫尔墨斯保护的神话体系,使得阿卡迪亚人联合起来。

赫尔墨斯和阿卡迪亚的紧密联系,促使本项研究关注他在当地多神教的语境中所拥有的亲和力。然而,颂诗不停地强调皮托的阿波罗和他之间的紧密关系,所有提到他功绩的情节都和"宙斯所生的两位光辉之子"之间的友谊相关[4]。赫尔墨斯最初的功绩只是为了获取回赠(ἀμοιβή)而做的准备,是为了与阿波罗交换所做的精妙设计[5],是为了确保库列涅人和皮托人之间不可磨灭的友谊[6]。两位神

---

① Madeleine Jost, *Sanctuaires et cultes d'Arcadie*, Paris: Études péloponnésiennes, 1985, pp.439-440.

② 保萨尼阿斯,VII,4,16—17。

③ 《伊利亚特》II,604。

④ 《赫尔墨斯颂诗》,507—508:"φιλότης"。

⑤ 《赫尔墨斯颂诗》,397—504。

⑥ 《赫尔墨斯颂诗》,507—508。

明之间的亲密关系(虽说他们在别处关系疏远)意味着在当地的神学体系中他们相互影响,他们的关联是听众所属的宗教文化的一部分。这种关系是因为库列涅和皮托在地理上相邻吗?诚然,一道科林斯湾的两侧就是赫尔墨斯在库列涅的质朴圣地和阿波罗在帕纳索斯山麓的“宏伟的居所”[①];在奥林匹亚,两位神明也共享同一个祭坛。但在库列涅北部地区,保萨尼阿斯记录了一种更为紧密的状态,这种状态的来源或许要追溯到皮托的宗教崇拜在伯罗奔尼撒最初的扩散。在库列涅的山麓地带,凯拉多尼亚(Chelydonea,因赫尔墨斯在那里找到乌龟而以此为名)的小山峰是阿卡迪亚和阿凯亚(Achaïe)两座城市的分界,它也连接着两位神明。在阿卡迪亚的培涅俄斯地区,赫尔墨斯是一位重要的神明,培涅俄斯人向奥林匹亚供奉了一尊欧那塔斯(Onatas)雕刻的持公羊的赫尔墨斯,并会举行庆祝他的荣耀的赫尔迈娅(*Hermaia*)竞技会[②]。他的圣地在下城区,阿波罗的圣地则位于乡间(*chôra*)。在阿凯亚的佩勒涅(Pellène)的“一条小路边缘”,有一尊持羊的赫尔墨斯的雕塑,以及特奥克塞尼奥斯(*Theoxenios*,直译为“外乡的神”)·阿波罗的圣地,本地组织的竞技会也因此冠名为特奥克塞尼亚(*theoxenia*)[③]。诚然,保萨尼阿斯完全没有提到在赫尔墨斯和阿波罗共存的地区,人们是如何向他们献祭的,但是既然皮托的阿波罗在此地是一位特奥克塞尼奥斯,那么特奥克塞尼亚竞技会无疑就是供奉阿波罗的仪式的一部分。在赞颂他们永不磨灭的友谊的歌声里,“库列涅之王”向他喜爱的皮托·阿波罗执行特奥克塞尼奥斯的供奉仪式:那些认同两位神之间亲密关系的听众不会对此感到吃惊[④]。

考虑到赫尔墨斯和阿波罗之间的友谊,以及他们在库列涅北部的共存情况,或许能进一步辨别《赫尔墨斯颂诗》诞生于其间

① 《赫尔墨斯颂诗》,178。
② 保萨尼阿斯,VIII,14,10。
③ 保萨尼阿斯,VII,27,1。
④ Georges Roux, *Delphes, son oracle et ses dieux*, Paris: Les Belles Lettres, 1976, p.193; Louise Bruit, «Sacrifices à Delphes. Sur deux figures d'Apollon», *RHR* 201 (1984), pp.339-367; Marcel Detienne, *Apollon le couteau à la main*, Paris: Gallimard, 1998, pp.191-194.

的节庆[1]。哪怕只是假设赫尔迈娅竞技会和特奥克塞尼奥斯竞技会能够把两位相邻的神明联系起来，那么就能得出这个推论：献给赫尔墨斯的颂歌和培涅俄斯人的赫尔迈娅竞技会之间存在联系。这个推论虽然非常诱人，但无法被证明——我们没有任何关于佩勒涅人的特奥克塞尼奥斯竞技会的直接材料！而根据保萨尼阿斯的说法，这个竞技会只限本地人参加，但品达却多次提到竞技会还向其他地区的希腊人开放，获胜的奖品是一件披风，"是保护免受风寒侵袭的温暖办法"。他的评注者加上了一句话："这个竞技会我们有时称之为赫尔迈娅，有时则称之为特奥克塞尼亚。"[2]由于这句评注没有明确指出培涅俄斯人的赫尔迈娅竞技会是什么，所以我们缺乏关于两者重合的任何信息。评注者对这两个竞技会的混淆意味着它们都与赫尔墨斯和阿波罗密切相关，且都超越了公民共同体的边界。品达对此没有说更多的内容，我们可以从中推测，那些竞技会即使不是泛希腊的，起码也是整个阿尔卡迪亚地区的节庆。或许，放弃确定这些竞技会的内容和覆盖的地区是更加谨慎之举。不过，这个节庆能邀请赫尔墨斯"享受"一首称他为"统领阿卡迪亚"的颂歌，那它起码超越了政治边界，成为阿卡迪亚人的共同节日。此外，在地理方位上，此处是颂诗里的"伪献祭"发生的中心地带。

2.2 地理的饰词"语言"

与其他归入荷马之名的诗歌相似，《赫尔墨斯颂诗》里的"伪献祭"结合了地理学的象征层面和描述清晰可辨的现实层面，这是一种相当奇妙的混合。在听众所处的时空里，歌者让"库列涅之王"在这两个层面之间完成了他的功绩。

行踪诡谲的盗贼赫尔墨斯赶着从阿波罗的畜群里偷来的五十头牛，从皮埃里亚的群山来到了皮洛斯的山洞。歌者考究地把阿尔菲

---

① Pierre Raingeard, *Hermès Psychagogue. Essai sur les origines du culte d'Hermès*, Rennes: Oberthur, 1934, pp.70–72。该作者把《颂诗》和佩勒涅的特奥克塞尼亚竞技会关联起来。

② 品达：《奥林匹亚凯歌》VII, 85; IX, 97;《尼米亚凯歌》X, 82。品达：《奥林匹亚凯歌》VII, 156 古注。

斯河畔的献祭放在了这两个地点之间，而它们在史诗中都具有重要的象征意义。一个是皮埃里亚山：在《奥德赛》第五卷第50行，赫尔墨斯从皮埃里亚山降落在海面上，为了前往卡吕普索的岛屿——大海的中央[①]。阿兰·巴拉布理戈指出，这座岛屿是通往西方的关口，是不同层级的世界的交汇点[②]。环绕在神女洞穴周围的繁茂树林和羽翼宽大的禽鸟意味着此地临近哈德斯[③]。在《颂诗》里，当婴儿赫尔墨斯匆忙抵达皮埃里亚山时，太阳沉入了环绕大地的环河之下[④]。皮埃里亚靠近这个岛，也就意味着它靠近这个世界的西端。因此，它是否同样也是各级世界的交汇点？放牧着阿波罗不死的畜群的"长春花"(asphodèles)草场并非其他的草场，而就是在《奥德赛》中，受库列涅的赫尔墨斯指引的亡灵前往冥府所经过的那片草地[⑤]。尽管前往冥府的"潮湿小径"不会经过皮埃里亚，但皮埃里亚牧场上生长的繁茂树木(普通牛群不喜欢它)并非完全没有指向性[⑥]。

另一个地理方位是皮洛斯：赫尔墨斯在沙滩上驱赶群牛的这个目的地也是一个世界的关口[⑦]。这座城市是神圣的，"多沙的"，位于阿尔菲斯河畔[⑧]。这些证据表明，这个皮洛斯就是在《伊利亚特》和《奥德赛》中被称为"涅斯托尔的皮洛斯"的那座城市。此城也"在阿尔菲斯旁边""阿尔菲斯河流经的""神圣的"和"多沙的"，处在伯罗奔尼撒世界的边缘[⑨]。涅斯托尔的港口通往何处？朝向西方的大海、通往哈德斯抑或两者皆是？从伊塔卡出发的特勒马库斯在皮洛斯登陆，骑马前往斯巴达，又在完成出访后从那里返航。这个港口不像是

① 《奥德赛》i,50："*omphalos*"。

② 《奥德赛》v,217—277："西方的关口"。Alain Ballabriga, *Le Soleil et le Tartare. L'image mythique du monde en Grèce archaïque*, Paris: EHESS, 1986, pp.90-95.

③ 《奥德赛》v,63—67。

④ 《奥德赛》v,68。

⑤ 《奥德赛》xxiv,10—14。

⑥ Alain Ballabriga, *Le Soleil et le Tartare. L'image mythique du monde en Grèce archaïque*, *ch.* «L'Océan et la roche Leucade», pp.51-53.

⑦ 《赫尔墨斯颂诗》,75。

⑧ 《赫尔墨斯颂诗》,216："神圣的"；《赫尔墨斯颂诗》,398："多沙的"和"位于阿尔菲斯河畔"。

⑨ 《伊利亚特》II,519："在阿尔菲斯旁边"；《伊利亚特》V,545："阿尔菲斯河流经的"；《伊利亚特》I,252："神圣的"；《奥德赛》iii,4："多沙的"。

能通往外海或冥府,因此从此出发的旅人只能在希腊世界中航行[1]。荷马史诗对这个皮洛斯的地理位置指示相当模糊,而且由于在伯罗奔尼撒西部有多个名为皮洛斯的城市,这对古代的博学之士造成了很大的困扰,对斯特拉波而言尤是如此,他在第八卷第三章中试图调和他对考古地点的现场勘察与既往文献之间的矛盾。不过,在《赫尔墨斯颂诗》里神圣的皮洛斯因为它的沙滩而被确认了方位,它就在“阿尔菲斯的渡口”[2]。听众甚至不需要去猜那是哪里,因为这个描述已经不能更加具体了。阿尔菲斯河极难横渡,但在离入海口不远的地方,人们能在埃皮塔利奥(Épitalion)的浅滩毫无困难地通过。赫尔墨斯和牛群没有到达特里福里亚(Triphylie)的皮洛斯,他们在这座城市的上游就不再继续沿着阿尔菲斯的河岸前进。

因此,依照诗人对“伪献祭”的描述,听众们会认为它发生在一个相当真实的地点。赫尔墨斯没有在阿卡迪亚献祭,而是选择了特里福里亚,更精确地说,是俯瞰阿尔菲斯河左岸的小山丘(海拔一百八十五米),此处距离奥林匹亚圣地的直线距离大概有十五公里。就像河道本身一样,山丘位于皮萨提斯(Pisatide),那里有饮牛处和牧草地。幽暗的阿斯福德罗斯有一片带有新鲜露水的草地,长满了苜蓿和细嫩的油莎草[3]。这幅田园牧歌式的景象并非完全虚拟。斯特拉波在第八卷第十二章里证实了存在着一个湿润葱翠的地方,有很多赫尔墨斯地界碑和供奉阿尔忒弥斯、阿芙洛狄忒和宁芙们的圣所。

为了到达他的献祭地,赫尔墨斯穿行在诗歌传统中两个具有象征意义的地点之间,他的移动路线被勾勒得十分精准,以至于听众能在现实世界里定位其坐标。一个清晨,这位婴儿突然在库列涅的山洞中降生,当太阳沉入大海时他到达了皮埃里亚山,在“月亮攀至最

---

① Alain Ballabriga, *Le Soleil et le Tartare. L'image mythique du monde en Grèce archaïque*, *ch.* «Conclusion: que Pylos fut une porte de l'Occident, mais peut-être pas des Enfer», pp.34-35. 在《致阿波罗的荷马颂诗》第 424 行中,受到阿波罗指挥的克里特岛水手,沿着伯罗奔尼撒向着“伊塔卡的高山”前进,能够看到“神圣的艾利斯”旁边的皮洛斯,皮洛斯绵长的海岸线似乎更受人关注。

② 《赫尔墨斯颂诗》, 398。

③ 《赫尔墨斯颂诗》,105—107。

高点"时穿过阿尔菲斯河来到了"伪献祭"的地点[①]。日月一落一升之间,赫尔墨斯的旅程以库列涅为中心,连接了地平线的两端。古希腊的传统认为,这个世界被波塞冬的大洋所环绕——或许波塞冬在《颂诗》里的功能就是提供存在的边界。诗人非常明智地没有提及波塞冬是涅斯托尔的皮洛斯的保护神,可能这是因为他知道特里福里亚诸邦有萨米孔(Samikon)·波塞冬的公共圣地。同样地,为了表明赫尔墨斯从库列涅出发,连接了天穹两端,诗人让他穿过奥尔科墨诺斯的波塞冬圣林。横渡阿尔菲斯河是另一个不会被听众们遗漏的精准定位。为什么到达特里福里亚的皮洛斯,这位神需要穿过阿尔菲斯河?因为他没有横渡埃律芒托斯河(Érymanthos),他的王国和艾利斯与皮萨提斯的分界线,那么赫尔墨斯就需要在阿尔菲斯与埃律芒托斯汇流之前过河,汇流之后的河变成了阿卡迪亚和特里福里亚的分界。在赫莱伊亚(Heraia)地区的阿卡迪亚城市里有一个在古代世界中使用频繁的渡口,波利比乌斯曾证实这一点[②]。"统领库列涅和牛羊成群的阿卡迪亚"的赫尔墨斯进入了特里福里亚,穿越它整片领土,最终面向皮萨提德和奥林匹亚圣地进行了"伪献祭"。

特里福里亚?奥林匹亚?赫尔墨斯作为阿卡迪亚的统一者及其边界的缔造者,人们认为他在神话时代常常光顾伯罗奔尼撒的历史名胜和古风时期颇具争议的地带。伊拉德·马尔金就这一情况解释道,在公元前8世纪到前4世纪之间,斯巴达人在特里福里亚建立了六个殖民城邦(被称为米尼亚人[Minyans]殖民区),而艾利斯人和阿卡迪亚人都想要拥有此地的霸权[③]。《赫尔墨斯颂诗》很可能在公元前6世纪慢慢成型[④]。库列涅人对德尔斐圣所的显赫及其拥有的三足鼎、炖锅、铁、金子和织物十分羡慕,几近觊觎[⑤],这种态度或许能让年代认定更加精确。《颂诗》的年代有可能晚于近邻同盟

---

① 《赫尔墨斯颂诗》,68;99—101。

② 波利比乌斯,IV,78。

③ Irad Malkin, *La Méditerranée spartiate. Mythe et territoire*, Paris: Les Belles Lettres, 1999, i.a. pp.110-113.

④ 关于日期的推测,见 Claudine Leduc, «Cinquante vaches pour une lyre! Musique, échange et théologie dans *l'Hymne homérique à Hermès I*», pp.22-24。

⑤ 《赫尔墨斯颂诗》,179—181:德尔斐的献祭品。

(l'amphictionie)的胜利,晚于克洛伊索斯对德尔斐的进贡,而早于公元前548年的毁坏。但是,为什么《颂诗》表达出了阿卡迪亚在前4世纪控制特里福里亚的企图呢?相对而言,奥林匹亚圣地的情况则不那么神秘。艾利斯人在前580年扩张领土时,夺去了皮萨提斯人对竞技会的领导权。也许就是在那个时期,他们设立了向"十二主神"献祭素食的制度。因此赫尔墨斯很可能面朝一个艾利斯人控制的圣地,完成了他的献祭。

在展现"统领库列涅和牛羊成群的阿卡迪亚"的赫尔墨斯荣光的仪式上,"伪献祭"讲的不是这个仪式的源起(*aition*)。赫尔墨斯的献祭没有留下物质痕迹供后来的仪式参考:神"扑灭了木柴,在余下的夜晚中用沙子覆盖了黑色的余烬"①。就像神出生的山洞没有被任何库列涅的考古挖掘所发现一样,他的献祭亦没有可见的痕迹。它成为了话语秩序中的一部分,仅仅是神学层面的真实,而诗人的听众,那些"生来就对诗歌有着独到癖好"的听众能破解诗歌里的谜题,并理解他们正在聆听的神学启示具备何种功能。

3. "伪献祭":有待破解的意象

我们需要像卡恩所做的那样,绝不把"伪献祭"与赫尔墨斯的其他功绩(erga)分离,这样才能还原其中包含的多种含义。不过,开始对它进行破解之时,我们还应当考虑到诗歌语言形式的基本特性,即它需要吸引听众的注意。歌者的语言不是长篇大论、夸夸其谈,它有特定的隐含意义,属于阐释学范畴。《颂诗》提供了一些模糊的图像,有待听众探索:他们根据既得信息来定位事件的发生地,破解它隐藏的含义,再把这些元素适当地组合起来。对"伪献祭"的分析首先要把文本转化成图像:俯瞰阿尔菲斯河和皮萨提斯的小山冈,从石坑中升起的火焰,一旁的火焰发明者,以及在绝对的静默中所做的很可能具有仪式意味的动作(但其性质难以确定)。就如列维-斯特劳

① 《赫尔墨斯颂诗》,140—141。

斯所言:“在仪式中所做的动作……和使之避免被谈及的方法同样多。”[①]而这使得发明者与发明物之间的相似之处有待我们挖掘。在阿尔菲斯河畔,赫尔墨斯的举动与火的举动非常相似。赫尔墨斯的功绩就是火的功绩。

3.1 像炉火一样,赫尔墨斯喜欢吞食肉类[②]

“昨日诞生”的神刚刚降世就想“吞噬肉类”(sarcophage)——普罗塔克会使用这个词。他被食肉的欲望(χρεῶν ἐρατίζων)折磨着[③]。对他而言,在这场盛大献祭中,嗅闻祭台上包裹着脂肪的骨头焚烧产生的气味并不是问题,因为他每年都会在库列涅的乡间圣地中接受这样的献祭[④]。《颂诗》第134行明确提到,他想要“让(肉)穿过他神圣的喉咙”。贾亚尔评论道,他狂野的食欲像是一头猛兽;动词“饕餮”(*eratizo*)在《伊利亚特》卷十七第660行里指的是一种不可抵抗的欲望(ἔρος),一种狮子般对新鲜肉类的渴望……或是迫使梅涅拉奥斯在战斗中尖叫的战斗欲[⑤]。这同样也可以形容赫尔墨斯的创造物,这种特质无须诗人提醒,听众凭他们既有的经验就可以知晓:坑中燃烧的火很是贪婪,需要不停地添加柴火才能维持;而在荷马史诗描绘的世界里,炉灶中的火喜欢肉类,它熊熊燃烧的火舌(如果不是喉咙的话[⑥])常常吞食着肉类祭品。

在希腊人的构想中,存在着好几种火[⑦]。赫尔墨斯发明的火确切

① Claude Lévi-Strauss, *L'homme nu. Les Mythologiques* IV, Paris: Plon, 1972, p.600.

② 译者按:此处“炉火”原文为“feu domestique”,实指相对于天火(野火)赫尔墨斯所“发明”或是“制造”出来的火。因中文里没有完全对应的词,在此选取了“炉火”一词,意在用火燃烧的地点来指示它的产生方式(尽管赫尔墨斯制造的火在一个浅坑而非炉子中燃烧)。

③ 《赫尔墨斯颂诗》,85。

④ 库列涅旁的赫尔墨斯圣地,参见 Madeleine Jost, *Sanctuaires et cultes d'Arcadie*, pp.33-35。Geminos 描述道,在云层覆盖的圣地上,每年都会有白色的骨头在献祭留下的灰烬中被发现。白色骨头的出现意味着给赫尔墨斯的献祭是传统的、分享食物的血祭。

⑤ Dominique Jaillard, *Configurations d'Hermès*, pp.86-87.

⑥ Claudine Leduc, «Une théologie du signe en pays grec: l'Hymne homérique à Hermès I», pp.29-35.

⑦ Georges Dumézil, *L'oublie de l'homme et l'honneur des dieux*, Paris: Gallimard, 1985, pp.71-79. 如果说希腊人的火分为三等,那么宙斯的、赫尔墨斯的和赫淮斯托斯的火在我看来与“三重功能”并无联系,这个问题有待进一步研究。

而言指的是炉火。这种最晚登场的火,既没有宙斯震耳欲聋的雷电的火光①,也没有赫淮斯托斯的炽焰所具有的破坏性②。从两片“性化”(即阳性和阴性)了的木片的摩擦当中,绽放出温和燃烧的虚弱火苗,它存在于一个牧羊人露天挖掘的、环绕着碎石的洞里,或是在家中火灶的炉灰里,就如同一朵小花或是一个婴儿。当希腊人采取了新的进食方式,并从而出现了“卧餐”,炉火便同时成为烹饪的火和共餐者使用的火。它使堆柴的地方变得暖和明亮,农作物和家畜的肉类成为了开化人类的营养来源,上好的葡萄酒放在陶罐里温烫,或是直接在火上加热。火焰也是会饮的中心点,人们在自己的席位上围绕火焰而坐;在阿尔基诺斯的宫殿、阿基琉斯的营帐或是欧迈奥斯的草棚里③,“献祭者”与“享用者”分享着宴会上不可或缺的三种食材:酒、面包和肉④。坐在炉火热度和光亮的范围内,每个人都有他的座位、小桌儿、酒杯、面包篮和盛肉的盘子。酒从大陶罐中倒入每个人的杯子里,面包则在一个炉子里烘烤着,古典时期的人们认为这种炉子是赫淮斯托斯的发明;同时,烤肉片、肠衣、血肠和肉肠都在客人面前被放到炉火上现场烤制。会饮上需要烹制的食物无一例外都是肉类。如果同席者对诸神虔敬,那么在“满足了饥渴的欲望”之后,他们不会缺少供奉的仪式:向火中投入祭品,照让·吕达尔(Jean Rudhardt)所说,这样就意味着向神献祭。帕特洛克罗斯把肉扔进火里,事实上是火吞食了他独有的那份食物,而燃烧产生的青烟献给了神⑤。奥德修斯被迫用贫乏的食物——库克罗普斯的奶酪——向神献祭,因为他没有更好的了。相反,不敬神的求婚者们没有向神灵供奉任何东西。荷马描述的社会里,宴饮中的祭品让炉灶的火变成食肉的火,从而成为连接神和人的媒介。什么样的神能在会饮中通过这种媒介受到供奉呢?《复仇女神》第105—111行的情节引来了如

① 赫西俄德:《神谱》,689—712。

② 《伊利亚特》XXI,第330行以下;XXIII,第177行。

③ 《奥德赛》XIV,435:欧迈奥斯。这个虔诚的人没有举行献祭仪式,但他为赫尔墨斯和宁芙设置了一场“宴会”(dais)。

④ Émile Benveniste, *Le vocabulaire des institutions européennes* I, Paris: Minuit, 1968, pp.87-101.

⑤ 《伊利亚特》IX,220。

下猜测：诚然，炉火同样与冥府的力量相关，但仪式是全然不同的；克吕泰墨涅斯特拉在一个夜晚，一个“其他所有神灵都未加注意”的时刻，通过“燃烧的炉灶”向厄里倪厄斯（复仇女神——译者注）献祭牺牲并浇祭，但没有用葡萄酒这种“适量饮用能让人镇静的饮料”。

因此，当炉火在吞噬肉类之时获得了双重功效：它成为宴会中分享的中心点，还是不同世界之间的媒介。赫尔墨斯的献祭包含了所有这些元素。在阿尔菲斯河畔献祭时，他最终还是没有让肉通过他神圣的喉咙，这并不意味着他拒绝了献祭，他的献祭没有把他变成唯一收到祭品的神。阿波罗说，赫尔墨斯一直受到食肉欲望的折磨，毫不犹豫就偷走了畜群[①]。至于伪阿波罗多洛斯的故事无疑引自另一个版本，赫尔墨斯在“煮熟之后”吃了一部分用于“伪献祭”的肉[②]。赫尔墨斯针对食物的动作与炉火真的非常相似：首先，当人们在一个没有炉子的宴会厅中开始一顿“卧餐”，当他们不再是共餐者的中心和祭品的供奉对象时，食肉的欲望就消失了；其次，食肉的欲望可能会变得过盛。古代传统里，至少在激发阿里斯托芬创作《和平》和《财神》的文化背景下，赫尔墨斯是一个总想吃肉的贪食的家伙，但他的主要兴趣集中在肉汤、面包和奶酪糕点上[③]。为什么当食物风味发生了变化，鱼类成为宴会主菜（*ôpson*）时，他对肉类始终有特别的兴趣呢？[④]

3.2 像炉火一样，赫尔墨斯是一位服务进餐的侍者

在刚刚被发明的火——烹饪的火、共餐者的火，以及作为人类与天界和下界沟通的介质的火——旁边，赫尔墨斯表现得十分忙碌，但诗人并没有明言他是以何种身份忙碌着，而是需要听众去发现这位神的种种举动传达出来的含义。在《奥德赛》描述的社会里，家灶周围有忙于上菜的佣人和侍者们，他们认为这种技艺来自赫尔墨斯，第十五卷里的佣人就如同古典时期一样，向赫尔墨斯·狄亚克托洛斯

---

① 《赫尔墨斯颂诗》，287。

② 伪阿波罗多洛斯，III，102。

③ 阿里斯托芬：《和平》，194—379，385—717；《财神》，1120 及以下，1136—1137。

④ J. N. Davidson, *Courtesans and Fishcakes. The Consuming Passions of Classical Athens*, London: Printana Press, 1997, pp.3-35.

(*diaktoros*)祈祷,这是一个词源不可考的字眼,一般被理解为“信使”。为了考验欧迈奥斯,奥德修斯伪装成穷人,提到要去宫殿里为求婚者服务:“赫尔墨斯·狄亚克托洛斯能让所有凡人的劳作变得快乐而荣耀,由于他的惠爱,没有哪个凡人能比我灵巧,无论是用柴薪生火或是劈开干柴,无论是切肉、烤炙或是饮宴斟酒,所有这一切下贱者伺候高贵人的活计。”[①] 第一卷第109行以下同样描述了随从和友伴在为进餐的人而忙碌的场景。求婚者坐在使者和侍从为他们宰杀的牛皮上玩骰子:“有些人正在用双耳缸把水与酒掺和,有些人正在用多孔的海绵擦抹餐桌,摆放整齐,有些人正在把许多肉分割。”

为了平息自己无法抑制的饥饿,在发明了炉火之后,赫尔墨斯表现得像一个宴会主人的侍者一样,开始布置宴会厅,尽管当时他还没有成为宙斯的使者。他还没获得他后来所拥有的地位,因为阿波罗在物物交换之后才给了他加入主神行列的标志——一根有着三瓣叶子的金杖。金杖之所以具有效力,是因为宙斯此前已经承认了他的地位,而且至高无上的神的意志总是能够实现[②]。婴儿与生俱来的能力应该为父亲的权势服务,这个不知疲倦的婴儿造出来的装备能够让他在两次日升之间从日出之地来到日落之地,翻山越岭,上至山顶下到洞穴,成为世界主宰之神的使者,他的任务和仆人的任务也很相近。在《被缚的普罗米修斯》第941行,普罗米修斯就称他为仆人(*diâkonos*)。赫尔墨斯成为了天庭统治者的使者,得到“唯一能够进入哈德斯的受委托信使”的头衔作为宙斯的赠礼,是唯一能够往来于三界的使者[③]。

将诗人“迂回”的语言转化成意象,就足够让我们洞察赫尔墨斯、火、使者和仆人之间的关系。不可见的赫尔墨斯与炉灶中可见的火十分相似,而且赞美他的饰词非常贴近他的象征物。如果这位神与人类亲近,他是“ἐριoύνιος”(通常理解为“广施恩惠的”)和“δῶτορ ἐάων”(施善者),那么他的发明同样如此[④]。两者都会烹饪,并服务

① 《奥德赛》xv,319及以下。译者注:中译文引自王焕生译本,人民文学出版社1997年版,略有改动。

② 《赫尔墨斯颂诗》,231。

③ 埃斯库罗斯:《被缚的普罗米修斯》,574。

④ 《伊利亚特》XXIV,235—236。

进餐：他们是使者，甚至是仆人。他们也都是中介，确保天界与下界联络的中介。赫尔墨斯与“燃烧的炉灶”、烹饪与神灵体系中使者身份之间的关系，在他最初依附的宴会制度消失之后依然存在。《和平》一剧里，赫尔墨斯是被派去看管神的烹饪器具的仆人①；而卡里马库斯则把他当成了一个怪物（μορμώ），这是能“进入屋子最深处，沾着黑色炉灰”的凶神恶煞般的家伙，被奥林匹亚人在小姑娘们犯傻时用来吓唬她们②。

阿尔菲斯河畔的赫尔墨斯被塑造成一个在炉火周围烹饪的侍者，也是餐桌的服务者。即便如此，这种功能能否解释他用出乎意料的方法把两头牛剥皮这件事？在分肉之前，他就已经占有了它们，并“把它们在极为干燥的岩石上摊开”③。据说，这是因为诗人需要证明那是一块当地的石头。很有可能如此！如果诗人不知道献祭者晾干的是属于他自己的牛皮的话，那么为什么他要明确牛皮是神使的所有物，并强调石头的干燥程度？赫尔墨斯的烹调物和人类的不同，奉献者与享用者都是神，赫尔墨斯扮演着宗教节庆上的使者。然而，如卡特里娜·戈布洛-卡昂所指出的那样，城邦时代的碑铭证实了使者在某些宗教节庆中有着重要的地位，他们会得到被屠宰动物的皮④。尽管这种对比确实有些大胆，我们可以探究赫尔墨斯的这个举动是否意味着他作为使者在为众神的宴会铺张牛皮。

在贪婪吞噬着燔祭食物的火焰旁边，饥饿的赫尔墨斯就像在布置宴会厅。他杀牛的方法也与正常手法不同，其手法之粗暴，完全不是献祭所应有的温和平静。赫尔墨斯把几头牛倒置地上，拧绞它们，并“刺痛它们的骨髓”⑤。这与人类烹饪的方式迥异，凡人没有如此强大的力量。欧迈奥斯没有在放血之前用木棒痛打“有白牙的猪”。诗人强调了新生儿这一异乎寻常的举动：“他强大有力。”但是，诗人

---

① 阿里斯托芬：《和平》，201—202。

② 卡利马库斯：《颂诗》III，69。

③ 《赫尔墨斯颂诗》，124。

④ Catherine Goblot-Cahen, «Les hérauts et la violence», *CGG* 10 (1999), pp.179–188; ead., «Les hérauts grecs agents et victimes de châtiments», in *Hypothèse 2002. Publications de la Sorbonne*, pp.135–144; ead., «Qu'est-ce que punir?», in *Hypothèse 2002. Publications de la Sorbonne*.

⑤ 《赫尔墨斯颂诗》，116—191。

想通过这种狂暴的力量说明什么？赫尔墨斯是一头饥饿的狮子，是一头野蛮撕裂自己猎物的猛兽？他是火焰，如婴儿在洞穴中一样跳跃在坑中，像赫淮斯托斯同克珊托斯战斗那样，用漩涡般的火焰摧毁和烧弯树木？[①]

和需要分离牺牲的血、骨头、脂肪和肉的血祭十分不同，赫尔墨斯的屠宰方式和史诗里的人物帕特洛克罗斯与欧迈奥斯的方式却是一样的[②]。他们把烹调物直接扔进跳动的火苗或是用铁扦穿着在火焰上炙烤，只留下了动物身上能以这两种形式炙烤的部分："肉"，尤其是脊骨肉，还有就是填满黑血的血肠（*en choladessi*）；脂肪则用于包裹肉类，防止它们烤焦。求婚者把一只牛脚扔给扮成乞丐的奥德修斯，雅典那乌斯如此评论这种去掉特定部位的烹饪方式："没有人会烤牛脚吃。"[③]我还想加一句："没有人会烤牛头吃。"而这种用餐规则的逻辑是，牛被切下来的头和四蹄应该留到最后焚烧，因为它们是献给神的。

3.3 像炉火一样，赫尔墨斯是变形的行家

赫尔墨斯和炉火的举动的第三点相似之处在于，他们都拥有变化的能力。炉灶中燃烧的火，就如安德烈·勒华-格尔昂在很久以前指出的那样，是一个变形的专家：它把木柴变成光、热和灼痛感[④]，赫尔墨斯同样如此。首先，在类似凡人的宴会上，他是使者，也是一个献祭者，但一旦他收到了被分成绝对相等的十二份烹调物中的一份时（这也是让等级制度得以成立的祭品），这场宴会就变成了"特奥克塞尼亚"。这种平等让我们可以猜测这十二份祭品可能要献给"十二主神"。因为这个组合，如乔尔古第所说，让本不会收到相同献祭物的个体紧密而和谐地相互联结起来。因此，受邀者就是克塞诺斯（*xenoi*），别处而来的享用者，很可能他们来自奥林匹亚，因为那是他

---

① 《伊利亚特》XXI，342 及以下。

② 《伊利亚特》IX，210 及以下：帕特罗克洛斯献祭。《奥德赛》xiv，414 及以下：欧迈奥斯献祭。

③ 雅典那乌斯，I，46e。

④ André Leroi-Gourhan, *L'homme et la matière*, Paris: Albin Michel, 1943 & 1971, pp.65-74.

们最近的圣地(当然也是赫尔墨斯的圣地,他与这个群体不可分割)。另外,“特奥克塞尼亚”是一个对于“统领库列涅和牛羊成群的阿卡迪亚”的神而言相当熟悉的事件[①]。皮托的阿波罗在佩勒涅是“特奥克塞尼奥斯”,所受到的崇拜和赫尔墨斯在德尔斐近似,从这个角度来看,他难道不是与他的邻居阿波罗关系异乎寻常地紧密?品达的古代评注者混淆了培涅俄斯和佩勒涅的两个节日,这同样意味着两位神明在崇拜仪式上可能存在着某些相似性。

然而,此处的“特奥克塞尼亚”却是另一种情况:“十二主神”不会坐在火焰旁边享受自己的那一份盛宴,赫尔墨斯没有让他的那份肉穿过他那神圣的喉咙,他的火焰没有收到献祭品。为什么?就像他能把乌龟变成里拉琴那样,他把人类的宴会变成了“特奥克塞尼亚”,把“特奥克塞尼亚”变成了人类供奉牺牲的仪式。让赫尔墨斯分割肉类的石头变成了“餐桌”(*trapeza*),即在圣地中为众神摆放食物祭品,特别是在血祭之后让人们拿走自己那份生肉的神圣台板。不过赫尔墨斯制作的肉食是“属神的”(hosia)[②]。卡恩认为这个术语与“神圣的”(*hieros*)相对,意指这些肉被赫尔墨斯“去神圣化”,赫尔墨斯让肉类变得可食用的步骤和大型血祭中的步骤相似。吕达尔的观点与贾亚尔如出一辙,他解释说,形容词“属神的”(hosios)除了其他含义外,在宗教领域里被用来形容操作规范、合乎规矩因而具有效力的仪式[③]。赫尔墨斯在火上把肉烤熟,并将其等分,他显然在做凡人用来取悦奥林匹亚“十二主神”的事情,让他们收下了祭品。

但这份供品也和正常情况下的供品有所不同。赫尔墨斯没有把献给“十二主神”的肉留在祭台上,他把它们放在(κατέθηκεν)牛棚

---

① Louise Bruit, «Sacrifices à Delphes. Sur deux figures d'Apollon», pp.337–367; ead., «Les dieux aux festins des mortels: *Théoxénies* et *xeniai*», in *Entre hommes et dieux. Lire les polythéismes*, A.-F. Laurens ed., Besançon: Annales littéraires de l'Université de Besançon, 1989; Louise Bruit Zaidman, *Le commerce des dieux.* Eusebeia, *essai sur la piété en Grèce ancienne*, Paris: La découverte, 2001, pp.37–51; M. H. Jameson, «*Theoxenia*», in *Ancient Greek Cult Practice from the Epigraphical Evidence*, in Robin Hägg ed., Stockholm, 1994, pp.35–57.

② 《赫尔墨斯颂诗》,130。

③ Jean Rudhardt, *Notions fondamentales de la pensée religieuse et actes constitutifs du culte dans la Grèce classique*, pp.30–37.

里并迅速将之吊(ἀνάειρε)了起来。诗人还补充道:“为了纪念他刚刚完成的抢劫。”[①]赫尔墨斯把他的献祭转化为还愿(*anathêmata*)仪式。吕达尔解释道,这些祭品“从征服或是胜利的战利品中抽取而来”[②],人们在一个见证了胜利的地点,把祭品悬挂起来,以表达对他们所凭倚之神的感谢。然而,赫尔墨斯用来在夜间圈养剩下的四十八头牛的“高栏”却是一个石穴,很像那个他诞生其中,并在近旁发明了火的“烟雾弥漫的洞穴”[③]。这位神的功绩以发明火开始,以向火和他自己致意结束。仪式性质的转变让其中的所有步骤形成了一整套无法归类的仪式,这种异常复杂的仪式有什么功能呢?

4. 赫尔墨斯在阿尔菲斯河畔献祭的多种含义

把赫尔墨斯在阿尔菲斯河畔献祭具象化,就能领会赫尔墨斯和他的发明物之间的关系:神的行动与火的行动相似。试图解读两者的相似之处,也就意味着要关注赫尔墨斯如何完成这一功绩,以及为何要完成它。这是他功绩之链上最难解读的一环,因为在这里,诗人展示真相的话语混淆了两种神学:一种是在形而上范畴内,关于赫尔墨斯—灶火—偷盗—贸易之间相互关联的神学;另一种则是在意识形态领域内,在特定的场合为了回应听众的期待而对诗歌与宗教传统重组的神学。

4.1 一种应时的神学

在我看来,正是“十二主神”的参与体现了诗人神学观念中属于现实的、应时的和意识形态的东西。诚然,他们的出现在赫尔墨斯的一系列功绩中非常重要,因为这保证了“伪献祭”的成功,并且也使得阿尔菲斯河两畔的阿卡迪亚的某个特定的政治时刻能够加入神话起源的时代,让赫尔墨斯的创立性的举动经由升华得以实现,但是事件

① 《赫尔墨斯颂诗》,134—135。
② 《赫尔墨斯颂诗》,214—218。
③ 《赫尔墨斯颂诗》,401:赫尔墨斯的献祭地;359:赫尔墨斯的出生地。

史的模糊不清令这一研究路径困难重重。

“十二主神”在这一无法归类的仪式之后出现。使出这一“把戏”的目的在于替代由赫尔墨斯—火—使者准备的一个类似人间“宴会”(dais)的仪式,实现新的向“十二主神”献祭的方式,这种仪式类似于“供奉祭品”(trapezomata),由他们中的一员献上,“特奥克塞尼亚”则是仪式中间的一环。诚然,赫尔墨斯按照他的发明物来行事,如同火能忽隐忽现一样,赫尔墨斯也是如此。不过,他的行为方式为何如此复杂?或许因为这种忽隐忽现的能力乃是一种“逻辑思维的工具”,使得歌手们能够在特定的节庆政治文化背景中,更新颂诗的神学理念,并在阿卡迪亚之王的童年里加入了“十二主神”的存在?克劳德·列维-施特劳斯在《结构人类学》的一个章节中论述道:“神话思想起源于人们意识到某些事物之间存在对立,目的在于让这些对立得到调和。”[①]这一点也许能使我们理解诗人的这种安排。我不知道诗人是否具有“神话”思维,但赫尔墨斯这种时隐时现的能力类似于一种能够把不相容之物变得相容的中间介质[②]。这个食肉的神主管着宴会的服务,宴会上的火同时是进食者和中介,而宴会本身则是一个结合了人类共餐者的仪式,这个仪式与奥林匹亚供奉素食祭品不能相容。“特奥克塞尼亚”和宴会相似,仍然是一个共同体之间分享人类食物的仪式,但它是一个神圣的仪式,而且没有真正意义上的消耗[③]。通过在祭台上摆放火焰烹制的肉,赫尔墨斯向“十二主神”提供了“人类的食物”(他在其他场合可能会想要食用),但是就像可以预料到的那样,既没有产生食品消耗,也没有诞生共餐群体。这关系到屠宰之外的祭品,比如艾利斯人的素食献祭。无疑,在供奉的祭台上,这种献祭的特性应当相容于“十二主神”和作为其中一员的赫尔墨斯的崇拜仪式。对于不兼容之处的弱化让诗人在赫尔墨斯的功绩中添入“十二主神”,并在赫尔墨斯的两个形象之间建立联系:

---

① Claude Lévi-Strauss, *Anthropologie structurale*, Paris: Plon, 1958 & 1974, ch. «La structure des mythes», pp.227-225,尤见 p.248.

② 关于这个问题,参见 Claudine Leduc, «Sur la nature véritable du mythe en Grèce ancienne», *RHR* 221 (2004), pp.475-500。

③ Louise Bruit Zaidman, *Le commerce des dieux. Eusebeia, essai sur la piété en Grèce ancienne*, p.42.

寻常的食肉者和烹调食物的使者的形象,以及“十二主神”中一员的形象。这一不可归类的仪式成为一种“逻辑思维的工具”,允许诗歌向表演当下的政治文化事务敞开。

在一个奥林匹亚圣地周边的地区相互竞争并各自编写编年史的时代,对可能来自阿卡迪亚,但肯定参加了特定共同体纪念“阿卡迪亚之王”的节庆的听众而言,在他们的神的童年里加入了“十二主神”会带来什么好处?赫尔墨斯在阿尔菲斯两岸非常具体的穿行路线或许能够解答这个问题。这位神明处于河的两岸:在河的左岸,赫尔墨斯是阿卡迪亚本土之神、该地区的缔造者和统领者,然而这位“王”并不在他的王国里活动,他渡过了分隔特里福里亚的阿尔菲斯河,穿越了整片宽广的领土,在俯瞰河流与特里福里亚和皮萨提德边界的山冈上完成了他的献祭;在河的右岸,即皮萨提斯,他是奥林匹亚圣地中的“十二主神”之一,是坚固的、和谐的、平等的神圣共同体中不可分割的一员。他们的双神祭坛建立起神圣空间,而且似乎从艾利斯人战胜皮萨提斯人并获得了对这片圣地的霸权以来,这些祭坛每月都会收到一次素食献祭。

赫尔墨斯在河的左岸献祭,也就是说在特里福里亚和皮萨提德的边境上,那里没有奥林匹亚“十二主神”的居所,他们只会收到无声的献祭中的祈祷。因此,这种献祭的意义和“特奥克塞尼亚”不尽相同。尽管“特奥克塞尼亚”这个仪式鲜为人知,但它一定要求神的“在场”,至少以雕像的形式存在[①];通过分享食物,这个仪式试图让一个外来的神加入本地的神灵体系中[②]。很明显,这不是赫尔墨斯想要建立的关系:“十二主神”还留在皮萨提斯;相反,这种献祭方法强调了它存在于河流右岸,即皮萨提德的奥林匹亚圣地。这种献祭与艾利斯人月度献祭有着相似性,因为都需要祭品,而区别则在于前者是血祭。然而,根据平等分享的规则,“十二主神”对这个仪式以及仪式中献祭者的供奉都有着同样的赞许。通过拒绝让肉进入自己神圣

① 参见第158页注①。

② 有关这一问题的讨论详见 Claudine Leduc, «En quoi cela concerne-t-il l'archonte (*A. P.*, LVI, 205)?», *Hommage à Dominique Raynal. PALLAS*, Toulouse: Presses Universitaires du Mirail, 2001, pp.15-44。

的喉咙，并把这份献给他自己的祭品放在祭台上（就像在奥林匹亚的双神祭坛上那样），“阿卡迪亚之王”赫尔墨斯成功加入了“十二主神”这个紧密的共同体，这个共同体在此处的圣地里就像在别处，对神圣空间的构建起到了重要作用。让缔造阿卡迪亚的神成为“十二主神”中的一位，或许是抬高阿卡迪亚人在圣地里的地位的一种方法（由培涅俄斯人进贡的、欧那塔斯雕塑的持羊的赫尔墨斯可以为证），阿卡迪亚人从神话时代就在此处扮演这样一个重要角色，哪怕后来是艾利斯人获得了皮萨提斯的霸权。

献祭发生在边境上，在特里福里亚的、“阿卡迪亚之王”的边境上，奥林匹亚“十二主神”接受了他的祈求，对他展现了他们的团结一致。授权建构神圣空间的这个团体自神话时代起就将一块土地授权给团体中的一员，而关于这块土地，在三个世纪中，阿卡迪亚人从未停止过与艾利斯人和拉凯戴孟人的争夺。众神的授权是一种永恒的授权，因此没有通过仪式再次更新并生效的必要。炉灶和祭台不再有用。赫尔墨斯把他那神奇的凉鞋扔进阿尔菲斯河，意味着他已经得到了自己想要的东西，即被“十二主神”所承认；他承诺自己不再会表现得像“窃贼头目”[①]。尽管他好几次威胁要劫掠皮托的宏伟神殿，但并没有穿过阿尔菲斯河，也没有进入皮萨提德去劫掠奥林匹亚的圣殿。此外，诗人向他的观众指明，可以上天入地的神灵在特里福里亚留下了他曾来过的不朽痕迹，在人类世界中也可以看到的痕迹——干燥石头上的牛皮，以及被藏匿于下界的痕迹——为了庆祝他的成功而被挂在山洞中的肉。从历史学者的角度，甚至可以探究这两者之间是否存在某些关联：赫尔墨斯为宣告和平而投入阿尔菲斯河里的凉鞋和两个势力范围（艾利斯人的皮萨提斯和奥林匹亚，与阿卡迪亚人的特里福里亚）之间现实的、假设的或是提议的边界？

4.2 形而上的启示

“十二主神”使得赫尔墨斯实现其功绩，但他们的介入在某些情况下是多余的，比如在他的丰功伟绩之链里，阿尔菲斯河边献祭的那

① 《赫尔墨斯颂诗》，175。

一环中,他们没有起到任何决定性的影响。在他们介入之前,"伪献祭"已经大功告成。赫尔墨斯仅仅是完成了宙斯的意愿,即让他刚刚出生的儿子顺其天性,成为他的使者。在屠宰两头神牛时,无疑事情会按照它们应有的样子被完成。《奥德赛》里奥德修斯的同伴们杀死太阳神的不死神牛时出现了一系列神奇的情况,而当赫尔墨斯屠宰了同样的神牛时,《颂诗》却没有描述任何超自然的现象。

赫尔墨斯在《颂诗》里最伟大的功绩(这也是主导了其他所有功绩的功绩)是发明了贸易,这一交换建立了他和阿波罗的友谊。《颂诗》的第 507 行明确表示,赫尔墨斯制作精美无比的龟甲里拉(*chelys*),完全值得上阿波罗的五十头牛。尽管这两位神对等价交换的计算是值得怀疑的:一位是窃贼,另一位则相当粗犷;但是,让双方都满意的交易意味着发明物获得了它应有的价值。诗人试图向他的观众揭示:这位隐匿在炉火中、每一个功绩里都以火的主宰现身的神,最终如何成为贸易之神。这个问题我在先前一次雷恩的会议上给出了相当充分的讨论,因此在这里只能简述一番[①]。

最初赫尔墨斯一无所有,发明贸易首先需要他有一些财物,用来狡黠地迫使阿波罗与他交换。机遇——赫尔墨斯也是机遇之神——让他遇到了一只乌龟,他将其变成一件用来贸易的商品:一把里拉琴。偷盗——赫尔墨斯还是一位天生的窃贼——则使他获得了五十头牛,让他把它们转换为传统意义上用于贸易的货币,正是这最后一步让赫尔墨斯在阿尔菲斯河岸完成的功绩得以实现。

确切地说,赫尔墨斯带到特里福里亚的不死牛群是五十头母牛,贸易需要估值,需要有相关物件的交换比率。尽管赫尔墨斯能够偷走阿波罗的所有牲畜,他并没有这么做,因为他精通于各种物品之间的换算,而整整五十头牛值得交换一把里拉琴,这个窃贼一开始就很正直。

他让不死的畜群从阿斯福德罗斯的草地来到长满了油莎草的牧场。他在石坑中发明了炉火,屠杀了两头牛,用火焰烹制牛的肉,并

① 参见 Claudine Leduc, «Cinquante vaches pour une lyre! Musique, échange et théologie dans *l'Hymne homérique à Hermès I*».

把另外四十八头牛关进了岩洞。对于这一举动的解读并不一致：此举除去了他身上有朽的部分，而且让窃来的牛群失去了神圣性。但是否就像卡恩和贾亚尔所想，剩下的家畜被偷来用于繁殖、宰杀和血祭？我不这么认为。能够让畜群增长的赫尔墨斯没有带走公牛，偷来的牛并不是为了繁殖。赫尔墨斯同样没有带走猎狗，他不会放牧偷来的牛。为什么？就像人们有时说的，赫尔墨斯是一位神灵，瞧不上畜牧带来的利润。他的兄长同样是一位神灵，已经为他准备了更好的利润。另外，赫尔墨斯，这位与居所紧密相关、靠近"燃烧的炉灶"的神，他盘算收支的时候，以身作则展示了这条谚语："还是留在家里更好些；在外容易遭灾。"[①]既没有被食用，也没有用于繁殖的四十八头牛是被神排除在生物循环之外的，它们不再是鲜活的，而是虚拟的。"伪献祭"让被偷的牛群从畜群，一种吃着草、会增长和世代更替的财富，变成了金钱（*chrêmata*），一种人们需要关进房屋内箱子里的财富[②]。他剔除了畜群实用的价值，使之转换成贸易的价值，也就是一种约定俗成的等价物，这种等价物在《颂诗》成型的年代由公牛充当——在爱琴海沿岸，这是在铸币出现之前的支付手段。赫尔墨斯制造了两样用于贸易的东西：要卖出的商品和用于买入的货币。

从探究为贸易做准备的"伪献祭"的功能开始，从尝试破译这一行为开始，赫尔墨斯的行为举止和他的发明物炉火之间的相似性就揭示了其中所包含的全部意义。赫尔墨斯和火或者"赫尔墨斯—火"让牛群变成了贸易用的货币。这个行为发生在两个阴暗的山洞里，诗人让听众们知道，在其中一个阴暗的、烟雾缭绕的山洞里，神降生了，那里还有燃烧着祭品的火的坑洞，另一个山洞则是神在夜间藏匿剩余的牲畜的地方[③]。赫尔墨斯和火或者"赫尔墨斯—火"屠宰了两头不死的母牛（这个举动去除了它们的神圣性）。这位小小的婴儿以极其令人惊讶的力量绞死了两头牺牲，就如同从坑洞里蹿出的凶猛烈焰炙烤着肉，他克制住想要食肉的欲望（犹如他的火焰吞噬祭品那样），是因为"十二主神"的短暂介入临时改变了事情发展的方向。

---

① 《赫尔墨斯颂诗》，35。
② 《赫尔墨斯颂诗》，400。
③ 《赫尔墨斯颂诗》，401。

为了让四十八头牛在凌晨变作贸易用的货币，它们需要在夜晚结束前隐匿于阴暗的洞穴当中，就像赫尔墨斯在破晓前回到了他出生的山洞是为了能够在黎明溜之大吉，就像炉火整晚都在厚厚的余烬下憩息，是为了在白天恢复活力。

结语

本文对赫尔墨斯在阿尔菲斯河畔的献祭的解读处于已知的、得到充分关注的研究方式之外，这无疑意味着违反行为的加重——对于希腊宗教研究领域的主导理论而言，这篇文章再次犯下了我此前的几篇文章里就已经难辞其咎的违反行为：假设像赫尔墨斯这样的一位神和火之间存在某种相似之处，并由此得到他的“深层本质”，一种隐藏在他的多元形态下的实质，这样做会被其他专家指控为异端。此外，本项研究又开始了新的违反行为：试图从一个诗歌文本当中昭示历史上发生的事件或至少是这些事件留下的痕迹，只能引来追求“史实”（realia）的历史学家的愤慨。如何看待这向虚空的一跃？它出于勇气还是头脑的混乱？

（译者：虞欣河，巴黎高等师范学院古典学硕士生）

哲学新探

Ancient Philosophy: New Approach

Poetry and Philosophy in Empedocles: Two Poems, One Project*

Xavier Gheerbrant

Pour Philippe Rousseau

Abstract

I argue that Empedocles's philosophical thought and his choice to compose poetry participate in a unified and consistent project, which is both aesthetic and intellectual. The medium Empedocles chose is part of his philosophical message, and the relationship that he constructs between poetry and philosophy is by nature one of necessity. Empedocles reforms the conception of poetry, by intertwining it with his original theories on cosmology, biology, and on the divine. He thus draws an essential connection between poetry and the philosophical thought that is expressed in his poem. This has effects on how he adapts traditional composition techniques of dactylic poetry to his original intent. He thus

* My reflection benefited from the advices of Léna Bourgeois, Anne de Cremoux, Gérard Journée, André Laks, Sarah Lagrou, Jean-Claude Picot, Philippe Rousseau, Rossella Saetta Cottone, and many other colleagues and friends. I am also grateful to the participants and organizers of the fascinating conference "Comparing classical scholarships: West and China" (Fudan, 24–26 November 2017), and especially to Zhang Wei, as well as to Wang Wei and Xian Ruobing. I thank James Mire for English language editing of this paper.

corrects the earlier dactylic poetic tradition *from the inside*. Furthermore, Empedocles reflects on the role of his philosophical knowledge in the Greek world, which is apparent from a study of his addressees (both internal and external). I argue, finally, that Empedocles's project is unified through the poems *On nature* and the *Purifications*: the latter interprets the former as a counterpart to the crime that was committed by the *daimon* when he put his trust in Strife—at the expense of all the other gods or divine principles.

The aim of this paper is to analyze the relationship between Empedocles's choice to compose poems in dactylic hexameter, and his philosophical thought①. I argue that his philosophical thought and his choice to compose poetry participate in a unified and consistent project, which is both aesthetic and intellectual. The medium Empedocles chose is part of his philosophical message, and the relationship that he constructs between poetry and philosophy is by nature one of necessity.

I first provide a developed state of the art, in which I endeavour to make clear not only what are the main trends of interpretation of this issue as such, but also which stances underlined scholarly approaches to Empedocles even before this question was first raised. I then examine how Empedocles defines his poetic theory on the basis of a study of the Muse, and how this definition has consequences on his poetic practice. I finally examine the meaning he gave to his work in the context of Greek culture of the 5th century, before proposing a new hypothesis on the relationship between his two poems.

---

① This paper presents the main conclusion of my 2017 book, enriched by three recent studies I have conducted since then on the relationship with Pindar, on *Ritornell* and episodic composition, and on the role of ethics in Empedocles's *On nature* as a response to Hesiod. I also intend to make the main results and arguments more accessible to the English reader. The numbering of the fragments follows that of Diels and Kranz, although I essentially use Vítek's 2006 edition; the numbering of *On nature* (that is, here, fr. 17 + ens. a) follows that of Laks and Most 2016. I am in favor of the two-poems hypothesis, although this idea is only necessary to the last part of the present paper.

State of the art

In general, studies on the poem(s) of Empedocles choose either to reconstruct his philosophical thought or to analyse his poetics (his choice of words, his practice of the dactylic hexameter, etc.)①. These two approaches ultimately share a common presupposition, which consists in the belief that this dichotomy between form and content is relevant in shaping the scholarly interpretation of a philosopher-poet such as Empedocles②. On the one hand, scholars who engage in reconstructing his philosophical thought tend to refer to "formal" criteria insofar as the criteria allow them to take a position on a passage that is debated for reasons of interpretation or of textual criticism—and tend to leave these considerations aside the rest of the time③. On the other hand, scholars who analyse the aesthetic and formal features of Empedocles's poems tend to avoid taking a stance on matters of philosophical interpretation④.

Therefore neither approach deals in a systematic fashion with all the issues raised by Empedocles's philosophical poems, but they presuppose that poetical issues could, or should, be distinguished from the philosophical issues in the practice of interpretation. This depends partly on the characteristics of the division of knowledges in universities.

If such a dichotomy long characterized scholarly approaches to

---

① For instance, Rossetti and Santaniello (2004) tend to study both linguistic and philosophical aspects of Empedocles's work separately.

② For the Aristotelian origin of such views, see Bernabé (1979, p.376). For a clear expression of this line of thought about Parmenides's choice of verse, see Barnes (1982, I, p.155).

③ For instance, the general approach of O'Brien's reconstruction of the cosmic cycle (1969), and an important part of scholarship since then.

④ For instance, Lorusso's 2005 study of repetitions in Empedocles takes for granted both the text and the interpretation of Martin and Primavesi 1999. Bordigoni (2004, pp.250–252) analyzes the formulary variations in the names of Aphrodite in Empedocles but does not propose an interpretation of the role of Love on these grounds.

Empedocles, this state of affairs began to change in the last third of the 20th century, when scholars became interested in interpreting the relationship between poetry and philosophy in Empedocles. The first move in this direction consisted in discussing Empedocles's *choice* of poetry in its *historical context*. This is indeed an actual issue. In the 6th century B.C.E., Anaximander and Anaximenes wrote prose treatises in a context where poetry had been the dominant medium of expression, before the emergence of prose writing in the 6th century was made possible by a series of technical innovations①. Most early Greek philosophers composed prose treatises—Anaxagoras himself did so at the time of Empedocles—, and from Plato onwards prose became the normal form of expression for philosophical thought. One of the reasons why the first philosophers chose prose over poetry is that prose enabled them to distinguish in a radical fashion the new form of enquiry they proposed from cosmo-theogonies composed in poetry (for instance by Hesiod). Here is not the place to discuss the relationship between Hesiod and the first philosophers②, but both Hesiod and the early Greek philosophers proposed cosmological models③, although theirs were based on different assumptions — the difference lies less in the issue they examine than in the theoretical models they built to provide answers to the problems.

Asking why Xenophanes, Parmenides, and Empedocles chose to compose philosophical poems is then grounded from a historical and philosophical point of view. For composing prose treatises necessitated a complex set of conditions: a technical process to transform the plant papyrus into a writing surface④; the commercial networks to transport

---

① See Laks 2001.

② An edited volume on Hesiod and the Presocratics is now being prepared by Leopoldo Iribarren and Hugo Koning.

③ For Hesiod, see for instance Clay 2003.

④ Pfeiffer 1968, 25; Knox 1985, 4; see also Herodotus V.58.12-16.

the papyrus[①]; the possibility to learn the alphabet (at least accessible to the social *élites*)[②]; material conditions of dissemination of the work to an audience, and so on[③]. All this entails the establishment of new social practices and the implementation of means and of situations of communication, which were only progressively entrenched in the Greek society. If such a complex system had already been established, albeit in a limited way, and if an audience existed for philosophical prose treatises at the turn of the 6th and 5th centuries, then it is far from self-evident that Xenophanes, Parmenides, and Empedocles would choose to compose poetry. Did they choose to return to an earlier form of expression? Or is there more to it?

Raising the question in historical terms such as these generally entails two main series of consequences.

1. The conclusions that are reached emphasize the practical and pragmatic advantages of poetry over prose[④]: scholars put forward the argument that poetry is easier to memorise than prose; that poetry reaches a wider audience than prose in the Greek society of the late 6th and early 5th centuries; that poetry provides the poet with the authority of a goddess — the Muse — whereas a prose-treatise relies on the sole authority of the author[⑤]; that poetry allows for options of organization and communication of the subject matter, such as ring composition, that have no direct equivalent in prose[⑥].

---

① The trading post of Naucratis was founded in the second half of the 7th century.

② The first traces we have of an institutional education system for the alphabet belong to the 5th century (Knox 1985, pp.6–7; Harris 1989, pp.57–59; Ford 2003, 24–27). The oldest testimony is that of Herodotus VI.27.2–9, which tells the fall of a school's roof in Chios in 496.

③ On this discussion see below.

④ For this line of analysis, see Long 1985, pp.245–246; Most 1999, p.339, pp.352–353; Kahn 2003, pp.157–158; Granger 2007, pp.416–417 and pp.426–430.

⑤ See the affirmations of authority at the beginning of Hecataeus's treatise (fr. 1 Jacoby).

⑥ This last aspect is in my opinion debatable; it cannot be held that prose writing is unable to use poetic modes of organization of the linguistic material.

2. In this light, choosing poetry is generally interpreted as not choosing prose①. The emphasis lies in the opposition between prose and poetry as two equally possible options for expression of a philosophical thought. The exact interpretation depends on how we envision the modes of diffusion of prose treatises in the 6th and early 5th centuries②. However, this way of raising the question very often means overlooking the relationship between the medium and the thought that a given author expresses within this medium. Two groups are opposed (prose writers and poets) without always paying proper attention to the reasons for individual choices.

This approach reaches conclusions that are well grounded, but their limit is that they focus on aspects that are ultimately external to the construction of the ancient authors' philosophical thoughts and to the medium in which each author expresses his philosophy. Therefore they say little on the philosophical project that underlies the choice of poetry or prose.

As a matter of fact, this line of analysis has been enriched by a series of approaches which proposed to analyse the problem of the relationship of medium and thought by focusing on the texts of a given author himself—here, Empedocles.

In 1990, Laura Gemelli Marciano concluded her book with the

---

① For a noteworthy exception, see for instance Most 1999.

② The question is whether prose treatises were used as a memento within the school by the master and his disciples (Pfeiffer 1968, p.29; Thesleff 1990, p.111); if they were sheer technical writings intended for specialists (Kahn 2003, p.151); or if they were intended to disseminate outside the school. I agree with the latter view, which finds a strong argument in the fact that the treatise by Pherecydes of Syros opens with a play on the rhythm of the dactylic hexameter, in order to mark his difference from Hesiod; hence, the intended mode of diffusion was oral (on this aspect, I take the liberty to referring to my study, Gheerbrant 2018a). The two other views are generally argued for on the basis of later sources or historical reconstructions, which are in my view not as strong. On the prose of Pherecydes and that of Anaximander, see Laks 2001. For the elements we have on the diffusion of prose-treatises in the 5th and 4th centuries, see Thomas 2003.

idea that Empedocles should be acknowledged for his prominent role as a poet[①]; that he certainly had expert knowledge of Aeschylus's *Oresteia* and that sheer philosophical analyses of his poems are not fully satisfactory insofar as they cannot account for the poetic aspects of his work. We may however regret that her study of how Empedocles uses and subverts the traditional language of poetry does not connect her conclusions to the general problems of interpretation raised by Empedocles's philosophy more systematically[②].

More recently, a second series of works examined the problem of the relationship between medium and philosophical thought in Empedocles. The model that was developed is that of a textual analogy between form and content[③]. For instance, when Empedocles expresses the idea of cyclicity (that of the recurrence of identity), he does so by repeating words and expressions in his verse. Those repetitions imitate, within the poetic medium, the semantic content that is denoted—which is why we can speak of a textual analogy. One of the major proponents of this view was Annette Rosenfeld-Löffler[④]. She argues that poetry works in Empedocles as a microcosm that imitates his cosmological doctrine (as the subtitle of her book makes clear: "cosmology and metaphor"). She favors the idea of a homology between the Muse and Love, between the chariot of poetry and the elaboration of the cosmological doctrine.

The general problem of this line of analysis is that its proponents do not go far enough. Although the textual analogy is *described and*

---

① Gemelli Marciano 1990, p.209.

② Such as that of the reconstruction of the cosmic cycle and the number of zoogonies in each cycle.

③ Graham 1988, p.305; Osborne 1998, p.27; Most 1999, pp.353-356 (he is the first to describe this phenomenon as a "textual analogy"); Rosenfeld 2006, p.140; Wersinger 2008, p.97; Santoro 2013, pp.192-195; Hardie 2013, p.211. It is generally held that the poem reenacts the notion of cyclical repetition, or the cycle between one and many, or the constant interchange between the elements.

④ Rosenfeld-Löffler 2006.

analysed, it is rarely used as a hermeneutical tool to address the interpretative issues raised by the thought of Empedocles. Therefore we could say that this line of analysis is not sufficient to overcome the dichotomy mentioned at the beginning of this paper. One of the reasons for this state of affairs is that, when they analyze repetition in Empedocles, scholars tend to focus on similarities and identity and to neglect the differences between instances of repeated lines—whereas taking them in consideration would lead to reconstructing and discussing the relationship between the main parts of Empedocles's cosmological account, which amounts to giving this model of textual analogy an interpretative force in philosophical terms.

The sole interpreter who examined the features of the medium of composition and the philosophical thought together is Jean Bollack①. He analyzes, in a very systematic fashion, how Empedocles works on the various aspects of the language of the poetic tradition (words, syntax, forms of organization of the poetic material) in order to construct and express his philosophical thought. In his hermeneutical practice, how the poet works on the medium is thus a prominent feature of his philosophical reflection. However, Bollack never directly questioned the nature of the relationship between medium and thought: his analysis rests on the assumption that poetry and philosophy are united in a relation of necessity in Empedocles, but he never proved this view as such.

There is thus a space in scholarship to raise this question on a new basis: interpreting the relationship between the medium of expression and the nature of Empedocles's philosophical thought. There is more to it than mere reflection on form and content. For dactylic hexameter is not simply a *form* of expression (that is, it cannot be reduced to a

---

① Bollack 1965—1968; 2003. Along the same lines as Bollack, but extending the reflection to the Presocratics in general, see Bernabé 1976.

metrical pattern). It is above all a *poetic tradition* which conveys typical topics, typical modes of expression, typical words, and typical phrasings.

The Muse and poetic theory

Empedocles places the Muse in the center of a relationship involving gods and men. He does so by providing a new definition for the three terms of this relationship. He redefines human existence by stating that birth and death are not absolute beginning and end[①], but rather processes of mixing and separation of the four elements, which are what actually exist[②]. In so doing, Empedocles also redefines the nature of the gods, by stating that the four elements, as well as Love and Strife, are the real gods[③].

The redefinition of the Muse essentially takes place in fragment 3, and also in fragments 4 and 131. Now, fragment 3 is closely connected to fragment 2. They are cited together by Sextus Empiricus in the context of a debate about the role of sense perception and reason in reaching true knowledge[④]. What is at stake in fragment 3, in its relation to fragment 2, is to reform the conditions under which poetry is able to formulate truth, and Empedocles does so in the general framework of his cosmology. He thus redefines the Muse (as the source, or rather the conveyer, of his poetic speech), and at the same time how the Muse relates to the poet, to his audience, and to reality in general.

This testimony by Sextus Empiricus has been a matter of contention.

---

① Emped. fr. 8, 11 and 15 DK.
② Fr. 8.3-4.
③ Fr. 6.
④ Sextus Empiricus, *AM*. VII.122-125.

Sextus's aim is apparently to show that Empedocles thought that truth could be reached by a collaboration between reason and sense perception (if the former controls the latter)[1]. He first states that according to some the criterion for truth is not sense perception but right reason (ὀρθὸς λόγος), and that this right reason is twofold: the one is divine and ineffable, the other is human and non-ineffable[2]. Then Sextus quotes lines 1–8a of fragment 2 in order to show that Empedocles had ruled out sense perception as a criterion, and lines 8b–9 to state that truth could be reached by human λόγος to a certain extent. He then cites fragment 3 to illustrate that men can reach truth if reason controls the senses. Now the problem is that Sextus quotes fragment 3 as a whole to illustrate this point, whereas only lines 9–13 seem to provide a confirmation of his idea[3]. However, this reproach does not hit the mark. For the first eight lines of fragment 3 provide Sextus with the divine, ineffable λόγος with which he began: the gods that are at the origin of poetic speech, and the Muse that conveys it to the poet.

The new definition of poetic speech (lines 1–8) takes place within a discussion on the role of sense perception in accessing knowledge. Empedocles accepts that sense perception can make men access truth if we use sense-perception under precise conditions: we should not introduce any hierarchy between the senses, and we should consider *how* we perceive the objects of sense perception. This view is opposed to those represented in fragment 2, where Empedocles discusses the epistemological bases on which men usually elaborate their views on

① *AM*. VII.122: "Some others say that according to Empedocles the criterion of truth is not sense perception but the right reason."

② *AM*. VII.122.

③ On this basis, recent scholarship proposed to consider Sextus's testimony "confused," and fr. 3 made up by Sextus or his source from several passages of the original poem, given the fact that the relationship of lines 6–8 with the rest of the fragment raises further issues (Wright 1995, p.157; Inwood 2001, pp.214–216; Trépanier 2004, p.53).

their own existence and on the world: Empedocles opposes an approach that consists in electing as a principle what men first *happen* to encounter[1]. The stress should thus not bear on the *object* we perceive, but on the process of perception, to avoid scattering our effort for understanding into a variety of objects of sense perception.

The part of fragment 3 that deals with poetry works as a turning point between Empedocles's critical and positive accounts of sense perception. The most prominent steps in the argument are as follows:

1. In lines 3.1–2[2], the poet addresses the gods to ask for inspiration. However, he does not ask inspiration to formulate a *theme* or a *topic*. This fact was overlooked by almost all the scholarly tradition and it is yet of crucial importance. Whereas the poet of the *Iliad* asks his Muse to sing the wrath of Achilleus (μῆνιν ἄειδε, *Il.* 1), and whereas the poet of the *Odyssey* asks the Muse to sing one man, Odysseus (ἄνδρα μοι ἔννεπε, *Od.* 1), Empedocles himself does not ask the gods to sing the origin of the world or the cosmic cycle, or the six principles. What we find on the contrary is a claim for a certain *type* of speech: one that is pure and that comes from pious mouths ("From pious mouths derive a pure stream", l. 2). This is a complete break with the tradition of dactylic poetry, and what is prominent here is the respect of a correct relationship between gods and men.

2. Now the way the divine is characterized in lines 1–2 is, unexpectedly, underdetermined. The gods are referred to in a vague

---

① Fr. 2.3–8a: παῦρον δ' ἐν ζωῇσι βίου μέρος ἀθρήσαντες / ὠκύμοροι καπνοῖο δίκην ἀρθέντες ἀπέπταν / αὐτὸ μόνον πεισθέντες, ὅτῳ προσέκυρσεν ἕκαστος / πάντοσ' ἐλαυνόμενοι, τὸ δ' ὅλον [...] εὔχεται εὑρεῖν· / οὕτως οὔτ' ἐπιδερκτὰ τάδ' ἀνδράσιν οὔτ' ἐπακουστά / οὔτε νόωι περιληπτά. ("Having seen that the portion of life attributed to their existence was short, they, quick-to-die, borne in air just as smoke, they fly off, convinced only by that they happened to have met first, when they were driven in all directions—and that, he boasts [...] that he found it is the whole. In these conditions, men cannot perceive that with their eyes, or hear it, or comprehend it with their minds").

② Fr. 3.1–2: ἀλλὰ θεοὶ τῶν μὲν μανίην ἀποτρέψατε γλώσσης, / ἐκ δ' ὁσίων στομάτων καθαρὴν ὀχετεύσατε πηγήν ("But, gods, whereas you divert their madness from my tongue, from holy mouths derive a pure flow").

fashion as θεοί, without giving any precision on what or who they exactly are. My proposal to explain this is that the proem of *On nature* features so to speak a double-trigger device: during the first listening, the audience does not yet know the main features of Empedocles's cosmology and theology and naturally think that the poet refers by θεοί to the gods of the tradition (Zeus and the others); during a second listening, or during the first but in a retrospective fashion, when the audience learns that, for Empedocles, the true gods are the four elements, Love and Strife, and so on, the meaning of the first two lines of fr. 3 becomes very different. They then amount to placing the poet's claim for inspiration and for piety, and his general depiction of poetry, under the patronage of the six cosmic principles who also are the true θεοί according to Empedocles. Thus the principles of the cosmic cycles also become the origin of Empedocles's poetic discourse, which is truthful because it observes *real* piety—that is to say piety towards the six principles. Therefore Empedocles seems to use traditional words to express this notion of piety (θεοί, ὅσιος, καθαρός, etc.), but he actually adapts their content to his own philosophical thought.

3. In this context, the role of the Muse is to convey to the poet the poetic discourse which originates in the gods[①]: lines 3–5 depict a chariot that represents the poem according to a metaphor that is typical of Indo-European culture[②]. The Muse conveys this chariot-poem from Piety to the poet. She is characterised by three adjectives—πολυμνήστη, λευκώλενε and παρθένε—which connect her with the notions of love

① Fr. 3.3–5: καὶ σέ, πολυμνήστη λευκώλενε παρθένε Μοῦσα, / ἄντομαι, ὧν θέμις ἐστὶν ἐφημερίοισιν ἀκούειν, / πέμπε παρ' Εὐσεβίης ἐλάουσ' εὐήνιον ἅρμα. ("And you, much-wooed, white-armed virgin, Muse, I entreat you: convey what is permitted to one-day creatures to hear, by driving from Piety the chariot, obedient to the reins").

② Crafted objects serve in general as metaphors for poems in Indo-European texts. Chantraine 2008, pp. 110–111; Bollack 1969, III, p. 30 n. 4; Rousseau's preface to Pucci 1995, pp. 17–18; Cerri 1999, p. 97, n. 133; Rosenfeld-Löffler 2006, pp. 36–38, etc.

and desire. The meaning of these adjectives is a matter of contention: if we take πολυμνήστη in a passive sense, it means that the Muse is wooed by many poets; if we take it in an active sense, it means that the Muse remembers much①. This pair of alternatives entail an emphasis on two different aspects of poetic composition: rivalry between poets and the role of memory in the process of composition. Light may be shed on this problem if we consider that the three adjectives work as a system: the Muse is wooed by many poets, because she is attractive (having white arms is a typical feature of attractive women, in archaic poetry②). However, she is still a virgin (παρθένος), which means that no poet was successful as a suitor. This system of three adjectives places the Muse, and therefore the whole process of poetic composition, under the patronage of Love③. The Muse here stands as a metaphor for a poem's compositional process, *and* as a goddess characterized with features that are significant in the context of Empedocles's philosophical thought. In an interesting fashion, Strife does not seem to be mentioned in these lines—more on this later.

Therefore, Empedocles's Muse belongs to the general power of Love, although she is not simply identical with Love. The Muse conveys the poetic discourse in a strictly vertical relationship between the gods, the poet, and his audience. This audience is referred to with ἐφημέριος, a word that puts emphasis on the reelaboration by Empedocles of the notion of mortality.

Empedocles's own Muse, depicted in lines 3-8, is however opposed to a devious Muse, described in lines 6-8. Lines 6-8 are a

---

① In favor of "much wooed:" Bignone 1916, p.392; Gallavotti 1975, p.9. In favor of "much remembering:" Bollack 1969, III, pp.28-29, Wright 1995, p.157. Diels, as early as 1903, proposed "much remembered," which was followed by Gemelli Marciano 1990, pp.57-60.

② For Hera: *Il.* 1, 55, 195, 208, 595, etc.; for Helen: *Il.* 3.121; for Andromache: *Il.* 6.371; in Pindar, for Thyone (*P*.3.98-99).

③ Rosenfeld-Löffler (2006, pp.49-52) saw that the text was proposing this connection, but she conflated the Muse with Love, which goes too far and lacks textual basis.

matter of contention, for several reasons. 1. The subject of βιήσεται (l. 6) is not explicit, and the construal of this verb is unclear①. 2. The referent of σε (l.6) is a matter of contention, and it is unclear whether the lines are addressed to the Muse or to Pausanias②. Lines 3–5 are explicitly addressed to the Muse, and lines 9–13 can hardly be addressed to a goddess since they deal with sense perception③: as no change of addressee takes place in the text that is generally edited in line 9, nor in line 6, the question is whether these lines are already addressed to Pausanias or if the addressee is still the Muse.

The most satisfactory, and the easiest, construal is to consider that the subject of βιήσεται (that we interpret as an aorist subjunctive with a short thematic vowel) is the chariot (ἅρμα—namely, the poem in progress), that is the last word of the preceding line. Although this is the most economical option from a grammatical and syntactic point of view, it has never been proposed. As to the addressee of these lines, his identity was concealed by a correction to line 9 proposed by Bergk in 1839④. He corrected the text of the manuscripts, ἀλλὰ γὰρ ἄθρει πᾶς παλάμῃ, into ἀλλ' ἄγ' ἄθρει πάσῃ παλάμῃ. Bergk's main argument was that according to the text of the manuscripts the addressee is everyone (πᾶς, in the masculine). This was in his view impossible, since Empedocles's addressee is Pausanias. Bergk's correction was

① The two main options are to consider it as an aorist subjunctive with a short thematic vowel, construed with μη to express a prohibition; or as a future indicative construed with μή (Bollack 1969, III, pp.31–32). Elsewhere, I provided arguments against the second option.

② In favor of the Muse: Bollack 1969, III, p.31; Trépanier 2004, p.61. In favor of Pausanias: Wright 1995, p.161; Inwood 2001, 216; Mansfeld and Primavesi 2011, p.442.

③ Fr. 3.9–13: ἀλλὰ γὰρ ἄθρει πᾶς παλάμῃ, πῇ δῆλον ἕκαστον, / μήτε τιν' ὄψιν ἔχων πίστει πλέον ἢ κατ' ἀκουήν / ἢ ἀκοὴν ἐρίδουπον ὑπὲρ τρανώματα γλώσσης, / μήτε τι τῶν ἄλλων, ὁπόση πόρος ἐστὶ νοῆσαι, / γυίων πίστιν ἔρυκε, νόει θ' ᾗ δῆλον ἕκαστον. ("But, as a matter of fact, consider, yourself as a whole, by your palm, by which way each thing becomes evident, without accepting in your trust a visual perception rather than what you perceive according to the hearing, or resounding hearing over what the tongue makes clear, or do not keep off your trust from any other limb, by which there is a way to know, and know by which way each thing becomes evident.")

④ Bergk [1839] 1886, p.28.

accepted by all later editors[①]. But Pausanias is actually the addressee of line 9 even if we maintain πᾶς: the narrator entreats Pausanias to consider *himself as a whole* (πᾶς is in apposition) how the objects of sense perception reach us; πᾶς, as a masculine, provides us with the word on which the change of addressee rests. Therefore we have no reason anymore to believe that lines 6–8 should be addressed to someone else than the Muse, since these lines provides no explicit change of addressee.

Lines 6–8 then mean that the poem must not compel the Muse to pick the flowers that the mortals offer[②]. This enigmatic expression is made clearer if we consider that the Muse not only is a goddess but also functions as a metaphor for the process of composing a poem. The sentence then means that, according to Empedocles, the process of composing a poem may present an occasion to modify the message that was provided by the gods and conveyed by the Muse, in order that the message corresponds to the audience's expectations. The point is that these expectations are presented in line 7 in a tension with the necessity of piety that Empedocles defined in lines 1–5: they lead the Muse to say "more than what is pious." On the contrary, the poem will reach the summit of wisdom (l. 8), if the Muse stays in the limit of piety—that is, if she does not yield to the temptation to modify the message that she received from the gods in order to obtain the favor of the audience (a temptation which is presented as inherent to the process of composition).

Who then is the target of Empedocles in these lines? There are two possible, complementary, answers.

---

① See Vítek's apparatus (2006, 307, *ad loc.*).

② Fr. 3.6–8: μηδέ σέ γ' εὐδόξοιο βιήσεται ἄνθεα τιμῆς / πρὸς θνητῶν ἀνελέσθαι, ἐφ' ᾧθ' ὁσίης πλέον εἰπεῖν / θάρσεϊ- καὶ τότε δὴ σοφίης ἐπ' ἄκροισι θοάζειν. ("But do not let it (ἅρμα) compell you to pluck the flowers of glorious honor from mortals, for the price of which one says more than piety, recklessly—and at this moment, yes, piety sits on the summits of wisdom.")

1. The first one lies in the phrase "to say more than piety." Here the poetic discourse is said to be wrong when it *adds* unnecessary determinations to the depiction of the divine. This phrasing shows that what Empedocles is here implicitly proposing is to purify the representation of gods from the erroneous determinations that the other poets added to the depiction of their truer, simpler nature. Empedocles is here reactivating Xenophanes's reproaches towards Homer's and Hesiod's accounts of the gods①, but on other epistemological bases. Empedocles analyzes the reasons why the other poets represented the gods in an anthropomorphic fashion: the other poets represented the gods with anthropomorphic features to obtain success in poetic competition by representing the divine in the image of human beings, whom they wished to obtain success from.

2. The second element of answer lies in the fact that Empedocles uses in lines 3–8 a number of terms borrowed from epinician poetry, such as εὔδοξον ("glorious") or ἄνθεα (for the price one wins), or epic terms which were the object of Pindar's poetic reflection (such as στόμα, ἅρμα, ἐφημέριος)②. Furthermore, our passage displays a set of close connections to Bacchylides's 5th victory ode; after the myth of Meleager, Bacchylides asks Calliope to *stop a well-constructed* chariot, whereas Empedocles asks his Muse to *convey* a horse-drawn chariot that is obedient to the reins③. On the basis of these reflections of epinician poetry in Empedocles, we can interpret the relationship between epinician poetics and Empedocles's poetics④. In a nutshell, in Pindar, the most fundamental poetic relationship is triangular: the divinity is the

① Xenophanes fr. 11 DK.

② For ἐφημέριος, see Pi. *N*.6.6, Bacch. *Ep*.3.76. For the flowers, see the first triad of the *Olympian* 9. For εὔδοξος, Pi. *O*.1.70, 14.23; *P*. 6.16–17, 12.5; *N*.7.8; *Is*.2.34, 3/4.1, 8.1; fr.incert. 172.6, 215b.8; fr.dith. 70b.30; Bacch. *Ep*.7.9, 9.21, 14.22, 16.1–2.

③ Bacch. *Ep*. 5, pp. 176 – 178: "White-armed Calliope, stop your well-constructed chariot here."

④ I develop this aspect further in a paper to be published in *Pallas* in 2018 (Gheerbrant 2018c).

source of the athletic victory, which is then celebrated by the poet in a victory ode itself inspired by the gods and composed due to an order from a patron. In Pindar the ἅρμα-metaphor refers to the course of the poem-chariot, from the beginning of the poem to its end①; it is connected to the course of the winner on his chariot. In the context of this poetic, the statements that are not appropriate to the nature of the gods, not to speak of those that insult them②, are excluded from the epinician discourse: they insult the gods as the source of poetic composition and of athletic prowess at the same time.

What does not fit Empedocles's views in this is that the poet has to adapt his discourse to a circumstance in which the gods favored a third party (here, the athlete). The depiction of the gods is therefore dependent on criteria that are external from the strict verticality between gods, poet, and audience. The problem is that Pindar's triangular poetics involving the gods, the athlete and the poet lead him to make prescriptive statements about the nature of the gods, and that these statements are based on criteria that belong to the poetics of the epinicy, and not to features of the divine beings themselves. The poet adds qualifications to the divine nature, because of his specific poetics.

Thus Empedocles targets at the same time the epinician poets and the work they did on the expresson of epic poetry; he did not choose to discuss Homer or Hesiod directly, but to do so in the framework of a discussion of Pindar's work on the myths in the context of his own epinician poetics. Empedocles therefore proposes an explanation of the reasons why the past poetic tradition—both epic and epinician—is mistaken: instead of observing a strict verticality between the gods, the poet and his audience, the Muses of the other poets adapted the message to the contexts in which it is communicated. Empedocles,

① See for instance *P*. 10.54-56.

② See the qualification of the gods as gluttonous (*O*.1.51) and the narratives about Herakles (*O*.9.35-39).

however, proposes another model of poetic inspiration and composition, which is tightly connected with his cosmological and biological model: by this process he justifies the truthfulness of his own views and explains at the same time why the past tradition is mistaken in their views on the divine and, hence (according to Empedocles), on the world.

Poetry and sense-perception

Let us now come back to the question of sense perception and of its role in Empedocles's poetics. The question that arises is to determine what exactly is the relationship between the cosmological thought, expressed in the poem and transmitted by the Muse, and the perceptible world. Why should we attempt to find truth in sense perception if truth is ultimately revealed by a goddess?

The solution to this paradox is expressed in fragment 4, where Empedocles analyzes the relationship between the poetic discourse and the persuasive force that is inherent to reality[①]. The three preserved lines of fragment 4 are based on an opposition between, on the one hand, the κακοί, who refuse to trust what dominates, or what rules (κρατέουσιν, which I analyze as a neuter plural), and, on the other hand, Pausanias (the implicit subject of the imperative γνῶθι). The noun πίστωμα refers to the *proofs*, or *guarantees*, that the Muse provided. Aeschylus uses this word to refer to what seals a pact between two parties[②]. Along the same lines, Empedocles's poem is the tangible sign that the pact contracted between the Muse and the poet is

① Fr. 4: Ἀλλὰ κακοῖς μὲν κάρτα πέλει κρατέουσιν ἀπιστεῖν · / ὡς δὲ παρ' ἡμετέρης κέλεται πιστώματα Μούσης, / γνῶθι διασσηθέντος ἐνὶ σπλάγχνοισι λόγοιο. ("But vile men surely refuse to trust what dominates; but as the guarantees received from our Muse urge, know, whereas the discourse has been divided into your entrails.")

② Aesch. *Ag.*877–878; *Ch.*976–977; *Eu.*213–214; *Pe.*170–171.

observed, in the terms which were defined in fragment 3. The verb of action κέλεται means that the knowledge transmitted by the poem *urges*, that is to say it has an inherent persuasive force that convinces the audience. The fragment is therefore based on a parallelism between two levels: that of the persuasive force that is inherent to reality (τὰ κρατέοντα refers to the principles which determine and explain reality); and that of the representation of this force into the poem, as guarantees given by the Muse which provoke persuasion in the audience (τὰ πιστώματα).

The absolute genitive that ends line 3 (διατμηθέντος ἐνὶ σπλάγχνοισι λόγοιο) expresses the reason why the κακοί encounter difficulties in knowing and in accepting the persuasive force of reality. The phrase has been interpreted in various ways, depending on whether we consider the entrails (σπλάγχνα) to be those of Pausanias (then the emphasis is on study and understanding of knowledge), or those of the λόγος (which means that understanding the poetic discourse is only possible if the audience engages in its in-depth analysis)[1]. A slightly different view is offered by the other occurrence of τέμνω in the poem *On nature*[2]: τέμνω refers to the power of Strife in fr. 20 (κακῇσι διατμηθέντ' Ἐρίδεσσι, l. 4–5). If we accept that a network of signification was associated with τέμνω in the poem, the absolute genitive of fragment 4 means that it is difficult for men to accept the persuasive force of reality because Strife divided their λόγος within them—that is, their faculties of understanding. It then makes sense to mention the entrails rather than the heart or the *prapides*, to stress that division descends to the deepest parts of the

---

① For the λόγος: Bignone 1916, p.393. For Pausanias: Sturz 1805, p.639, Bollack 1969, III, pp.44–45; Wright 1995, p.164. The generally accepted view is nowadays that understanding the poem is only possible if the audience divide it into his entrails (Trépanier 2004, p.228; Mansfeld and Primavesi 2011, pp.444–445).

② There is a third occurrence in fr. 143, which Diels and Kranz located in the *Purifications*. On this fragment see Picot 2004.

individual.

Therefore the interpretation I propose is that the persuasive force that is inherent to reality is not sufficient to convince men of the existence of the six principles, and of their role in the cosmology, because Strife divided men's faculties of understanding. It is therefore necessary for men to combine the observation of reality and the listening of the poem, in order to reach knowledge.

This interpretation allows in turn a better understanding of the relationship that other passages build between the observation of reality and the understanding of the poem①. In several places, Empedocles calls on the testimony of sense perception to strengthen his poetic account. He describes the persuasive force of his account with words that belong to the family of πείθω: πίστωμα in fr. 4, or πίστις in fr. 71. In fragment 21, the same consideration is expressed by the noun μόρφη. In fragments 21 and 71, the poet examines the possibility that the persuasive force lacks strength, or more literally that it lacks matter (an idea which he expresses with the neologism λιπόξυλος). Fragments 21 and 23 provide a simile that expands on the roles of the six principles in the composition of living beings; after the simile, Empedocles calls no more on observation of reality, as at the beginning of fr. 21, but rather on knowledge of the origin of living beings, from the Muse②. From fr. 21 to fr. 23, Empedocles therefore depicts a conversion from perception to knowledge, and suggests that acknowledging the role of the six principles is the most effective way to account for the phenomenal world.

---

① Fragments 21.1-2, 71, P.Strasb. a(ii).21-30.

② I disagree with Palmer's (2013, 309) view that παρὰ θεοῦ means that the Muse is speaking in the first person in this fragment. I agree with the dominant view that Empedocles is speaking, and that θεοῦ refers to the Muse as the origin of his poetic speech. For the view that the god in question is Empedocles, see Gemelli Marciano 2011, p.329.

Poetry beyond sense perception

The strategy of the philosopher-poet changes when his discourse bears on what escapes sense perception, such as the divinity that is described in fragments 133 and 134. Fragment 131 thus presents a transition between a part of the poem that deals with the concerns of men (131.1–2), and another that deals with blessed gods[①].

The position of this fragment in the general organization of the poem was a matter of contention. It partly depends on how many poems Empedocles composed. The dominant view is that the fragment belongs to the *Purifications* and introduces the description of a divinity that man cannot access by sense perception (see fr. 133–134)[②]. However, the fragment could also be a part of the proem,[③] within the single-poem hypothesis[④], or introduce the part of this poem that deals with the divine[⑤]. This fragment was also considered to be the very beginning of the poem *On nature* (in which case the first two lines refer to other poets)[⑥]. What is strictly necessary to the present interpretation is that fragment 131 introduces a depiction of divinities which are not accessible to sense perception, whether it is the divinities of fragments 133–134 or the *Sphairos*.

If we accept that Empedocles announces in lines 131.3–4 that he is

---

① Fr. 131: εἰ γὰρ ἐφημερίων ἕνεκέν τινος, ἄμβροτε Μοῦσα, / ἡμετέρας μελέτας ⟨μέλε τοι⟩ διὰ φροντίδος ἐλθεῖν / εὐχομένων, νῦν αὖτε παρίστασο, Καλλιόπεια, / ἀμφὶ θεῶν μακάρων ἀγαθὸν λόγον ἐμφαίνοντι ("For if, for the favor of one of the one-day creatures, immortal Muse, you cared that our preoccupations pass through your thought when they were praying you, now again, Calliopeia, assist one who brings to light a good discourse on the gods").

② Diels and Kranz 1952, pp.364–366; Bollack 2003, pp.91–96.

③ A proem (προοίμιον) is the introductory part of a poem, which generally contains an address to the Muse.

④ Wright 1995, p.94; Inwood 2001, p.214.

⑤ Mansfeld and Primavesi 2011, p.560; Gemelli Marciano 2011, p.282.

⑥ Gallavotti 1975, pp.161–163.

going to move on to the depiction of divinities that are not accessible to sense perception, the device at stake is very different from the case of sense perception. Usually, the narrator states his presence in the text very clearly by use of the first person, and by commenting on what he is going to present, in a fashion typical of didactic poetry①. This is especially typical of fragments which refer to sense perception, such as fragments 21, 71, and the end of *ensemble a* on the Strasbourg Papyrus. In lines 3–4 of fragment 131, on the contrary, the narrator's *persona* disappears to let the Muse speak.

However, this disappearance of the first person singular in lines 3–4 was concealed by a correction by Schneidewin, which all later editors accepted②.

Schneidewin corrected the genitive plural εὐχομένων into a dative singular, εὐχομένῳ. He constructed εὐχομένῳ as an apposition to an implicit μοι (referring to the narrator). The consequence of this correction was to strenghthen the affirmation of the *persona* of the poet in lines 3–4, by adding a second participle. However, Schneidewin's correction is grammatically impossible, because εὐχομένῳ is followed by the phrase νῦν αὖτε. Now, νῦν αὖτε always appear in the first position in a clause, never in the second position (like γάρ or δέ)③. This causes a critical impediment to Schneidewin's correction, since he proposes that a participle that *precedes* νῦν αὖτε syntactically agrees with a word that is implicit in the clause that *follows* νῦν αὖτε. And there is no good candidate for agreeing with εὐχομένῳ in the first two lines. We therefore have to accept the text of the manuscripts, εὐχομένων, so that this participle agrees with ἐφημερίων: mortals addressed a prayer to the Muse in order that she produce a poem about their

① See for instance Hesiod, *Op*. 10, 27–29, 106–108, etc.

② Schneidewin 1851, p.167.

③ Homer, *Il*. 1, 237; 3, 67 and 241; 4.321, etc.; *Od*. 9, 452; 11, 485; 19, 549, etc.; *Hymn to Demeter* 123; Xenophanes fr. 7.1 DK; Pindar, *Is*.6.5; etc.

concerns[1]. As a consequence, the imperative παρίστασο ("assist") in line 3 has no other explicit complement than the participle ἐμφαίνοντι, in line 4: there is no explicit pronoun that refers to the poet, and there is no need to assume that there is one implicitly. The line means: "assist one who brings to light a good discourse on the gods."

The phrasing has two specificities.

1. In earlier Greek poetry, the Muse is never subject of a form of παρίστημι in the imperative[2].

2. When the request for assistance expressed by a form of παρίστημι is developed by a participle in the dative, as an apposition (as is the case here), a substantive in the dative always complements the verb and serves as a grammatical antecedent for the participle in the dative. In some cases, this is merely a personal pronoun (μοι, σοι, etc.)[3].

The phrasing of lines 3–4 is therefore constructed in such a fashion that the grammatical peculiarity draws the attention of the audience to the disappearance of the *persona* of the narrator. This *persona* should have been expressed by a substantive according to grammar, and this is all the more remarkable since the narrator affirms his presence very strongly and repeatedly elsewhere[4]. This absence of the narrator and the general reach of the phrase ("... assist one who brings to light ...") can be accounted for by the fact that Empedocles is now focusing on a subject that escapes sense perception. The poet lets the Muse speak when it is not possible to find confirmation of his discourse in the world.

---

① For a parallel, see Simonides fr. 11.21–22 West.

② The first other occurrence of the Muse being the subject of παρίστημι is Pindar, *O.*3.4. In the proem of the catalogue of ships (*Il.* 2, 485), there is however a form of παρειμί, "to be present."

③ I checked all the occurrences of παρίστημι before Empedocles—the verb appears primarily in Homer, Hesiod, the *Hymns*, Alcaeus, archaic elegy, Aeschylus, Pindar, Bacchylides, and Herodotus.

④ Fr. 2.8–9; 3; 4; 8.1; 9.5; 11; 17.1, 14–16, 26; 21.1; 23.9–11; 71; 112; 114, etc.

Empedocles engages in reforming poetic discourse, and its origin, on bases that are consistent with his own cosmological and biological thought, and with his own theory of perception. He thus defines a strict vertical relationship between the gods, his own Muse, himself as a poet, and his audience. He bases this relationship on a piety towards the principles of his system; in this way, he explains the reasons why the past poetic tradition is wrong, by opposing his own Muse to a devious Muse—who is virtually that of the earlier tradition. The expression of his cosmological and biological theses entails a collaboration between sense perception and the knowledge received from the Muse and expressed in the poem. They are two aspects of the same persuasive force: one is inherent to reality, the other to Empedocles's poem, but both prove the role of the elements in the cosmology, biology, and so on. In such contexts, the narrator strongly affirms his presence in the text, when he refers to, or comments on, the very act of enunciation (Δίπλ' ἐρέω, fr. 17.1, is a prominent example). On the contrary, when Empedocles's poetic discourse deals with subjects that escape sense perception, the narrator's *persona* disappears, to let the Muse speak.

Thus Empedocles intertwines a reform of the conditions under which poetic discourse can lay claim to truthfulness, with his new conception of the Muse and of the divine, and his original elaboration on the nature of living beings and of the world. The features of poetic discourse that Empedocles defines at a theoretical level thus draw an essential connection between poetry and the philosophical thought that is expressed in his poem.

How poetic composition techniques are adapted to Empedocles's purpose

Empedocles's theoretical work on the relationship between poetry and philosophy has concrete effects on the different levels of his poetic practice.

This is evident from his use of hexameter itself. The comparison between Empedocles's practice with those of Parmenides and Panyassis[1] on the one hand, and with those of Homer and Hesiod on the other, shows that hexameter is not a constraint of expression that Empedocles would merely endure. Rather, he uses dactylic hexameter as a poetic and semantic tool to elaborate his own thought and its original features. Prosody and meter enable him to put stress on some words, notions, or passages, and to emphasize how different his thought is from the earlier epic tradition. For instance, Empedocles's work on the notion of human existence is stressed by a play on the prosody of the word θνητός ("mortal"). Out of the seven relevant instances of θνητός, θν- is syllable-releasing six times and syllable-closing only once[2]. Now, three points are worth noting: (1) It is very rare in epic poetry that a sequence of consonants that are occlusive and nasal is syllable-releasing[3]; (2) Empedocles himself treats no other such sequence as syllable-releasing. (3) Almost all epic poets use

---

① Panyassis is an epic poet of the first half of the 5th century who composed an *Heracleid*.

② "Syllable-releasing" means that all consonants in the sequence are pronounced with the *next* vowel; therefore, the preceding syllable keeps its natural quantity (*e.g.*: Ἀ |φροδίτη, where the alpha retains its natural quantity, that is short); "syllable-closing" means that a consonant in the sequence is pronounced as ending the preceding syllable, whereas the other is pronounced as opening the following syllable; therefore, the syllable is lenghthened by position (*e.g.* Ἀφ |ροδίτη, where the short alpha is made long by position, since the syllable ends by a consonant). By this device, the poet could include words or sequences of words that would not normally fit the line (such as the name of Aphrodite, which needs to be scanned Ἀ |φροδίτη, -uu-, to be included in a dactylic hexameter) or make the position of words in the line more flexible. By "relevant cases" I mean when θν- is preceded by a word ending with a vowel; in other cases, we cannot tell whether the word is syllable-releasing or syllable-closing. In Empedocles, the sequence is syllable-closing in 17.3, and syllable-releasing in 35.7, 14, 16; 71.3; 112.4; 115.7.

③ West 1982, p.16; Gentili and Lomiento 2003, p.21. In Homer and Hesiod, attic abbreviation normally happens only to allow a given word in the dactylic hexameter (for example the name of Aphrodite, as presented above).

θνητός so that -θν- is syllable-closing[①], apart from Choerilus of Samos, for whom it is syllable-releasing[②]. Only late authors, such as Quintus of Smyrna or the *Argonautica Orphica*[③], admit both uses of θν- (outside from θνητός). Where θνητός is concerned, Empedocles's prosody is thus quite noteworthy. What matters is not that θν- is syllable-releasing or syllable-closing in itself, but the variation from the traditional usage: prosody is used to underscore the poet's work on the concept of mortality.

Empedocles reforms the epic practice of similes within the framework of his own epistemology. He grants equal importance to analogy and dis-analogies (for instance, when some parts of the tenor have no equivalent in the vehicle, or *vice-versa*). Let us take the example of fr. 21 and 23. Fragment 21 provides no detailed account of the exact process by which the four elements are mixed by Love and separated by Strife; after the depiction of the powers of the two principles (21.7-8), the text provides us with a catalogue of living beings (21.9-12). On the contrary, we find in fragment 23 a detailed explanation of the way the painters mix the powders in different quantities, but the identity of the two painters, if there are two painters, is unclear and a matter of contention[④]. Hence the traditional problem of determining whether Strife takes part in the process of

---

① For instance: Hom., *Il.* 1. 339 and 574, 12.242, 14.199, etc.; Hes., *Th.* 223, 500, 592, etc.; Panyassis, fr. 14.1 Bernabé; etc.

② Choerilus fr. 335. 1 Lloyd-Jones-Parson is the only occurrence of θνητός in his fragments. This fragment was not included in Bernabé's edition.

③ Quintus, *Posthom.* 1.89 and 93; *Arg.Orph.* 430 and 731.

④ The three main options to interpret the three duals δεδαῶτε (23.2), μείξαντε (23.4) and κτίζοντε (23.6) are: they are stylistical (Bollack 1969, III, p.122; Wright 1995, pp.38-39 and pp.179-180); they refer to the two hands of Aphrodite (Iribarren 2013, 98 ss.); there are actually two painters (Trépanier 2003, 34 ss.; Sedley 2006, 59). In the latter case, the question is what is their reference in the context of the tenor; Trépanier (*loc. cit.*) argued that Strife was to be given a generative role, just as Love (so there would be a zoogony under Strife); Sedley understands that the point is that both zoogonies happen in our world (*loc. cit.*).

unification by mixture, and how exactly①. Comparing the structure of the two catalogues sheds light on this issue: in fragment 23, two painters do a series of actions, whereas in fragment 21, each of the two powers performs one type of action. Those dis-analogies require an interpretation, as stressed in the text itself: fragment 23 mentions that living beings resemble their representation②. This is a hint at the fact that the meaning of the two fragments should be sought by the comparison of their similarities *and* of their differences. My proposal is that the participle in the dual κτίζοντε (l. 23.6) synthetically expresses the two opposite powers of Love and Strife (which where elaborated in lines 21.7–8, in the tenor). The apparent absence of Strife in the painters' analogy raises interpretative issues; but using the notion of dis-analogy helps us make clear that its role is in fact to separate the elements so that Love can then mix them. This point is made in l. 21.7, where διάμορφα and ἄνδιχα express the two sides of Strife's power: to divide an object that used to be one, and to separate one thing from the other③. In sum, the duality that characterizes the *action* of the two powers in fragment 21 (mixing and separating) is relocated on the *agent* in fragment 23 (the two painters).

Thus the study of the dis-analogies within the analogy sheds light on the elaboration of the philosophical thought. This is especially true as Empedocles usually introduces a very tight symmetry between tenor and vehicle④. Two processes are at work at the same time: an explanation by similitude and an explanation by dissemblance.

---

① For this problem of a zoogony under Strife, the dominant view has long been that of O'Brien (1965, 189 ss.); for the absence of zoogony under Strife, see Bollack 1965, 108 ss.

② Fr. 23.5: ἐκ τῶν εἴδεα πᾶσιν ἀλίγκια πορσύνουσι ["from them they (sc. the painters) compose forms resembling every item"].

③ Μορφή refers to the shape, as a harmonious whole; Strife divides a consistent object. Elsewhere, Empedocles generally uses δίχα to describe how Strife separates the elements from each other. Ἄνδιχα generally expresses a division into parts, whereas διάμορφα emphasises the division of a consistent whole.

④ See for instance the other two prominent similes, in fr. 84 and 100.

Empedocles's catalogues also show the traces of a reform of the traditional technique. He proposes to correct traditional theologies, not by criticizing them from the outside, but by using the same forms in a fashion he deems correct. This is quite clear in fragments 121, 122 and 123, where Empedocles combines two processes: naming new divinities and reforming the organization of the catalogues. He abandons the genealogical pattern as featured in Hesiod's catalogues, in the benefit of other modes of structuring. For instance, in fragments 122 and 123, a set of meaningful oppositions progressively structures the catalogue by successively opening several potentialities (this was already in Hesiod, but it was given a less prominent role): topology, creation/destruction, living beings and their characteristics, etc[①].

Fragment 121 is based on another technique[②]: the catalogue provides a framework for the interpretation of the relationship between human behaviors (murder, rancor, etc., at the beginning of the catalogue), and the emergence of illnesses, woes and other scourges. The structure puts emphasis on the idea that the latter are the consequences of the former.

The figures of repetitions, such as ring composition, spiral composition, and *Ritornell*[③] are also reworked by Empedocles, and

---

① Fr. 122: ἔνθ' ἦσαν Χθονίη τε καὶ Ἡλιόπη ταναῶπις, / Δῆρίς θ' αἱματόεσσα καὶ Ἁρμονίη θεμερῶπις, / Καλλιστώ τ' Αἰσχρή τε, Θόωσά τε Δηναίη τε, / Νημερτής τ' ἐρόεσσα μελάγκαρπός τ' Ἀσάφεια ("There were Earthly and far-seeing Suneye, bloody Battle and noble-brow Harmony, Most-Beautiful and Ugly, Swift and Slow, lovely Infaillible and black-fruit Obscurity"). Fr. 123: Φυσώ τε Φθιμένη τε, καὶ Εὐναίη καὶ Ἔγερσις, / Κινώ τ' Ἀστεμφής τε, πολυστέφανός τε Μεγιστώ ("Growth and Perishing, Sleep and Awakeness, Moving and Immobile, and many-crowned Greatness"). I consider l. 123.3 DK to be a paraphrasis by Cornutus; for a different view, see Picot 2012.

② Fr. 121: ...ἀτερπέα χῶρον, / ἔνθα Φόνος τε Κότος τε καὶ ἄλλων ἔθνεα Κηρῶν / αὐχμηραί τε Νόσοι καὶ Σήψιες ἔργα τε ῥευστά / Ἄτης ἀν λειμῶνα κατὰ σκότος ἠλάσκουσιν. ("... A joyless place, where Slaughter, Rancour, and hordes of other violent Deaths, parching Diseases and Putrefactions, and everything that flows, roam in darkness among the field of Atè").

③ As defined by Van Otterlo (1945) as a repetition based on non-linear and non-circular patterns. It allows the oral poet to structure his composition and his audience to structure their listening.

given an argumentative force. The most important feature is not the return of identical words or phrases but the variation that the poet introduces within this repetition. This reveals the limited interpretative power of the textual-analogical line of interpretation. Their proponents focus too much on resemblance between instances of repeated lines, and hence lose sight of the role of variation in Empedocles's progressive construction of his philosophical thought.

Empedocles combines two epic techniques①: *Ritornell* and episodic composition. The notion of "repetition" is a bit of a simplification, since it is not a technical concept of poetic composition, and because it may lead us to focus on what is the same, and to overlook the role of variations. Empedocles makes use of this technique not only to refer to a single line, or part of line, but to hint at the line's more general context of a given section—which I would call, more technically, a given episode. The variation that is introduced between instances of repeated lines allows the audience to interpret the relationship between these argumentative sections or episodes. In addition to the external argumentative structure of the poem (marked by connectives like γάρ, οὖν, etc.), variations within *Ritornell* allow the poet to introduce an internal, or implicit, level of argumentation. For instance, let us examine briefly the repetition of the verse-endings εἰς ἓν ἅπαντα and εἰς ἕνα κόσμον. Lines 267–268 (a(i).6–7) of the poem *On nature*② are only partially readable, but the verse-endings εἰς ἕνα κόσμον and ἐξ ἑνὸς εἶναι are repeated from two different passages of fr. 17 (l. 2 = *On nature* 234 and l. 7 = *On*

① I develop this point in an article to be published in 2018 in the *Yearbook of Ancient Greek Epic* (Gheerbrant 2018b).

② *On nature*, lines 267–268 = ens. a(I).6–7: συνερχό] μεθ' εἰς ἕνα κόσμον / δίεφυ πλέ]ον' ἐξ ἑνὸς εἶναι ([through Love] we come together in one world, [through Strife] it divided to be many from one").

nature 239)①; the former will be repeated as line 5 of fragment 26②. In these instances of *Ritornell*, the verse-endings and their contexts undergo a series of variation. Lines 267-268 feature a hybrid expression, by combining two different episodes: the generation of many from one at a cosmic level (from l. 234) and the generation of compound bodies (l. 240). This aims at showing that, in all these cases, the power of unification (and that of separation) at stake is the same: at a cosmic level, at that of the world, and at that of living beings. It amounts to showing that the Sphere, the world and living beings may all (individually) be considered to form a unity, albeit on different scales; the same process of unification, under different forms, characterizes various levels of the cosmos. The notion of episode is helpful in this context because it makes clear that what is repeated is not only a word or an expression, but the whole context in which the former instance(s) took place.

The study of how Empedocles makes use of traditional composition techniques of dactylic poetry shows that, by composing a poem, his aim is not merely to compose a work that is *different* in form from the earlier tradition of philosophical prose writing (which is the sort of thing that Pherecydes of Syros does when he chooses to write a theogony in prose rather than in dactylic hexameter), but rather to correct the earlier dactylic poetic tradition *from within*. In its very use of the composition techniques, he corrects what could be perceived, within his own system, as inadequacies. Therefore Empedocles's

---

① *On nature* 233-234 = 17.1-2: διπλ' ἐρέω. τοτὲ μὲν γὰρ ἓν ηὐξήθη μόνον εἶναι / ἐκ πλεόνων, τοτὲ δ' αὖ διέφυ πλέον' ἐξ ἑνὸς εἶναι ("A twofold tale I shall tell: at one time, it grew to be one from many, and at another it divided to be many from one"). *On nature* 239-240 = 17.7-8: ἄλλοτε μὲν Φιλότητι συνερχόμεν' εἰς ἓν ἅπαντα / ἄλλοτε δ' αὖ δίχ' ἕκαστα φορεύμενα Νείκεος ἔχθει ("at one time all coming together through Love, at another again being borne away from each other by Strife's repulsion").

② Fr. 26.5-6: ἄλλοτε μὲν Φιλότητι συνερχόμεν' εἰς ἕνα κόσμον / ἄλλοτε δ' αὖ δίχ' ἕκαστα φορεύμενα Νείκεος ἔχθει ("at one time coming together into one world through Love, at another again being borne away from each other by Strife's repulsion").

poetic composition can be understood as a reflective process of distancing from, and amendment of, the epic and didactic tradition: he expresses a critique towards this tradition, and overcomes it, from within.

The addressees and the meaning given to his thought by the poet

The study of the external and internal addressees of Empedocles, and that of the context of the poems' performance, sheds light on the meaning of Empedocles's project in the context of the Greek world of the 5th century. For the addressees, the most prominent point of the argument is that the names and characterizations of the internal addressees (Pausanias and the friends from Acragas) are best accounted for as signifying pieces of information within the poetic construction (as opposed to biographical data)[①].

Let us first turn to Pausanias[②]. His name and genealogy are mentioned in fragment 1[③]. His father is Anchitos, whose name can be interpreted as a hypocoristic based on ἄγχι and θεός. His name thus means "he who is close to the gods," and we here find the same motif as in fragment 3. Pausanias's own name is a meaningful one, because it is composed of παύω, "to make cease", and of ἀνίη, "grief, sorrow, distress." His name thus means "he whose distress ceases" or "he who makes (others') distress cease."[④] What does that mean in the context

① See Rousseau's (1996) interpretation of Perses in Hesiod's *Works and Days*.

② I developed this point further in a paper to be published in the volume on Hesiod and the Presocratics by Iribarren and Koning.

③ Fr. 1: Παυσανίη, σὺ δὲ κλῦθι, δαΐφρονος Ἀγχίτου υἱέ ("Pausanias, listen, you, son of the wise Anchitos").

④ This is probably one of the reasons why the ancient tradition interpreted Pausanias as a physician.

of Empedocles's thought?

The substantive ἀνίη refers to grief, distress, sorrow and trouble, as consequence of human nature.① As early as the *Odyssey*, the words of the family of ἀνίη express a disturbance of social ties, and especially of hospitality②. In later poetry, ἀνίη and its cognates express the distress that originates in the disruption of other social bonds, such as love, friendship, or familial relationships③. Empedocles reworks the notion of ἀνίη so that it reaches beyond the various forms of social ties, to express a distress constitutive of the human condition. As Empedocles believes that birth and death are not the actual beginning and end of life, he therefore provides a strong answer to existential questions about the meaning of human existence (and an answer that is essentially different from the one epic and didactic tradition provides). In fragment 107, he associates the feelings of pleasure and joy (ἥδομαι) with Love, and that of distress (ἀνιάομαι) with Strife. Thereby he connects his theory of feelings with his cosmological views. In his worldview, Strife divided men's faculties for understanding, and Strife is also the cause of men's feeling of distress. This distress will cease when Pausanias understands the poem, when he sees it for what it is.

Thus Pausanias represents a listener who reached full understanding of Empedocles's thought, and who put it into practice to make his existential distress cease. Empedocles's thought in the poem *On nature* should not be reduced to the explanation of the cosmic cycle or to that of biological processes. The very names that Empedocles picked for Love and Strife show that their action reaches beyond the cosmic sphere to determine human actions, as is made clear in fragment 17, lines 14–

---

① Chantraine 2008, p.91.

② For instance, in *Od.* 1.133, 7.192, etc.

③ For instance, *Theognis* 76, 124, 210, 258, 344, 991, 1337, 1356.

26 (*On nature* 245–257)[1]. The whole passage is introduced by the aorist imperative κλῦθι and is concluded by a present imperative, ἄκουε. As Philippe Rousseau argued in the case of Hesiod's *Works and Days*[2], κλῦθι is a marked form (as opposed to the un-marked form, ἀκούω)[3]. As a marked form, κλύω entails that the narrator expects a certain response from the addressee. For instance, κλύω is always the word used in prayers to the gods[4], because a response is expected and wished for—as opposed to ἀκούω, which means "to listen" without presupposing a given response. In our passage, the difference in aspect is also important: with the imperfective ἄκουε, the poet takes a stance on the general truthfulness of his poem. On the contrary, with the aorist κλῦθι, the narrator calls his addressee's attention on the passage that immediately follows.

Now, the following passage provides a catalogue of the six principles. In epic and didactic poetry, the most prominent item of a catalogue usually comes last, especially when a longer development is

---

① *On nature* 245–257 = fr. 17.14–26: ἀλλ' ἄγε μύθων κλῦθι· μάθη γάρ τοι φρένας αὔξει· / ὡς γὰρ καὶ πρὶν ἔειπα πιφαύσκων πείρατα μύθων, / δίπλ' ἐρέω· τοτὲ μὲν γὰρ ἓν ηὐξήθη μόνον εἶναι / ἐκ πλεόνων, τοτὲ δ' αὖ διέφυ πλέον' ἐξ ἑνὸς εἶναι, / πῦρ καὶ ὕδωρ καὶ γαῖα καὶ ἠέρος ἄπλετον ὕψος, / Νεῖκός τ' οὐλόμενον δίχα τῶν, ἀτάλαντον ἁπάντῃ, / καὶ Φιλότης ἐν τοῖσιν, ἴση μῆκός τε πλάτος τε· / **τὴν** σὺ νόῳ δέρκευ, μηδ' **ὄμμασιν** ἧσο τεθηπώς· / ἥτις καὶ θνητοῖσι νομίζεται ἔμφυτος ἄρθροις, / τῇ τε φίλα φρονέουσι καὶ ἄρθμια ἔργα τελοῦσι, / Γηθοσύνην καλέοντες ἐπώνυμον ἠδ' Ἀφροδίτην· / **τὴν** οὔ τις μετ' **ὅσοισιν** ἑλισσομένην **δεδάηκε** / θνητὸς ἀνήρ· σὺ δ' ἄκουε λόγου στόλον οὐκ ἀπατηλόν "But come, listen to my discourse, for learning increases your *phrenes*. For, as I said before when I was stating the limits of my discourse, a twofold tale I shall tell: at one time, it grew to be one only from many, and at another it divided to be many from one: fire, water, earth and measureless height of air, Strife between them, equal in every direction, and Love within them, matched (to them) in length and in width. Contemplate her with your mind, and do not sit staring, dazed. As being inborn in the joints of men, she is customarily used by mortals; thanks to her they conceive thoughts of love and perform joining works, naming her by the names of Joyful and Aphrodite. No one perceives her as she whirling in his eyes, no mortal man. But you, hear the trustworthy equipage of my discourse").

② Rousseau 1996, pp.103–104.

③ For the concept of marked/unmarked terms, see Nagy (1990, 5–8), who borrows it from the Prague school of linguistics.

④ For instance, Hom. *Il.* 1.37–42, 451–456; 5.115–120; 10.284–294; 16.514–526.

devoted to this last item[①]—which in this case is Love. In *On nature* 251-7 (= fr. 17.20-26), the various aspects of the power of Love are expressed within the framework of a ring composition.[②] Love exerts her power on the cosmic cycle, on animal biology, and on human behaviors. The center of this ring composition features her role in men's thoughts and actions, which explains the denominations of Joyful and Aphrodite with which men name Love. The meaning of the passage is that, in spite of her omnipresence, human beings make use (νομίζεται) of Love without fully understanding her nature[③]; and in the poem *On nature* Empedocles proposes to acknowledge and to account for *all* aspects of the power of Love.

Therefore, in a nutshell, Pausanias is characterized as an ideal listener to Empedocles's poem, since he bears in his very name the result of its full understanding: understanding the poem enables one to appease the distress that rises from human condition.

The *Purifications* are addressed to a group of friends who dwell in Acragas[④]. In fragment 112, the friends are characterized as hospitable, as devoid of evils, and as acknowledging Empedocles's godly nature[⑤]. The beginning of fragment 112 raises two traditional issues: that of the

---

① See for instance the catalogue of the Muses, in which Calliope is named last, with an emphasis on her being the most important (*Th.* 79). See also Cronos in the catalogue of the Titans (*Th.* 137-138).

② On ring composition, see Rousseau 2011 and the bibliography he provides.

③ The interpretation of l. 17.22 is a matter of contention; the dominant view is that νομίζω is a verb of opinion and which means that human beings perceive the role of Love in the generation of their bodies (Wright 1995, 167; Laks and Most 2016, V, 412). Bollack convincingly argued that the verb here has its original meaning of "to be customarily used" (men used Love without understanding it), but he unnecessarily reduces that to sexuality (1969, III, p.69). But we should include all aspects of her power that the mortals can "use": filial love, piety, etc.

④ They are mentioned in fr. 112 and 114.

⑤ Fr. 112.1-4a: ὦ φίλοι, οἳ μέγα ἄστυ κατὰ ξανθοῦ Ἀκράγαντος / ναίετ' ἀν' ἄκρα πόλεος, ἀγαθῶν μελεδήμονες ἔργων, / ξείνων αἰδοῖοι λιμένες, κακότητος ἄπειροι, / χαίρετ'(ε). ("Friends, who dwell in the great city down the blond Acragas, across the heights of the town, careful for works of good, merciful harbours for strangers, ignorant of evil, hail!").

situation of enunciation, and that of the extension of the group of friends. A biographical line of interpretation proposed that Empedocles was addressing the poem as a missive to the people of Acragas①. There is no need to assume that the addressees are a historical group of people. More convincingly, this address was analysed as a literary device②. Bollack proposes that Empedocles here sketches what a city that was converted to his philosophical thought would look like, as opposed to the cities where he has not yet managed to communicate his message. (The inhabitants of which are described in the rest of the fragment.)③ The question of the extension of the community is important because what is at stake is whether the poet addresses an elite or if his message was meant to be of use to the Greek world in its entirety. I agree with Bollack's arguments in favor of the latter④: in his use of the word "Acragas", Empedocles makes clear that he proposes to understand it as "the summit of the earth." The statement that the friends live ἀν' ἄκρα πόλεως does not mean that the friends only live in the heights of the city (as if they were elites, as opposed to the rest of the inhabitants), but that Acragas, which is built on a hill, becomes a summit in itself as compared to the rest of the Greek world.

Our characterization of these friends and our reconstruction of the poem's context of performance reveal a tension: the friends from Acragas are characterized in a fashion that is typical of sympotic poetry (such as elegy), in which the addressees are a group who share values and moral qualities with the speaker. Gregory Nagy interpreted the

---

① Diels for instance surmised that Empedocles was in exile in Southern Italy and was attempting to flatter the people of Acragas so that they would call him back ([1898] 1969, pp. 125-130). Tucker (1931) proposed that the fragment was an ironical and despising address to the poet's ennemies. Osborne considers that the poem was pronounced in Acragas but that this address is ironical (1987).

② Trépanier (2004, p.48) analyses how with this address Empedocles takes a stance in the tradition of didactic poetry.

③ Bollack 2003, p.55.

④ Ibid., p.53.

addressees in Pindar as characterized by three main features:[①] they are σοφοί, ἀγαθοί and φίλοι. Hence, Pindar's poetry is an αἶνος, because it conveys its real meaning to an audience who share those characteristic features, and a wrong message to the others. Now, in Empedocles, the friends from Acragas are presented as a community of shared values (such as hospitality) and ideas (they acknowledge that Empedocles is a god), as opposed to the rest of the Greek world[②]. Therefore this social and geographical characterization of Empedocles's addressees is opposed to epic poetry's universal, or virtually universal, addressee. On the other hand, we know that the *Purifications* were recited at the Olympic games, most likely during the panegyry[③], by a professional rhapsode named Cleomenes[④]. The Olympic games are the Panhellenic, hence universal, occasion of performance *par excellence*[⑤].

Now, if we admit that Cleomenes was a professional rhapsode, that he recited the *Purifications* during the panegyry at the behest of Empedocles—none of these claims being self-evident—a strong sense of tension arises between the social and geographical determination of the addressee and the universal dimension of a performance connected with the Olympic games. How should we explain it? It does not mean that Empedocles intended to address the poem to a group of happy fews as opposed to the rest of the Greek world, whom he would despisingly consider not able to understand his intellectual message. On the contrary, this choice means that the community of friends in Acragas is

---

① Nagy 1989, pp.10-11.

② See fr. 112.5-12.

③ No ancient testimony allows us to believe that there were poetic competitions as part of the Olympic Games before or after the reformation that took place in 468. The most convincing option is that the recitation of the *Purifications* took place during the *paneguris*, that is, the gathering of the Greeks prior to the actual beginning of the games. We have testimonies according to which this assembly was an occasion for reciting various texts in poetry and prose (Diodorus of Sicily mentions recitations of poetry: D. S. 14. 109); Lucian, recitations of Herodotus: *Herodotus*, I.23).

④ Diogenes Laertius VIII.63 and Athenaeus, *Deipn*. 14.12.21 Kaibel.

⑤ For limits to Nagy's views of Panhellenism, see Rousseau 1996, p.164.

not presented by the poem as a *pre-condition* to its interpretation, but as a *consequence* of its understanding by the audience. The listener is invited to *become part* of this group of friends if he agrees to develop the qualities that they possess: Empedocles invited the Greeks who gathered at the panegyry to become a community like that of the friends from Acragas.

We can go further and suggest that the *Purifications* can be considered as the basis for the tradition of panegyric discourse in prose. Indeed, Gorgias, Lysias, and Isocrates later declaimed panegyrics, in prose, in the festal assembly (*paneguris*) of the Olympic games. Gorgias, who was considered to be the disciple of Empedocles, invites the Greeks to concord on the basis of a struggle against the barbarians①. This literary genre aims at creating a community and Empedocles's *Purifications* may have played a part in the constitution of this genre, although we do not possess enough evidence to prove it decisively.

In any case, the intended aims of the two poems, as we can reconstruct them on the basis of the study of their addressees and of the performance context of the *Purifications*, reaches beyond the boundaries of the sort of philosophical reflection that is usually associated with the Presocratics. We can find traces of philosophical reflections on politics and ethics in Empedocles, although they have little in common with those of Socrates, in terms of form and nature.

Strife and poetic composition

The role of Strife is never mentioned in the surviving fragments

---

① Gorgias, fr. 7, 8, and 9 DK (his panegyric discourse was composed in 402 or 398); Lysias composed his discourse, of which we possess nine fragment, in 388 or 384 (in favor of concord against the tyranny of Dionysius I of Syracuse); the accepted date of Isocrates's panegyric is 380, and it is considered not to have been delivered orally.

that bear on poetic composition. On the contrary, Empedocles's Muse is characterized as dependent on the power of Love. This absence of Strife may simply mean that Empedocles did not believe that Strife could or should play a part in poetic composition. However, there is no apparent incompatibility between poetic composition and Strife's power—to the contrary. Strife's power is technically necessary to separate one syllable from each other, a given part of the poem from another. In a more abstract fashion, we may very well believe that Empedocles's analysis of the poetic tradition and of its features is ultimately dependent on the power of Strife, whereas the fashioning of the poem, as a consistent whole, is dependent on the power of Love. Besides, composing or performing poetry is not possible when everything is united in the Sphere; hence, Strife's role must be necessary in a concrete way for the poem to be composed—although Empedocles does not seem to have acknowledged its role.

As a consequence, the apparent absence of Strife from the fragments that deal with poetry could very well be an expressive gap deliberately left open in the text. This idea may be argued for on the basis of the end of fragment 115—which is the only fragment of the *Purifications* that presents the reasons and circumstances of the banishment of the *daimones*. First, the narrator presents the divine law that was broken by the guilty gods, and their exile (115.1-12); in this section he does not speak in the first person and describes the law and the crime in very general terms. Then, in lines 13-4, the narrator speaks in the first person to analyze his present situation as that of a guilty *daimon* who was banished because he had put his trust in Strife①.

Now, the words the narrator uses in l. 13-4 are marked in the rest of the corpus:

① Fragment 115.13-14: τῶν καὶ ἐγὼ νῦν εἰμι, φυγὰς θεόθεν καὶ ἀλήτης, / νείκεϊ μαινομένῳ πίσυνος ("Among them I too am now, an exile from the gods and a wanderer, because I placed my trust in raging Strife").

— Madness (μαινομένῳ) is here a feature of Strife. In fragment 3, Empedocles used the substantive μανίη to refer to the madness of a vague τῶν, which is generally taken to refer to other poets or philosophers①. There is no other occurrence of any word based on μανίη in the fragments.

— The motive of the trust we put in someone is expressed by the adjective πίσυνος, which is derivated from πείθω *via* πιστός②. In the poem *On nature*, this lexical field refers to the power of persuasion of poetic discourse, as we saw earlier, especially when the poet reflects on the relationship between the poem and the observation of reality.

It is thus noteworthy that, in fr. 115.14, Empedocles uses, in a single hemistich, two terms whose meanings are elsewhere tightly connected with the new conceptions he elaborates. If we consider that the narrator of the *Purifications* was banished and forced to incarnate in order to be purified of his crime, which he committed due to the trust he put in Strife, it is then very remarkable that, in fragment 3, the notion of purity (καθαρῶν στομάτων, l. 3.2) was also given specific importance. Thus all these elements function as hints in the text that invite the listener to draw, for himself, these conclusions concerning the relationship between the *daimon*'s crime and the new definition of poetic discourse. We here have a body of evidence that allows us to accept that, within the *Purifications*, the new poetic discourse featured in the poem *On nature* works as a counterpart of the crime that the *daimon* commited towards the divine: the poem *On nature* is reanalyzed in the *Purifications* as an act of piety towards the gods— and especially towards Love, since the Muse is dependent on her power. The aim of the poem is to describe the role of the four elements and that of Love

① Diels considered τῶν to refer to Parmenides (1901, 107); Bollack considers that it refers to those who profess the false promises of fr. 111 DK (1969, III, p.26); Sturz and Karsten preferred not to give a definite referent to the pronoun (Sturz 1805, p.639; Karsten 1838, p.175; Wright 1995, p.158).

② Chantraine 2008, pp.868-869.

and Strife at every level of the universe; but the narrator describes the poem as dependent on the power of a Muse connected to Love. Hence the poem *On nature* makes sense, in the context of the *Purifications*, as a counterpart of the trust the narrator put in Strife at the expense of all other gods, and which motivated his crime. We may speak of "counterpart" since, as I argued, the aim of the poem *On nature* is to give justice to the role of each principle.

Conclusion

Empedocles intended to provide a new definition of traditional theology, a new interpretation of the world, and a new understanding of human nature. By describing his Muse as connected to the power of Love, and by advocating a piety directed towards the true gods, he takes a stance on the role of poetic composition within his philosophical system, in which reformations of theology, cosmology, biology, and—consequently—poetry are tightly connected. He also explains why the earlier poets are mistaken: they modified the true message of the Muse to attain mortal honor. He then constructs a close relationship between what the poets express and the concrete conditions of performance of their poems.

His own poetic composition is based on very specific epistemological grounds: when the poetic discourse bears on the world, there is a collaboration between sense perception and poetry. This is justified from within Empedocles's system by a biological argument: Strife divided men's faculties of knowledge within their bodies. When the poetic discourse bears on gods who escape sense perception, the narrator lets the Muse speak.

The various levels of poetic technique (meter and prosody, the use of similes, of catalogues, of ring and spiral composition, of *Ritornell* and of episodic composition) are adapted to the project of the philosopher-poet. His work on the choice of the internal addressees also allows him to add an ethical aspect to his thought, and to take a stance on the role he gives to his original philosophical knowledge in the Greek world of his time: the internal addressees represent a projection of what the audience will become if they understand and accept the contents of the poems.

I have argued, finally, that Empedocles's project was unified through the poem *On nature* and the *Purifications*. The latter interprets the former as an atonement for the crime that was committed by the *daimon* when he put his trust in Strife—at the expense of all the other gods or divine principles. The *Purifications* and the poem *On nature* feature a thematic network, of which we may collect traces in the fragments, that bears on the notions of madness, persuasion, piety, and purification.

Therefore, at all the levels of meaning and poetic construction that we examined, we can conclude that poetry and philosophy are unified by Empedocles in one single project, both intellectual and aesthetic. One of the strengths of Empedocles's proposal is to integrate poetic and cultural traditions on which he (critically) draws, to reform them into a philosophical poem which provides new and strong answers to the fundamental questions that define human beings and our understanding of the universe.

(Xavier Gheerbrant, Assistant Professor of Philosophy, Sichuan University, School of Public Administration, Department of Philosophy)

References

Barnes Jonathan. 1982. *The Presocratic philosophers*. 2 vol. London, New York:

Routledge.

Bergk Wilhelm Theodor. [1839] 1886. *Commentatio de prooemio Empedoclis.* Berlin: Druckerei der Königlichen Akademie der Wissenschaften; repr. in Rudolf Heinrich Peppmüller (ed.). *Kleine Philologische Schriften.* Vol. 2: *Zur Griechischen Literatur.* Halle: Buchhandlung des Waisenhauses, 8-43.

Bernabé Alberto. 1979. "Los filósofos presocráticos como autores literarios." *Emerita* 47(2), 357-394.

Bernabé Alberto. 1996. *Poetae epici Graeci: testimonia et fragmenta.* Vol. 1. Munich, Leipzig: K.G. Saur.

Bignone Ettore. 1916. *I poeti filosofi della Grecia: Empedocle, studio critico, traduzione e commento delle testimonianze e dei frammenti.* Turino: Bocca (repr. 1963. Roma: L'Erma di Bretschneider).

Bollack Jean. 1965 - 1968. *Empédocle: les Origines.* Vol. 1: *Introduction à l'ancienne physique* (1965). Vol. 2: *Édition critique et traduction des fragments et des témoignages* (1968). Vol. 3: *Commentaire.* Paris: Minuit.

Bollack Jean. 2003. *Les purifications: un projet de paix universelle.* Paris: Seuil.

Bordigoni Carlitria. 2004. "Empedocle e la dizione omerica." In: Livio Rossetti, Carlo Santaniello (eds.). *Studi sul pensiero e sulla lingua di Empedocle.* Bari: Levante, 199-290.

Cerri Giovanni. 1999. *Parmenide di Elea: poema sulla natura.* Milano: Biblioteca Universale Rizzoli.

Chantraine Pierre. 2008. *Dictionnaire étymologique de la langue grecque.* Paris: Klincksieck.

Clay Jenny Strauss. 2003. *Hesiod's Cosmos.* Cambridge: Cambridge University Press.

Diels Hermann and Kranz Walther. 1951-1952. *Die Fragmente der Vorsokratiker.* 3 vols. Berlin: Weidmann.

Diels Hermann. [1898] 1969. "Über die Gedichte des Empedokles." *Sitzungsberichte der königlich preussischen Akademie der Wissenschaften zu Berlin* 63, 396-415; repr. in: Walter Burkert (ed.). *Kleine Schriften zur Geschichte der antiken Philosophie.* Darmstadt: Wissenschaftliche Buchgesellschaft, 127-146.

Diels Hermann. 1901. *Poetarum philosophorum fragmenta.* Berlin: Weidmann.

Ford Andew. 2003. "From Letters to Literature: Reading the 'Song Culture' of Classical Greece." In: Yunis Harvey (ed.). *Written Textes and the Rise of Literate Culture in Ancient Greece.* Cambridge: Cambridge University Press, 15-37.

Gallavotti Carlo. 1975. *Empedocle Poema fisico e lustrale.* Milano: Fondazione Lorenzo Valla.

Gemelli Marciano M. Laura. 1990. *Le metamorfosi della tradizione: mutamenti di significato e neologismi nel* Peri Physeos *di Empedocle*. Bari: Levante.

Gemelli Marciano M. Laura. 2011. *Die Vorsokratiker*. Vol. 2: *Parmenides, Zenon, Empedokles*. Berlin: Akademie Verlag.

Gentili Bruno and Lomiento Liana. 2003. *Metrica e ritmica: storia delle forme poetiche nelle Grecia antica*. Milano: Mondadori Università.

Gheerbrant Xavier. 2017. *Empédocle, une poétique philosophique*. Paris: Classiques Garnier.

Gheerbrant Xavier. 2018a. "Le rythme de la prose de Phérécyde de Syros: mythographie en prose et poésie en hexamètre dactylique." *Mnemosyne* 71(3), 367-383.

Gheerbrant Xavier. 2018b. "*Ritornell* and Episodic Composition in Empedocles." *Yearbook of Ancient Greek Epic* 2, 40-77.

Gheerbrant Xavier. 2018c. "Théorie poétique, vérité et représentation du divin chez Empédocle et Pindare." *Pallas* 2018 (forthcoming).

Graham Daniel W. 1988. "Symmetry in the Empedoclean Cycle." *Classical Quarterly* 38, 297-312.

Granger Herbert. 2007. "Poetry and Prose: Xenophanes of Colophon." *Transactions of the American Philological Association* 137(2), 403-433.

Hardie Alex. 2013. "Empedocles and the Muse of the *agathos logos*." *American journal of philology* 134(2), 209-246.

Harris William Vernon. 1989. *Ancient literacy*. Cambridge (Mass.): Harvard University Press.

Inwood Brad. 2001. *The Poem of Empedocles*. Toronto: University of Toronto Press (1992).

Iribarren Leopoldo. 2013. "Les peintres d'Empédocle (DK 31 B23): enjeux et portée d'une analogie préplatonicienne." *Philosophie antique* 13, 83-115.

Jacoby Felix. 1957. *Die Fragmente der Griechischen Historiker*. Vol. 1: *Genealogie und Mythographie*. Leiden: Brill.

Kahn Charles H. 2003. "Writing philosophy: prose and poetry from Thales to Plato." In: Yunis Harvey (ed.). *Written Textes and the Rise of Literate Culture in Ancient Greece*. Cambridge: Cambridge University Press, 139-161.

Karsten Simon. 1838. *Philosophorum Graecorum ueterum praesertim qui ante Platonem floruerunt operum reliquiae, recensuit et illustravit. Vol. 2: Empedoclis carminum reliquiae*. Amsterdam: Müller.

Knox Bernard MacGregor Walker. 1985. "Books and Readers in the Greek World." In: Patricia E. Easterling, Bernard MacGregor Walker Knox (eds.). *The Cambridge history of classical literature*. Vol. 1: *Greek Literature*. Cambridge:

Cambridge University Press, 1–15.

Laks André and Most Glenn W. (in collab. with G. Journée and assisted by L. Iribarren). 2016. *Early Greek Philosophy*. Vol. 5.2: *Western Greek Thinkers*. Cambridge (MA): Harvard University Press.

Laks André. 2001. "Écriture, prose, et les débuts de la philosophie grecque." *Methodos* 1, 1–16.

Lloyd-Jones Hugh, Parson Peter. 1983. *Supplementum Hellenisticum*. Berlin: De Gruyter.

Long Anthony A. 1985. "Early Greek Philosophy." In: Patricia E. Easterling, Bernard MacGregor Walker Knox (eds.). *The Cambridge history of classical literature*. Vol. 1: *Greek Literature*. Cambridge: Cambridge University Press, 245–257.

Lorusso Anna Maria. 2005. "Dal semplice al complesso: Valenza strutturale e didattica della tecnica dell'eco in Empedocle." *Quaderni del Dipartimento di filologia linguistica e tradizione classica Augusto Rostagni* 4, 109–124.

Mansfeld Jaap, Primavesi Oliver. 2011. *Die Vorsokratiker*. Stuttgart: Reclam.

Martin Alain, Primavesi Oliver. 1999. *L'Empédocle de Strasbourg* (*P. Strasb. gr. Inv. 1665–1666*): *Introduction, édition, et commentaire*. Berlin: De Gruyter.

Most Glenn W. 1999 "The Poetics of Early Greek Philosophy." In: Anthony A. Long (ed.). *The Cambridge Companion to Early Greek Philosophy*. Cambridge: Cambridge University Press, 332–362.

Nagy Gregory. 1989. "Early Greek views of Poets and Poetry." In: George A. Kennedy (ed.). *The Cambridge History of Literary Criticism. Vol. 1: Classical Criticism*. Cambridge: Cambridge University Press, 1–77.

Nagy Gregory. 1990. *Pindar's Homer: The Lyric Possession of an Epic Past*. Baltimore, London: Johns Hopkins University Press.

O'Brien Denis. 1969. *Empedocles' Cosmic Cycle: A Reconstruction from the Fragments and Secondary Sources*. London: Cambridge University Press.

Osborne Catherine. 1987. "Empedocles Recycled." *Classical Quarterly* 37, 24–50.

Osborne Catherine. 1998. "Was Verse the Default Form for Presocratic Philosophy?" In: Catherine Atherton (ed.). *Form and content in didactic poetry*. Bari: Levante, 23–35.

Palmer John. 2013. "Revelation and Reasoning in Kalliopeia's Address to Empedocles." *Rhizomata* 1(2), 308–329.

Pfeiffer Rudolf. 1968. *History of Classical Scholarship: From the Beginnings to the End of the Hellenistic Age*. Oxford: Clarendon Press.

Picot Jean-Claude. 2012. "Sagesse face à Parole de Zeus: une nouvelle lecture du fr. 123.3 DK d'Empédocle." *Revue de Philosophie ancienne* 30(1), 23–57.

Picot Jean-Claude. 2004. "Les cinq sources dont parle Empédocle." *Revue des études grecques* 117 (2), 393-446.

Pucci Pietro. 1995. *Ulysse Polytropos: lectures intertextuelles de l'Iliade et de l'Odyssée.* Villeneuve d'Ascq: Presses Universitaires du Septentrion (transl. from English by Janine Routier-Pucci, preface by Philippe Rousseau).

Rosenfeld-Löffler Annette. 2006. *La poétique d'Empédocle: Cosmologie et métaphore.* Bern: Peter Lang.

Rossetti Livio and Santaniello Carlo (eds.). *Studi sul pensiero e sulla lingua di Empedocle.* Bari: Levante.

Rousseau Philippe. 1996. "Instruire Persès: notes sur l'ouverture des *Travaux* d'Hésiode." In: Fabienne Blaise, Pierre Judet de La Combe and Philippe Rousseau (eds.). *Le métier du mythe: lectures d'Hésiode.* Villeneuve d'Ascq: Presses Universitaires du Septentrion, 93-168.

Rousseau Philippe. 2011. "Remarques sur quelques usages des structures concentriques dans la poésie archaïque grecque." In: Roland Meynet and Jacek Oniszczuk (eds.). *Retorica biblica e semitica 2: atti del secondo convegno RBS.* Bologna: Centro editoriale dehoniano, 233-254.

Santoro Fernando. 2013. "Allégories et rondeaux philosophiques dans le Poème de la Nature d'Empédocle." *Χώρα REAM* 11, 183-200.

Schneidewin Friedrich Wilhelm. 1851. "Neue verse des Empedokles." *Philologus* 6, 155-167.

Sedley David. 2006. *Creationism and its Critics in Antiquity.* Berkeley: University of California Press.

Sturz Friedrich Wilhelm. 1805. *Empedocles Agrigentinus.* 2 vols. Leipzig: Göschen.

Thesleff Holger. 1990. "Presocratic Publicity." In: Teodorsson Sven-Tage (ed.). *Greek and Latin Studies in Memory of Cajus Fabricius.* Göteborg, 110-121.

Thomas Rosalind. 2003. "Prose Performance Texts: *Epideixis* and Written Publication in the Late Fifth and Early Fourth Century." In: Yunis Harvey (ed.). *Written Textes and the Rise of Literate Culture in Ancient Greece.* Cambridge: Cambridge University Press, 162-188.

Trépanier Simon. 2003. "Empedocles on the Ultimate Symmetry of the World." *Oxford Studies in Ancient Philosophy* 24, 1-57.

Trépanier Simon. 2004. *Empedocles: An Interpretation.* London, New York: Routledge.

Tucker G.M. 1931. "Empedocles in Exile." *Classical Review* 45, 49-51.

van Otterlo Willem Anton 1945. "Eine merkwürdige Kompositionsform der älteren griechischen Literatur." *Mnemosyne* 12, 192-207.

Vítek Tomáš. 2006. *Empedoklés.* Vol. 2: *Zlomky.* Praha: Herrmann & Synové.

Wersinger Anne Gabriėle. 2008. *La Sphère et l'intervalle: Le schème de l'harmonie dans la pensée des anciens Grecs d'Homère à Platon*. Grenoble: Millon.

West Martin Licthfield. 1982. *Greek metre*. Oxford: Clarendon Press.

West Martin Litchfield. 1971–1972. *Iambi et elegi graeci*. 2 vol. Oxford: Clarendon Press (corr. suppl. 1990).

Wright Maureen Rosemary. 1995. *Empedocles: The Extant Fragments*. London: Bristol Classical Press.

研究综述

Research Survey

Recent Homeric Research

Xian Ruobing

> "*How Homerists use the proper noun 'Homer' does not in the end alter the results of their analyses*"①

The present article is a survey of the most recent Homeric studies. It does not repeat the story of the nineteenth and twentieth century Homeric scholarship, for which I strongly recommend J. Latacz (ed.), *Zweihundert Jahre Homer-Forschung* (Stuttgart, 1991). By contrast, I will give an account of the current status of Homeric studies with special reference to the new trends.②

① J. L. Ready, *The Homeric Simile in Comparative Perspectives: Oral Traditions from Saudi Arabia to Indonesia*, Oxford, 2017, at 6.

② For those who are more interested in other aspects of Homeric studies, F. Montanari (ed.), *Omero tremila anni dopo*, Roma, 2002, alongside helpful companions and encyclopedia, offers some orientation. See I. Morris and B. Powell (eds.), *A New Companion to Homer*, Leiden, 1997; R. Fowler (ed.), *The Cambridge Companion to Homer*, Cambridge, 2004; A. Rengakos (ed.), *Homer-Handbuch: Leben — Werk — Wirkung*, Stuttgart, 2011; M. Finkelberg (ed.), *The Homer Encyclopedia*, Oxford, 2011.

Homeric questions[①]

The old battle between Analytics and Unitarians is over[②]. There is no disagreement among Homerists about the oral character of the Homeric epics. Not only formulaic expressions but also type-scenes and recurrent story patterns are representative of a long-standing oral tradition[③]. The main stream of contemporary Homerists takes a more or less Unitarian shape modified by an oralist approach, understanding the *Iliad* and *Odyssey* as meaningful unity essentially composed and performed against the backdrop of the aforementioned oral poetry tradition. The focus of scholars has been shifted from the 'Entstehungsgeschichte' to the (literary) interpretation of epic narrative.

This change of focus has also given rise to the corroboration between oral poetry theory and neoanalysis[④], both presupposing a long tradition before Homer: while the former focuses on the verbal craft of this tradition, the latter addresses to its mythological contents[⑤]. Both

---

① Cf. A. Heubeck, *Die homerische Frage: ein Bericht über die Forschung der letzten Jahrzehnte*, Darmstadt, 1974. Following G. Nagy, "Homeric Questions", *TAPA* 1992(122), 17-60, I use the plural "Homeric Questions" instead of "die homerische Frage".

② M.L. West, *The Making of the* Iliad (Oxford, 2011) and *The Making of the* Odyssey (Oxford, 2014) are rare exceptions.

③ To list only four most influential works, M. Parry, *L'épithète traditionnelle dans Homère. Les formules et la métrique d'Homère*, Paris, 1928; W. Arend, *Die typischen Scenen bei Homer*, Berlin, 1933; A.B. Lord, *The Singer of Tales*, Cambridge, MA, 1960; B. Fenik, *Studies in the* Odyssey Wiesbaden, 1974.

④ It is worth noting that neoanalysis is coined by the frequent use of Kullmann and his followers in terms of 'Motivübertragung' ('the taking over of motifs') that is interested in the history of motifs, whereas Kakridis' original use of the term sets "emphasis on the artistic motivation for taking over a particular motif or for specific mythological allusion and on Homer's poetic skill in doing so" (S.L. Schein, "Ioannis Kakridis and Neoanalysis", in *Homeric Epics and its Reception: Interpretive Essays*, Oxford, 2016, pp.127-136, at 136).

⑤ See esp. F. Montanari, A. Rengakos and C. Tsagalis (eds.), *Homeric Contexts: Neoanalysis and the Interpretation of Oral Poetry*, Berlin, 2012. The compatibility of oral poetry theory and neoanalyis has been long since suggested; cf. e.g. W. Kullmann, "Oral Poetry Theory and Neoanalysis in Homeric Research", *GRBS* 1985(25), pp.307-324. The renewed interest in the relation between these two schools results from the new (转下页)

aspects are cast against the performance context of Homeric poetry①. The oral poetry tradition forms the 'Erwartungshorizont' ('Horizon of Expectations') against which *the informed audience* was in a position to understand and appreciate the singer's art of composition, drawing on their experience of epic performance and their knowledge of narrative patterns②. The significance generated by the interaction between bard and audience is reinforced by a combination of neoanalysis and oral poetry theory. Two points are at stake. On the one hand, the significance of motif transference argued by neoanalysts is explained in a way acceptable from an oralist perspective. On the other hand, intertextuality generally denied by oralists also makes sense to some Homerists from the oral poetry school. More precisely, oralists like Burgess and Bakker themselves have suggested significant links between Homeric passages in terms of 'traditional referentiality' and 'interformularity', while neoanalyst arguments are accounted for without presuming the fixity of text③.

(接上页) trends in Homeric studies which call particular attention to the significance of the audience's response; cf. J. S. Burgess, "Neoanalysis, Orality, and Intertextuality: An Examination of Homeric Motif Transference", *Oral Tradition* 2006(21), pp.148-189.

① Important works include R.P. Martin, *The Language of Heroes. Speech and Performance in the Iliad*, Ithaca, 1989; E. J. Bakker, "Discourse and Performance: Involvement, Visualization, and 'Presence' in Homeric Poetry", *ClAnt* 1993(12), 1-29, and *Pointing to the Past: From Formula to Performance in Homeric Poetics*, Washington, D.C., 2005.

② See esp. J. M. Foley, *Immanent Art: from Structure to Meaning in Traditional Oral Epic*, Bloomington, 1991; *Homer's Traditional Art*, University Park, 1999. The term 'Erwartungshorizont' stems from H.R. Jauß, *Literaturgeschichte als Provokation*, Frankfurt, 1970.

③ J. S. Burgess, 'Intertextuality without Text in Early Greek Epic', in Ø. Andersen and D.T. Haug (eds.), *Relative Chronology in early Greek epic poetry*, Cambridge, 2012, pp.168-183; E.J. Bakker, *The Meaning of Meat and the Structure of the* Odyssey, Cambridge, 2013, who proposes the term 'interformularity', which 'is based on the judgment of the performer/poet and the audience as to the degree of similarity between two contexts: the more specific a formula and/or the more restricted its distribution, the greater the possible awareness of its recurrence and of its potential for signaling meaningful repetition. In this way the scale of interformularity does not code what is for the modern reader or scholar — the scholar of Virgil or Apollonius of Rhodes — the likelihood of allusion or quotation, but what is for the epic poet and his audience specificity of the similarity of scenes to each other' (159). Other scholars who have also used 'Intertextuality' to interpret Homer include P. Pucci, *Odysseus Polutropos: Intertextual Readings in the* Odyssey *and the* Iliad (Ithaca, 1987) and C.K. Tsagalis, *The Oral Palimpsest: exploring Intertextuality in the Homeric Epics* (Washington, D.C., 2008).

Homer's date remains a topic of controversy. Gregory Nagy's 'evolutionary model' popularized among American scholars allows the fluidity of Homeric epics until the Hellenistic era①. By contrast, European critics mainly ascribe an early phase of fixation to the *Iliad* and *Odyssey*, the date of which deserves scrutiny. A majority of scholars accept an 8th century Homer, but some prominent Homerists argue for a 7th century Homer②.

More important is the identification of scholarly methods by which the results are achieved. Two methods rely on relative chronology of early hexameter poetry. Richard Janko's study seems to confirm the traditional view that the *Iliad* is older than the *Odyssey* and Homer is older than Hesiod, a thesis based on his statistics of diminishing archaisms like digamma (observed) and gen. sing. in -οιο③. But the methodology endorsed in the statistics is not free from criticisms. As Martin West has pointed out, "Individual poets will have differed in their propensity to archaism and resistance to newer forms. Dialect differences in their vernaculars will have affected both the choices available to them and their perceptions of what was the poetic (non-vernacular) alternative. Differences of genre and subject matter will also

---

① E.g. J. Marks, *Zeus in the* Odyssey, Washington, D.C., 2008; D. Elmer, *The Poetics of Consent: Collective Decision Making and the Iliad*, Baltimore, 2013. But the early textual evidence for Homeric epics—in stark contrast to the fluidity of cyclical epics—seems to be fundamentally against Nagy's "evolutionary model", which allows a certain fluidity of Homeric texts until the Hellenistic era. This point has been clearly shown by M. Finkelberg, "The *Cypria*, the *Iliad*, and the Problem of Multiformity in Oral and Written Tradition", *CP* 2000(95), 1–11. Nagy's response "Homeric Poetry and Problems of Multiformity: the 'Panathenaic Bottleneck'", *CP* 2001(96), 109–119 fails to convince. Other objections to Nagy's "evolutionary model" have been summarized by B. Currie, *Homer's Allusive Art*, Oxford, 2016, at 15–17.

② W. Burkert, "Das hunderttorige Theben und die Datierung der *Ilias*", *WS* 1976(89), pp.5–21; M. L. West, "The Date of the *Iliad*", *MH* 1995(52), pp.203–219. Cf. also J.-P. Crielaard, "Homer, History, and Archaeology", in: J.-P. Crielaard (ed.) *Homeric Questions*, Amsterdam, 1995, pp.201–288.

③ R. Janko, *Homer, Hesiod, and the Hymns: Diachronic Development in Epic Diction*, Cambridge, 1982.

have affected the outcome"[1].

Martin West's own methodology based on 'thematic dependence', which is "thematic material that we have reason to think was new at the time or specific to a particular poem"[2], is even more problematic. His approach is similar to that practiced by neoanalysts who argue for 'motif priority'. Unfortunately, 'thematic dependence' is subject to highly subjective views. One example should suffice: while Martin West argues that "the *Aethiopis* contained three major motifs that were innovations with respect to the *Iliad*"[3], the latter's dependence upon the former is forcefully proposed and defended by Wolfgang Kullmann, one of the most influential neoanalysts[4].

External evidence is extremely uncertain. Walter Burkert argues for a *terminus post quem* (663 BCE) for the *Iliad*, the year in which Egyptian Thebes was sacked by the Assyrians[5]. His thesis is based on the assumption that the passage at *Iliad* 9. 382–384 referring to the wealth of Egyptian Thebes implies an allusion to the sack of the city in 663. Even if this assumption were correct, "it could never prove the entire poem to be so late, since these lines have the form of an addition: line 381, οὐδ' ὅσ' ἐς Ὀρχομενὸν ποτινίσεται, οὐδ' ὅσα Θήβας, must originally have referred to the wealth of the greatest Boeotian cities of the Mycenaean world, while Αἰγυπτίας etc. in line 382 is in adding-style and changes the referent of 'Thebes'"[6]. Some

① M.L. West, "Towards a Chronology of Early Greek Epics", in Ø. Andersen and D. T. Haug (eds.), *Relative Chronology in Early Greek Epic Poetry*, Cambridge, 2012, pp.224–241, at 227.

② West (n.1), at 229.

③ West (n.1), at 229.

④ W. Kullmann, "Ilias und Aithiopis", *Hermes*, 2005(133), pp.9–28, which is a polemic against M.L. West, "Ilias and Aethiopis", *CQ* 2003(53), pp.1–14.

⑤ Burkert (p.220, n.2). This view has been accepted by West (p.220, n.2).

⑥ R. Janko, "From Gabii and Gordion to Eretria and Methone: The Rise of the Greek Alphabet", *BICS* 2015(58), pp.1–32, at 24. The possible reference to the Mycenaean world has been proposed by A. Kelly, "Homer and History: *Iliad* 9.381–4", *Mnemosyne* 2006(59), pp.321–333.

archaic vase paintings dating from the middle of the seventh century might depict Polyphemus' blending by Odysseus as recounted in our *Odyssey*, both of which throw the role played by wine into relief, an element absent from similar myths told in other oral traditions①. Again, this interpretation is still hotly debated②.

I do not intend to speak for a 7th century or an 8th century Homer. But I am more sympathetic to a sophisticated Homer. Instead of arguing whether Homer knew a historical factor (the use of script, the colonization movement, symposion etc.), it seems to be more promising to consider how Homer integrates certain historical phenomena into his narrative fabrication. No matter whether we accept a 7th century or an 8th century Homer, the poet of the *Iliad* did certainly know the use of script, irrespective of the relation of his own composition to the art of writing③. Jenny Strauss Clay has argued that at

---

① While early works like K. Friis Johansen, *The* Iliad *in Early Greek Art*, Copenhagen, 1967; K. Fittschen, *Untersuchungen zum Beginn der Sagendarstellungen bei den Griechen*, Berlin, 1969; R. Kannicht, "Poetry and Art: Homer and the Monuments Afresh", *ClAnt* 1982 (13), pp.70–86; K. Schefold, *Götter- und Heldensagen der Griechen in der früh- und hocharchaischen Kunst* (München, 1993) have attempted to find out iconographical evidences which refer directly to the *Iliad* and the *Odyssey*, scholars like A.M. Snodgrass, "Poet and Painter in Eight-Century Greece", *PCPS* 1979(25), pp.118–130, also his *Homer and the Artists* (Cambridge, 1998), S. Lowenstam, "The Uses of Vase-depictions in Homeric Studies", *TAPA* 1992(122), pp.165–198, also his "Talking Vases: The Relationship between the Homeric Poems and Archaic Representations of Epic Myth", *TAPA* 1997(127), pp.21–76, and J. S. Burgess, *The Tradition of the Trojan War in Homer and the Epic Cycle* (Baltimore, 2001) have called the aforementioned approach into question. L. Giuliani, *Bild und Mythos. Geschichte der Bilderzählung in der griechischen Kunst* (München, 2003) 96–105 argues that the vessel depicted in some archaic vases pointing to Polyphemus' inebriation is a distinct element of our *Odyssey*, which is not required by pictorial convention either.

② Burgess (n.1), at 94–114 thinks of a lost oral tradition involving the inebriation, from which this feature in our *Odyssey* is derived. I agree with J. Grethlein, "Vision and Reflexivity in the *Odyssey* and Early Vase-painting", *Word & Image* 2015(31), 197–212, at 203, who argues that "[i]t is not plausible to discard a possible reference to a preserved poem, backed up by a specific element, in favour of a purely hypothetical feature of a tradition that has left no traces".

③ For the most recent treatment of this topic see Janko (p.221, n.6), who argues that the date of the inscriptions found at Methone might "be raised to c.825 at the latest" (1). For a survey see H. L. Lorimer, "Homer and the Art of Writing: A Sketch of Opinions between 1713 and 1939", *AJA* 1948(52), pp.11–23.

Il. 7.86–91 Homer alludes to the use of script as medium by which the renown of Hector is to be conveyed①. Similarly, the description of the Goat Island at *Od.* 9.116–141 could have been interesting to Homer's primary audience, since it reflects upon the colonization movement of the audience's own time②. Homer's awareness of, and his allusion to, the symposion as an institution has also been suggested by some scholars, who focus on Homer's adaptation of the motif which serves to enrich his fabrication of the heroic age③.

Kunstsprache

Contemporary Homeric scholars are grateful to the completion of *Lexikon des Frühgriechischen Epos* (Göttingen, 1955—2010)④ and the new edition of Pierre Chantraine's *Dictionnaire étymologique de la langue grecque, histoire des mots* (Paris, 2009) with a helpful supplement. The main stream of Homeric studies, however, has been

---

① J.S. Clay, "Homer's Epigraph: *Iliad* 7.87–91", *Philologus* 2016(160), pp.185–196; but see already G. Nagy *Homeric Questions* (Austin, 1996), at 36. Homer's relationship with, and possible allusion to, the archaic epigram is a complicated case; cf. e.g. O. Vox, "Epigrammi in Omero", *Belfagor* 1975(30), pp.67–70; R. Scodel, "Inscription, Absence and Memory: Epic and Early Epitaph", *SIFC* 1992(10), pp.57–76; D. Elmer, "Helen Epigrammatopoios", *ClAnt* 2005(24), pp.1–39; A. Petrovic, "Archaic Funerary Epigram and Hector's Imagined Epitymbia", in A. Efstathiou/ I. Karamanou (eds.), *Homeric Receptions: Literature and the Performing Arts*, Berlin/New York, 2016, pp.45–58.

② See F. Stein-Hölkeskamp, "Im Land der Kirke und der Kyklopen. Immigranten und Indigene in den süditalischen Siedlungen des 8. und 7. Jahrhunderts v. Chr.", *Klio* 2006(88), pp.311–327; R. Xian, "Der *Chronotopos* der Ziegeninsel (Hom. *Od.* 9.116–141)", *Mnemosyne* 2017(70), pp.899–919.

③ See esp. M. Węcowski, "Homer and the Origins of the Symposion", in F. Montanari (ed.), *Omero tremila anni dopo*, Roma, 2002, pp. 625–637; *The Rise of the Greek Aristocratic Banquet*, Oxford, 2014.

④ Cf. M. Meier-Brügger (ed.), *Homer, gedeutet durch ein großes Lexikon: Akten des Hamburger Kolloquiums vom 6.–8. Oktober 2010 zum Abschluss des Lexikons des frühgriechischen Epos*, Berlin, 2012.

no longer interested in such *genetic* questions as the genesis of the hexameter[①], the existence of an 'Aeolic phase'[②], or the Indo-European poetic formula[③]. By contrast, Homer's *Kunstsprache* has been intensively analyzed from modern linguistic and narratological perspective[④]. A new balance between classical philology and historical

---

① Cf. E. Tichy, *Älter als der Hexameter? Schiffskatalog, Troerkatalog und vier Einzelszenen der* Ilias, Bremen, 2010. On this topic, I refer to K. Itsumi, "The 'Choriambic Dimeter' of Euripides", *CQ* 1982(32), pp.59-74, at 59-60, whose criticism on G. Nagy, *Comparative Studies in Greek and Indic Metre* (Cambridge, MA, 1974) is indispensable for the discussion.

② Cf. D.T.T. Haug, *Les phases de l'évolution de la langue épique: trois études de linguistique homérique*, Göttingen, 2002; B. Jones, "Relative Chronology and an 'Aeolic Phase' of Epic", in Ø. Andersen and D.T. Haug (eds.), *Relative Chronology in Early Greek Epic Poetry*, Cambridge, 2012, pp.44-64. Especially worth reading is O. Hackstein, *Die Sprachform der homerischen Epen: Faktoren morphologischer Variabilität in literarischen Frühformen: Tradition, Sprachwandel, sprachliche Anachronismen* (Wiesbaden, 2002), who points to the importance of the poet's Ionic vernacular. This view suits better a 7th century Homer-though Hackstein simply accepts an 8th century Homer without taking the arguments by Burkert and West seriously, since it may indicate a closer relationship between Homer and archaic Ionic elegy. Not only could elegiac poems borrow from the epics' themes and formulas, but Homer was also liable to draw on motifs and phrases used in archaic martial elegy as transmitted to us from the fragments of Callinus of Ephesus and Tyrtaeus of Sparta. To quote Martin West, "Echoes of Hesiod and Elegy in the *Iliad*", in M.L. West, *Hellenica: Selected Papers on Greek Literature and Thought*, Oxford, 2011, pp.209-232, at 232, "We cannot tell whether he (Homer) knew the particular elegists of whom a few excerpts have come down to us, but he certainly knew elegy of the type they practiced"; cf. G. Zanetto, "Omero e l'elegia arcaica", in G. Zanetto (ed.), *Momenti della ricezione omerica*, Milano, 2004, pp.37-50; C. Nobili, "Tra epos ed elegia: il nuovo Archiloco", *Maia* 2009(61), pp.229-249.

③ The validity of some well-established cases of inherited Indo-European formula has been called into question; see esp. A. J. Nussbaum, *Two Studies on Greek and Homeric Linguistics* (Göttingen, 1998), at 130-45 on Homeric δῶτορ ἑάων (*Od*. 8.325), and also M. Finkelberg, "Is ΚΛΕΟΣ ΑΦΘΙΤΟΝ a Homeric Formula?", *CQ* 1986(36), pp.1-5; "More on ΚΛΕΟΣ ΑΦΘΙΤΟΝ", *CQ* 57 (2007), pp.341-350, who has persuasively argued against the parallel between κλέος ἄφθιτον at *Il*. 9.413 and the Vedic *śrávas … ákṣitam* at Ṛg-Veda 1.9.7. For κλέος ἄφθιτον in Sappho see now R. Xian, "ΚΛΕΟΣ ΑΦΘΙΤΟΝ in Sappho fr. 44.4 V", *Hermes* (forthcoming).

④ E.g. Bakker (p.219, n.1); E. Minchin, *Homeric Voices: Discourse, Memory, Gender*, Oxford, 2007; D. Beck, *Speech Presentation in Homeric Epic*, Austin, 2012; A. Bonifazi, *Homer's Versicolored Fabric: the Evocative Power of Ancient Greek Epic Word Making*, Cambridge MA, 2012; R.A. Knudsen, *Homeric Speech and the Origins of Rhetoric*, Baltimore, 2014.

linguistics is called for①.

Literary interpretation

As indicated above, the main task of current Homeric studies lies in the literary interpretation of the epic narrative. At the time of the publication of Jasper Griffin's *Homer on Life and Death* (Oxford, 1980)②, the literary interpretation of Homer was, surprisingly, a neglected issue, not least due to the dominance of oral poetry theory③. Griffin's success mainly relies on two kinds of predecessors. Not only did he 'rediscover' the value of German scholarship, represented by W. Schadewaldt, *Ilias-Studien* (Leipzig, 1938) and K. Reinhardt, *Die Ilias und ihr Dichter*

---

① Attempts in the field of syntax include J. Willmott, *The Moods of Homeric Greek*, Cambridge, 2007; A. Ruppel, *Absolute Constructions in Early Indo-European*, Cambridge, 2013; P. Probert, *Early Greek Relative Clauses*, Oxford, 2015. On Homeric phraseology, see T.G. Barnes, "Homeric ΑΝΔΡΟΤΗΤΑ ΚΑΙ ΗΒΗΝ" *JHS* 2011 (131), pp. 1–13; A. Nikolaev, "Showing Praise in Greek Choral Lyric and Beyond", *AJP* 2012(133), pp.543–572; É. Dieu, "L'étymologie de l'adjectif grec θεσπέσιος", *RPh* 2013(87), 41–59; J.M. Macedo, "The Month Name Ἀγαγύλιος, Artemis Ἀγαγυλαῖα and Homeric Phraseology", *CQ* 2015(65), pp.449–454; R. Xian, "An Etymological Note on Homeric ὑπόδρα", *GRBS* 2017(57), 261–267.

② Griffin has also published a number of important articles on Homer before and after his monograph 1980, including "Homeric Pathos and Objectivity", *CQ* 1976 (26), pp.161–85; "The Epic Cycle and the Uniqueness of Homer", *JHS* 1977(97), pp.39–51; "The Divine Audience and the Religion of the *Iliad*", *CQ* 1978 (28), pp.1–22; "Homeric Words and Speakers", *JHS* 1986(106), pp.36–57.

③ On the history of scholarship see esp. R.B. Rutherford, "At Home and Abroad. Aspects of the Structure of the *Odyssey*', *PCPS* 1985 (31), pp. 133–150 with bibliography that indicates how literary studies on Homer had become fashionable again, and I. J. F. de Jong, "Narratology and Oral Poetry: The Case of Homer", *Poetics Today*, 1991(12), pp.405–423, who concludes that, "while overcoming to a certain degree the impasse of the Unitarian-Analyst controversy, Parry's work itself created a new impasse with regard to interpreting the poems. As a result, literary studies of Homer were reduced to a small trickle in comparison with the vast torrent of formulaic studies" (407).

(Göttingen, 1961)①. He also pointed to the usefulness of ancient scholia for our literary appreciation of Homeric poetry②. Furthermore, Griffin's approach (e.g. 'Homeric Pathos and Objectivity', 'Homeric Words and Speakers') squares well with another important tool adopted by Homerists to appreciate Homeric poetry as literature: the narratological approach, first introduced to the field by Irene de Jong③.

Following Griffin and de Jong, the last three decades have brought out a number of important studies, to list only a few from the most recent years: Y. Rinon, *Homer and the Dual Model of the Tragic* (Ann Arbor, 2008), B. Sammons, *The Art and Rhetoric of the Homeric Catalogue* (Oxford, 2010), and J.L. Ready, *Character*, *Narrator*,

---

① See also de Jong (p.225, n.3), at 407 n.8: "The literary studies that appeared between, say, 1930 and 1980 were produced mainly by German scholars, notably, Schadewaldt (1938) and Reinhardt (1961), who took no notice at all of Parry's theory". But Reinhardt's resistance to Parry's theory is clearly formulated in his preface to *Die Ilias und ihr Dichter*, with special reference to the usefulness of the verbal repetition: "Die hier angewandte Betrachtungsweise schließt nun allerdings eine Auffassung vom Wesen der Wiederholungen aus, die ich nicht umhin kann, kurz zu charakterisieren. Ihr zufolge wäre es vergebliche Mühe, nach dem Wesen der Wiederholungen überhaupt auch nur zu fragen. Die Wiederholungen kämen ihr zufolge aus einer Art von allgemeiner Vorratskammer mündlicher Überlieferung ('oral tradition'), aus einer vom Rhapsodenstand verwalteten Riesensammlung handwerklicher Gedächtnisstützen für den Vortrag ... Ich kann dieses Buch nicht beginnen ohne zuvor darauf hinzuweisen, daß jene Auffassung darin nicht geteilt wird. Besteht sie zu recht, so wäre diesem Buche besser, daß es nie geschrieben worden wäre" (15-16).

② See esp. N.J. Richardson, "Literary Criticism in the Exegetical Scholia to the *Iliad*: A Sketch", *CQ* 1980(30), pp.265-287; R. Nünlist, *The Ancient Critic at Work: Terms and Concepts of Literary Criticism in Greek Scholia*, Cambridge, 2009.

③ Alongside her major publications I. J. F. de Jong, *Narrators and Focalizers. The Presentation of the Story in the* Iliad, (Amsterdam, 1987) and *A Narratological Commentary on the* Odyssey (Cambridge, 2001), important articles by de Jong include "*Iliad* 1.366-392: A Mirror Story", *Arethusa* 1985(18), pp.1-22; "Eurykleia and Odysseus' Scar: *Odyssey* 19.393-466", *CQ* 1985(35), pp.517-518; "The Subjective Style in Odysseus' Wanderings", *CQ* 1992(42), 1-11; "The Homeric Narrator and his own *kleos*", *Mnemosyne* 2006(59), pp.188-207; "The Shield of Achilles: from Metalepsis to *mise en abyme*", *Ramus*, 2011(40), pp. 1-14. For a criticism on de Jong's narratological approach see A. Köhnken, "Perspektivisches Erzählen im homerischen Epos: die Wiedererkennung Odysseus-Argos", *Hermes* 2003(131), pp.385-396; E. Krummen, "'Jenen sang seine Lieder der ruhmvolle Sänger ...' Moderne Erzähltheorie und die Funktion der Sängerszenen in der *Odyssee*", *A&A* 2008(54), pp.11-42; J. Grethlein, "Homeric Motivation and Modern Narratology. The Case of Penelope", *CCJ* 2018(64), pp.70-90.

and Simile in the Iliad (Cambridge-New York, 2011). Despite A. Purves, *Space and Time in Ancient Greek Narrative* (Cambridge-New York, 2010) and J.S. Clay, *Homer's Trojan Theater: Space, Vision, and Memory in the* Iliad (Cambridge, 2011), Homer's representation of space awaits ongoing research①. Another desideratum is a thorough study dedicated to the dramatization of emotions in Homer②.

The newest trend is the cognitive approach, which has contributed a lot to our understanding of Homer's poetic art. Cognitive science focuses on the study of the mind, embracing the philosophy of mind, psychology, neuroscience, and linguistics. In the wave of the first-generation cognitive science which is based on the MIND AS COMPUTER metaphor, Elisabeth Minchin has explored the ideals of cognitive psychology to reconsider the singer's storytelling process with special reference to the Homeric typical scene③. Similarly, Seth Schein has argued that drawing on recent work in cognitive neuro-linguistics, metrical anomalies in Homer can be shown as a means to give a distinctive flavour to the epic narrative④. By contrast, following the

---

① Cf. already Xian (p.223, n.2); "Die Ithakalandschaft in *Od.* 13", *Mnemosyne* 2017 (70), pp.537–561; "Geschlossener Raum und narrative Spannung in der *Odyssee*", *MD* 2017 (79), 9–29; "*Locus amoenus* und sein Gegenstück in *Od.* 5", *Hermes* 2018(146), pp.132–148; "Zur Beschreibung des Alkinoos-Palasts (*Od.* 7.84–132)", *Philologus* 2018(162), pp.189–207.

② Despite the studies focusing on the *Begriffsgeschichte* like D.L. Cairns, *Aidōs: the Psychology and Ethics of Honour and Shame in Ancient Greek Literature*, Oxford, 1993; "Ethics, Ethology, Terminology: Iliadic Anger and the Cross-cultural Study of Emotion", *YCS* 2003 (32), pp. 11–49, the dramatization of emotions in Homeric poetry remains a neglected theme.

③ Cf. E. Minchin, "Scripts and Themes: Cognitive Research and the Homeric Epic", *ClAnt* 1992 (11), 229–241; *Homer and the Resources of Memory. Some Applications of Cognitive Theory to the* Iliad *and the* Odyssey, Oxford, 2001.

④ S.L. Schein, "A Cognitive Approach to Greek Metre: Hermann's Bridge in the Homeric Hexameter and the Interpretation of *Iliad* 24", in S.L. Schein, *Homeric Epic and its Reception: Interpretive Essays*, Oxford, 2016, pp.93–115. A cognitive approach to Homeric metaphors has been suggested by F. Horn, "Visualising Hom. *Il.* 3.57: 'Putting on the Mantle of Stone'", *RhM* 2015 (158), pp.1–7; "'Sleeping the Brazen Slumber' — A Cognitive Approach to Hom. *Il.* 11.241", *Philologus* 2015 (159), pp.197–206; "'Building in the Deep': Notes on a Metaphor for Mental Activity and the Metaphorical Concept of Mind in Early Greek Epic", *G&R* 2016 (63), pp.163–74; "Dying is Hard to Describe: Metonymies and Metaphors of Death in the *Iliad*", *CQ* (forthcoming).

second-generation cognitive science which takes an enactive approach "concerned with embodiment and with the interaction between the organism and its environment"①, Jonas Grethlein and Luuk Huitink have argued that the vividness of Homeric narrative (*enargeia*) as admired by ancient critics goes back to the audience's visualization as an embodied response②.

Homer and the Near East

The recent years testify to a renewed interest in the Near Eastern background of the Homeric epics. It has been long since well-known that archaic Greek culture is to a great extent indebted to the Near Eastern civilization. Alongside pervasive influence in the material culture unmistakably demonstrable by archaeological evidence, scholars have argued for archaic Greek literature's debt to the ancient Near East. Walter Burkert and Martin West have gathered a number of plausible parallels between Greek and Near Eastern texts③. Beyond the identification of parallels, scholars have also taken the question of transmission into account. Many scholars have pointed to the existence of "the Eastern Mediterranean koine, a local Graeco-Levantine tradition with a strong Northwest Semitic component

---

① M. Caracciolo, *The Experientiality of Narrative: An Enactivist Approach*, Berlin, 2017, at 16, who refers to the distinction between the first-generation and the second-generation cognitive science made by G. Lakoff and M. Johnson, *Philosophy in the Flesh: the Embodied Mind and its Challenge to Western Thought*, New York, 1999.

② J. Grethlein and L. Huitink, "Homer's vividness. An Enactive Approach", *JHS* 2017 (137), pp.67-91.

③ W. Burkert, *Die orientalisierende Epoche in der griechischen Religion und Literatur*, Heidelberg, 1984; M.L. West, *The East Face of Helicon. West Asiatic Elements in Greek Poetry and Myth*, Oxford, 1997. On the problem of parallel, see now A. Lardinois, "Eastern Myths for Western Lies. Allusions to Near Eastern Mythology in Homer's *Iliad*", *Mnemosyne* (forthcoming).

(Canaanite or Syro-Phoenician)"①. Not denying the utility of Near Eastern material, Adrian Kelly inclines "the balance back towards the Greek side of the equation"②, while Johannes Haubold interprets the similarities between archaic Greek and Near Eastern texts in terms of 'Parallel Worlds' with "a broadly shared repertoire of ideas and narrative forms", centering on the question of divinity and mortality③.

With her monograph *From Hittite to Homer: The Anatolian Background of Ancient Greek Epic* (Cambridge, 2016), Mary R. Bachvarova attempts to make two innovative points. First, in contrast to the previous scholarly focus on the comparison between Homer and the Akkadian epics④, Bachvarova argues that Homeric poetry, especially the *Iliad*, was influenced by Hurro-Hittite narrative tradition. Her argument is mainly based on the observed similarities between the *Song of Release* and the *Iliad*, both opened by a dispute between two powerful antagonists⑤. In addition, she proposes the hypothesis that the

---

① Quoted from J.S. Clay and A. Gilan, "The Hittite 'Song of Emergence' and the *Theogony*", *Philologus* 2014(158), pp.1-9, at 6. Cf. W. Burkert, "Oriental and Greek Mythology. The Meeting of Parallels", in J.N. Bremmer (ed.) *Interpretations of Greek Mythology*, London, 1987, pp.10-40; R. Lane Fox, *Travelling Heroes*, New York, 2008; C. López-Ruiz, *When the Gods Were Born. Greek Cosmogonies and the Near East*, Cambridge, MA, 2010.

② A. Kelly, "The Babylonian Captivity of Homer. The Case of the *Dios Apatê*", *RhM* 2008(151), pp.259-304, at 260; cf. also A. Bernabé, "Influences orientales dans la littérature grecque. Quelques réflexions de méthode", *Kernos* 1995(8), pp.9-22; G.W. Most, "Violets in Crucibles. Translating, Traducing, Transmuting", *TAPA* 2003(133), pp.381-390; C. Metcalf, *The Gods Rich in Praise: Early Greek and Mesopotamian Religious Poetry*, Oxford, 2015.

③ J. Haubold, *Greece and Mesopotamia. Dialogues in Literature*, Cambridge, 2013, at 44; see already J. Haubold, "Greek Epic. A Near Eastern Genre?", *PCPS* 2002(48), pp.1-19. A shared art of allusion has been recently argued by Currie (p.220, n.1); cf. already B. Currie, "The Iliad, Gilgamesh and Neoanalysis", in F. Montanari, A. Rengakos and C. Tsagalis (eds.), *Homeric Contexts. Neoanalysis and the Interpretation of Oral Poetry*, Berlin, 2012, pp.543-580.

④ Cf. already H. Wirth, *Homer und Babylon: Ein Lösungsversuch der homerischen Frage vom orientalischen Standpunkte aus*, Breslau, 1921; H. Petriconi, "Das Gilgamesch-Epos als Vorbild der Ilias (Der Tod des Helden 1)", in A.S. Crisafulli (ed.), *Linguistic and Literary Studies in Honor of Helmut A. Hatzfeld*, Washington, D.C., 1964, pp.329-342.

⑤ See already M. Bachvarova, "The Eastern Mediterranean Epic Tradition from Bilgames and Akka to the *Song of Release* to Homer's *Iliad*", *GRBS* 2005(45), pp.131-153.

Cuthean Legend of Naram-Sin provides model for the Iliadic Hector who fails to understand the will of god. Second, Bachvarova reconsiders the When and How questions of culture borrowing by arguing for the theory of oral transmission. Giving a survey of Hurro-Hittite narrative song culture at Bronze Age Hattusa, she defines our literary evidence as a single genre, the transmission of which from the Hurrian to the Hittite succeeded orally. The same process of transmission, Bachvarova contends, is to be supposed from Hattusa to other parts of Anatolia, especially western Anatolia and the Anatolian coast, whose inhabitants were in direct contact with Greek-speakers in the Early Iron Age. It offers an interesting narrative of the prehistory of Homeric epics. Regrettably, I do not see how her reconstruction of the prehistory is related to the literary interpretation of the *Iliad* and *Odyssey*.

Conclusion

The contemporary Homeric studies focus on the literary interpretation: it is on Jasper Griffin's coattails. This main task also determines the reception of the most recent scholarly works on Homer. While the studies resulting from a renewed interest in the epics' Near Eastern background have been shown as less fruitful, the cognitive approaches taken by recent critics could shed new light on our understanding of Homer's narrative technique.

(Xian Ruobing, Department of History, Fudan University)

现代品达批评源流考*

马尔科姆·希斯
（刘保云 译）

有人说，“一致性（unity）历来是品达批评史的基本问题”[①]。可这个问题究竟如何进入品达批评领域，却未得到足够关注。杨（David Young）的研究虽颇具前瞻性，对1821年以前的品达批评却着墨不多。德国学者伯克（Boeckh）于1821年出版了里程碑式的品达注疏本，然而他遵循的研究进路并非一空依傍。长期以来，人们对品达诗歌的研究不可谓不细致，对品达诗歌的赏析不可谓不全面，不同研究层层累积，形成了品达研究的传统，伯克的进路实为这一研究传统的结晶[②]。本文以学术史为导向，力图证明这一情况。研究学术史最有价值的地方在于帮助我们确定自身在学术传承中所处的位

---

* Malcolm Heath，“The Origins of Modern Pindaric Criticism”，*The Journal of Hellenic Studies*（1986）：85-98.

① David Young，“Pindaric Criticism”，in W. M. Calder & J. Stern ed. *Pindaros und Bakchylides*，*Wege der Forschung* cxxxiv，Darmstadt 1970，pp.1-95. 引文来自第2页。该文曾发表于 *Minnesota Review* iv（1964）：584-641，后经修改再版于此。文中漏洞颇多，在后文中我将相应进行说明。尽管如此，该文对19、20世纪品达研究的梳理，可谓提纲挈领。

② “伯克和提叶施（Thiersch）以前，人们基本上并未正确理解品达，不欣赏他，也不喜欢他。”（Young，参见本页注释①，p.3，n.4）我们马上就会发现，这样的评价并不确切。截至目前，有关早期品达批评史的研究并不多见。仅有威尔逊（P. B. Wilson）的博士论文《十七与十八世纪的品达》“The knowledge and appreciation of Pindar in the seventeenth and eighteenth centuries”，Oxford D. Phil.，1974），见 Z. Lempiecki，“Pindare jugé par les gens des lettres du XVIIe et du XVIIIe siècle”，*Bullétin Internationale de l'Académie Polonaise des Sciences et des Lettres*（*Cracovie*），*Classe de Philologie*，1930，pp.28-39。

置,它能将我们默认的无端假设展露出来,激励我们审慎地思考自身的研究。因此,本文将在结论部分展望学术史研究对更晚近的品达研究可能带来的启示。

一

品达常常被人视作一位惯于东拉西扯的诗人:他目无章法,容易胡言乱语,动辄不着边际。可是,如果仔细审视诗人宣称离题的篇章,人们会发现,这是诗人有意为之。正如品达诗歌中其他呈现自我意识的片段一般,这类篇章被安排在诗歌结构的关键部位。比如通过强调 καιρός【适时、适宜】的重要性,诗人使《皮托凯歌第九首》在78—79 行过渡到受赞者(laudandus)的其他胜绩,使《奥林匹亚凯歌第十三首》在 47—48 行从罗列家族胜利过渡到神话。与此相类,品达以声称自己离题(或有离题之虞)为由,在《皮托凯歌第十一首》的38—42 行(通过缩略神话)和《尼墨亚凯歌第三首》的 26—27 行结束前一节过渡到新一节。与《巴基里德凯歌第五首》的 176—178 行和《巴基里德凯歌第十首》的 51—52 行相比较,我们可以发现,这一技巧绝非品达所特有。

因此,鉴于谋篇(calculation)和惯例(convention)所提供的证据,我们对诗人的离题之说不应只看表面,还应虑及诗人的修辞姿态(a rhetorical pose)。然而,我们究竟应考虑到何种程度?由于离题本就是诗人对惯例惨淡经营的结果,要说诗人擅长置自身于险境,实难成立。这难道意味着诗人并未离题,抑或离题虽看似浑然天成却实为匠心独运?这一问题对 19 世纪早期的批评家们来说实属多余,因为他们不可能接受品达离题:“诗人深思熟虑,并非信口开河,遣词造句不辞雕琢……冠以离题之罪”(neque poeta ratione, non caeco impetu in carminibus pangendis versatus, ... crimine digressionum onerandus),伯克如是说[①]。然而,离题为何不被人接受?何时不被人接受?如何

① A. Boeckh, *Pindari opera quae supersunt*, II/2, Leipzig 1821, pp.6-7.

不被人接受?

迪森(Dissen)的导论《论品达凯歌的诗理及凯歌阐释的类别》(de ratione poetica carminum Pindaricorum et de interpretationis genere in iis adhibendo)对离题之说依循的假定给出了最清楚的说明[1]。下文最为全面地论述了他的准则:

> 一切经典均合此理,此理囊括诗中所有:虽诗中各处独立自存,然独立各处又合而为一,且另有一主线总揽各处。

> Est omnis omnino classici operis ratio haec, ut totum ponatur ubique, ut et singulus quisque locus, singula quaeque pars unitate placeat, et aliud maius vinculum adsit omnis partes complectens. (lxiii)

迪森之所以在上下文中引证这一准则,是为了证明一种解释方法,这一方法的最高旨趣在于寻得一个"纲要……总揽演说、对话和诗句的所有内容"(summa sententia... qua omnes partes orationis, dialogi, carminis contineantur)。因此,主线(vinculum)在迪森眼中总揽所有,它是一个隐含的主题,整首诗即为主题的展示(exposition)。诗的每一部分只能经由其对主题展示所起到的作用进行解释,只有当某一部分对主题展示有所助益,这一部分才有艺术价值。换句话说,主线就是一首诗的"宗旨"(Grundgedanke)。然而,我们很快就会看到,"宗旨"(Grundgedanke)这一说法在品达研究中已然驰声走誉。这一点迪森在他文章的一开头就说过:"任一诗均含一纲要('宗旨'),统管所有,诗中每一独立部分均围它展开。"(Quum omne carmen summa aliqua sententia [Grundgedanken] contineatur, toti subjecta, unde singulae in eo positae partes pendeant. xi)因此,他反对离题之说。有鉴于此,诗歌中的神话元素(姑举一例)不能被解作偏离"诗

---

① 迪森版(Gotha & Erfurt 1830)的前言;此处转引自施耐德温(Schneidewin)补注的重印本(Gotha 1843)。

歌秉承的主题”(thema propositum carminis. xx),而应从它对诗歌“宗旨”的潜在作用进行考虑:“神话实为诗歌总纲的理想示范。”(in fabulis igitur ideale exemplum inest sententiae carmini subjectae. xxi)

迪森的论断与伯克基本相同,1821 年版的品达注疏也是他们两人通力合作的成果①。虽然这一合著本并没有纲领性论述,但是编订者的操作原则却在注疏中清楚彰显。比如,伯克将《皮五》(译者按:为简便起见,译文对品达凯歌进行缩写,《皮五》指的是《皮托凯歌第五首》,下同)分为三个部分,随后又将各部分合而为一,力证各部分共享一个“宗旨”:

> 诗人此诗始于同一思想,此诗三个部分即沿这一思想展开,并由此合而为一:若某人乐善好施广结善缘,可永享富贵荣华。
>
> Deinde vide quomodo omnes tres partes in una cogitatione suam habent coniunctionem, quippe in ea, a qua poeta carmen exorsus est: *Late potentes opes sunt, siquis illas virtute temperatas fato dante comites habeat.* (295)

我们从《奥二》的注疏中可以发现,迪森迫切寻求融一切于诗中的主题,其方法与伯克最具特色的训释手段不谋而合,此即假定诗歌细节中含有潜在的历史指涉——这一方法被杨称为“历史托寓”

① 参见第 232 页注释①。杨对此书的评价略显刻薄(参见第 231 页注释①),纽曼则着重强调伯克的作品有德国观念论倾向。见 J. K. & F. S. Newman, *Pindar's art*, Berlin 1984, pp.1-22。我将说明,德国观念论对伯克论证方式的影响要远多于对理论实质的影响,因为他所使用的理论具有更久远的历史渊源。比如,这一理论所赖以依存的前提若用 18 世纪莱布尼茨-伍尔夫(Leibniz-Wolff)的哲学术语说来可表述如下:“诗语呈现之时,虽言辞或不得不旁枝逸出,然于其自身却毫无偏离之处,此即为主题。若夫主题非一,则各主题实无关联。如设甲为主题,乙亦然,且甲乙关联之处正如甲中有乙,乙中有甲,则甲乙均非主题,且均为诗所网罗,如此可知,诗有一绝妙主题,囊括众题。”(Id cuius repraesentatio aliarum in oratione adhibitarum rationem sufficientem continet, suam vero non habet in aliis, est *thema*. Si plura fuerint themata non sunt connexa; pone enim A esse thema, B item, si fuerint connexa aut ratio sufficiens τοῦ A est in B aut τοῦ B in A, ergo aut B aut A non est thema. Iam vero nexus est poeticus; ergo poema unius thematis perfectius illo, cui plura themata.) A. Baumgarten, *Meditationes philosophicae de nonnullis ad poema pertinentibus*, Halle 1735: propositions pp.65-66.

(historical allegory):

> 诗文内容纷繁芜杂,然诗人绝非无故将其置于一处。每一内容都与某一事相关,如特荣秉持异议,特荣与希爱荣同盟……因此,绝无一处逸出旁枝,诗歌将一切内容都无懈可击地网罗于一体之内,如常言所说,一致性立于其间。

> Varia vides esse, quae in hoc carmine tanguntur; neque tamen ideo haec varia sine ratione composita in unum corpus sunt. Etenim omnia ad unam rem pertinent, ad dissensiones Theronis et eius partium cum Hierone... Itaque nihil est alieni, sed in rerum gestarum nexu indissolubili etiam carminis poetica, quam dicunt, unitas posita est. (122)①

更多的系统论述此后频见于伯克。在他对迪森注疏本的评述里、他与赫尔曼针锋相对的交流中,尤其是在《百科全书》(*Encyclopädie*)里,伯克形成了一套极为隐晦的一致性理论并将它用于品达。然而,对潜藏在他与迪森早期作品中的假定②,他并未深究。

根据伯克的理论,品达任意一首诗歌都与其他真正的艺术品毫无二致,其一致性应从多个不同层面进行考量。第一个层面是文本的"客观"一致性(*objective* unity)。在悲剧中,客体(object)是剧中的行动(action),由亚里士多德三一律统而为一;在凯歌中,客体是胜利及其历史情境(历史情境并非实际发生的事件混为一团的历史,而是被诗人理想化有意抓取的材料)。然而,客观内容的存在并非仅仅出于自身,它总是服务于自身之外的某个目的,这个目的不但自成一体,而且还决定着一首诗的"主观"一致性(*subjective* unity)。伯克认

---

① Young(参见第231页注释①), p.9.

② 伯克对蒂森的述评见《学术批评年刊》(*Jahrbücher für wissenschaftlicher Kritik*)1830年10月刊,对赫尔曼《论阐释者的职能》(*De Officio Interpretis*)的述评见该刊1835年1月刊。此处转引自 *Kleine Schriften* VII, Leipzig 1872, pp. 369 - 403, 404 - 77。*Encyclopädie und Methodologie der philologischen Wissenschaften*^{2}, Leipzig 1886 [简称为 *Enc.*,《百科全书》].

为,这个自成一体的目的显然就是表达一个“思想”(thought):“思想一致性不可或缺。”(welche nothwendig eine Gedankeneinheit ist. *Enc.* 132)[①]按照伯克和迪森的说法,“宗旨说”可用以解释所有类型的诗歌,不仅仅限于品达。因此,悲剧的行动应理解为某个主题自成一体的显现或化身(embodiment):“悲剧的整个行动都是一个‘宗旨’的化身,舞台呈现也都出于一个目的。”(Aber zugleich ist die ganze dramatische Handlung nur Verkörperung eines Grundgedankes, dessen Darstellung also Gesammtzweck erscheint. *Enc.* 146)[②]客观一致性和主观一致性共同决定了一首诗的“材料”一致性(*material* unity),从功能上说,客观内容服务于主观内容确保了两者并置时可合而为一。这一点最终借“形式”一致性(*formal* unity)得以昭彰,形式一致性为:诗歌各个部分为了“材料”一致性而体现在逻辑和言辞之间的位次与关联。

伯克坚信,任何一个对品达诗歌的特性和共性有基本了解的人,都能接受他的进路(*Enc.* 114)。但是作为一个出色的理论家和古典语文学家,他很清楚,这一解释实质上是“兜圈子”:前提与结论互为因果。在评述迪森的作品时,他注意到,那些乐于将品达诗中明显无关的内容视为离题与粉饰的人,最终会将此类粉饰总结为古代歌唱

---

① 这一推断需要证明。巴图(Charles Batteux)认为品达诗歌的一致性来自于其所表达情感的一致性。(*Principes de la littérature*, Lyons 1820, III, pp.196-197. 此书首次出版时书名为 *Cours de Belle-Lettres* [Paris 1750],屡经再版)在 18 世纪,这一说法广为认同。如 J. J. Eschenburg, *Entwurf einer Theorie und Literatur der schönen Wissenschaften* (Berlin 1783) p.115:“品达凯歌的一致性就是诗人感觉的一致性。”(Die Einheit in der Ode ist Einheit der Empfindung.)见 K. R. Scherpe, *Gattungspoetik im 18 Jahrhundert*, Stuttgart 1968, pp.105-111.

② 见《百科全书》90:“戏剧的本质在于呈现行动,行动的内核,其灵魂,在于一个思想,思想因行动而大白于天下。”(Das Wesen des Dramas ist die Darstellung einer Handlung, aber der innere Kern der Handlung, der Seele derselben, ist ein Gedanke, der sich darin offenbart.)比如,《安提戈涅》:“悲剧行动里的各色人物成为此一道德思想的化身,即规矩最高,纵使于躬行正义之际,也无人能狂妄自大、恣意任性。”(In dem verschiedenen Personen der Handlung sich lebendig der ethische Gedanke verkörpert, dass das Maass das Beste ist und selbst in gerechten Bestrebungen sich Niemand überheben und Leidenschaft folgen darf)伯克已意识到这一解释立足于托寓,并称其为道德托寓(moral allegory)。这种做法不失为当前悲剧研究思想史进路的前驱,它竟与一致性理论关联如此紧密,实在令人称奇。在我看来,这两者至今依然活跃(因此我认为杨对品达研究独特性的评论有失公允),并且颇具误导性,参见即出的拙著《希腊悲剧的诗性特质》(*The poetics of Greek tragedy*)。

诗的规则(norm),并会用这一规则来支撑他们的解读,然而那些并不喜欢这种解释的人,会推敲出其他规则:

> 人们视此类内容为离题粉饰,与主旨无关,诗歌由此被分为不同章节,古希腊歌唱诗,尤其是品达的歌唱诗,经过这般解读阐释,露出其内在规则。通过这一规则,我们明白,解读诗歌的方式仅此一种,再无其他。然而,与此相悖的其他解读又会让我们看到其他与此相悖的规则。最终,我们会发现,每逢诗歌有隐晦、生僻之处,很快就会有一个新的规则出现。

> Denn so lange man sich bei dessen Verständniss und Auslegung damit befriedigte, was nicht zur Sache zu gehören schien, als Abschweifung oder Schmuck anzusehen, schien es Gesetz der Hellenischen, oder wenigstens Pindarischen Lyrik, mit solchem Schmucke das Lied aufzustutzen; Und aus diesem Gesetz erklärte man sich denn, was kein anderes Verständniss zuzulassen schien; Anderes Verständniss dagegen führt zur Erkentniss eines anderen Gesetzes, und ist letzteres zum Bewusstsein gekommen, so genügt auch da, wo es nicht unmittelbar erkannt werden kann, eine Erklärung nicht mehr, die jenem loseren Gesetz angepasst wäre. (374)

这一循环能诉诸某种外部力量被打破,或至少成为良性的吗? 数年后,在评述赫尔曼《论阐释者的职能》(De Officio Interpretis)时,伯克论及自身的解释,认为它“从历史和理论的角度呈现了古代诗歌创作的基本原则”(eine geschichtlich-theoretische Entwicklung der in den Alten ausgeprägten Grundsatze der Composition.439)。可是,这一方法说起来虽令人赞赏,用起来却因理论与史料并不协调而裹足不前。伯克赖以重构的古代文本证据仅有两条(439—440, 参 *Enc.* 133):柏拉图的《费德罗篇》264c,相关内容远无法满足伯克所需;普罗科罗(Proclus)的《理想国》注疏,其内容与早期传统有明显断层(笔者将另文论证)[1]。

尽管交锋激烈,可是赫尔曼所依循的原则说起来与迪森和伯克也并无根本不同[2]。他接受迪森和伯克的假定,即一首诗歌一定通过某一原则统为一体:“诗作与诗旨互为依托,不可或缺,诗旨使诗作连为一体。”(Soll ein Gedicht entstehen, so wird eine poetische Idee erfordert, die den Stoff zu einem Ganzen verbinde. 31)他们的分歧只是落在何为“诗旨”(poetic idea, Hauptgedanke)上。在赫尔曼看来,迪森尽管言辞讲究、细致入微,但他未能抓住“诗旨总关情”(eine poetische Idee aber ist ein Gedanke, der von irgend einer Seite das Gefühl in Ansprüch nimmt)这一点。可是,实际上赫尔曼也未严格遵循这一点。伯克在评述《论阐释者的职能》时指出,赫尔曼对《皮二》的解释将该诗分为两个部分,却又未能从主题或者功能上建立两部分之间的联系(“作者……将之分为两个在意图和‘宗旨’上极不相同的部分,并用一个纽带将表面不同的两部分合为一体,如此联结可谓肤表,甚至可谓僵硬。”Der Verfasser ... setzt zwei in ihrem Zweck und Grundgedanken ganz verschiedene Theile, die nur äusserlich, man kann sagen mechanisch, durch ein eben so äusserliches von beiden Theilen verschiedenes Bindesmittel zusammengehalten werden. 439)。赫尔曼曾写道:

> 虽文辞隐晦,然此诗即由两部分构成,其一为颂扬希爱荣之文韬武略,其二为诗人直面攻讦而捍卫自身。

> Haec etsi satis obscura sunt, illud statim apparet, duas esse partes huius carminis, quarum in priore Hieronis potentia et sapientia laudetur, in altera autem Pindarus se adversus obtrectatores

---

[1] 晚期的新柏拉图主义者提出的“目的独一论”(theory of unique σκοπός)是普罗科罗立论的前提。这是对柏拉图的误解,与早些时候古希腊人对文学一致性的理解并无共通之处。我希望于不久的将来刊布对古希腊批评文学更为全面的研究。

[2] 见 G. Hermann, review of Dissen: *Neue Jahrbücher für Philologie und Paedagogik*, 1831, pp.44-91,转引自 *Opuscula* VI, Leipzig 1835, pp.1-69。*De Officio Interpretis* (Leipzig 1834),转引自 *Opuscula* VII, Leipzig 1839, pp.96-128。

defendat.（116）

虽然“此解简洁”（simplex argumentum 128；参 Boeckh 441—442，453），但是与上文伯克对《皮五》的划分相较，赫尔曼却未能解释为何此解可行（此解远非不证自明）。在他处，赫尔曼又明白舍弃了这一基本假定，否定迪森的前提，即“诗歌之纲要，理应含于神话之中”（mythicis solere summam sententiam carminum contineri. 111）：

> 神话蕴含诗歌的纲要实为无稽之谈。品达之诗即为明证。其诗歌写作与神话无关，与其他内容有关，插入神话仅为粉饰之用。
>
> Nam neque caussa est ulla, cur summa argumenti in rebus fabulosis versetur, et carmina Pindari contrarium demonstrant idque necessario, quia non de fabulis illis, sed de aliis rebus scripta sunt, fabulae autem ornandi tantum caussa insertae.

神话“仅为装饰之用”（ornandi tantum caussa）是伯克在评述迪森时反对最为激烈的一点：“诗歌正是仰赖此类装饰得以成立。”（mit solchem Schmucke das Lied aufzustutzen）

二

赫尔曼对《皮二》所做的解读，伯克从一致性出发展开的批评，可谓公正。赫尔曼依循的原则可被称作“向心观”（centripetal），旨在将一首诗歌的各个偏离主题和功用之处融入诗内。这一术语不但为赫尔曼时而提及，赫尔曼还与伯克和迪森一样，对其表示赞同。不过，令人震惊的是，赫尔曼对《皮二》的解释渊源久远，在向心观形成以前，它就早已为人所接受：古代注疏家一直都倾向视该诗第一部分为给希爱荣的赞歌（encomium），后一部分为诗人

的剖白[1]。这是文艺复兴时期注疏者的标准解释[2]。罗尼凯(Lonicer)曾写道:

> 此诗含两层意义:先赞扬,歌颂希爱荣喜获驷马车赛胜利;后劝诫,警醒希爱荣,切勿听信谄媚之人;劝诫前,此诗从游说转向恩惠,暗示居民及一切受希爱荣恩惠之人,回馈希爱荣;诗歌后一部分通过昭告铺展开来。
>
> Continet hic hymnus duos potissimum status. Primus laudatorius est, quo Hieronem a victoria curru obtenta laudat. Alter est paraeneticus: commonefacit enim Hieronem, ne adulatoribus aurem accommodet. Ante paraenesin illam ad gratitudinis suasionem digreditur, Locros Epizephyrios et quicunque beneficium accepissent ab Hierone, gratos esse debere benefactori subindicans. Atque in eo eucharistias loco bonam hymni partem absolvit. (305)

相似地,阿莱缇(Aretius)写道:

> 此诗含三部分:先颂扬,于希爱荣得胜之际,歌颂希爱荣;次论感恩与忘恩,奠定诗歌相关主旨;末了反击谄媚之人,品达由此被迫自我辩解。
>
> Itaque tres sunt partes: prima de laudibus Hieronis, cuius occasionem obtulit victoria. Secunda de ingratitudine et gratitudine, quod argumentum imposuit illi officium suum. Tertia contra obtrectatores, qui ad defensionem sui videntur compulisse Pindarum. (233)

---

① 品达古代注疏见 A. B. Drachmann, *Moderne Pindarfortolkning*, Copenhagen, 1891, pp.5-17,拉丁文综述见 p.314。

② 本文征引的注疏分别出自 J. Lonicer (Basel, 1535)、B. Aretius (Geneva, 1587)、J. Benedictus (Saumur, 1620)。

同样,本尼迪克(Benedictus)也写道:

> 此诗可分为三:其一歌颂希爱荣驷马车赛取胜;其二话头从歌颂胜利转向恩惠;其三规劝切勿听信献媚取宠之人。
>
> Tria praestat hoc encomio: Primum laudat Hieronem a victoria curruli. Deinde ad locum de Gratitudine digreditur. Tertio monet ne aurem adulatoribus accomodet. (274)

然而,这些评注没有一个如伯克那般,试图将诗歌的三个部分再合而为一。截至目前,出自这一时期且对《皮二》进行最为详尽、最为精细解析的人是伊拉斯谟·施密特(Erasmus Schmid)[1]。在他的注疏第62—63页,他精妙且严谨地把自己的分析罗列出来,如下所示:

(i) 破题(exordium);

(ii) 承题:"希爱荣四骑车赛得胜,应受颂扬";
(propositio:'Hiero victor currulis, est celebrandus')

(iii) 入题(confirmatio),含三论(argumenta):

(a) 驾车之艺

(b) 荣耀千秋("奥尔提加名传四海,狄安娜保驾护航")(quae etiam communicatur Ortygia, quam commendat a tutela Dianae)

(c) 众神助力(阿尔忒弥斯、赫尔墨斯、波塞冬)

(iv) 离题(digressio),自辩作诗之由:13—56行详论,包含扩题(amplificatio),维护赞颂之人;

(v) 入题(续)(confirmatio),又含三论(argumenta):

(d) 希爱荣的财富和慷慨

① E. Schmid, *Pindari carmina*, Wittemberg 1616.施密特的分析风格可从他对《皮二》"破题"(exordium)的分析中看出来。他认为,"破题"第一指明了地点,此诗将送往何地(叙拉古,此诗将歌颂该城:规模庞大,受战神阿瑞斯保护,人民勇敢,马匹高大),此诗从何地送出[忒拜,诗人称它"固守之城"(λιπαραί)];第二说明了他带来何物(即庆祝希爱荣驷马车赛胜利的凯歌)。原本施密特在表格中用括弧将这些分类都一一罗列开来。

(e) 征战南北的青春岁月

(f) 老年的智慧

入题(confirmatio)以"立论"(Προσφώνησις, 67)煞尾

(vi) 卫护(commendatio)此诗

(vii) 训诫(paraenesis) 希爱荣,"防备谄媚之徒"(de cavendis obtrectatoribus);分为至少十四论

(viii) 末题(epilogus, 93-96)

尽管解析繁复,但是施密特对《皮二》潜藏结构的看法——歌颂获胜者并随后献策和/或自辩——显然有理有据。关于此诗的各个部分是否可以统一于一个主题或者意图之下,文艺复兴时期的学者毫不关心,施密特亦是如此。向心之说(centripetal assumption),这个为19世纪早期的学者们一致认可的假定,尚未进入生活在16世纪和17世纪的前辈们的视野。

长期以来,人们习惯于鄙薄施密特的解析。如一位18世纪的批评家所说,"可恶之物无有过于施密特列表者。"(videntur studiose exsecrabiles istae tabulae schmidtianae.)[①]然而,如果抱着同情之心,尝试去理解施密特列表背后的理路,则另有其意义。事实上,施密特所做的解析,与我们此前提及的其他早期注疏者所做的,源出一脉。他只是最为严格、最为细密地应用了那一时期人们所共知的进路,应用之极致为那一时期所仅有。这一进路,显而易见,可归为修辞一派,这表现在两个方面。其一最为明显,即解析所使用的术语直接取自古希腊—罗马修辞体系。往好处说,这一做法古色古香,往坏处说,这一做法泥古不化,硬是将古风诗歌错位套入一个与其无关的外壳。但是,在那个人们依然传授并广泛使用演说术的时代,这种冥顽不灵并不见得会为人所不齿。修辞术语是注疏者熟悉并灵活使用的工具,用它来解释诗歌再自然不过。进一步说,这一进路之所以为修辞一派,是因为它试图将一首诗看作特定场合的花言巧语,其目的是从演说的角度揭示诗歌各个部分如何对某一场合的迫切需要,做出最

① J. G. Meusel, *De veterum poetarum interpretatione*, Halle 1766, p.37.

恰当的回应。也正是出于这一原因,19 世纪学者所坚称的说法,即诗歌的所有部分必须隶属于唯一一个主题或者服务于唯一一个功能,在文艺复兴时期的注疏者们眼中,不外乎是天方夜谭。如若诗歌理当回应的场合形势复杂,那么,诗歌就要复杂回应。因此,品达诗歌中是否真的存在离题,是 19 世纪注疏者们必须坚决反对的质疑(任何"形式"的离题必须被视为对"宗旨"的迂回推进)。而对文艺复兴时期的同行来说,接受并赞成离题的存在,是因为他们确信,离题是诗歌对某一特别场合的附带回应(如希爱荣的宫廷中有谄媚者存在可以赋予《皮二》以双重功能——赞扬和剖白)。

修辞派注疏者们分别论证诗歌的各个部分后,自然也希望证明,各个部分在诗中的位置恰如其分,诗人以最为有效的方式布局谋篇,回应场合的需要。具体到品达来说,则是歌唱诗遵从某种特殊的"规则"(norms),来界定自身合宜与否。根据这类规则,不着边际的离题和突如其来的转折,以某种难以言说的关联,让诗歌由内而外生发出某种庄严。提到"此类长篇离题"(longiunculas illas digressiones),品达诗歌的一大特色,"我不知如何开解,更不知可否叙说、夸赞与规劝"(quae nescio an excusare, an vero potius profiteri, laudare, et praedicare debeam),苏多里(Sudorius)说,歌唱诗和酒神颂的作者"或是为免读者厌倦,或是为集合众物,谚语、史实、传说等,以激情澎湃、灵感四射的篇章,妙手呈现一己之见。"(partim ut hoc genere scribendi lectorum fastidium vitarent, partim ut diversarum rerum, sententiarum, historiarum, fabularum coacervatione, furoris et cuiusdam divini afflatus opinionem sibi in vulgus artificiose quaererent)①关于这一点,布瓦洛(Boileau)直截了当地说:"凯歌之中,诗人之艺成就乱章之文。"(chez elle [l'Ode], un beau désordre est un effet de l'Art)②这"乱章"看来与施密特的列表风马牛不相及。于是,不免有人问,若这般解读,那"激情"(furor)和"灵感"(afflatus)又在何处?(诗又在

① N. Sudorius, *Pindari opera omnia*, Paris 1582, p.2. 注意"妙手"(artificiose)一词:品达的布局谋篇并未迷住修辞派批评家的双眼。

② *L'art poétique* II 72, *Oeuvres complètes*, ed. F. Escal, Paris 1966, p.164;该诗发表于 1674 年。

何处？许多人也做此问）其实这只是肤表之见。施密特试图列出的仅是文中潜藏的逻辑和修辞结构，当这一结构落实在文本当中时，诗人精心安排各种转折、掩饰和逗弄之处，让它真正的章法深藏不露。

三

注疏者从品达文本中辨别出的内在章法，与许多人激赏不已的表面“乱章”（fine disorder）毫无龃龉[①]。但随着时光流逝，品达不加掩饰地东拉西扯，伤到了一些人的脾胃，他们开始质疑品达的诗歌是否有内在章法，对“品达的大杂烩”（le galimatias impénétrable de Pindare）语出不满[②]。虽然与荷马相较，品达不过是“古今之争”（querelle des anciens et des modernes）的小舞台，但是他的声誉却受到攻击，这场论争让我们看到，从此开始，人们越来越不愿意接受传统批评的评价、方法和论断，新的研究氛围开始萌芽。由此，18 世纪的品达批评领域众说纷纭，毫无共识。这一状况既与文艺复兴时期有别，也与新共识已然达成的 19 世纪早期迥然不同。下面，我们将对这一时期主要批评流派的代表人物进行简介。

拉莫特（La Motte）是对品达展开“现代主义”（modernist）批评的代表人物。通过他，我们可以看到现代主义批评如何促进向心之说

---

① 如康各海夫（Congreve）批评考利（Cowley）的“品达凯歌”（Pindaric Odes）道：“已故品达学者最擅长用磕磕巴巴的话，嘟囔出一套驴头不对马嘴的想法。……品达诗歌之讲规矩，世人无出其右者。诗句音韵和谐，节律分明，思想连贯统一，经得起任何检验。他旁枝逸出、转折突兀之处也仍秘藏关联。这虽然常常不能眼见，但却常常能与读者神交。”（此激赏之论出自 A Discourse on the Pindarique Ode［1706］，转引自 *Complete Works*, London, 1923, IV, p.83）将之与 E.杨（Edward Young）相较：“常人看来品达的诗句如狼奔豕突，横冲直撞，不合章法。表面的秩序井然，起承转合，虽是某些文章赖以成型的生命所在，却是夺取品达诗歌灵魂的罪魁祸首。……由此，虽然品达诗歌的内在与亚里士多德、欧几里得一般逻辑严明，却是某些批评者眼中的一派胡言 。”（出自 Discourse on Lyric Poetry，首版于 1728 年，转引自 *Complete Works*, London 1854, I, pp.415-416）

② C. Perrault, *Parallele des Anciens et des Modernes*, Paris 1688, II, p.235, 另参 III, p.184。

的成型[1]：

> 激情催生乱章，此即德普海先生（M. Despréaux）（即布瓦洛）所谓的颂歌规则之一。依我之见，乱章本是思想统一体，共享同一联系，聚于同一作品，不受语法约束，不需承上启下，以此增强歌唱诗的感染力，让歌唱诗之美不致失去……于我而言，我坚信所有艺术形式都不免使用（神话）范例。诗艺之用意在于使诗中的无序有条有理，使诗中的思想意指同一。

> C'est de cet enthousiasme que doit naître ce beau désordre dont M. Despréaux [Boileau] a fait une des règles de l'ode. J'entends par ce beau désordre, une suite de pensées liées entre elles par un rapport commun à la même matière, mais affranchies des liaisons gramaticales, et de ces transitions scrupuleuses qui énervent la poésie lyrique, et lui font perdre même toute sa grâce...Pour moi je crois indépendamment des examples, qu'il faut de la méthode dans toutes sortes d'ouvrages; et l'art doit régler le désordre même de l'ode, de manière que les pensées ne tendent toutes qu'à une même fin. (90-1)

表面的无序中隐藏着有序的结构，这种解释与传统并无不同。其新意在于，只有主题和目的均为同一个，才能使内在的结构有序。在拉莫特看来，品达并不符合这一条件。他巧言挖苦道，如布瓦洛这般为“古人”（anciens）抗辩，实践时（在他创作的《攻陷那木尔颂》）虽品位不俗[2]，鉴赏时却技差一筹。“从他笔下的乱章中，我唯独看到了某

---

① A. Houdart de La Motte, "Discours sur la poésie en général, et sur l'ode en particulier", *Odes*, Paris 1707；转引自 *Les paradoxes littéraires de La Motte*, ed. B. Jullien, Paris 1859, pp.78-110.

② 布瓦洛此诗出版于1693年，有题为 Discours sur l'Ode 的序文，以回应波侯（Perrault）对品达的攻击。见 *Oeuvres complètes*, ed. F. Escal, Paris 1966，序文在 pp.227-229，诗文在 pp.230-234。布瓦洛缩减了原本有一个品达式自辩的第二节（p.1023），这颇为值得玩味。

种美感。作者从未出离职守,未曾因模仿品达妄下论断,只是曾因主题的无趣而离题万里。"(il n'a pas mis un autre désordre que celui que je reconnais ici pour une beauté. L'auteur n'y sort pas un moment de sa matière et il n'a pas jugé à propos d'immiter Pindare jusque dans ces digressions, ou il était forcé par la sécheresse de ces sujets)①

面对这样的攻击,我们该如何为品达辩护呢?在同一时期写作的弗拉古叶(Fraguier)认为,品达的作品中存在离题,并且有些离题对增强获胜者的荣耀毫无助益:"作者这么做,部分是纯粹出于诗歌创作的激情,部分是纯粹为了粉饰。"(il y en a d'autres que la seule poësie amène dans la chaleur de la composition, et qui ne sont que de purs embellissements. 42)②不过他同时也认为,内容精彩才是关键所在:

> 有人视离题与诗歌原则相悖,可实际上大诗人作品中的离题有夺人耳目之用。诗人呈现不同内容,以期激发人的想象。品达从未使诗歌偏离既定轨道,而是把它引入更高的境界。他呕心沥血惨淡经营,只为向我们全面呈现那更宏大、更高远的思想。
>
> Mais ces digressions qu'on blasme comme contraires aux règles de l'art, et qui dans un grand poëte sont l'effet de l'impression violente que les différents objets qu'il envisage font

① Discours à l'occasion des Machabées, *Les paradoxes littéraires de La Motte*, ed. B. Jullien, Paris 1859, pp.440-470,是拉莫特于1722年出版的一部悲剧的前言。在文中,拉莫特认为戏剧批评家们忽略了最为重要的一致性,即"利益"(interest)一致性:"若同一事件中有多个人物利益纠葛,且他们都令我为之感动,那么一致性在于行动,而不在于利益,因为在这种情境里,我常常会顾此失彼,甚至于说,因为我企盼和害怕的东西实在太多,我无法纵观全局。"(Si plusieurs personnages sont diversement intéressés dans le même événement, et s'ils sont tous digne que j'entre dans leurs passions, il y a alors unité d'action et non pas unité d'interêt, parce que souvent, en ce cas, je perds de vue les uns pour suivre les autres, et que je souhaite et que je crains, pour ainsi dire, de trop de côtés, 455)我在他处(见第236页注②)已经说过,虽然许多现代批评家希望找到利益一致性,但是在古希腊悲剧中,这一点通常都是被忽略的。这是当代"向心论"与古希腊美学观之间存在差异的另一例证。

② C. F. Fraguier, 'Le caractère de Pindare', *Mémoires de l'Académie des Inscriptions et Belle-Lettres*, vol.2, Paris, 1717, pp.34-47.(该卷起始年份是1701—1710年)

sur son imagination, ne détournent jamais Pindare le son sujet que pour le conduire à quelque chose de plus élevé, et quand il donne cet effort à son esprit, c'est toûjours pour présenter au nostre de plus grandes et de plus nobles idées. (38)

较之洛特(Robert Lowth)[1],此说或许略显浅薄。洛特论述歌唱诗的一般原则时说:

诗人已被褫夺离题之权,他们不能再为增加诗歌内涵而随意离题。现如今,非但欣赏离题的氛围已不再,连恣意铺展都需要胆量。

Odarum scriptoribus ea licentia praecipue conceditur, ut varietatis hujusce gratia in crebras digressiones libere excurrant; nec modo veniam habent, sed laudem etiam meretur isthaec audacia evagandi. (257)

品达的所作所为无疑已属异常之列。在洛特看来,与圣经《诗篇》作者的张弛有度相比,品达的离题让他显得"胆大包天"(felix audacia)。他认为这实属必然。品达的创作必须围绕干瘪贫乏的材料展开(这是品达批评者,如我们已经提到的苏多里和拉莫特,一贯提及的一点),"诗人若无法自如处理此处,那在彼处就不得不植入更长的断章"(nisi hos locos summa cum libertate tractare, aliosque etiam longius disjunctos interdum quaerere statuisset poeta. 258),以免诗歌落于无味。洛特这么说,不只是为了解释品达诗歌的毛病:

我们需要体谅。这本应受到欣赏,受到赞扬。许多现象在它处从未受到攻讦,从不需要辩解,而到了品达这里,却要因品达之故,要么受到夸赞,要么受到质疑。

---

① R. Lowth, *De sacra poesi Hebraeorum*, Oxford, 1753,征引见第 26 讲。

> Habet igitur necessitatis excusationem; nec modo veniam, sed laudem merito adeptus est: atque ita quidem, ut multa ejusmodi, quae in alio nec defendenda essent nec ferenda, in Pindaro hoc nomine probari, vel etiam laudari posse videantur.

为了证明这一点,洛特引用了《皮三》。他问道,除了品达,还有其他诗人会在一首本应颂扬希爱荣的诗中,将一半的篇幅分给阿斯克勒皮乌斯吗?“诗人不过是有勇气,冲破材料的局限来到广阔的境地,抑或规避某一莫须有的陷害。”(Sed ferenda est poetae audacia, si ex his rerum angustiis in liberioris campi spatia vel temerario aliquantum impetu effugerit)在洛特看来,理解品达离题的内在理路,有助于我们看到品达诗歌艺术的美妙之处,而不是看到一团乱麻。

这遭到一位名气远不及他的学者巴特(Friedrich Barth)的攻击,此人在1766年发表了一篇围绕诗歌离题的论文①。像试图弱化品达离题的那些人一样,巴特坚信,胜利虽属于个人,却也会涉及获胜者的家族和城邦,但这不足以成为品达不曾离题的证据:

> 细读一首品达的诗,每当他宣告获胜者时,总会随后对其大肆颂扬。这足以说明,品达离题都是出于既定之事:或是为了展开论点,或是为了展露学识,或是为了提升诗歌魅力,抑或是出于其他理由,他才不时离题万里。

> Tamen vel unius odae Pindaricae accurate perlectio, ubi quidem laudes maiorum victoris fusius persequitur, unumquemque satis docebit, digressiones a re proposita fuisse factum, Pindarumque modo argumenti sui amplificandi caussa, modo eruditionis ostentandae gratia, modo suavitatis caussa maioris, modo etiam ob alias quasdam rationes, tam late evagatum fuisse. (15)

---

① F. G. Barth, *De digressionibus poeticis*, Wittemberg, 1766. 他对品达的讨论见于pp.14-20,34-39。

巴特说,我们需要解释的不只是品达何以在诗中加入与获胜者无甚关联的神话,而且需要解释他为何在这些内容上呕心沥血。这至关重要。有时候,“我不知道,诗人以什么主题合一切为一体,恰如我不知道,何物能合一切为一体,又能使一切分崩离析”(nemo mihi persuadebit, haec omnia cum primario poetae argumento ita esse connexa, nihil ut per digrediendi licentiam allatum esse verisimile videatur)。此外他还说,神话与获胜者之间存在间接联系,不足以说明这些材料实际作用于诗歌的“主话题”(primary argument)。比如《皮四》的神话,“阿尔凯西拉的所有壮举都与此有关,然而,这并未与品达的主意联结为一,此类材料中应有一个主题,一改混乱无序的局面。”(quae omnia maiores Arcesilai attingunt quidem, sed tamen non ita sunt cum proposito Pindari coniuncta, ut necessitate quadam in his rebus, extra ordinem allatis, versari debuerit. 16)尽管如此,巴特认为,诗人品达绝不会因不时离题而声名扫地:

> 这绝非真正的危险,诗人也并非恣意离题,可是,它横亘在品达的诗中,不时扰断诗人的夸赞。诗人拥有高超的离题技艺,它的光亮比正午的艳阳更耀眼,是他的天分引导他变化万千。
>
> Neque vero periculum est, ne nimia digressionum, in Pindaro tali modo occurentium, frequentia laudi poetae aliquid detrahatur; illud potius infra luce meridiana clarius fiet, summum in digressionibus latere poetae artificium, neque minus divinum prodere copiaque rerum abundans ingenium. (20)

这类对品达离题的辩护乍一看与特拉普(Joseph Trapp)的说法异口同声①。在他的牛津诗歌讲稿中,他从风格上勾勒了歌唱诗的特点——章法隐藏于刻意在表面打乱的一盘散沙中,恣意转折,随意离题(digressive licentia)——并虑及离题的合理性。他倾向适当进行

---

① J. Trapp, *Praelectiones poeticae*, ed. 3, London, 1736.

离题,“诗人将内容突然从某一衔接或情境中剥离出来,并转入与主要内容无甚内在关联的话题;游戏一番后,再次同样突然地从另一个衔接跳回此前跳出的主题”(quae, arrepta occasione ab Adjuncto aliquo, vel Circumstantia, Rei propositae, ad aliam transeunt, non tamen a principe materia penitus alienam; qua aliquantisper ludunt, deinde arrepta similiter ab aliquo Illius Adjuncto occasione, ad primum Institutum inopinato revertuntur)。但是,他表示更为突兀的离题(仅在主话题逗留片刻随即转入另一话题,quae a re principio proposita penitus aberrant, et ad eandem numquam regrediuntur)也并非不可接受,“为了辩白有力……颂扬到永远、到最好”,“诗人并非总执着于一个主题,而是从一个主题徘徊到另一个主题,少有停留”(defendendae proculdubio. . . imo et nonnunquam plurimum laudandae': 'Non enim semper cogitur Poeta uni Argumento, a quo exordium ceperat, ad exitum usque immorari. 89-90)。由此,特拉普的观点可谓倾向向心原则,但从理论上而言,他并未拘泥于此。无论如何,他的包容观点与当时声势日盛的主流思潮背道而驰。

两位同时代修辞学家堪为这类学术气候提供佐证[①]。罗森(John Lawson)写道:

> 构思(Design)中只有一事值得特别关注(Observation):每一句话都要围绕一个主题(one principal Subject)展开;说明、证据、强调都应涉及主要目的(main Scope),一切都应从属于主要目的;换句话说,一切都应是它的分支与分论点,并应当最终为深化和证明它服务。(377—378)

罗森坚称,“构思一致性”(Unity of Design)是所有艺术形式的关键所在。在他看来,欧里庇得斯的《海库巴》(Hecuba)有明显缺陷,“两

① J. Lawson, *Lectures concerning oratory*, Dublin 1758; H. Blair, *Lectures on rhetoric and belle-lettres*, London, 1783.(据 G. Kennedy, *Classical Rhetoric and its Christian and Secular Tradition*, London, 1980, pp.234-235,布莱尔的讲稿写于18世纪50年代晚期或60年代早期。)

个迥异的行动分别看来虽都很美，但合在一起，就无法避免有漏洞”①。布莱尔（Hugh Blair）持相似观点。在讨论布道的艺术时，他首次提及一致性问题（他评论说，一致性对于“所有创作都至关紧要”）：

> 我认为，一致性就是布道词的所有内容都指向一个要点，不是各种观点混杂的一捆乱麻，而是围绕着一个主要问题，一贯而下。（II 108—109）

这一点在歌唱诗中被再次提起。歌唱诗典型的风格（“较之其他诗歌，歌唱诗受到的制约要少得多”）之所以如此，是因为音乐和歌曲本应激情澎湃：“创作者由此不得不跳出窠臼，推陈出新，作惊人之语。绝大多数歌唱诗作者亦用实践向我们做了证明。（II 354）”可是，布莱尔虽肯定了歌唱诗的特点，他也表示，它应服从一致性的制约，不应毫无章法：

> 目无规矩、毫无章法、断断续续的写作方式，在所有诗歌当中，影响凯歌最多。因此，在所有的英雄凯歌里，几乎没有一首能给我们带来阅读的快感。……
>
> 我并不要求凯歌像训诫诗、史诗一般，各部分规规矩矩。但是，任何一种创作都应该有一个主题，让各个部分组成一个整体，让各个部分之间衔接紧密。（II 356）

毫无疑问，品达最早让歌唱诗逃离条条框框的约束。“他的天分无与伦比”，布莱尔说：

---

① 这是18世纪和19世纪的批评家对欧里庇得斯《海库巴》的常见批判。（如赫尔曼对该剧所做的讨论［Leipzig, 1831, pp.xv-xvi］）。然而在文艺复兴时代，该剧广受好评，这不仅仅是因为这是三连剧之首，还因为它最为家常（见 N.G. Wilson *A & A* xix, 1973, p.87）。16世纪校勘家斯提布林（Gaspar Stiblinus）曾说：“此剧话题多变，惨绝人寰，理应拔得头筹。”（Haec fabula propter argumenti tum varietatem, tum plusquam tragicam atrocitatem, iure principem locum tenet. 38）

> 歌颂公共赛事的获胜者,显然是个乏味的题目。为此,品达不时偏离主题,并且不论内容是否与主题有关,彼此之间是否有关联,他都将众神和英雄的传说加入诗中。(II 357)

有鉴于这类批评风气,对品达的辩护迅速从论证何以离题转到否认离题的存在(巴特的回应即属此类),这并不稀奇[①]。1764 年,沙巴农(Chabanon)在他呈给"碑铭与美文学院"(Académie des Inscriptions et Belle-Lettres)的品达疏译中,驳斥了伽尼叶(Garnier)的辩护。此前,伽尼叶针对沙巴农对《皮二》的研究,进行过回应(显然没有出版)[②]。伽尼叶的质疑在于,沙巴农遵循了一贯的注疏传统,认为诗中的不同部分彼此之间没有关联,"甚至于说,各部分没有共同目的"(ou du moins qui ne tendoient pas directement au même but. 367),对此他不敢苟同。因此,他尝试将各个部分归到一起:"合并诗文,使其连为一体,简言之,使凯歌的前后文都指向同一目的。"(les unir, les attacher ensemble, et faire, en un mot, que les premiers et les derniers vers de l'ode, n'eussent qu'une même fin)伽尼叶采信向心观推崇的一致性:"修士伽尼叶深知,一首品达凯歌既有故事,又有格言与训诫,且这些内容并不出于同一主题,也不指向同一标的。"(M.l'Abbé Garnier ne peut concevoir que Pindare ait rassemblé dans une ode, des recits, des maximes et des conseils qui n'aient pas tous un seul objet et une fin commune)对这一棘手问题,伽尼叶的应对之策

① A. F. Ruckersfelder 的说法则不同寻常(*Sylloge commentationum et observationum philologico-exegeticarum et criticarum*, Utrecht, 1762)。他认为品达始终都围绕一个"宗旨":"其诗中所有,均为肯定、阐明宗旨而设,绝无偏离,绝无差池,绝无其他目的。"(quod omnia in ejus carminibus, faciant ad confirmandam, vel illustrandam unicam propositionem primariam, sine digressionibus, aut aliis poetarum licentiis, duplicem scopum conjungentibus. 15)然而他认为这种通例(regularity)仅为品达所独有,与创作才艺无关:"此诗诚然美极,其神话事例令诗文含两重真实,此诗亦呈现双重目的,而非指向单一。"(en, exempla carminum, elegantissimorum certe, quae non unicam sed duplicem veritatem confirmant, quaeque non ad unicum, et simplicem, sed ad duplicem scopum directa esse videntur.10)他引用了 Ps. 19 和 Hor. *Odes* I.12。

② 主要来源是沙巴农关于《皮四》的论文,见 *Mémoires de l'Académie des Inscriptions et Belle-Lettres*, vol. xxxv, Paris 1770, pp.364-385。他关于《皮二》的论文初见于 1762 年并发表在 *Mémoires*, vol. xxxii, pp.485-496。沙巴农说,伽尼叶的回复曾在"碑铭与美文学院"宣读过,然而,笔者并未在 *Mémoires* 找到该文,他处更是没有见到。

与伯克后来提出的“历史托寓”颇为相像[1],沙巴农虽也略有提及,但他对此持怀疑态度:

伽尼叶修士从品达写作的时代,找到了我谈论的凯歌故事与格言扮演的角色以及彼此之间的关联,凯歌的主题由此变得更为丰富,可是这一好处应归功于作者,抑或读者呢?……托寓的艺术实为欺骗的艺术。

M. l'Abbé Garnier a trouvé dans l'histoire des temps ou Pindare écrivoit, un événement auquel il rapporte ingénieusement les recits et les maximes contenus dans l'ode dont je parle: le morceau par-là devient plus un; mais cet avantage, le doit-on à l'auteur ou à l'interprète? ... l'art de l'allégorie est un art trompeur.

事实上,沙巴农赞赏伽尼叶的美学预设[2]。他说,如果这的确能更好地解读品达,那他欢迎这种做法。然而,如果不能的话,“我在一首品达凯歌中目前已能看到一个整体,其中各个部分都连为一体并有某种关联,彼此之间绝非完全独立,它就像一件所有材料都指向一个目标的艺术品一般。”(Je verrais dans une ode de Pindare, ce que j'y ai vu jusqu'à présent, un tout dont les parties sont rapprochées et quelquefois liées, mais jamais dépendantes absolument les unes des autres, comme dans un ouvrage où tout tend au même but. 368)

---

① 伯克之前,还有一名学者沃维叶(J. F. Vauvilliers)有类似说法(见 *Discours sur Pindare*, Paris, 1772)。沃维叶假定“向心一致性”(centripetal unity):“诗人若无法令主题圆融,诗文紧密,那此类文辞,我们不论称其为插曲还是乱编,较之平淡滑稽的离题,都有过之而无不及。”(Ainsi ce que nous appellons dans l'Ode, épisode ou écart, ne devient plus qu'une digression froide et ridicule, si le Poëte n'a pas l'art de le lier à son sujet, de manière à ne former qu'un tout inséparable [16-17])他认为,凯歌是主题或场合(如胜利)与“诗人的特定目的”(l'objet particulier du Poëte)融合的产物,如诗人要用获胜者以及他的胜利来教化、正风与劝勉(pp.72-73)。因此,重建诗歌的情境可以透漏“插曲由何而来,让我们看到插曲与胜利之间有某种同样的直接关联”(la raison des épisodes, qui ne paroissent a voir par eux-mêmes aucune relation directe avec la victoire)。我从未读过此作,此处转引自 P. B. Wilson(见第 231 页注②),pp.284-291。

② 伽尼叶对品达“乱章”的不满以及对这一缺陷的遮掩见 vol. xxxii, pp.459-460。

我之所以提及伽尼叶,是因为他的说法预示了伯克的"历史托寓",也是因为沙巴农在简要的复述中抓住了至关重要的预设问题。施耐德(Schneider)和雅各布斯(Jacobs)的工作影响更为深远[①]。施耐德参引了洛特有关品达的评论,然而他并不赞同洛特所说的"别无选择"和"胆大包天"(洛特认为这足以说明品达为何离题)。施耐德认为,品达离题是因为"想象丰富,易于冲动,疏于思量"(ein Auswuchs der unnüchtern und schwelgerischen Einbildungskraft. 83)。他与洛特一样,承认品达诗中存在离题,以《皮三》的克罗尼斯和阿斯克勒皮乌斯为例,这个神话"逸出旁支,臃肿不堪";说它与诗歌开头对希爱荣健康的祈愿有关联,"未免语出牵强,毫不妥帖"(nur eine ganz erzwungene und unnatürliche Verbindung. 83-84)。不过与洛特不同,施耐德明白把这看作诗人技艺的缺陷。他认为,正确把握凯歌的关键特色("赞颂获胜者以及他的家庭和城邦,感谢众神和英雄对胜利的庇佑",68—69)能够使诗人的离题免于苛责,不过他坦陈,即便如此,诗中仍然存有大量"语出牵强,毫不妥帖"之处,极易招致攻击:"神话故事仍不可避免出现在诗中,废话连篇,臃肿不堪,既不干诗歌主旨,又彼此毫无关联,不过徒然招徕骂名"(es bleiben aber dennoch genug Erzählungen übrig, denen man mit Recht vorwerfen kann, daß sie zum Hauptinhalte fremd und außerwesentlich sind, daß ihnen Verbindung, Intereße und Proportion fehlen. 73)。以《尼一》为例,诗中的神话可谓"歌唱诗的力作"(75),但它让诗歌偏离了"主干"(Hauptgegenstand, 78)。且由于神话未表现出与获胜者有何关联,这首诗纯粹是一首拼凑之作:

> 最终他仅希望从主旨上解释传统注疏家从未找到的神话与克罗米乌斯获胜的关联。然而诗中涉及肯陶罗斯神话形象的章节,根本与整体无法化而为一,他不免也失了方寸。

---

① J. G. Schneider, *Versuch über Pindars Leben und Schriften*, Strasburg, 1774; F. Jacobs, "Pindar", in *Charaktere der vornehmsten Dichter aller Nationen* (= *Nachträge zu Sulzer's allgemeine Theorie der schönen Kunste*), ed. J. G. Dyk & G. Schaz, Leipzig, 1797—1808, I, pp.49-76.(本文原匿名发表,后收入雅各布斯的 *Vermischte Schriften* VII, Leipzig, 1840, p.350,但随后未再重印)

> Er wollte eigentlich nur eine Erläuterung von einem Gemeinsatze geben, deßen Bestimmung und Beziehung auf den Sieger Chromius die alten Ausleger schon vergeblich gesucht haben, und verlor sich in eine Episode, die gar kein Verhältniß zum Ganzen hat, und dem Gedichte die fabelhafte Gestalt eines Hippocentaurus gibt.

《皮二》在施耐德看来,是一个杂糅之作,由两部分组成,一是颂扬胜利者,一是驳斥陷害。诗中肯陶罗斯的出生是伊克西翁神话的后续,内容冗长,毫无讲述的必要,因为这部分故事所说明的内容根本不需佐证,不需证明(87)。由于这些元素欠缺服务凯歌中心的有效关联,这些装扮为凯歌的内容就成了凯歌的缺陷:

> 凯歌中的赞扬、故事、神话事例不仅仅是凯歌之美的表现,也佐证了胜利的虚妄,并与获胜者及其家族和城邦具有某种关联。若非如此,它们会毫无魅力并成为缺陷。

> Nur allein die Gedanken, die Erzählungen, die Beyspiele machten die Schönheiten eines solchen Liedes aus, welche die Eitelkeit des Siegers befriedigen konnten, und eine genaue Beziehung auf seine Person, Familie and Vaterland hatten; ohne dieselbe verloren sie allen Reiz und wurden Fehler. (83)

雅各布斯在论文中驳斥了人们的偏见,即品达颂扬的对象干瘪无趣。这很重要。他指出,在希腊文化中竞技获胜非同一般:“诗人歌颂的对象绝不贫乏。”(arm war also der Stoff der Dichters gewiß nichts, 62)人们普遍认为,品达离题是他逃避颂赞的托词(有人说,品达必须克服歌颂对象受限带来的困难,至于他自身作何想,既重要,也不重要,因此他先要跳出题外来到神话的疆域,并随即在此逗留徘徊,最后才走出此地,回到原题之中。man sagt: Pindar habe die Schwierigkeiten seines Stoffs auf die Art überwunden, daß er sich wenig oder nicht von denselben bekämmere, sondern bey der ersten Gelegenheit in das Gefild der Mythen ausschweife, und sich gerade bey den Gegenständen am längsten aufhalte, die am weitesten aus seinem Wege lagen. 60),这一说法站不住脚。实际上,在雅各布斯看来,品达诗歌中的离题并非像一般人认为的那么严重。存在着不少例外:如在《尼一》中,神话叙述虽然“与整体看似联系不多,但从其自身来看,却详略得宜,恰如其分”(67)。不过一般来说,雅各布斯总结道,如果仔细审视神话离题与家族和城邦古老传说之间的关联,我们会发现,离题的安排实际有章可循:“仔细审视古老的家族和城邦历史,我们会发现,在上百个我们认为多多少少有些突然的离题例子中,它们所有的内容都合情合理,有理有据。”(Aber in hundert Fällen, wo wir ihn auf einer unnützen Digression zu ertappen glauben, wurde uns eine genauere Kenntniß der ältesten Familien-und Stadte-Geschichte zeigen, daß alles schön und regelmassig zusammenhängt. 64—65)品达研究的“向心观”显然往前迈进了一大步。

IV

如若诗歌只有一个主题或只有一个效用,它的一致性才能为人所接受,那么若要证明品达的诗艺高超,人们就要努力证明,离题只存在于表面,其内里依然默默服务于诗歌的主旨。虽然一首诗表面看来有两个或多个主题,但是归纳起来,所有主题都能化而为一。如果我们无法看清诗歌主题的统一方式,那么只有一种可能,就是我们失去了某把“钥匙”:某些关乎获胜者与其处境(抑或他的家族与城邦)的事实我们全然不晓。然而阐释者们或许能通过推断,将一切重构出来。这就是雅各布斯的观点,伯克的方法也同样以这一论点为基础。如果我们再次回到他与赫尔曼围绕《皮二》所展开的争论,我们会发现他证明这一方法的例证。在评述赫尔曼的一篇论文时(440),伯克再一次提到了他在自己注疏中采用的解释方法:

诗人的意图至关紧要,或是与特荣和波吕载罗斯的战争,或是希爱荣用武力和欺骗得来的婚姻,与此同时,他规劝那些可能玷污特荣和波吕载罗斯的同盟以及诬陷这一诗篇的人们,宣称自己会向希爱荣汇报他们的行踪。诗歌围绕战争以及对这些人的劝勉展开,因为他们的嫉妒会带来恶行。

Finis igitur poetae summus erat, ut bellum cum Therone et Polyzelo, ut nuptias quas Hiero sibi parare vi et fraude conabatur, dissuaderet, simul et eos, qui Theronis ac Polyzeli partes et ipsum poetam calumniabantur, Hieroni ipsi redderet suspectos: quod et ipsum ad dissuadendum bellum pertinet, quoniam istorum hominum malis artibus aucta simultas erat. (243)

伯克的方法因知识储备渊博、构想天马行空而倍显独特(与上述《奥二》相较)。《百科全书》中有一段话直截阐明了何为"兜圈子",对这一循环论证的解释模式,他在别处已然论及。他直陈自己借助感受"品达的特质及其歌唱诗的基本特征"生发的原则:

了解品达的特质及其歌唱诗基本特征的人,无疑知道离题必定有其意义,并可依据历史来赋予解释。离题与诗人所歌唱的人之间的关系并未明言,这种关系即为离题的意义。如果这种历史联系能为人所知晓,那么诗歌的意义就立地圆满,自成一体。

Wer... die Individualität Pindars und das Gattungscharakter seiner Lyrik kennt, ist ausser Zweifel, dass die Digressionen einen besondern Sinn haben müssen und also historisch zu erklären sind. Sie haben ihre Bedeutung in einer unausgesprochenen Beziehung auf die Person, welche der Dichter besingt; hat man diese historische Beziehung erkannt, so schliesst sich das Gedicht zu einer vollkommenen Einheit zusammen. (114)

表面上的离题必然具有某些隐藏的含义,并且那种含义一定能从历史中得到证明,此即重构存在于离题和受赞者的处境之间,且诗歌并未言明的某种关联。

现代读者希望像沙巴农一样,能看出"应用托寓本是为了制造魅力"。可事实上,随着"统一说"(unitarianism)的复兴,为19世纪早期的品达批评所采用的历史推断法受到了最大的质疑。在这一思潮下,人们的关注点再一次转移到凯歌的颂扬特质上。人们已然注意到这一想法与文艺复兴时期的修辞研究之间有相似性①,不过现在人们对凯歌的分析不再基于应用外来的修辞体系,而是基于分析凯歌"传统主题"(topoi)的内在联系。显然,凯歌的本质决定了它不可能完全脱离现实。因此,它与特定情境的联系不可能被完全剥离。但是,历史推断法已经被一而再地视为不可行之举,因为它的根基建立在体裁的惯例上,依赖惯例获得解释。

现在使用这一进路的人们已不再尝试对"一致性"这一概念进行系统解释。然而,"诗有中心"这一前提对研究的影响依然不可小觑。比如布恩迪(Bundy)的论断(目的只有一个、涵盖诗的一切,是向心观研究者特有的观点,为凸显它,我对部分词汇加以强调):"品达和巴基里德的诗中,**绝无**一个章节不为颂扬服务——诗歌的遣字谋篇与东家的荣誉息息相关"(3);"作为一种口头文学,凯歌具有公共性和展示性,它的**唯一**宗旨是歌颂获胜者以及其家族"(35);"各种动机和主题交织为一个宗旨,这个**唯一**的宗旨随着诗歌的节奏实现**唯一**的目的"(91)。与此相似,斯拉特(Slater)断言:"有一个思想(Gedankengang),有且仅有一个……我认为所有其他内容都隶属于这一主论点";"所有言论都直接或间接地有利于论证获胜者的个人特点、生活方式、家族传承等等"②。正如斯拉特暗示的(196),这样的原则与我们本应学会躲避的"宗旨"相差不多。

---

① 见 H. Lloyd-Jones, JHS 103, 1973, p.116;该文不但精到地解析了这一研究进路(追溯到 W. Schadewaldt, *Der Aufbau der Pindarischen Epinikions* [Halle, 1928],并讨论了它对 E. L. Bundy, *Studia Pindarica*, UCPCP xviii [1962] pp.1-92 的影响),而且还展示了应用这一方法如何分析《皮二》。

② W. J. Slater, *CJ* 72, 1976/7, pp.196-197;对这一观点该作者又给出了重要的限定,见 *Classical Antiquity* 2, 1983, 129-132。

“宗旨”说遭受的最激烈批评来自杨(David Young),没有一个批评者像他那样通过研究品达批评史来攻击“宗旨”说(见本文第231页注①)。我们必须承认,他虽然对一致性理论持肯定态度,但是他阐述的方式却极为隐晦。比如,“当我们使用‘一致性’来批评诗歌时,它仅仅意味着诗歌意义的完整”(2 n.3)。其问题在于,人们所相信的诗歌赖以“意义完整”的条件,是会发生剧变的。杨的方式看似简单,在实践中它却必须细化,说明通过什么样的方式可以判定一首诗“意义完整”。杨的评论证明事实也的确如此,比如他在评论布恩迪时,对已然满足他简单公式的解释并不满意:“他(布恩迪)寻求的一致仅仅是意图上的一致。”(86)为何这还不够?他回答道:“从严格意义上说,布恩迪并未视凯歌为文学,因为他认为凯歌毫无整体意图(catholic interest),凯歌的布局谋篇全是为了歌颂特定人物,这些诗篇献且仅献给他们。”(86)我们或可引用杨自己对竞技运动整体意图的激赏之言来反驳他对布恩迪的这一指责[①]。但是,我们也要注意到,这还反映出杨对文学究竟是什么这一“前设”(a priori)问题的看法。对这一问题,杨曾在它处明白说过:“投身于这一工作的批评者……并未履行他们作为批评者的使命,因为他们误解了诗歌的理论。”(90)他指责的是赫尔曼——颇有反讽意味的是,赫尔曼也同样批评了迪森,而迪森也如此这般批评了施密特:

> 施密特的注疏内容广博,错误频出。他囿于时代之见,重申已然存于诗中的布局谋篇,运用逻辑和修辞之术做出呆板至极的划分,实属无聊之举。虽然诗艺自有其规则,然修辞为修辞,诗是诗。
>
> Schimidius commentarium amplum doctumque scripsit, in eo vero erravit maxime, quod pro temporum illorum judicio ad logicas et rhetoricas divisiones frigidissimas omnem in his carminibus tractationem et dispositionem rerum revocavit. Sane

---

① D. Young, *Three odes of Pindar*, Mnemosyne Suppl. 9, Leiden, 1968, pp.90–93.

> habet etiam poetica ars leges suas, sed alia est rhetorica, alia poesis. (liii)

(杨说:"迪森和他以后的品达研究者们,几乎都身处困境,举足不前,其原因都在于自身对一致性和诗的理解模糊不清,漏洞重重。"5)这种指责不无浅薄之处。即便我们最终能真正了解诗歌的本质,我们也不能"想当然"(a priori)地以为品达的想法与我们一样。人们对诗歌的理解一直在变;因此,我们不可能知道在品达的文本中"诗"究竟是什么。

杨对他前辈们那"模糊不清、漏洞重重的理解"作何评价呢?"诗歌的章节,"他写道,"不是由一个思想捆绑为一,相反他们被捆绑在一起而构成一个思想,即凯歌自身。"但是,人们并不知道,诗歌的各个部分仅从形式上(如反复申说同样的言辞和形象)被绑为一体,是否可以让它构成"一个思想";捆绑为一的各个部分必须形成潜在的整体才可能达到这一效果。但是,究竟是把潜在的整体称为"宗旨",还是像杨那样,称为"诗歌的思想(Gedanken)赖以存在的根基(Gerund)"①,这无关紧要。如果非说这之间有什么区别,那除非我们对19世纪理论家们赋予"宗旨"的意义毫无偏见:杨看来确实如此,他声称迪森视"宗旨"为"诗歌或其同类的替代品"(5)②,误导性无出其右。实际上,杨坚称,思想的潜在呼应需要诗文也有相呼应的结构和表述。但是,这一点实际上从未有人质疑过。杨很清楚,迪森的导论是从"依存于凯歌主题的理路"(de sententiarum ratione, quae epiniciis subjectae)说到观点的布局(de tractatione argumenti),再说到"片段的谋篇"(de dispositione partium);伯克的理论既涉及形式的一致性又涉及内容的一致性。虽然着重点和方法确有不同,杨在内容

---

① D. Young, "Three odes of Pindar", *Mnemosyne Suppl.* 9, Leiden, 1968, p.66.

② "宗旨说"的拥趸深信杨从另一个"宗旨说"理论家劳赫斯坦因(Rauchenstein)借用的评论:"诗不为宗旨而生……吟唱才可赋予诗歌以宗旨"(nicht der Grundgedanke ist die Poesie. . . sondern die Darstellung derselben im Liede)(19 n.49, *Zur Einleitung in Pindars Siegeslieder*, Aarau, 1843, p.133)。杨说的那些,如"假设……一致性不在于一首诗一致,而在于诗遵循一条主线"(10),的确是剑走偏锋。从来无人质疑,诗歌是一个统一体;问题只不过是,诗歌为何是一个统一体?"宗旨说"的回答是:为系统表达一个思想。杨的回答则与此完全不同。他的说法不易为人理解,答案自身也不正确。

上反对“历史托寓”(这很英明);在形式上强调文字和短语的重复是为了呼应——抑或为增加不同寻常的意义(他因此对《奥七》的解释别有新意)。然而,我们并不清楚,在诗歌一致性的问题上是否出现了任何同“向心观”的决裂。杨对沙德瓦尔特解读《尼七》的评论,令人不可避免地想起伯克对赫尔曼的攻击①。

当代的品达研究生机勃勃,花样迭出,大而化之的讨论都面临风险。毋庸置疑,像杨那样质疑“向心观”却无果而终的人绝非少数。即便到今天,也没有几个评论者乐意去指责品达犯有“离题之罪”(crimen digressionum),从伯克开始,都站在品达这一边。情况为何如此?难道我们知道品达和他的受众跟我们一样,不喜欢质疑他离题?这能否从文学史得到证明?事实上,研究文学史,我们会发现,现代批评自身的倾向才是问题的根源。只要诗人能够随意铺展诗歌,离题从来都不受苛责。然而在伯克之前的那个时代,一种新的文学共识逐渐形成,引起对品达是否离题的探讨。我们知道“新近”当然并不意味着“错误”,但是这也不意味着它“正确”,我们不能想当然地以为这种演变竟会符合公元前5世纪古希腊人的诗歌审美,套用伯克的话来说,符合古希腊人的“创作基本原则”(Grundsatze der Composition)。不论我们说诗歌是被一个思想捆绑为一体还是诗歌捆绑为一体形成一个思想,都无关紧要。问题在于,为什么一首“意义完整”的诗就必须“唯有一个”思想。或许,正是杨和其他新近批评者们的历史观念太过局限,他们才在这个根本问题上逡巡不前。

(译者:刘保云,上海师范大学人文与传播学院博士后)

---

① D. Young,见第231页注释①,p.62:“在他对《尼七》的分析中,两部分内容:赞扬获胜者和诗人的私心,并没有合而为一,只是略有关联。《尼七》中有品达的自辩(apologia),因为他在《日神颂第六首》中曾为埃吉纳人之故冒犯天颜,也有诗人的图谋,这两者轮番上阵,共处一诗之中……那绝非一致性……”然而我们已经看到,对文艺复兴时期的注疏家来说,这样的解释并无不妥。

参考书架

Reference Book

《罗马帝国人物志》与罗马人物志研究

王忠孝

"人物志"研究,顾名思义,是围绕某个或某组"人物"开展的研究。它的英文名字是 prosopography。和汉语译名一样,这也是一个稀有词,所对应的拉丁文拼做 *prosopographia*,而这一词汇又是从古希腊名词 *πρόσωπον*("人面"、"人")生发而来。历史研究中的绝大多数领域都有专门针对某一人物或某特定人群的研究,罗马史当然也不例外。近代以来,欧洲地区数量巨大的拉丁和古希腊铭文的发现、整理和出版为罗马史学者开展人物研究提供了大量素材。正是在这一背景下,19 世纪德国著名的罗马史学家特奥多尔·蒙森(Theodor Mommsen)产生了编撰一套《罗马帝国人物志》的想法。本文将要介绍的这套工具书的源头即可追溯至此[①]。接下去的论述将分三个部分进行:首先是对这套丛书长逾百年的编撰史进行概述[②];

① 《罗马帝国人物志》第一版共 3 卷:*Prosopographia Imperii Romani Saec*. I. II. III. 1st ed., Berlin, 1897—1898。《罗马帝国人物志》第二版共 8 卷:*Prosopographia Imperii Romani Saec* I. II. III. 2nd ed., Berlin, 1933—2015。《罗马帝国人物志》第一版缩写为 PIR,第二版则缩写为 PIR^2。为方便起见,下文提到这部辞书时,简称《人物志》或以其拉丁缩写名 PIR 或 PIR^2 代称。

② 自《罗马帝国人物志》第二版各卷于 2015 年全部出齐后,还未见有中文文章对之做过详细的介绍。数年前出版的《罗马史研究入门》(刘津瑜著,北京大学出版社,2013 年)中曾提到过这部重要辞书,但内容简略,仅包含一段文字(第 247 页)。据笔者查考,目前国内大学和研究机构中,藏有《罗马帝国人物志》第二版全卷的仅复旦大学和东北师范大学两家图书馆。如此重要的一部工具书,应是所有以西方古史见长的研究型大学所必备的。

其次结合个案,介绍该丛书的结构、内容和使用方法;最后对《罗马帝国人物志》在历史研究中的作用、影响力以及人物志的研究方法及其学术成果做一个简单介绍。

一、《罗马帝国人物志》百年编撰史

“如学院致力于搜集整理希腊、拉丁铭文之事业(集中于罗马帝国时期而非此前阶段),为充分达成此目的,则需有前期准备工作,此恐超出学者个人能力之外。然所得之重要成果,一方面在于一份相对完整的罗马帝国名人志,还可辑出一套按编年顺序排列的执政官、总督及高级职官表。以往此类研究容易本末倒置。然而职官表应视为人物志研究之结果。某种程度上说,前者乃自后者萃取得来。该工作须待铭文资料可资利用之时方得进行。当然,所用材料不限于碑铭,还必须涵盖文献和钱币等。”①

这是1874年3月蒙森向位于柏林的普鲁士皇家科学院(Königlich Preußische Akademie der Wissenschaften,下文简称柏林科学院)提交的一份关于编撰《罗马帝国人物志》研究计划书的原文首段内容。这里,我们需注意蒙森提及《人物志》的编撰计划与铭文之间的密切关系。19世纪的古代史学者已不满足于仅依赖传世文献研究历史,他们广泛运用碑刻、钱币、纸草等不同性质的史料开展学术工作。由蒙森发起并主持的大型工程《拉丁铭文集成》(*Corpus Inscriptionum Latinarum*,简称*CIL*)的编撰便是引领这一风潮的一个具体体现②。正是由于对散落于欧洲各地的拉丁铭文进行大规模、成系统的搜集和整理,才使得蒙森有了编撰一套所谓“罗马帝国名人录”的想法。

---

① 转引自W. Eck, “The *Prosopographia Imperii Romani* and prosopographical method”, in A. Cameron (ed.,) *Fifty Years of Prosopography: The Later Roman Empire, Byzantium and Beyond*, Oxford, 2003, pp.21-22。Eck在文后附有蒙森所写项目计划书的德文全文,此处仅摘译首段。

② 关于19世纪后期欧洲尤其是德国学者对于拉丁碑铭材料的广泛搜集、整理和利用的介绍,见晏绍祥:《古典历史研究史》(上卷),北京大学出版社,2013年,第108—110页。

应当说,他在1874年向柏林科学院递交的这份申请书,是持续了一个多世纪之久的大型学术工程——《罗马帝国人物志》发端的标志。

该计划提交后,很快得到柏林科学院的批准并获得了经费支持。在蒙森等人的建议下,柏林科学院先后聘请了克莱布斯(Elimar Klebs),赫尔曼·德绍(Hermann Dessau)和保罗·冯·霍顿(Paul von Rhoden)三位学者作为该书主编。1891年交付初稿,但直到1897年才正式出版第一至第二卷。次年又出版了第三卷。此三卷构成了《罗马帝国人物志》的第一版[①]。这套著作实现了蒙森的第一个设想,即结合文献,大量利用铭文材料,对生活于罗马帝国时代的"显赫人物"(*viri nobiles*)进行全面汇集[②]。然而,到19世纪末该项目结束之际,新的问题开始出现。首先,由于此前的二十多年中新发现的拉丁、希腊铭文与纸草和钱币的数量源源不断增加,以至《人物志》在出版之初就又要面临增补和扩充的局面。其次,编者就是否修改入选人物的标准也进行了讨论。比如,出现在铭文材料中的一些重要被释奴和骑士是否需要包含进去。在这之后,编者考虑出版第四卷作为前三卷的扩充本,这主要包括新增补的人物信息,以及蒙森所计划但未能实施的那份罗马帝国职官表。但现实困难让这一工作变得异常难产。到1915年第一次世界大战期间,原来的三位编者中只剩下德绍在带病工作。柏林科学院不得不另找人选,最终确定了由来自维也纳大学教授罗马史的埃德蒙德·格罗克(Edmund Groag)和布拉格大学考古及拉丁碑铭学教授亚瑟·施泰因(Arthur Stein)担任新主编[③]。

---

① Eck, "The Prosopographia Imperii Romani and prosopographical method", Oxford, 2003, 12; W. Eck, "Die PIR im Spiegel der beteiligten Personen. Geschichte eines Langzeitunternehmens an der Berliner Akademie 141 Jahre nach dessen Beginn", in W. Eck and Matthäus Heil (eds.), *Prosopographie des Römischen Kaiserreichs: Ertrag und Perspektiven*, Berlin, 2017, p.8.

② 这里所谓的"罗马帝国"并非涵盖整个罗马帝国时代,而主要指异教时期的罗马。更精确地说,包含从奥古斯都统治(公元前27年)至戴克里先时代开端(公元284年)的历史。这之后罗马帝国的人物(从戴克里先时代至公元7世纪中叶)则收录在另一个人物志大型辞书,即《罗马帝国晚期人物志》(*Prosopography of the Later Roman Empire*, 3 vols., 1971—1992)中。见W. Eck, "Prosopography", in A. Barchiesi and W. Scheidel (eds.), *The Oxford Handbook of Roman Studies*, Oxford, 2010, p.149。

③ Eck, "Die PIR im Spiegel der beteiligten Personen. Geschichte eines Langzeitunternehmens an der Berliner Akademie 141 Jahre nach dessen Beginn", Berlin, 2017, p.9。

到1925年,两位主编放弃了原来的增补计划,决定编订新版,也就是所谓的《罗马帝国人物志》第二版(PIR^2)①。1926年,柏林科学院批准了这一计划。这时的出版商也由莱默出版公司(Georg Reimer)换成了德古意特(de Gruyter)。在这之后,格罗克和施泰因花费了大量时间进行资料搜集和整理工作,直到1933年,第二版的《罗马帝国人物志》才发行第一卷,涵盖字母A—B的部分,共1 908个人物条目。首卷发行即获好评,当时年轻的罗纳德·塞姆(Ronald Syme)在《罗马研究杂志》上发表了评论文章,将格罗克和施泰因二人誉为当代世界的"迪奥斯库里,浩繁史海中的导航星"②。1936年,PIR^2又出版了第二卷(字母C,含1 647个条目)。

不过,第二版前两卷出版时,正值德国法西斯政府登台之际。格罗克和施泰因都是犹太人,因此,两人的工作很快受到影响。到1939年,承受巨大压力的柏林科学院不得不终止和他们的合作,并要求二者在限定时间内交出手头上的所有资料(此时,编订工作已进行到字母F)。1943年二战期间,根据两位主编交出的材料,含D—F的卷三问世。由于受到时局影响,柏林科学院始终无法找到接替二人的合适人选,这一现状一直持续到第二次世界大战结束。战后不久,两位前主编的相继辞世以及东西柏林的分裂,让本来进展不顺的工程再次陷入困境③。卷四上(字母G)于1952年出版之际,恰逢第二届希腊—拉丁碑铭学国际会议在巴黎召开。这次会议聚集了当时欧洲最出色的希腊—拉丁铭文专家出席,如*CIL*的编订者之一、就职于柏林科学院的德国碑铭学家赫伯特·内瑟赫夫(Herbert Nesselhauf),

① 第二版中从A—D各卷正文依然包含此前各卷的补充和修订(addenda et corrigenda)内容。

② R. Syme, "Review of *PIR*", in *Journal of Roman Studies* 24, 1934, pp.80-81. 另见Eck, "Die PIR im Spiegel der beteiligten Personen. Geschichte eines Langzeitunternehmens an der Berliner Akademie 141 Jahre nach dessen Beginn", Berlin, 2017, p.20。

③ 二战期间,格罗克躲在维也纳的一间公寓内坚持工作,成功避开了纳粹的搜捕。他在1946年病逝于布拉格。施泰因在战争爆发前曾尝试前往英国做访问学者,但未能成行。后来他的行踪遭暴露而被捕,随后被移送至特莱西恩施塔特集中营,不过他幸运地活了下来。施泰因于1945年战争结束后重返布拉格,也回到了继续编撰《人物志》的工作中去。他在1950年逝世于布拉格。见Eck, "Die PIR im Spiegel der beteiligten Personen. Geschichte eines Langzeitunternehmens an der Berliner Akademie 141 Jahre nach dessen Beginn", Berlin, 2017, p.37。

英国杜伦大学古代史和考古学教授埃里克·伯利(Eric Birley),因《罗马革命》一书的出版而声名鹊起的罗纳德·塞姆,以及来自法国的铭文学家弗劳姆(H. -G. Pflaum)等人,后两位尤其以人物志的研究方法而知名。在这次会议上,学者们联名签署了一封倡议函,一方面表达了对已故前主编格罗克和施泰因的敬意,另一方面呼吁学界开展合作,将编撰《罗马帝国人物志》这一未竟事业继续下去。不久,以伯利和内瑟赫夫作为主要协调人,在其他学者的积极支持下,柏林科学院聘请了德国女学者莱瓦·彼得森(Leiva Peterson)担任新主编①。5 年后,即 1957 年出版了含字母 H 的卷四下。1966 年出版了扩充版字母(I)卷。1969 年完成了卷五上(字母 L)的编撰并送交出版社,该卷很快于次年出版。

然而,不久以后,《罗马帝国人物志》的编撰工作再一次陷入长时间的滞缓状态。这一情况主要是由几个方面的原因造成的。首先,二战后,虽然欧美学者基本上可以心无旁骛地从事专业性研究,但学术的高度职业化带来的一个弊端是,大部分学者忙于供职单位的科研和教学任务,无法腾出大量精力进行额外的工作。相比之下,前任主编格罗克和施泰因都是从柏林科学院领取全额薪水的专职研究者。何况在接手这一工作前,二人就已在这一领域耕耘多年②。恰恰相反,新任主编彼得森是古典语文学出身,后来在一家出版社长期担任编辑职务。对她来说,罗马史和人物志研究是个相对陌生的领域。此外,柏林科学院提供的薪水也无法满足其日常生活之需,因此她不得不继续供职于原来的出版社。然而,难能可贵的是,彼得森克服困难,以高度的职业精神投入到辞书的编撰中去。和前任主编一样,彼得森也将这一工作一直持续到了生命终点③。另一现实困难是,进入

① Eck, "Die PIR im Spiegel der beteiligten Personen. Geschichte eines Langzeitunternehmens an der Berliner Akademie 141 Jahre nach dessen Beginn," Berlin, 2017, pp.47–48.

② Eck, "Die PIR im Spiegel der beteiligten Personen. Geschichte eines Langzeitunternehmens an der Berliner Akademie 141 Jahre nach dessen Beginn", Berlin, 2017, p.72.

③ 彼得森在 1972 年就到了退休年龄,但她依然坚持 *PIR*² 的编撰工作。她直接参与的编撰持续到 80 年代末。彼得森在 1992 年逝世。1998 年出版的第六卷(P)单独题献给了这位杰出的女学者。

20 世纪 70 年代后，随着美苏冷战以及东、西德的日渐对立，社会主义和资本主义两大阵营内的学者交流和资料的获取变得愈加困难。而《罗马帝国人物志》并不是一套仅从拉丁、希腊传世文献、碑铭等古史材料中对人物信息进行搜罗汇总的大辞典，它还包括当代学者对收入其中的历史人物所做的研究集要（详见下文）。因此能否及时获取学术研究的新成果，在较大程度上影响了辞典的编撰进度，但政治因素造成的隔阂为这一工作带来不小的困扰。另外，民主德国政府对这项耗日持久的学术工程长期持消极态度，从 1970—1990 年的 20 年左右的时间里，编撰工作遭遇较大困难，这一局面直到 1989 年柏林墙倒塌和 20 世纪 90 年代初的两德统一才得以扭转。

虽然困难较多，但辞典还要编下去。以彼得森为总编辑，在来自两大阵营的学者共同努力下，1983 年终于出版了卷五中（字母 M）。到 1987 年，字母 N—O 卷相继出版（卷五下）。1990 年代初，东、西德的合并带来了全新的政治气象。随着柏林—勃兰登堡科学院（Berlin-Brandenburgische Akademie der Wissenschaften）的建立以及研究条件的改善，资金也得到了充足保障，这加快了剩余各卷的编订进度。1994 年，任职于科隆大学古代史系的著名拉丁铭文专家维尔纳·艾克（Werner Eck）教授基本接手了该工程的主编职务。在其指导下，1998 年出版的第六卷（字母 P）共有 7 位学者参与合编完成。次年又出版了包含 Q—R 的卷七上。2006 年出版了卷七下（字母 S），该册包含的人物超过了 1 100 条。然而，正在这时，又生变故。德国政府以耗时过久为由，砍掉了这个百年工程的资助款，这让剩余各卷的编订因资金短缺陷入困境。好在这一局面并没有持续多久，在私人基金会（Fritz Thyssen Stiftung）的赞助下，2009 年，第八卷上（字母 T）问世。2015 年，涵盖 V—Z 的卷八下最终出版。至此，自 1926 年施泰因和格罗克从字母 A 修订开始，到 2015 年最后一册出版，《罗马帝国人物志》第二版的编撰在历时近 1 个世纪后，圆满结束。如果再向上追溯，从蒙森向柏林科学院递交 *PIR* 第一版的研究计划书算起，整个学术工程持续的时间长达 140 余年。这一漫长的跨度几乎涵盖了罗马史自近代成为一门学科以来的整个演进史！因此，《罗马帝国人物志》在 21 世纪第二个十年中期编订完结，是几代学者克服多重困难,前仆后继、辛苦劳作的宝贵学术成果。

二、如何查阅《罗马帝国人物志》第二版(*PIR*^{2})

《罗马帝国人物志》的"使用说明书"并不复杂。打个比方,它就像一个按人物姓名的首字母排列的大部头电话簿,又有点类似于当代出版物中的各类"名人大全"。尽管其结构布局简单,但并非意味着这是一部任何人拿起来都可以无障碍阅读的著作。从前文得知,即便 *PIR* 新版第一卷的发行距今也已过去 80 多年了。因此,该套著作保留了不少 20 世纪早期甚至 19 世纪时期通行的学术标准和规范。最明显的地方是拉丁语作为学术语言被保留下来,直至 2015 年最后一卷的出版。

从 19 世纪保留至今的另一特色是,《罗马帝国人物志》包含的人物数量虽然有大量扩充,但入选标准基本没有多大变化。从蒙森写给柏林科学院的申请书得知,《罗马帝国人物志》收录的人名基本上都是"名人",即"闻名于外者"。当然,这并不是说凡见于名录者均是社会地位显赫之人。具体而言,除个别情况外,凡被古代文献(literary sources)记录在册的人物,无论贵贱,从帝王将相到奴隶及被释奴,均被收录其中①。但如果该人物只在铭文、钱币或纸草等史料中出现而在传世文献中找不到旁证,那么只有当此人的身份是帝国元老(*ordo senatorius*)或其家庭核心成员(具体指其妻子儿女),或是等级较高的骑士(*equester ordo*,高等级骑士通常指在中央为皇帝服务,或在行省担任皇帝代理人的骑士衔官员)及其妻子儿女,以及外族国王、王公贵胄及其家人时,才有资格被录入其中。这体现了 19 世纪末 20 世纪初的鲜明学术遗产,即"人物志"的研究目标基本上围

① 文献中提到的人物却未被收录者只有《新约圣经》等少数特殊的例子。事实上,同样拥有跨世纪编撰史的另一超大部头辞书《大保利古典学百科全书》(*Realencyclopädie der classischen Altertumswissenschaft*,简称 *RE*)已包含文献中提到的大量罗马人物词条。但 *RE* 的重心主要是罗马共和国和希腊化时期的人物,罗马元首制和晚期古代的人物并未得到同等量级的处理。且该丛书自 1978 年编订完毕后就没有再更新补充。因此,即便只是针对文献人物而言,*PIR*^{2} 对 *RE* 也是一个极其有益的补充。

绕政治精英人物进行①。

第三个特色是，整套著作按人物姓氏的字母顺序，从A到Z依次排列。这一点在文章第一部分谈到《罗马帝国人物志》的出版史时已体现出来。包含字母A—B的第一卷出版于1933年，而含U—Z的最后一卷出版于2015年，中间相隔了82年。如此长的时间间隔，带来了和第一版发行不久后面临的相似问题。也就是说，一旦某卷出版，将来发现的新材料中若含有符合入选的人物，将无法再补录入其所属卷中。不过，当下学术界，随着网络数据库的蓬勃发展，以及*PIR*[2]的编订正式完结，人物信息的更新和补充有着十分乐观的前景。通过建立并不断完善《罗马帝国人物志》在线数据库，纸质版在内容上的局限将可以得到弥补。在电子平台上，数据信息系统不仅可以随时将新发现的人物填补进去，围绕原有人物的研究成果也可以快速得到更新。同时，这一便利使拓宽*PIR*[2]收罗人物的范围成为可能。也就是说，理论上可以突破蒙森时代定下的基调，入选者不再囿于权贵和知名人士，凡生活于罗马时期，出现在碑铭、纸草等文献中的各类人物均可一网打尽。数据化时代无疑为包括《罗马帝国人物志》在内的古典学大型工具书的推广和使用带来极大的便利②。

接下来，笔者以卷七为例介绍*PIR*[2]的结构和内容（其他各卷大致相同）。前面已经提到，第七卷出版于2006年，包含的是族姓中首字母为S的所有目标人物。在该卷的封面和扉页后，是艾克以德语

① 前已提及，近现代的学者们掌握的卷帙浩繁的铭文材料是《人物志》工作得以开展的前提。值得一提的是，罗马帝国时期，即便是出身上层的人物，被古代文献记录下来的也只是很少一部分。数百年来，罗马帝国元老院内的大量元老及海外行省总督的姓名和个人资料，我们只能依靠铭文材料获取。

② 随着20世纪70年代以来历史学逐渐将视线从精英圈子和上层人物投向地方社会和平民大众，以“显贵人物”为主要研究对象的“人物志”显得有些不合时宜，而近20年来电子化和大数据平台为其提供了新的发展契机。在理论上，数字化平台可以突破《人物志》的局限，同时我们也应看到现实操作上的困难和有效性。关于网络和数据库对《人物志》带来的机遇、前景和挑战，见Eck，“Die PIR im Spiegel der beteiligten Personen. Geschichte eines Langzeitunternehmens an der Berliner Akademie 141 Jahre nach dessen Beginn”，Berlin，2017，VI。以及收入该论文集的其中的一篇文章：M. Heil，“Eine digitale Prosopographie der Führungsschichten des kaiserzeitlichen Imperium Romanum（Senatorenstand — ordo decurionum）：Ihre strukturellen Notwendigkeiten”，Eck（ed.），W. Eck and Matthäus Heil（eds.），*Prosopographie des Römischen Kaiserreichs: Ertrag und Perspektiven*，Berlin，2017，pp.213-237。

所写的前言(Vorwort),篇幅不长,只有1页多。艾克缕述了*PIR*² 自1933年首卷出版以来的编撰历程,接着提到在本卷出版后,剩余几卷的工作进展以及当前在项目经费上面临的困难。在前言之后是正文中所参考的大量作品的缩写名,这包括文献、铭文、纸草、钱币等各类史料和史料集,以及当代学者编、写的重要著作。随后进入到正文部分,共382页,第一个被收录的人物是名字极度残缺的L. S[...],最后一位是出现在罗马作家佩特洛尼乌斯的作品《讽世书》中一名叫做Syrus的人物,共计1 054个条目。但这并非说该卷只包含了1 054位人物,而是符合入选资格并单独注释的人物共1 054位。一些史料中仅留存姓名而其背景未能考者,也被收入其中,但以姓名呈现而不计入新条目。另外,已经在上文某处(卷)出现或将在之后某处(卷)出现,且单独成条的人物,也不计入新条目。比如Serenus氏所属两位人物条目[...] SERENVS(*PIR*² S 516)和[...]EVS SERENVS(*PIR*² S 517)下方,罗列出一串尾姓(*cognomen*)均为Serenus的人物,如 **T. Fla[v]ius Serenus**;Sammonicus Serenus;**C. Servilius Serenus**;Volumnius Serenus等。若想知悉T. Fla[v]ius Serenus的信息,应去F卷中的Flavius条目查找(*PIR*² F 366),同样,C. Servilius Serenus可以在下面属于Servilius姓中找到(*PIR*² S 598)①。因此,*PIR*²的查找原则上是根据目标人物的家族名(*nomen gentile*)而非其他名字来定位②。在正文后的倒数几页,列出信息相对完整的某些世家大族的家谱(Conspectus Stemmatum),本卷共收录23个。

关于正文,笔者任意选出S卷中的一位人物,首先将全文如实摘录,再翻译成中文,供读者了解其内所含信息③:

---

① 当某个人物未被其所属卷收录,则会被补充进入其他相关某卷。比如出现在S卷末的最后一位人物M. Gargilius Syrus由于未收入M卷,编者在此将其包括进来,给以注释,但只能算在Syrus名下,不单独成条。

② 罗马人的姓名较为复杂,和"人物志"一样,存在专门的"姓名学"(onomastics),且此二者往往有较强的关联性,因此学者在做一般性介绍时,往往会将二者放在一起,如刘津瑜:《罗马史研究入门》,第247—248页;O. Salomies, "Names and identities: Onomastics and prosopography", J. Bodel (ed.), *Epigraphic Evidence: Ancient History from Inscriptions*, London and New York, 2001, pp.73-94。围绕罗马姓氏所做的重要研究,请参阅上述两篇文章中提到的相关作品。

③ *PIR*² S 23.

23 T. SABINIVS BARBARVS, consul (suffectus) a. 118. *Tituli: Acta Arv. VI 2078 = 32374 = Scheid Commentarii p. 205 sq. n. 68 (1); terminales Africani AE 1904, 144 = D. 9380 = ILAlg 2, 3, 7529 (2); D. 9381 = ILAlg 2, 3, 7534 (3); dipl. mil. RMD 231 (4).* Leg(atus) Aug(usti) pro pr(aetore) (legionis III Augustae), per quem fines assignati sunt genti Suburum ex auctoritate Traiani Parthici (*scil. post diem 20 vel 21 mensis Febr. a. 116, ante Augustum a. 117 Traiano nondum divo*) *t. 2 sq. Officio functus est fortasse iam ab a. 115/116 usque ad a. 118, cf. W. Eck Chiron 12, 1982, 362 adn. 325 et 13, 1983, 148; sed cf. etiam Thomasson Fasti p. 142.* Consul suffectus una cum L. Pomponio Basso *supra P 704 a. 118 (mensibus Iulio et Augusto ut videtur) t. 1. 4. Fortasse idem est ac Barbarus supra B 46, proconsul Asiae a. 133/134 ut videtur, vide R. Syme ZPE 37, 1980, 1 = RP 3, 1303.* Wa

23 提图斯·萨比尼乌斯·巴尔巴鲁斯：公元118年(候补)执政官。其履历名号见（1）《阿尔瓦兄弟会卷宗》VI 2078 = 32374 = 沙伊德《阿尔瓦兄弟会卷宗残篇注疏》第205页，第68条注释；（2）阿非利加界碑，《铭文年鉴》1904年，第144条 = 德绍《拉丁铭文选集》第9 380条 =《阿尔及利亚拉丁铭文集成》卷2.3第7 529条；（3）德绍《拉丁铭文选集》第9 381条 =《阿尔及利亚拉丁铭文集成》卷2.3第7 534条；（4）《罗马士兵从军证书》，第231条。罗马皇帝代理官，前行政官衔(奥古斯都第三军团长官)，在其任内，依据帕提库斯·图拉真皇帝的权威，厘定了边界(即在公元116年2月20日或21日之后，公元117年图拉真皇帝封神之前)，见前述引证(2)和(3)。其任期或结束于公元115/116年至118年之间，参考维尔纳·艾克《喀戎》第12期，1982年，第362页，第325条注释以及第13期，1983年，第148页。但同时参考托马森《阿非利加职官表》第142页。公元118年(7月及8月)担任候补执政官，同僚为路奇乌斯·

庞珀尼乌斯·巴苏斯(前卷,P 704)见前述引证(1)和(4)。他或和公元133/134年亚细亚总督巴尔巴鲁斯(前执政官)为同一人。见罗纳德·塞姆,《纸草与铭文学杂志》第37期,1980年,第1页=《罗马论文集》第3辑,1303页。本词条为克劳斯·瓦赫特尔(Klaus Wachtel)编写。

从以上所引萨比尼乌斯·巴尔巴鲁斯词条可看出,*PIR*^{2}中收录的历史人物信息主要包括两个方面,首先是原始史料提供的关于该人物的家世、出身,尤其是其政治地位、头衔和职位等核心信息,其次涉及学者关于该人物生平所做的相关研究的汇总。总体而言,词条的长度取决于我们手头上掌握的史料多寡。由于《罗马帝国人物志》具有很强的政治史特征,因此显而易见,一个人在历史重要进程中所起作用越大(或者职位越高),跟他相关的信息也越丰富[①]。如尤利乌斯家族(*Iulius*)中产生的罗马首位皇帝奥古斯都(C. Iulius Caesar Augustus)的词条长达近10页[②]。相比之下,有些成员的个人信息则会简单得多,名字后面仅用一句话概括的不在少数。

三、人物志在罗马史研究中的重要意义和成果

人类社会的历史,从最根本上讲,是由人来书写的历史。"人物志"研究的重心,就是将目光聚焦到个体化的"人"这一要素,通过对既定社会或组织中人与人(或人群)之间的复杂关系进行梳理,达到澄清事实、补充历史信息、解释历史现象的目的。这一定义放在19世纪实证主义史学大行其道的德国,不难理解其重要性。再回到古

① 一个很好的例子见 Eck, "Sozialstruktur des römischen Senatorenstandes der hohen Kaiserzeit und statistische Methode", *Chiron* 3, 1973, pp.375-394。根据他对碑铭资料的统计,从公元69年到138年期间,所有担任过罗马帝国财务官的官员中只有9%的姓名为我们所知。罗马帝国前三个世纪曾出任执政官,随后被派赴阿非利加或亚细亚担任总督的名单中,我们知道其中的大约50%和70%。一生中担任过2次及以上执政官的官员,我们知道所有这些人的姓名,同时参阅 O. Salomies, "Names and identities: Onomastics and prosopography", London and New York, 2001, p.80。

② *PIR*^{2} I 215.

代历史书写的领域,同热衷于以政治体制优劣分析城邦兴衰的希腊历史学家相比,罗马人在他们的作品中更喜欢记载执政官人选、凯旋将领和贵族家史。他们通过对著名人物的出身、性格、道德品质甚至外貌特征进行细致勾画来揭示罗马人强大的原因①。这是罗马传记文学能够从共和国后期至罗马帝国晚期盛行不衰的一个重要原因。此外,罗马世界留下了数量丰富的纪念碑、极具写实主义的肖像同样印证了这一点②。而罗马碑铭中大量政治人物的履历和荣誉头衔等信息被记录下来,为学者建立一个相对完善的人物信息库提供了素材。有了这样的资源,历史学家们能够突破文学研究的局限,对推动政治史向前发展有着十分积极的意义。

譬如,罗马帝国产生了数量庞大的元老和骑士群体,这些人在罗马城及海外的行省和军队中担任要职。自奥古斯都以后的数百年来,随着罗马化程度不断加深,帝国元老逐渐来自罗马世界的各个地区,成分复杂,然而多数官员的名字和信息并未被记入文献。这也正是本文开头所提到的蒙森的初衷,他希望通过对大量铭文进行整理,做出一套完整的职官信息表③。这一工作意义非凡。因为有了充分

---

① 正如塞姆所说,罗马史学也正是"起源于对显贵阶层执政官年表和凯旋式经历,以及对他们家族间联盟与结怨等内容的记录"(罗纳德·塞姆:《罗马革命》,吕厚量译,商务印书馆,2016 年,第 663 页)。传统上,罗马历史书写对"著名人物的行为及道德"(*clarorum viroum facta moresque*)的宣扬和记述"罗马人民的历史(*gesta populi Romani*)"是并行不悖的。可以看出,罗马作家对"人"的要素在历史进程中所起的作用相当重视。

② 对人物形象进行写实化的处理体现在罗马钱币和雕塑等多个艺术领域,相关研究如 G. M. A. Richter, "The origin of verism of Roman portraits", in *Journal of Roman Studies* 45, 1955, pp.39-46; R. R. R. Smith, "Greeks, foreigners, and Roman republican portraits," in *Journal of Roman Studies* 71, 1981, pp.24-38; C. E. King, "Roman portraiture: Images of power?" in G. M. Paul and M. Ierardi (ed.), *Roman Coins and Public Life under the Empire: E. Togo Salmon Papers II*, Ann Arbor 1999, pp.123-136; J. Fejfer, *Roman Portraits in Context Image*, Berlin 2008, pp.262-264 等。

③ 由于《罗马帝国人物志》耗时过久,到 2015 年才编辑完成的这套大辞书并未能实现蒙森当初的第二个设想。但一百多年来,学者们采用人物志的研究方法,针对某一历史时期的帝国职官出版了多部人物志研究专著,在很大程度上填补了空白。这其中比较有代表性的专著有:《罗马行省所有已知总督名录》(B. Thomasson, *Laterculi Praesidum*, 3 vols., Göteburg, 1984);《罗马 2—3 世纪元老级别官员》(M. Christol, *Essai sur l'evolution des carrières sénatoriales dans la 2e moitié du IIIe s. ap. J.-C*, Paris, 1986);《尤利乌斯-克劳迪王朝罗马骑士衔职官》(S. Demougin, *L'Ordre équestre sous le Julio-Claudiens*, Paris, 1988)以及弗劳姆针对罗马骑士衔皇帝代理官的经典研究:H. G. Pflaum, *Les Procurateurs équestres sous le haut-empire romain*, Paris, 1950; H. G. Pflaum, *Les Carrières procuratoriennes équestres sous le haut-empire romain*, 3 vols., Paris, 1960—1961),(转下页)

的人物信息，我们可以对既定时期内的政治人物进行量化分析，进而对皇帝家族及其成员间的婚姻纽带①、帝国元老院和行省的人员构成和行政架构、官员的遴选甚至全帝国范围内的精英阶层流动有更全面的认识。再如，在军事研究领域，罗马碑铭中保留下来大量在边疆行省服役的士兵及各级将官的信息，这对我们研究罗马军队的驻防、人口迁徙甚至罗马城市化都有较大帮助②。

因此，一个多世纪以来，罗马人物志研究和《罗马帝国人物志》的编撰同步进行，相互促进。后者在编写过程中不断吸收并呈现前者的研究成果，而 *PIR*^{2} 的结集出版反过来又促进了优秀论文和专著的诞生。自 20 世纪初，将人物志的研究方法运用到罗马史领域内便已成果斐然，其中最突出的代表是塞姆的《罗马革命》一书。塞姆通过对从罗马共和国晚期到奥古斯都时代，罗马政治人物之间错综复杂的关系（私人圈子、党派和婚姻纽带）进行了细致入微、有说服力的分析，生动呈现了 70 多年间罗马政治和社会转型的动态画面。这本书是继蒙森之后，20 世纪罗马史政治研究领域（甚至可以说是整个罗马史领域）最具盛名的著作③。他此后所写的一系列作品，如《撒路斯特》《塔西佗》《奥维德诗歌中的历史》及《奥古斯都时代的贵族》

（接上页）以及 1982 年出版的补充版，合计五卷。还有《从维斯帕芗至哈德良统治时代的帝国元老》（W. Eck, *Senatoren von Vespasian bis Hadrian. Prosopographische Untersuchungen mit Einschluss der Jahres- und Provinzialfasten der Statthalter*, Munich, 1970）；《安东尼王朝的执政官和元老》（G. Alföldy, *Konsulat und Senatorenstand unter den Antoninen: Prosopographische Untersuchungen zur senatorischen Führungsschicht*, Bonn, 1977）等。

① 比如最新一篇文章：F. Chausson, “Empereurs et sénateurs aux IIe–IIIe siècles: quelques remarques sur des réseaux de parenté,” Eck (ed.) *Prosopographie des Römischen Kaiserreichs: Ertrag und Perspektiven*, Berlin, 2017, pp.133–154。除贵族和地位较高的官员外，还可利用人物志研究围绕在皇帝四周、对其决策产生巨大影响的被释奴和奴隶群体，这方面的经典之作如 P. R. C. Weaver, *Familia Caesaris*, Cambridge, 1972。

② 如 H. Devijver, *Prosopographia militiarum equestrium quae fuerunt ab Augusto ad Gallienum 1–3 et Suppl. 1–2*, Leuven 1976–1993; O. Richier, *Centuriones ad Rhenum. Les centurions legionnaires des armées romains du Rhin*, Paris, 2004。

③ R. Syme, *Roman Revolution*, Oxford, 1939. 本书中译本见本文注释 22。关于塞姆《罗马革命》及其书中所用人物志方法的详细介绍，见收录在 1991 年一部重要论文集中的文章：H. Galsterer, “A Man, a book, and a method: Sir Ronald Syme's *Roman Revolution* after fifty years”, in K. Raaflaub, M. Toher, and G. W. Bowersock (eds.), *Between Republic and Empire: Interpretations of Augustus and His Principate*, Berkeley 1991, pp.1–20。

等,无一不打上浓重的"人物志"研究烙印。塞姆的研究方法被视作罗马史领域"人物志"研究的典范,影响了整整一代学者。战后,以罗马皇帝及其家族成员为研究对象,英语世界迄今已有一系列具有广泛影响力的专著出版①。这些作品均受到塞姆的影响,采用人物志的研究方法,对皇帝及其家族成员、被释奴、元老等人物之间复杂的关系进行考证,推动了罗马政治史的研究②。除了把视角聚焦皇帝家族以及罗马城的元老以外,来自德、法等欧陆国家的学者将研究视角下移,在行省职官甚至更下一级的地方精英研究中做出不小贡献③。近几十年来,随着性别、宗教研究和社会文化史的流行,人物志研究方法也更多地被运用到上述领域,并呈现出丰硕的研究成果④。利用人

---

① 如《提比略》(B. Levick, *Tiberius, The Politician*, London, 1976);《克劳狄乌斯》(B. Levick, *Claudius*, New Haven, 1990);《尼禄》(M. Griffin, *Nero, The End of Dynasty*, London and New York, 1984);《阿格里皮娜》(A. Barrett, *Agrippina: Sex, Power and Politics in the Early Empire*, London and New York, 1996);《维斯帕芗》(B. Levick, *Vesapsian*, London and New York, 1999);《哈德良》(A. Birley, *Hadrian, The Restless Emperor*, London and New York, 1997);《马可·奥勒留》(A. Birley, *Marcus Aurelius, A Biography*, London and New York, 1987);《康茂德》(O. Hekster, *Commodus: An Emperor At Crossroads*, Amsterdam, 2002)等。

② 就罗马帝国人物研究中涉及方法方面的探讨文章,见 W. den Boer, "Die prosopographische Methode in der modernen Historiographie der Kaiserzeit", *Mnemosyne* 22 (1969), pp. 268-280; H. G. Pflaum, "Les progrès des recherches prosopographiques concernant l'époque du Haut-Empire Durant le dernier quart de siècle (1945—1970)", *ANRW* II:1 (1974), pp.113-135; W. Eck (ed.), *Prosopographie und Sozialgeschichte. Studien zur Methodik und Erkenntnismöglichkeiten der kaiserzeitlichen Prosopographie*, Cologne 1993)等。

③ 罗马阿非利加: B. E. Thomasson, *Fasti Africani. Senatorische und ritterliche Amtsträger in den römischen Provinzen Nordafrikas von Augustus bis Diokletian*, Stockholm, 1996。罗马西班牙: G. Alföldy, *Fasti Hispanienses. Senatorische Reichsbeamte und Offiziere in den spanischen Provinzen des römischen Reiches von Augustus bis Diokletian*, Wiesbaden, 1969。罗马日耳曼: W. Eck, *Die Statthalter der germanischen Provinzen vom 1.-3. Jahrhundert*, Bonn, 1985。罗马东部部分行省: B. Rémy, *Les Carrières sénatoriales dans les provinces romaines d'Anatolie au Haut-Empire (31 av. J. C.-284 ap. J. C.: Pont-Bithynie, Galatie, Cappadoce, Lycie-Pamphylie et Cilicie)*, Istanbul and Paris, 1989。罗马不列颠: A. Birley, *The Roman Government of Britain*, 2nd edn., Oxford, 2005。罗马达契亚: I. Piso, *Fasti Provinciae Daciae I: Die senatorischen Amtsträger*, Bonn, 1993。罗马潘诺尼亚: J. Fitz, *Die Verwaltung Pannoniens in der Römerzeit*, 4 vols., Budapest, 1993—1995。

④ 罗马帝国早期元老阶层的女性: Marie-Thérèse Raepsaet-Charlier, *Prosopographie des femmes de l'ordre sénatorial (Ie-IIe s.)*, 2 vols., Leuven 1987。利用人物志方法所做宗教研究: Jörg Rüpke, *Fasti Sacerdotum: A Prosopography of Pagan, Jewish, and Christian Religious Officials in the City of Rome, 300 BC to AD 499*, 3 vols. Oxford 2008; J. Scheid, *Le collège des frères Arvales. Étude prosopographique du recrutement (69-304)*, Rome 1990 等。

物志的研究方法,对某一类别的人群进行的研究,也取得了可喜的成果[①]。进入 21 世纪,伴随着大数据和电子化平台的发展,人物志研究能够和这一趋势完美契合,这一学术发展态势想必是一百多年前的蒙森所无法想象的。

(作者:王忠孝,复旦大学历史学系讲师)

① 如伊壁鸠鲁学派哲学家:C. Castner, *Prosopography of Roman Epicureans between the Second Century BC and the Second Century AD*, Frankfurt am Main, 1988。铭文所见演说家和智者:B. Puech, *Orateurs et sophistes grecs dans les inscriptions d'époque impériale*, Paris, 2002。

学术书评

Book Review

评韦斯内尔的《应对诸神》

詹瑜松

2011年,著名宗教史家韦斯内尔出版了一部题为《应对诸神:希腊神学之我见》[1]的著作。这本书较为特别,它是一本迟到了的书,一本迟到了十余年的演讲集、迟到了近二十年的第三卷。因为其主体是1999年作者发表的系列演讲[2],而其源头则是20世纪90年代初发表的《希腊罗马宗教中的矛盾》;后者有两卷,作者坦承,此书应算作其后的第三卷。与前两卷相比,《应对诸神》一书酝酿时间更长,内容也更成体系,可视为韦斯内尔思想与方法的总结。作者自道,其目标是为读者提供一部较为全面的导论,以呈现古希腊宗教中一些最为重大的话题[3]。作者大体实现了这一目标,因而此书出版之后深受好评。鉴于作者特别提示此书的理论方法源自第一卷,本文将一同介绍这两本书,并略作延伸,谈点希腊罗马宗教研究中的方法问题。

---

① H. S. Versnel, *Coping with the Gods: Wayward Readings in Greek Theology*, Leiden: Brill, 2011. 以下简称 *Coping with the Gods*。

② 1999年,韦斯内尔受邀担任加州大学伯克利分校的萨瑟古典学讲席教授(Sather Professorship),并发表系列演讲。该讲席设立于20世纪初,担任讲席的基本上是一流学者,如史迈斯(H. W. Smyth)、耶格尔(W. Jaeger)、莫米利亚诺(A. D. Momigliano)、芬利(M. I. Finley)、布尔克特(W. Burkert)等,还诞生了一些名著,如尼尔森的《希腊神话的迈锡尼源头》(Martin P. Nilsson, *The Mycenaean Origin of Greek Mythology*, Berkeley: University of California Press, 1932)、多兹的《希腊人与非理性》(E. R. Dodds, *The Greeks and the Irrational*, Berkeley: University of California Press, 1951)。不过,由于某些原因,韦斯内尔的演讲集并非在该系列中出版。

③ *Coping with the Gods*, p.6.

一

《应对诸神》一书约有 600 页之巨，分为六章，前三章是关于神灵世界的“系统学”，尤其是多神信仰的运作，而后三章探讨神的本质和特性，特别是神的本质中人的特征与神的特征之间的和谐与张力。其研究方法出自《希腊罗马宗教中的矛盾》第一卷，该书发表于 1990 年，副标题为《Ter Unus：伊西斯、狄奥尼索斯、赫尔墨斯：一主神信仰研究三论》①。

Ter Unus 一书的主标题透露了作者的研究对象，即古代历史和古代宗教思想中的矛盾。韦斯内尔援引许多认知科学的实验和人类学的观察，指出每个人都拥有一定的思维图式，这些图式是社会和文化建构出来的，它们使得人们得以理解物质世界，并指导人们在现实生活中的行为和思想。人们通过特定的思维图式来接收信息，倾向于协调和清晰，厌恶矛盾和暧昧。当出现反常时，人们就会采取种种策略予以修正、消解或者回避。有时人们会承认两种对立元素同时存在，然后引入第三种元素加以调解或折中；有时人们会无视其中的一种元素，或者干脆无视矛盾本身；不得已时，人们还会建立新的诠释体系来应对矛盾。此类矛盾现象在宗教中极为常见，但信徒们很少主动反思这些矛盾。例如宙斯的雷电很少霹死恶人，却常常击毁高大的神庙；在现实中，这种矛盾是显而易见的，但这并不妨碍普通人依旧崇拜宙斯。不仅如此，由于文化和社会是通过语言而实现交流的，所以语言也是充满矛盾的；一个词语有时会包含多种互斥乃至截然对立的意义。因此，矛盾是广泛存在的，但一直以来却没有得到正视。学者们看到了矛盾，但出于逻辑和理性的信念，学者们总是力图拒斥或消解矛盾中的某一方，希望借此把矛盾说圆了，由此创造出一种“融洽连贯的神话”。而与此相反，韦斯内尔把矛盾视为一种基

① H. S. Versnel, *Inconsistencies in Greek and Roman Religion*, *Vol. 1: Ter Unus: Isis, Dionysos, Hermes: Three Studies in Henotheism*, Leiden: Brill, 1990. 以下简称 *Ter Unus*。第二卷发表于 1993 年，其副标题为《神话和仪式中的过渡与倒转》(*Transition and Reversal in Myth and Ritual*, Leiden: Brill, 1993)。

本现象，试图探究“正常的”历史尤其是宗教史中的各种矛盾实例，进而揭示矛盾所蕴含的人的历史和思想状态，即信仰的方式、同一客体的真实状态其实是复合多重的[①]。

读到这里，读者可能会有种似曾相识的感觉。的确，图式、反常等词语很容易让我们联想到库恩的范式、危机等概念。库恩认为，科学研究是有范式的，特定的范式会限制科学研究所涉足的现象领域，并使科学家形成特定的研究预期。当研究结果与预期不符时，反常就出现了。这时，通过调整概念范畴，把反常现象变为预期现象，科学发现就完成了。但是，当反常和对范式的调整骤然增加时，反常就变成了危机。解决危机往往需要新的范式，而向新范式的转变便是科学革命，科学革命的本质是世界观的改变。当革命发生时，“在所有同化新理论和几乎所有同化新现象的过程中，事实上都必然要求摧毁旧范式，并发生不同的科学思想学派间的彼此竞争和冲突”[②]。

反常之所以会变成危机，就在于人的思维厌恶矛盾，科学家不能容忍反常的存在，也不能容忍新旧范式并存。同样，宗教史学者也希望用一个整齐划一的逻辑体系来阐释宗教现象。而韦斯内尔恰恰反对这种做法，他认为这种整齐划一实际上是片面的，因为这种阐释方法本质上“只能说明复杂的、如万花筒般的宗教事实的一部分”；实际上，“在宗教领域或哲学生活中，古希腊人展现了一种令人不安的能力，他们可以把两种（或者更多）矛盾的或者不协调的陈述论证成彼此互补而非互斥”[③]。古希腊人不仅承认不同陈述各自的有效性，而且容忍它们同时存在；在现代学者看来难以理解的现象，在他们看来不成问题。借用库恩的术语来说，在古人的宗教思维中，宗教是有范式的，而且不同甚至对立的范式可以并存；范式之间的矛盾并不会摧毁对立双方，毋宁说，矛盾状态本身就是一种范式。

① *Ter Unus*, p.24. 此处韦斯内尔借用了韦纳的表述（Paul Veyne, *Les Grecs ont-ils cru à leurs mythes? Essai sur l'imagination constituante*, Paris: Seuil, 1983, p.164，即第二章的尾注33；中译本见保罗·韦纳：《古希腊人是否相信他们的神话：论构建的想象》，张竝译，华东师范大学出版社，2014年，第26页）。

② 托马斯·库恩：《科学革命的结构》，金吾伦、胡新和译，北京大学出版社，2012年，第82页。

③ *Coping with the Gods*, p.10.

下面就以赫尔墨斯为例来说明这种矛盾状态。这是一位重要的奥林坡斯神,也是《应对诸神》第四章“一个神:为什么赫尔墨斯是饥饿的?”的主角。韦斯内尔之所以关注这位神,是因为对赫尔墨斯的建构代表了古希腊人在模糊暧昧方面最极端的尝试:在这位神的身上,神和人的界限几乎消失了①。

韦斯内尔分析的核心是神的烹食面相,切入点就是《致赫尔墨斯颂诗》中的祭祀场景。这一场景比较反常,无论屠宰还是献祭,各方面都与通常的祭祀大为不同。这些反常并非无缘无故,关键在于赫尔墨斯的本性。这是一位“易于相处”的神,具有彻头彻尾的人性,而颂诗中最能体现其人性一面的就是祭祀场景:作为人,他渴望吃肉,而且这肉是“ὁσίη κρεάων”,即分给参祭者的胙肉;但作为神,他又不能吃肉,为了加入奥林坡斯诸神的行列,他最终还是克制住了。除了想吃肉、杀牛祭祀外,赫尔墨斯还做了一些只有凡人才应做的事,说了一些只有凡人才应说的话。例如,他给诸神和自己唱了一首颂诗,这是凡间的诗人该做的事。又如,他对母亲抱怨没有收到人类的献礼后说,他们应和诸神在一起,富裕、有钱、拥有许多谷地(πολυλήιος),而在尊荣方面他也将获得与阿波罗一样的供奉(τῆς ὁσίης);反过来,到了后面阿波罗则对他说他将在诸神之中获得美名(κλέος)。和前面ὁσίη κρεάων一样,πολυλήιος等词只应出自凡人之口,用在凡人身上。所以,在这首颂诗中,通过如此之多的人性特征,赫尔墨斯把人神之间的界限消除了,他是一位人性之神。

当然,仅仅分析这首颂诗是不够的。韦斯内尔接下来援引了经常受人忽视的文献资料——寓言故事。在现存的寓言中,诸神很少出场,只有宙斯和赫尔墨斯例外。宙斯一般充当诸神的代表,没什么个性;但赫尔墨斯不同,他在寓言里常常就是故事的主角,而且有固定的行为特征:一是他经常出洋相、扮演搞笑角色,是寓言的调侃对象;二是他往往以完全人性的方式来跟人打交道,从来不作为神出场,最多在离开时表明身份。和颂诗的情况一样,在寓言中没有哪个神像赫尔墨斯充满人的特征,正是这一点导致了他和凡人之间的各

① *Coping with the Gods*, p.9.

种搞笑关系。此外，在视觉材料如图像、赫尔墨斯立像等方面，我们也可以发现类似的现象。可以说，赫尔墨斯是古希腊最受喜爱的、最常提及的一位神，但矛盾的是，他却没有官方的崇拜仪式，也几乎没有节日和神庙，赫尔墨斯立像倒是经常出现在其他神的神庙前或神庙里。祭祀时，赫尔墨斯实际上充当的是一位旁观者，他看着人们把祭品奉献给诸神。那么，他自己能享用什么东西呢？这方面喜剧可以告诉我们答案：有酒饼、蜂蜜、无花果、糕饼、羊腿、热内脏、面包、胙肉、掺水的酒等[①]。这些据说都是赫尔墨斯爱吃的，但无一例外都是凡人的饮食。为了这些，他甘愿做凡人的家人。所以，作为旁观者，赫尔墨斯在祭祀中扮演的是和人一样的角色，也是祭祀的参与者。"饥饿的"赫尔墨斯渴望填饱肚子，但他不要"香气"，而要具体的食物、凡人的食物。同时，赫尔墨斯也是凡人"宴会的伙伴"，他可以得到和凡人宾客同等的食物，而不是给其他诸神的香气[②]。

从时代上说，颂诗和寓言比较接近，大约形成于公元前 6 世纪；有关的图像和赫尔墨斯立像最早也可追溯到公元前 6 世纪晚期。连同此前的荷马史诗和后来的喜剧，以及当时的祭祀仪式，这些都表明，在烹食方面赫尔墨斯从不遵循正统的奥林坡斯神的习惯，反而常常忘记自己是个神，总是越界，跑到凡人这一边。因此，颂诗里的祭祀场景，特别是既想吃肉又要自我克制的矛盾状态，其实是赫尔墨斯日常的受崇拜状况的神话隐喻，像寓言和喜剧一样充满了调侃的意味。除此之外，赫尔墨斯还有许多类似的特征，比如他和凡间的巫师一样，若要展现自身能力，便需要魔杖、带翼的鞋等工具，而其他的神并不需要。这样，韦斯内尔发现了一个"小赫尔墨斯"，一个受现代学界忽视却活跃在古希腊人的日常和想象之中的赫尔墨斯。作为颂诗，这首诗自然会关注赫尔墨斯最重要的功能和职分，但这些并不是颂诗的核心，实际上颂诗的"关注点既不在于'功能'，也不在于'意义'，而在于属性。在这方面，颂诗深受日常社会生活中的赫尔墨斯的本性的影响和启发"[③]。

---

① 参见阿里斯托芬：《财神》，第 1120—1132 行。
② 参见《奥德赛》第 14 卷，第 418—456 行。
③ *Coping with the Gods*, p.376.

从这一角度出发,颂诗里困扰学界的许多矛盾也就不成其为矛盾了。关于献祭场景,为了解释其反常之处,学者们提出了各种论证。卡恩认为这是一场反祭祀,为神人之别而有意颠倒祭祀的常规;而柯雷提出,这不是什么祭祀,而是一场"平等的宴会"。至于那个似乎说不通的 τῆς ὁσίης(供奉),有些学者直接译为"崇拜仪式";卡恩等人则认为这是赫尔墨斯误用词语,表明他的身份是人是神还不确定;柯雷主张宽泛地理解该词的含义,赫尔墨斯用这个词暴露了他对奥林坡斯秩序——即供奉取决于尊荣——的无知,赫尔墨斯要表达的应该是:我想要和阿波罗拥有一样的尊荣,这样我就会和他一样拥有丰富的供奉①。此类论证韦斯内尔将其归结为"拯救作者"学派,他们要拯救作者,拯救文本,因为他们看到了矛盾,觉得作者犯了错,误用了词语,作者要表达的应该是另外一个意思。但韦斯内尔认为,这没有必要,文本就是那文本,意思就是那字面意思。之所以显得矛盾,是因为它们跟我们所熟知的正统的奥林坡斯范式相冲突,若放到希腊人日常生活经验之中,这些矛盾就变得合情合理了。"*以我的观点来看,神的形象很大程度上受到其'在生活中的地位'(Sitz im Leben),亦即在人类生活和经验中的地位的影响。*"②所以,就像地球不需要人类拯救,需要拯救的是人类自己一样,作者不需要拯救,文本也不需要拯救,需要拯救的是我们的思维。

二

韦斯内尔的研究方法大致如此。和其他研究者一样,他提出这种方法是有学术指向的,他针对的主要是 20 世纪研究古希腊宗教神话最重要的两家——以戴地安、韦尔南等为代表的巴黎学派和瓦尔特·布尔克特。这两方的研究不仅是韦斯内尔分析赫尔墨斯的基

---

① L. Kahn, *Hermès passe: ou les ambiguïtés de la communication*, Paris: F. Maspero, 1978; Jenny Strauss Clay, *The Politics of Olympus: Form and Meaning in the Major Homeric Hymns*, Princeton: Princeton University Press, 1989. 关于这些观点以及其他学者的观点,可参见韦斯内尔的具体分析,亦可参见收入本辑的几篇译作。

② *Coping with the Gods*, p.317.

础,也是他建构自身理论体系的学术背景。

除了研究方法,韦斯内尔在行文风格和引用文献上跟他们——主要是巴黎学派——也是针锋相对。可能由于法国人实在是太浪漫了,巴黎学派的论述常常让笔者如堕云中,不知所云,需要费一番力气才能抓住他们的主旨(或者说自以为抓住了),而韦斯内尔与此相反,虽然他说他讨厌用母语(荷兰语)之外的语言写作,但他的英语行文清楚明白,偶尔还带点幽默,这受到不少评论者的称赞。此外,韦斯内尔的脚注极多极长,常常占去半页的版面。这些脚注表明作者非常博学多闻,甚至能注意到《自然》科学杂志上的文章[①]。有人觉得这样的脚注太冗繁;对此,韦斯内尔回应说,他添加这么多脚注,其动因之一便是他看到巴黎学派的论著居然没多少注释,而且几乎不引用非法语文献,这让他感到震惊。对于不喜欢脚注的人,他非常"体贴地"说道,这些脚注"不用(全部都)读"。不过话说回来,他的脚注虽然冗繁,但确实提供大量相关文献,对于研究者还是很便利的。

言归正传,回到研究方法上来。首先,关于颂诗里的献祭,上文提及的卡恩就属于巴黎学派,而布尔克特也对颂诗里那个献祭场景做过解读,他认为颂诗里的献祭反映的是某个古老的地方祭祀仪式[②]。从更广的层面来说,献祭是古代宗教的一个重要方面,要理解古代宗教,考察祭祀制度乃题中应有之义。在这方面,巴黎学派和布尔克特各有独特的研究理路。巴黎学派认为献祭是一种分类仪式,通过对血食的分配来界定神、人、兽三者在宇宙中各自的位置:焚烧的骨头和脂肪归神,熟的肉和内脏归人,人要熟食,兽是生食;关于祭祀起源的普罗米修斯神话就是对人的位置的界定,即人处于神与兽之间;祭祀也是对公民的政治社会身份的界定,公民必须参与城邦祭

① *Coping with the Gods*, p.20, n.29. 该文章发表于2010年,是关于非洲南方古猿使用石器割肉的一些新发现,作者认为这一发现有助于解释为什么荷马在说既野蛮又原始的圆目巨人吃奥德修斯的同伴时会"误"用"ταμὼν"(切割,见《奥德赛》第9卷,第291行)一词。这种小细节连《奥德赛》的评注本也未必会关注到,可见韦斯内尔之细致。有些英译本会按字面意思翻译成"cut",但在中译本中,王焕生、陈中梅、杨宪益各自译成"扯成碎块""撕裂""弄断",所以看中译本恐怕看不出这里有什么问题。

② Walter Burkert, "Sacrificio-Sacrilegio: Il 'Trickster' Fondatore", *Studi storici*, 1984, vol.25, no.4, pp.835-845. 参见本辑刘保云的译文。

祀并接受胙肉;在祭祀过程中要淡化屠宰牺牲时的"谋杀"色彩,减弱其与暴力和兽性的联系[①]。布尔克特则以为,"献祭是一种仪式性杀戮",它源于旧石器时代人对动物的狩猎,因为在屠杀动物的过程中,人觉得自己有罪,需要用一套复杂的仪式来克服这种情绪,这种情绪植根于人对生命的尊重;献祭的核心既非敬神的礼物,亦非与神的联谊,而在于人以凶手的身份屠杀动物;在献祭时,人既会造成死亡,又能体验死亡,这样节日的喜庆和对死亡的恐惧便交织在一起,而古希腊的献祭仪式生动地展现了这一点[②]。

对于这两种研究理路,萨拉 · 皮尔斯曾做过总结和比较。皮尔斯指出,布尔克特的首要原则是把献祭当作一种普世的东西,对献祭的特征描述基于对旧石器时代原始仪式的背景重构,而情绪和心理状态是这种重构的关键元素。相比之下,巴黎学派不把献祭当作一种普世性的文化现象,而把希腊的献祭当作表现希腊城邦社会的一种特殊的象征体系,希腊人自己的陈述才是分析的基础,情绪也并非基本因素。两者的共同点在于轻视献祭的敬神面相,其结论也都基于对仪式的结构式解读[③]。巴黎学派信奉结构主义,这是毫无疑问的,但布尔克特并非结构主义者[④]。这种差异最终导致两者对希腊罗马宗教的理解截然相反,韦斯内尔把两者的对立称为20世纪下半叶最重要、最有影响力的论争,即:希腊的神灵体系(pantheon)是秩序井然还是混沌一团?

巴黎学派的理论承袭自列维-斯特劳斯的结构主义人类学,其根本原则是:"社会结构的概念跟经验现实并无联系,而是跟在后者基

① Jean-Pierre Vernant, "The myth of Prometheus in Hesiod", in *Myth and Society in Ancient Greece*, tran. by Janet Lloyd, New York, Zone Books, 1990, pp.198-199; Marcel Detienne, "Culinary Practices and the Spirit of Sacrifice", in Marcel Detienne and Jean-Pierre Vernant, *The Cuisine of Sacrifice Among the Greeks*, tran. by Paula Wissing, Chicago: University of Chicago Press, 1989, pp.1-20.

② Walter Burkert, "Greek Tragedy and Sacrificial Ritual", *Greek Roman & Byzantine Studies*, 1966, vol.7, no.2, p.106. 参见 Walter Burkert, *Homo Necans: The Anthropology of Ancient Greek Sacrificial Ritual and Myth*, tran. by Peter Bing, Berkeley: University of California Press, 1983, pp.1-82。

③ Sarah Peirce, "Death, Revelry, and 'Thysia'", *Classical Antiquity*, 1993, vol.12, no.2, pp.221-226.

④ 皮尔斯认为布尔克特的献祭理论的基础是进化论,参见 Sarah Peirce, "Death, Revelry, and 'Thysia'", p.224。

础上建立起来的模型发生联系。"[1]就神话来说,"真正构成神话的成分并不是一些孤立的关系,而是一些关系束,构成成分只能以这种关系束的组合的形式才能获得表意功能"[2],要研究神话就得找出并分析这些关系束的结构。根据类似的思路,韦尔南认为,"希腊诸神是强力,而不是位格"(The Greek gods are powers, not persons)[3];"一个神就是一种强力,表示一类行为、一种力。在神灵体系中,对任何强力的界定都不能根据作为某种孤立主体的强力自身,而应根据其在全体的力当中的相对位置,根据某种关系系统,该系统使得构成神灵世界的该强力与其他强力既对立又统一"。[4]

因此,希腊的宗教和神灵体系就是一种分类系统,一种使宇宙秩序化和概念化的特殊方式。对希腊神灵不能孤立地研究。例如要研究赫尔墨斯,就得首先界定他与神王宙斯的关系,然后是与阿波罗、赫斯提亚、狄奥尼索斯等其他神灵的关系。为什么雕塑家菲狄亚斯会把神使赫尔墨斯和灶神赫斯提亚的雕像放在一组里?这不是因为血统、婚姻抑或个人依附关系,而是因为两者的功能是"互补又对立的关系:赫斯提亚代表人类内在的、确定的、封闭的和自省的方面;而赫尔墨斯则象征着外在的、开放的、流动的方面以及与他者的交流"[5]。总之,"一个神灵体系,作为表示诸神之间确切关系的有组织的体系,就是一种语言,一种理解现实和用象征术语加以表达的特殊方式"[6]。

相比之下,布尔克特的方法就没那么旗帜鲜明与精致复杂。这

---

① 克洛德·列维-斯特劳斯:《民族学中的结构概念》,《结构人类学(1)》,张祖建译,中国人民大学出版社,2006年,第297页。

② 克洛德·列维-斯特劳斯:《神话的结构》,《结构人类学(1)》,第226页。

③ Jean-Pierre Vernant, "The Society of the Gods", in *Myth and Society in Ancient Greece*, tran. by Janet Lloyd, New York: Zone Books, 1990, p.108.

④ Jean-Pierre Vernant, "Grèce ancienne et étude comparée des religions", *Archives de Sciences Sociales des Religions*, 1976, no. 41, p. 9, 或 Jean-Pierre Vernant, *Mortals and Immortals: Collected Essays*, tran. by Froma I. Zeitlin, Princeton: Princeton University Press, 1991, p.273。这是1975年韦尔南进入法兰西公学院时的就职演说。

⑤ 让-皮埃尔·韦尔南:《希腊人的神话和思想》,黄艳红译,中国人民大学出版社,2007年,第163页。译名有改动。

⑥ Jean-Pierre Vernant, "The Society of the Gods", in *Myth and Society in Ancient Greece*, p.104.

倒不是说这位公认最优秀的希腊宗教史家不重视方法,实际上布尔克特的跨学科色彩更加突出,他借鉴了包括社会学、人类学、民俗学甚至生物学在内的诸多学科。列维-斯特劳斯的结构主义人类学他同样也非常熟悉,但是他并不像韦尔南那样全盘接受。结构主义认为不能孤立地研究神话,这点他是赞同的;他反对的是那种数学般的精巧结构,就此他也曾提出三点反对理由①,其中有一点他批评得切中要害,即结构主义解释的危险在于,特定的历史事实可能会为了体系及其逻辑而被强行裁剪②。反之,他认为,“甚至心智结构也为广义的历史演进所决定,它受到传统的塑造,其转变也发生在生活的复杂模式之中”③。如果要给布尔克特贴个标签,“历史主义”或许更合适一些。

那么,在布尔克特看来,希腊的神灵体系应该是什么样的呢?一方面,他认为神灵体系并非众多个别神灵的集合,神灵体系作为整体要大于部分之和。另一方面,一个神的显著特征由多方面构成,包括地方崇拜、神的名字、神话故事、图像等。这些往往不相协调,以致想为任何神灵写一部历史都不太可能。加上迈锡尼的传统、近东文明的影响以及自身的历史演变,希腊的神灵体系不会是结构主义者所说的那种精致结构。概言之,“神灵的多神世界是潜在的混沌一团”④。

希腊的神灵体系是秩序井然还是混沌一团,讨论过这一问题的学者当然不限于巴黎学派和布尔克特。对于巴黎学派和布尔克特的方法,学者们既有借鉴,也有批判,同时吸收了双方的合理之处。布雷默就指出,“在布尔克特和韦尔南的观点之间做选择将是错误的。”⑤同样,韦斯内尔也承认受惠于两者。不过,对于这一问题,韦斯内尔还是发展出了自己的理论,而其切入点就是神的名号。

---

① Walter Burkert, *Structure and History in Greek Mythology and Ritual*, Berkeley: University of California Press, 1979, pp.12-13. 此书也是一本萨瑟讲席的演讲集,布尔克特1976年曾受邀担任萨瑟讲席教授。

② Walter Burkert, *Greek Religion: Archaic and Classical*, tran. by John Raffan, Oxford: Blackwell, 1985, p.217.

③ Walter Burkert, *Structure and History in Greek Mythology and Ritual*, pp.xi-xii.

④ Walter Burkert, *Greek Religion: Archaic and Classical*, tran. by John Raffan, p.119.

⑤ Jan N. Bremmer, *Greek Religion*, Oxford: Oxford University Press, 1994, p.23.

三

从大量的传世文献和出土铭文可知,无论在文本还是在现实中,古希腊人常常会面临三个“选择困境”:一是他们不知道眼前显圣的是哪位神灵①;二是当遇到麻烦时他们常常不知道该向“哪一位”神灵祈祷,而当他们去德尔斐询问时,他们得到的回复却是“一群”的神灵②;三是祈祷时他们常常不知道该如何称呼所祈求的神灵③。归结起来就是神的名号问题:在希腊的神灵体系中,不同的神有不同的名号,“同一个神”又有众多的别号或者饰词。问题就在于,别号不同的“同一个神”真的是同一个神吗?宙斯的别号很多,如“神王”“护院神”“护邦神”“宾主神”④等,这些都是指同一个宙斯吗?在结构主义看来,这些是同一个宙斯的不同面相,代表着不同的功能⑤。然而,即使在地中海周边的基督教国家中,原本独一无二的基督和圣母在不同地方也会演变出不同的基督和圣母,当地人认为他们的基督和圣母与其他地方的并不一样。有神学学者试图向一位老妇解释圣母唯一时,反被对方嘲笑学了神学却不知道“圣母们”之间的差异;西班牙内战期间,有的地方的革命者拒绝摧毁他们当地教堂里的圣母,理由是“我们的圣母是共产主义者”。因此,“考察普通人的宗教不能仅仅依赖隐微的神学的系统阐释,而应通过对他们的宗教实践的描述”⑥。这就是韦斯内尔此书以及先前的著作的阐释原则。

根据这种原则,韦斯内尔援引了一些铭文,在这些铭文中同时出

① 例如,“女神啊,即使聪明绝伦之人遇见你,也很难把你认出,因为你善于变幻”(《奥德赛》第13卷,第311—312行,王焕生译文)。

② 例如,普鲁塔克就记载说,雅典人曾为希波战争而求过类似的神谕,结果就得到了一串神的名字,参见《希腊罗马名人传·亚里斯提德斯传》(Plu. *Arist*.11.3)。

③ 例如,“宙斯,不管他是何许人,只要这称呼能令他满意,我就用这名字称呼他”(埃斯库罗斯《阿伽门农》,第160—163行,王焕生译文)。

④ 即 Βασιλεύς、Ἑρκεῖος、Πολιεύς 和 Ξένιος。

⑤ 参见 Jean-Pierre Vernant, “The Society of the Gods”, in *Myth and Society in Ancient Greece*, pp.102-109。

⑥ *Coping with the Gods*, p.73. 这里韦斯内尔借用了吕普克的观点(Jörg Rüpke, *Religion of the Romans*, tran. by Richard Gordon, Cambridge: Polity, 2007, p.67;这是作者给的出处,笔者未能查证)。

现了带不同别号的宙斯、阿尔特弥斯,在有的城邦中同一神庙里供奉着两个别号不同的阿波罗。这些都强烈暗示,在当时人眼里这些神并非真是同一个神。又如,卡利马科斯在某个地方承认不同别号的阿波罗是同一个阿波罗,但在另一地方又说,“所有的阿佛洛狄特——因为(有这个名字的)女神不止一个——论智慧都被卡斯提尼亚的(阿佛洛狄特)胜过了”①。这些足以说明,正名相同但别号不同的神未必是同一个神,具体要看情况而定。总而言之,希腊人可以接受两种乃至更多的相互排斥的宗教现实,但又可以应对其内在的悖论和矛盾,根据情况在其中来回转换。换句话说,希腊人看待神灵是多重视角的。

因此,神的身份是因时因地的,正名相同但别号不同的神未必是同一个神,正名相同但所在地区不同的神也未必是同一个神。在科洛丰的一篇铭文中,祭司所祈祷的是宙斯等神灵和英雄,他们“住在我们的城邦和土地上”②。这些“住在我们的城邦和土地上”的神灵就构成了各地的地方神灵体系。就像城邦公民一样,神不仅可以住在某地,还可以移民,还可以成为荣誉公民。理论上,神应住在奥林坡斯山上,但在宗教实践中,他们又住在当地的神庙里。这显然是一种矛盾,对此有学者解释说神只是暂时停留于地方神庙,他们的家终究是奥林坡斯山。但韦斯内尔认为,不必如此,因为这两方面同时是对的,但并不同时起作用。希腊人在听或读荷马史诗时他们心里想到的是奥林坡斯山上的神,那个泛希腊的神灵体系,而当他们给本地的神庙献祭时他们想到的则是住在城邦里的神,即地方上的神灵体系;把两者放在一起的确会产生冲突,但实际情况是,希腊人几乎不会把它们放在一起。

对希腊人来说,他们的多神信仰是多维度的、多重视角的。地方的神灵体系也是有秩序的,但这种秩序不是结构主义所揭示的那种充满象征意义的结构;他们的秩序就像一幅条理分明的地图,标出了

---

① Callimachus, *Hymn to Apollo*, 69–71; *Iambos* 10. 韦斯内尔引用的版本不易找到,可参见洛布丛书 A. W. Mair and G. R. Mair, *Callimachus*, *Lycophron*, *Aratus*, London; New York: William Heinemann; G. P. Putnam's sons, 1921, pp.54, 294。

② Benjamin D. Meritt, “Inscriptions of Colophon”, *The American Journal of Philology*, 1935, vol.56, no.4, p.362.

可以依靠的神力中心、可以祈祷的神性居民、可以确定个人身份的场所①。除了这些公共层面的宗教,希腊人其实还有私人性的宗教崇拜,由此人们可以跟某位或某些神建立私密关系,甚至是做神灵的奴隶。当人们做这种私密崇拜时,他们就暂时从公共的神灵体系中跳了出来。柏拉图在《法律篇》中还特别提出应禁止这种私人崇拜,要求人们到公共神庙中去献祭②。

那么,希腊的神灵体系是秩序井然还是混沌一团?韦斯内尔认为,当然是有秩序的,泛希腊的神灵组成了一种秩序,地方的神灵也组成了一种秩序;同时,这也意味着秩序不止一种,不同秩序构成了新的多样性,甚至可以说是新的"潜在的混沌一团"。"不同的地方神灵体系代表着指涉、情境和视角的多重框架,每一种体系都在一种目乱睛迷的多样性中创造秩序。无穷无尽的分衍正是多神信仰本质的一种反映。"③

这些就是《应对诸神》一书第一章"众神:多神信仰的复杂性"的主要内容。读了这一章,我们现在大概就明白书名的含义了。希腊人有着众多的神,神常常以同一名号参与不同的体系。这不可避免会引起矛盾,需要希腊人去"应对",而应对的方法就是特定时刻只在特定体系内思考,避免不同体系之间的冲突④。当然,也有学者持类似的观点,例如罗伯特·帕克,他也强调适用于泛希腊视角的命题未必适用于实际的地方神灵体系,应当具体研究个别城邦的神灵体系⑤;布雷默则认为,"强力"和"位格"是希腊诸神的两面,各自出现于不同的时刻和不同的情境,反映了希腊神灵的本质属性⑥。但是,他们的研究都没有韦斯内尔的著作这般系统而深入。和赫尔墨斯的

---

① *Coping with the Gods*, p.116.

② 《法律篇》第十卷909D。

③ *Coping with the Gods*, p.146.

④ 韦斯内尔似乎有一点没说明白,避免不同体系的冲突应当是指避免泛希腊的跟地方的体系之间冲突。从作者所引用的证据就可以看出,地方与地方神灵体系之间的冲突相当常见。

⑤ Robert Parker, *Polytheism and Society at Athens*, Oxford: Oxford University Press, 2005, p.394. 他的研究方法是根据群组而非逐个研究神灵,即根据他们在圣历中实际出现的群组,以及根据他们与人类生活的个别部门相关的群组。

⑥ Jan N. Bremmer, *Greek Religion*, Oxford: Oxford University Press, 1994, p.23.

情况一样,面对神灵体系有序与否这样的神学——如果能称得上是神学的话——问题,韦斯内尔不是就神学论神学,而是从宗教实践入手,给神学里的矛盾找到了现实的根源。通过和其他学者进行比较,我们可以清楚地看到,韦斯内尔为学界做了不小的贡献,他所倡导的方法值得我们进一步深入思考。

(作者:詹瑜松,复旦大学历史学系博士生)

“凭世系而正位”
——评奥利维耶·赫克斯特的《皇帝与祖先：罗马统治者与传统之约束》

熊　莹

一

罗马帝国的皇位继承问题是罗马史研究中的一大课题，关乎罗马从共和向帝制的政体演进。自18世纪末爱德华·吉本在其皇皇巨著《罗马帝国衰亡史》中提出“养子继承说”[①]以来，该理论便在罗马史学界长期占据统治地位。中国学者也很早就开始关注这个问题，且亦多持此说。雷海宗先生提出，罗马帝国初期实行的是“世袭以外的大位继承法”：皇帝大多以继承人为义子[②]。台湾学者邢义田主张，收养养子为继承人是奥古斯都在共和形式下不得不采取的暗示性手法，并开创了一种大家都心知肚明、预备转移权威的模式[③]。青年学者王忠孝则在最近的一篇文章里将罗马帝国第一个王朝的继承概括为“尤利乌斯家族过继”，并认为这套家族过继模式一直延续

① 爱德华·吉本：《罗马帝国衰亡史》上册，黄宜思、黄雨石译，商务印书馆，2004年，第73页。

② 雷海宗：《世袭以外的大位继承法》，载《伯伦史学集》，中华书局，2002年，第165页（原载《社会科学》1937年第2卷第3期）。

③ 邢义田：《罗马帝国禁卫军、地方军团和一世纪前期的皇位继承》，载邢义田编译：《古罗马的荣光II：罗马史资料选译》，台北远流出版公司，1998年，第585—616页。

到古典时代末期[①]。

“收养继承说”尽管抓住了问题的部分症结，却有简单化和“时代错乱”之嫌。首先，卡里古拉和克劳狄都不是以养子身份继位的，后者更是从未被过继到尤利乌斯家族，他名字里的“恺撒”是他在成为元首之后自己加进去的。其次，所谓“尤利乌斯—克劳狄王朝”的储君人数远不止最后问鼎元首的那几位。在决定一个时期储君位次的诸多因素中，同奥古斯都的血缘亲近程度始终凌驾于收养关系之上。最后，也是最为关键的，面对共和制度与观念上的双重窒碍，“元首继承”绝不是理所当然的。“元首继承”同“元首统治”一样，在罗马国家政制中从未被成文法化与制度化。公元前 28—前 27 年，屋大维宣布“恢复共和国”，结束从“后三头”时期延续至当时的非常权力状态，还政于元老院与罗马人民[②]，但随后便以“元首”名义建立起个人统治——这样一种共和之“名”与元首个人统治之“实”的长期并存是罗马帝国前期政治的一个显著特征。在严格的法理意义上，不存在所谓的“元首制”。罗马国家的一切官职和权力原则上依旧来自“元老院与罗马人民”，最高权力在一家一姓中的私相授受是不可想象的。奥古斯都所要解决的恰恰是在无制度保障的情况下确保元首统治在其后代手中长存永固。元首继承毋宁说是在实践中摸索形成、不断接受调整的一套方案或模式。

罗马史学界与“收养继承说”对立的另一派观点认为，罗马帝国缺乏公认的继承原则与法定的皇位继承制度，此为罗马皇帝统治的一个致命缺陷，导致皇位经常性地暴力更迭，军队干预皇帝废立，篡位者频出，最严重的表现便是 3 世纪危机。最早对此观点进行系统阐发的便是罗马史研究领域的巨擘西奥多·蒙森。他从罗马国家自始至终所谓“主权在民”的最高宪政原则出发，提出罗马皇帝的统治从根本上说不具备宪政上的合法性，每一位皇帝的登基都类似当初

---

① 王忠孝：《提比略隐退罗德岛：罗马帝国早期帝位递嬗机制研究》，《中国社会科学》2014 年第 7 期，第 185—203 页。

② 参见《奥古斯都业绩录》（*Res Gestae Divi Augusti*），34.1。Alison E. Cooley, *Res Gestae Divi Augusti: Text, Translation, and Commentary*, Cambridge University Press, 2009, p.98。

奥古斯都的夺权那样,乃是一场“革命”[1]。

最近25年,对罗马帝国“王朝统治论”的最大挑战来自德国学者埃贡·弗莱格(Egon Flaig)。在其1992年的专著《被挑战的皇帝:罗马帝国的篡位现象》中,他别出心裁地从罗马帝制史上频繁的篡位现象出发,从危机应对中洞察罗马皇权与皇位继承的本质。在此基础上他得出结论,篡位正是罗马皇权体制的要义。罗马帝国的皇权转移中压根不存在所谓的王朝原则,因为它根本经不起“篡位”的考验,在其面前显得不堪一击。相反,针对罗马皇权只存在一种“认可体系”(Akzeptanz-system),一个皇帝的继位与统治完全取决于他能否得到被统治者的认可[2]。应当说,弗莱格接过了蒙森抛出的问题,却否定了后者的解释。他建立了自己对于罗马元首制的一套理论:作为一种君主统治体系的整个元首制是合法的,单个皇帝却并非如此,他需要“被认可”。假如他丧失了臣民的这种认可,便随时面临着倒台甚至丧命的危险[3]。

几乎与此同时,罗马史学界兴起了针对“奥古斯都家族”(*domus Augusta*)的讨论热潮,其动力来自新发现的一系列罗马元老院决议铭文,尤其是20世纪末在西班牙发现的公元19年《授予已故日耳曼尼库斯哀荣的元老院决议》(Senatus Consultum de Honoribus Germanici Decernendis)(“希阿鲁姆铜板”)与公元20年《审判老皮索的元老院决议》(Senatus Consultum de Cn. Pisone Patre),它们呈现了从奥古斯都晚年到提比略继位之初所兴起的一个重要的王朝概念——“奥古斯都家族”[4]。“奥古斯都家族”概念的重新发现揭示了

---

① 参见 Th. Mommsen, *Römisches Staatsrecht* II, 3rd ed., Leipzig 1887/1888, p.844。

② 参见 Egon Flaig, *Den Kaiser herausfordern. Die Usurpation im Römischen Reich*, Frankfurt & NY: Campus Verlag, 1992, pp.174-207。

③ 参见 Egon Flaig, “How the Emperor Nero lost acceptance”, in Björn C. Ewald & Carlos F. Noreña, eds., *The Emperor and Rome: Space, Representation, and Ritual* (Yale Classical Studies 35), Cambridge University Press, 2011, pp.277-290; Idem, “The Transition from Republic to Principate: Loss of Legitimacy, Revolution, and Acceptance”, in J. P. Arnason & K.A. Raaflaub, eds., *The Roman Empire in Context: Historical and Comparative Perspectives*, Malden MA: Wiley-Blackwell, 2011, ch. 3, pp.67-84。

④ “希阿鲁姆铜板”(*Tabula Siarensis*)的铭文校注参见 M. H. Crawford, ed., *Roman Statutes*, London: Institute of Classical Studies, 1996, no. 37, pp.507-543;《审判老皮索的元老院决议》最早的德文评注本参见 W. Eck, Antonio Caballos, and Fernando Fernández, *Das senatus consultum de Cn. Pisone Patre*, *Vestigia*, Vol. 48, München: C. H. Beck, 1996。

当时的罗马人认为自己是处在一个家族王朝而不单单是在一位皇帝的统治之下①。

应当说,罗马帝制史上前后相继的各个王朝——尤利乌斯—克劳狄王朝、弗拉维王朝、涅尔瓦—安东尼王朝、塞维鲁王朝、君士坦丁王朝等——虽说都被后世冠以王朝之名,却未必是典型意义上的,尤其是我们中国人传统观念当中那种父死子继的血缘世袭式王朝。相反,它们是一种极为特殊的融血缘与收养关系以及宗亲、血亲和姻亲为一体的家族式王朝。奥古斯都不仅创立了罗马帝国的第一个王朝,也赋予了王朝家族一种负有神圣光环的身份。自他开始,"奥古斯都"成为罗马皇帝沿用的头衔,"奥古斯都家族"也成为"皇帝家族"的通称。应当说,"奥古斯都家族"的出现不但确立了罗马帝国王朝继承的大势,其建构统治家族的手段以及培养储君的路径模式亦被后世的王朝所借鉴效仿。

如上所述,学界对于"奥古斯都家族"的研究已经充分证明了罗马皇位继承中一开始便占据主导地位的王朝原则,弗莱格对此的反驳被证明大体是不成立的。而且这一原则深入人心,它虽不是法定的,却具有一种相当于习惯法的效力。卡里古拉被刺后,罗马人几乎不做他想,很自然地拥戴他的叔叔克劳狄继位,在这件事上,"王朝心态"体现得最为明显。

---

① 有关"奥古斯都家族"的研究论著参见 Fergus Millar, "Ovid and the *Domus Augusta*: Rome Seen from Tomoi", *Journal of Roman Studies* 83 (1993): 1-17;Frédéric Hurlet, *Les collègues du prince sous Auguste et Tibère. De la légalité républicaine à la légitimité dynastique*, Rome: École Française de Rome, 1997;D. Wardle, "Valerius Maximus on the *Domus Augusta*, Augustus, and Tiberius", *Classical Quarterly*, New Series 50.2 (2000): 479-493, at p.482;Greg Rowe, *Princes and Political Culture: The New Tiberian Senatorial Decrees*, Ann Arbor: The University of Michigan Press, 2002;John B. Lott, *Death and Dynasty in Early Imperial Rome: Key Sources, with Text, Translation, and Commentary*, Cambridge University Press, 2012;Beth Severy, *Augustus and the Family at the Birth of the Roman Empire*, Routledge, 2003;Mireille Corbier, "Male power and legitimacy through women: the *domus Augusta* under the Julio-Claudians", in Richard Hawley & Barbara Levick, eds., *Women's History: New Assessments*, London: Routledge, 1995, pp.178-193;Eadem, "Maiestas domus Augustae", in A. Bertinelli & A. Donati, eds., *Varia Epigraphica. Atti del Colloquio Internazionale di Epigrafia, Bertinoro, 8-10 giugno 2000* (Epigrafia e Antichità 17), Faenza: Fratelli Lega Eidtori, 2001, pp.155-199。

二

在对弗莱格做出回应的诸多学者当中,荷兰奈梅亨拉德堡德大学(Radboud University Nijmegen)教授奥利维耶·赫克斯特(Olivier Hekster)可以说是最具代表性的,他也是十几年来在罗马皇位继承与皇权再现问题上用力最多者,发表了一系列重要的文章与专著[①]。赫克斯特将自己对此问题的系统思考与核心观点汇集到了2015年的新著《皇帝与祖先:罗马统治者与传统之约束》当中[②]。它无疑是在近年来“奥古斯都家族”研究与“共识”研究这两股热潮的合力推动下所涌现出的重磅之作。在本书中,赫克斯特全面考察了家庭世系(lineage)是如何被用来论证罗马皇帝继承与统治的合法性的。作者念兹在兹的有两大问题:一是,包括已故(被神化)者与在世者、祖先与后代、父系与母系在内的皇帝各类亲属的公共形象随着时间的推移而产生了哪些重要变化;二是,行省地方所制作的与皇室有关的纪念物在多大程度上仿效了由罗马的皇帝宫廷所确立的形象范式?它们有如两条主线将全书串联起来。

赫克斯特的著作无论从视野还是格局上来说都称得上高屋建瓴、宏大开阔。其考察的时间范围从公元前27年奥古斯都建立元首制一直到公元4世纪初的君士坦丁王朝,考察对象囊括了各种媒介

① 其代表作参见 Olivier J. Hekster, “All in the family: the appointment of emperors designate in the second century AD”, in Lukas De Blois, ed., *Administration, Prosopography and Appointment Policies in the Roman Empire*, Amsterdam: J.C. Gieben, 2001, pp.35-49; *Commodus: An Emperor at the Crossroads*, Amsterdam: J.C. Gieben, 2002, pp.16-30; “Alternatives to kinship? Tetrarchs and the difficulties of representing non-dynastic rule”, *Journal of Ancient History and Archaeology* 1.2 (2014): 14-20; “Son of two fathers? Trajan and the adoption of emperorship in the Roman Empire”, *The History of the Family* 19.3 (2014): 380-392; with L.M.G.F.E. Claes et al., “Nero's Ancestry and the Construction of Imperial Ideology in the Early Empire. A Methodological Case Study”, *Journal of Ancient History and Archaeology* 1.4 (2014): 7-27; “Severus. Antonine Emperor or the first Severan?” in A. Pangerl, ed., *Portraits. 500 Years of Roman Portrait Coins. 500 Jahre römische Münzbildnisse*, München: Staatlichen Münzsammlung München, 2017, pp.355-364。

② Olivier J. Hekster, *Emperors and Ancestors: Roman Rulers and the Constraints of Traditions* (Oxford studies in ancient culture and representation), Oxford University Press, 2015.

对于皇帝世系的再现，从钱币、碑铭、官方文件，到塑像、宝石雕和浮雕，再到形形色色的王朝纪念建筑（例如凯旋门与纪功柱），既包含了皇室的自我呈现，也包含了罗马民众与行省地方对皇室主动或回应式的再现。

第一章“导论”（第 1—40 页）开宗明义地阐述了王朝原则在罗马皇位递嬗中的重要性：“罗马皇位继承本质上属于一种王朝事务。自奥古斯都以后，皇权就习惯上传给家庭成员。在没有家庭成员的情况下，收养是一种可行的选择，以确保王朝延续。当一个王朝灭亡时，新皇帝通常也会将世系回溯至前朝皇帝，有时甚至会主张一种虚拟的世系以获得统治合法性。公元 3 世纪王朝延续的失败不代表王朝的不存在”（第 2 页）。“即便在王朝继承看似最无关紧要的‘收养皇帝时期’（即涅尔瓦—安东尼王朝），王朝原则也举足轻重。除了收养举动本身构成了立储的一个必不可少的环节，被收养者都来自一个有限的亲属团体”（第 11 页）[①]。接下来，作者追溯了奥古斯都对第一个家族王朝的建构过程，包括他所借鉴的来自罗马共和国与希腊化王朝两方面的先例和资源，奥古斯都在此基础上的继承与创新等。

正文被分成了两大部分。第二至四章针对的是真实存在的皇帝的“家庭纽带”，探讨了皇帝的不同亲属在将近三个半世纪的时间里是如何被再现的，他们的再现模式与嬗变趋势，及其在赋予皇帝继位与统治的合法性方面重要性之消长：第二章专注于皇帝的父亲（包括生父与养父）（第 41—110 页）；第三章聚焦于皇帝的女性亲属（第 111—160 页）；第四章则将视线投向皇帝的远祖以及像奥古斯都和涅尔瓦这样的王朝的“开国之父”（第 161—204 页）。

第五至七章针对的则是“建构世系”：第五章揭示了 3—4 世纪的皇帝对于家谱和世系的伪造杜撰，尤其他们是如何与前朝的“明主贤君”攀亲带故的（第 205—238 页）；皇帝拟构世系的终极表现无疑就是主张自己身上有神明或英雄的血统。比如尤利乌斯家族（*gens*

---

① 更不用说所谓“五贤帝”中唯一膝下有子的马可 · 奥勒留几乎毫不犹豫地就将皇位传给了自己的儿子康茂德，就此终结了吉本所谓的“人类生活最为幸福、繁荣的时代”。

Iulia)凭借祖先埃涅阿斯的关系，声称自己乃是维纳斯女神的后代，图密善与康茂德分别将密涅瓦与赫拉克勒斯引作“神明伴侣”，戴克里先与他的共治皇帝马克西米安则分别奉朱庇特与赫拉克勒斯为各自的保护神等，这些构成了第六章的内容(第 239—276 页)。第七章分析了在改弦更张、实行非世袭继承的“四帝共治”(Tetrarchy)时期(293—313 年)，皇帝世系再现所经历的起落沉浮(第 277—314 页)。最后的“结论”部分对作者全书的论证思路和主要观点进行了归纳与总结(第 315—324 页)。

每一章都由一系列的个案研究组成。作者基本按照时间顺序叙述，使读者能够清晰地把握一个长时段内的宏观变化。赫克斯特论证了罗马皇帝世系的再现是极为复杂的，几乎不存在一种一以贯之的模式。不过总体而言，尤利乌斯—克劳狄王朝(公元前 27—公元 69 年)的皇帝们更为重视父亲与父系祖先。而自弗拉维王朝(公元 69—96 年)开始，官方宣传愈发向在世的皇室成员，尤其是作为王朝未来保障的后代与女性倾斜(第 188 页)。钱币上“神之子”字样的消失以及越来越多的皇室女性被神化是这一趋势的最明显表征。如果说对父系祖先的再现是“回顾性的”(retrospective)，意在为现任皇帝的统治寻求合法性依据；那么对女性与后代的再现则是“前瞻性的”(prospective)，着眼点在于王朝下一代的孕育与继承的合法性，它是王朝继承愈发制度化的结果(第 109 页)。到了所谓的“收养皇帝时期”(即涅尔瓦—安东尼王朝，公元 96—192 年)，“先皇”的重要性进一步下降。与之相对，皇室女性和下一代获得了越来越多的关注(第 86—91 页)。并非巧合的是，尤利乌斯—克劳狄王朝以后，只有在提图斯、康茂德及卡拉卡拉这三位以亲生子身份继位的皇帝统治下，对“先皇”的纪念才是皇帝钱币上的一个显著主题(第 55—56、第 62—64 页)。对他们而言，出生在皇帝家庭，尤其生父就是皇帝这一点为其统治提供了不可动摇的正当性，因而是不容放过的一项优势。相反，站在其他的那些“收养皇帝”的角度，对于前任的宣传以及对自己与前任之间收养关系的强调显然并不能给自己的统治增加多少说服力。因此就不奇怪，在所谓的“收养皇帝时期”，印有父亲形象的钱币非常之少，尤其是“神之子”的字样几乎从所有的皇帝钱币上消失不见了(第66页)。

与皇帝父亲的形象及价值日益下降之趋势形成对比的是,皇帝女性亲属的形象却日益凸显,反映了她们越来越被当作"王朝的象征"(第109、321页)。在罗马共和国时期,在世女性的形象很少出现在公共领域(第112—115页)。然而,女性自罗马帝国建立以后就一直在王朝建构中扮演着不可或缺的关键性角色。由于奥古斯都无子,整个"奥古斯都家族"都是依靠像大尤利娅、里维娅和屋大维娅这样的女性近亲而建立起来的,奥古斯都将女儿、妻子、姐姐及外甥女的男性配偶与后代统统包括进了自己的家族当中,将他们当作潜在的储君进行培养。可以说,奥古斯都之后尤利乌斯—克劳狄王朝的历任皇帝最初都是通过母系而进入王朝家族的,尽管他们最终继位可能凭借的是前任皇帝"养子"的法定身份(如提比略和尼禄),这便是米雷耶·科尔比耶所谓的奥古斯都家族"借助女性所传递的合法性"(legitimacy through women)[①]。这也意味着,"奥古斯都家族"女性的形象不会长久地缺席于公共领域,其可见性的增强乃是大势所趋。于是,公元前13年奥古斯都之女大尤利娅的形象首次出现在罗马钱币上(同她的两个儿子也是奥古斯都的养子盖乌斯·恺撒与卢奇乌斯·恺撒一起),就成了一个重大的革新与分水岭(第118—119页)。此后,皇室女性的公共形象日益增多,再现的媒介也越来越广,她们的名字与形象同其丈夫和儿子的一道出现在钱币、碑铭、塑像、浮雕乃至象征军事胜利的凯旋门上。这一趋势在奥古斯都去世后更加速发展,因为母亲是将这些继任皇帝与王朝创始人圣奥古斯都联系在一起的最主要的(有时甚至是唯一的)自然纽带,就像里维娅之于提比略,大阿格里皮娜之于卡里古拉,小安东尼娅之于克劳狄,以及小阿格里皮娜之于尼禄,这些皇室女性在她们儿子统治期间显赫一时的形象皆可归因于此(第127—131页)。

皇室女性形象在经历了弗拉维王朝一段短暂的消沉期后(第135—137页),很快又在"收养皇帝时期"重振声势(第137—143

---

① 参见 Mireille Corbier, "Male power and legitimacy through women: the *domus Augusta* under the Julio-Claudians," in Richard Hawley & Barbara Levick, eds., *Women's History: New Assessments*, London: Routledge, 1995, pp.178-193。

页),在世的皇后几乎无一例外地获得了在钱币、塑像及其他各类王朝纪念物上广泛的亮相机会与极高的关注度。个中缘由与尤利乌斯—克劳狄王朝有相似之处,即女性在这两个以“收养继承”而闻名的王朝里(只不过从表面上看,一个是家族内部收养,另一个是家族外部收养)所扮演的王朝纽带角色异常突出。举例来说,哈德良能够继位,除了他本身的能力和资望外,图拉真皇后普罗蒂娜(Plotina)的出力筹划无疑功不可没。此外往往被人所忽视的一点是,哈德良本人是图拉真的表外甥,他的妻子萨比娜(Sabina)则是图拉真的外甥孙女;安东尼·庇护在被哈德良收养前就娶了萨比娜的外甥女大福斯蒂娜(Faustina Maior);而马可·奥勒留本人为大福斯蒂娜的侄子,他的皇后小福斯蒂娜(Faustina Minor)又是其养父安东尼·庇护皇帝与大福斯蒂娜之女。

皇室女性形象最终在塞维鲁王朝的尤利娅·多姆娜(Iulia Domna)皇后那里达到了一个辉煌的顶点,她是罗马帝国历史上继奥古斯都的妻子里维娅之后最有影响力的一位“奥古斯塔”(第137—138、154页)。作为塞维鲁皇帝之妻与卡拉卡拉皇帝之母,她一直是王朝再现的中心人物。不止于此,多姆娜还为她的两位外甥女尤利娅·索艾米亚斯(Julia Soaemias)与尤利娅·玛迈娅(Julia Mamaea)之子(分别为埃拉伽巴路斯和亚历山大·塞维鲁)的继位创造了王朝联系,这也是其尊荣始终不衰的一个重要原因(第143—157页)。

正如我们所见,赫克斯特在对皇帝世系再现之总体趋势的归纳中,首先成功地为罗马皇位继承中的王朝原则进行了正名。祖先世系从元首制建立伊始便是罗马皇帝统治的重要依据及其再现的核心要素。在几乎所有皇帝的统治下,出身“奥古斯都家族”(后来进一步发展为“神圣家族”[*domus divina*])都是被优先宣传和突出强调的(第320页)。用安德鲁·林托特的话来说,“王朝联系本身即便不能说赋予了(皇位继承)一种宪政上的合法性(legitimacy),起码也是一种可接受性(acceptability)”①。

① Andrew Lintott, “The Emperor and his Army. Review of Egon Flaig: *Den Kaiser herausfordern. Die Usurpation in Römischen Reich*,” *Classical Review* 44 (1994): 130-132, at p.130.

赫克斯特告诉我们,为了获得这种合法性,有些无背景可恃的皇帝甚至不惜杜撰世系,这种现象尤其到了帝国晚期变得愈加普遍,不少白手起家的军人皇帝希望借此提升原本籍籍无名的家庭出身,为自己的得位之正进行辩护(第六章)。例如塞普提米乌斯·塞维鲁史无前例地"自我收养"进了前朝的安东尼家族,自称是马可·奥勒留之子与康茂德之兄(第205、208—215页);再如埃拉伽巴路斯与塞维鲁·亚历山大都自称是卡拉卡拉的儿子(第218页);德西乌斯在自己的名字中加入了"图拉真"(第222页);君士坦丁声称其先祖中包括了"打败哥特人的"克劳狄二世(第226—229页)。

有意思的是,罗马皇位继承中压倒性的王朝倾向最好地体现在了戴克里先力图改变王朝继承模式的失败尝试上,这也是第七章的主题。戴克里先抛弃了延续三个世纪之久的以"奥古斯都家族"("皇帝家族")为依托的皇位世袭传统,转而创立了一种崭新的"四帝共治"(Tetrarchy)制度,由四位相互之间毫无血缘关系的成年男性共同统治罗马帝国,规定东西两位资深皇帝("奥古斯都")任期届满即退位,由各自的副皇帝("恺撒")自动升任,空下的"恺撒"位置从军事统帅中遴选而不是传给自己的儿子,这一时期皇帝的家庭成员无论男女都被刻意地排除在公共视线之外。然而,这套新制终究难敌在位皇帝及其家庭成员的王朝野心,刚经历一届就目睹了由卸任"奥古斯都"之子所挑起的皇位纷争与内战,最终还是以君士坦丁消灭全部的同僚对手以及一个王朝(即君士坦丁王朝)的回归而告终。

三

赫克斯特在书中的最大创见无疑在于,他阐明了皇帝世系再现中的动态与"双向交流"机制。皇帝世系的再现受到多重因素的制约,赫克斯特提出了影响最大的两个要素——"传统"与"地方期待"(第1页)。

首先,赫克斯特除了从宏观角度观察到一个长时段内皇帝世系再现模式的变迁外,亦从微观角度向我们揭开了各个皇帝所采用的不同的再现内容与形式,让我们得以体认,在"传统"的规范力支配下单个皇帝在形象的选择与策略方面究竟能施展多大的主动权与创造性。尤其是在关于皇帝父亲的一章中,我们看到,在罗马元首制的历史上,"神之子"(*divi filius*,即被神化的前任皇帝之子)是诸多在位皇帝对于最高统治权主张的一件强有力的武器,作为皇帝"父名"的标准要素而出现在各种钱币、纪念性铭文以及官方文件当中。奥古斯都最早以"神之子"(即圣尤利乌斯·恺撒之子)自居,他的养子兼继承人提比略也如法炮制地自称为"圣奥古斯都之子"(第45—47页)。然而卡里古拉在继位后,却放弃了神化前任与主张"神之子"的传统策略,转而开始尊崇和荣显母系。这固然与卡里古拉从未被提比略正式收养以及元老院拒绝"神化"提比略有关,但更为关键的是,卡里古拉通过母亲大阿格里皮娜(奥古斯都的外孙女)而与圣奥古斯都有直接的血缘关系,这一点是连提比略都不具备的,因而被他大加利用。于是,在提比略时期被彻底边缘化的大阿格里皮娜此时不但恢复了名誉而且获得了前所未有的哀荣,卡里古拉也是第一位在公共媒介上系统纪念其母的皇帝(第124—126页)。再如,以"孝"著称的安东尼·庇护皇帝竟会在钱币上放弃以"神之子"自诩,显然同他在哈德良神化问题上与元老院的争执以及后续所受到的压力有关(第63、106页)。

其次,皇帝世系的再现及其变化波动在不同的媒介和材质上表现亦不同。某种媒介(例如钱币)对某位皇亲的偏爱并不一定意味着此人在其他媒介(例如塑像)上也受到同等的欢迎,某一特定媒介对于传统的依赖以及相对于变化的"惰性"显然要高于其他媒介。例如在历任皇帝的头衔与官方文件中,"恺撒"这个名字的出现频率都很高,然而却没有多少后世的皇帝热衷于在钱币和塑像上再现他的形象(第318页)。正如赫克斯特所指出的,这一发现表明,就皇帝世系的再现而言,并不存在某项事先经过统筹规划的"视觉工程"(visual programe)(第30页)。

最后,罗马帝国的中心与边缘对于皇帝世系的再现也并不总是步调一致的,而是经常产生出入。在此,赫克斯特打破了人们头脑中普遍流行的一种想法,即凡是罗马官方推出的皇帝形象基本都会被臣民所直接认可与接受[1]。然而,罗马中央与行省地方就如何塑造皇帝形象而展开的互动比我们预想的要复杂得多。后者被证明绝非像某些学者所假定的那样,对前者所传达的信息和“角色模范”(role models)一味地接受与模仿。相反,行省经常依据地方上的传统和惯例来再现皇帝及其家庭成员。在这方面,东部行省城市的铸币提供了关键性证据。举例而言,即便在公元56年小阿格里皮娜的形象从罗马发行的钱币上彻底消失,甚至在59年她被害之后,她作为在位皇帝之母的形象一如既往地出现在这些行省钱币上(第133—135页)。再比如,图密善之妻多米提娅 · 隆吉娜(Domitia Longina)的形象尽管在罗马的钱币上难觅踪迹,然而却在行省的钱币上大放光彩(第132—137页)。在此,地方传统显然发挥了决定性作用。这同时也表明,行省中普遍存在着一种期待,即皇帝之妻母应该与皇帝及储君得到同等的尊荣待遇。

总的来说,比起罗马在对皇帝世系的再现中偏重男性祖先,行省再现则更倾向于王朝的下一代与女性成员(第158页)。小阿格里皮娜在尤利乌斯—克劳狄王朝连续三任的皇帝统治下相继扮演了皇妹(卡里古拉时期)、皇后(克劳狄时期)以及皇太后(尼禄前期)的角色,是名副其实的承上启下的王朝功臣,行省地方依其传统始终对她推崇备至,这一点毫不让人感到意外。即便尼禄的中央政府突然转变态度,试图消除她的影响力,然而中央王朝的意图与政策并不能完全左右和改变地方的传统与方针。

同样的道理,罗马中央所采取的一些不符合地方期待的骤然革新对于地方再现的影响也几乎微乎其微。赫克斯特所举的一个突出例证便是,图拉真在继位后的一段时期内曾积极地推广被他神化的生父老图拉真的形象,它们不仅被呈现在罗马的钱币上,还被呈现在公共纪念物上。然而,行省对此却并不买账。究其原因,最关键的一

---

① 如卡洛斯 · 诺雷纳在《罗马帝国西部行省的皇权观念:再现、传播与权力》一书中,对罗马帝国前两个半世纪里各种媒介上所呈现的皇帝美德进行了一番定量分析,在此基础上他得出结论,行省地方几乎亦步亦趋地模仿了罗马中央所制造的皇帝形象。他又指出,皇帝宫廷与行省精英两者之间在观念上的一致绝非巧合,后者主动采用罗马官方的宣传理念以巩固他们自己在地方上的统治优势。参见 Carlos F. Noreña, *Imperial Ideals in the Roman West: Representation, Circulation, Power*, Cambridge University Press, 2011。

条便是,这种富有实验性的再现举措并不符合行省观众的期待,因而也就不被其所接受。尊崇一位以养子身份继位的皇帝的生父,地方上并无此先例和传统,老图拉真的形象受到地方上的冷遇也就不足为奇了(第66—78页)。

而不同行省对皇帝世系的再现之间也存在差别。赫克斯特在第六章中论及,无论是在罗马还是在行省城市所制作的文本与纪念物上,直接主张皇帝乃神明或英雄的后代乃是很少见的。然而,这条法则却有一个重要的例外。在埃及,按照当地的法老传统,罗马皇帝经常被刻画为埃及传统神明之子(第268—274页)。同样耐人寻味的是,帝国东部向皇帝女性亲属所奉献的荣誉要早于和远多于帝国西部,这从奥古斯都的女儿大尤利娅与妻子里维娅那里便已经开始了(第117—119页)。赫克斯特认为,这一点源自希腊化王权再现的传统和先例,国王的妻子、姐妹一向是其王朝自我呈现中的核心要素:“这种对于君主统治乃是‘家庭事务’的明确指涉更符合希腊化世界的王朝刻画,而非罗马的先例。”(第122—123页)种种这些地域差别再次印证了赫克斯特的核心论点,即对皇帝世系的再现不是由罗马中央或皇帝个人所垄断的,而是受到来自传统与地方两方面因素的影响,从而呈现出一种参差多样性。那些流传甚广、被一再复制的经典形象必定是中央信息明确又符合地方习惯与媒介话语的(第318—319页)。

总之,赫克斯特的著作通过充分还原和细致阐述罗马皇帝世系再现的历程与发展脉络,既肯定了罗马皇位继承中的王朝原则,又揭示了皇权再现的复杂性。这种再现不存在一成不变的模式,既面临罗马“权力再现”传统的制约,又面临着地方期待与对话诉求,这方面最能体现出罗马皇权统治的特殊性。罗马史学界过去对于奥古斯都及其继任者如何利用“形象工程”改造共和制度与观念,使之适应新的元首个人统治的现实已有颇多论述[①]。赫克斯特则揭示了问题的

---

① 这方面的代表作当然首推赞可的《奥古斯都时代的形象力量》[Paul Zanker, *Augustus und die Macht der Bilder*, München: C.H. Beck, 1987. (English edition (transl. Alan H. Shapiro): *The Power of Images in the Age of Augustus*, Ann Arbor: University of Michigan Press, 1988)]。另参见Keith Hopkins, *Conquerers and Slaves* (Sociological Studies in Roman History Vol. I), Cambridge University Press, 1978, ch. 5 (“Divine (转下页)

另一面。他指出,这种改造的成功在很大程度上也要归功于罗马帝国民众的期待和反作用力,尤其是已经习惯于希腊化君主统治与权力再现模式的东部行省的居民。自奥古斯都时代起,民众就倾向认为最高统治权力应留在皇帝家庭内部。上下、内外两股意向和思潮汇聚到一起,共同造就了元首制的延续,由此也可见双向动态交流在塑造罗马皇帝形象以及赋予元首统治合法性方面的重要意义。赫克斯特可谓一语道破了其中的精髓要义:所谓罗马皇帝,不只是像弗格斯·米拉所定义的要看他所为之事(The emperor was what the emperor did)①,“罗马皇帝在很大程度上乃是民众期待一位皇帝所成为的样子”(The emperor was, to a large extent, what people expected an emperor to be,第 323 页)。无论从罗马皇位继承研究,还是从皇权再现研究的角度来说,《皇帝与祖先》一书都堪称里程碑式的力作。至于皇帝与臣民之间的双向交流具体是如何运作的,还有待学者们进一步的探索。

(作者:熊莹,上海师范大学人文与传播学院讲师)

(接上页)Emperors or the Symbolic Unity of the Roman Empire”), pp.197-242; Karl Galinsky, *Augustan Culture: An Interpretive Introduction*, Princeton University Press, 1996; Clifford Ando, *Imperial Ideology and Provincial Loyalty in the Roman Empire*, Berkeley: University of California Press, 2000; Lukas De Blois, Paul Erdkamp, Olivier Hekster, Gerda de Kleijn & Stephan Mols, eds., *The Representation and Perception of Roman Imperial Power, Proceedings of the Third Workshop of the International Network “Impact of Empire” (Roman Empire, c. 200 B. C.-A.D. 476)*, Amsterdam: J. C. Gieben, 2003; G. Weber & M. Zimmerman, eds., *Propaganda, Selbstdarstellung und Repräsentation im römischen Kaiserreich des 1 Jhs. n. Chr.*, *Historia Einzelschrift*, Vol. 164, Stuttgart: Franz Steiner Verlag, 2003; Björn C. Ewald & Carlos F. Noreña, eds., *The Emperor and Rome: Space, Representation, and Ritual*, Cambridge University Press, 2010; Carlos F. Noreña, *Imperial Ideals in the Roman West: Representation, Circulation, Power*, Cambridge University Press, 2011; John Pollini, *From Republic to Empire: Rhetoric, Religion, and Power in the Visual Culture of Ancient Rome*, Norman: University of Oklahoma Press, 2012。

① Fergus Millar, *The Emperors in the Roman World (31 B.C. - A.D. 337)*, London: Duckworth, 1977, p.6.

会议报道

Conference & Workshop

复旦大学“中西古典学的会通”工作坊会议综述

唐晓霞　刘保云

2017 年 11 月 25—26 日，由复旦大学中华文明国际研究中心主办，复旦大学历史学系张巍与林志鹏召集的“中西古典学的会通”深度工作坊在复旦大学举行。来自英国、美国、意大利和中国大陆、台湾、香港等地区的多所高校的二十多位专家学者参加了本次会议。莅会学者既有人专攻西方古典学，也有人专攻中国古典学，更有人从事文典译介以及比较研究。邀请不同研究领域的专家共聚一室，本工作坊旨在推动中西古典研究者的交流和理解，促进不同研究传统的对话。

本工作坊在复旦大学历史学系张巍主持下开幕，复旦大学中华文明国际研究中心主任金光耀和上海交通大学人文学院虞万里教授先后致词，香港中文大学蒲慕州教授围绕工作坊主题发表主旨演讲。蒲教授指出，在全球化背景下，加强不同文化的理解，开展不同传统的比较研究，日益重要。基于古代资料相对匮乏的现状，比较研究的选题、方法和对象要着意甄选，最好选取不同文化共同面对的同类问题，考察不同文明对相似问题的不同解决之道，探讨不同传统应对问题的差异从何而来。由于个体研究者往往只关注自身的研究领域，对其他领域所知有限，因此，号召处理同类问题的各领域专家聚于一堂，对于学术研究十分有益。本工作坊围绕中国与古希腊的文本校勘、文献流传、经典解读、典籍考辨、历史复原等话题，分为五个单元，每个单元分别有两位学者分享交流他们在各自领域的研究实践，每场交流之后，另设专门的全场讨论时间，将具体话题向与会嘉宾和在场听众开放，拓展讨论的活力、深度和广度。

一、古典文献及出土文本的校勘及版本流变

普林斯顿大学的柯马丁（Martin Kern）在《创作、编纂、筛选、表演、写作：中国早期文献生成流变考》（"Composition, Editing, Selection, Performance, Writing: Questions about Textual Production and Transmission in Early China"）一文中聚焦于中国早期文本的制作与传播，讨论了文本的创作、编纂、筛选与书面传统和口述传统的关联。过去四十年间，大量古代文献随着考古发掘重见天日，如何处理、编辑、解释出土文本，怎样将它们与传世文献联系起来，出土文献会给现有的文献阐释传统带来何种挑战，是他集中讨论的问题。他指出，出土文献，无论是哲学类、文学类、历史类还是科技类，都没有著录作者、抄写者名字的习惯，因此很难确定一个正本并考察该文本此后的传播情况。要理解古代文本究竟如何形成、演变，必须把出土手稿与传世文献进行比对。例如，比对三组郭店楚简与现存《道德经》，我们会发现，丙组《老子》与其他两组以及现存的《老子》版本多有出入。如何看待有别于其他版本的文本，柯马丁教授试图从口述传统中寻找答案。他认为应比对各学派的经典作品，考察史学著作与古典文本的"长篇演说"，就其成文与传播流程展开探讨。通过将出土文献及其载体与传世文本进行比较分析，他提议我们重新思考文本的独立性和作者的独立性。

北京师范大学李锐在《从同文到族本》中就郭店楚墓竹简的发现给学术界带来的影响提出自己的观点。他反对学者质疑出土文献能否重写思想史的观念，认为出土材料确实可以重写学术史和思想史，但这种重写不是材料带出来的新理论、新观念，而是出土材料所引起的观念、研究方法的转变。因此他提出要从"同文"分析法转变到"族本"分析法。不同的"族本"之间不仅存在交叉重叠的相似性关

联,而且存在一些共同的本质特征。由"族本"的观念来看,古书同文可能存在三种关系:诸同文虽流传系统不同,但出自同一家族;某一系统内的几个同文同源异流,虽成书有早晚,但出于同一个"祖本";同一系统内的同文源出一脉,只存在线性早晚之别。对于"族本",他认为其形成比较复杂,有可能出于不同的口述传统,也有可能出自对同一事件的不同著录传统。因此有一些"族本"仍需用"古书佚失"观来为之预留位置。故而在分析时要认识到现存文本很可能并不是唯一的文本,要为不在场、未出场的可能文本留下一定位置。

意大利比萨高等师范大学的莫斯特(Glenn Most)基于他对西方古典文本的校勘经验,围绕"什么是校勘本"这一主题对中西古典文献的校勘工作贡献了自己的思考。他注意到,出自湖南的一件随葬品显示,有两位中国古代书记员校对检查手稿的准确性。一直以来,许多人都以为文本的校对是独立的、安静的、与世隔绝的活动,这件随葬品上人物的表现告诉我们,校勘工作也可以是口头的、听觉的、相互合作的活动。其实不只在古代中国,西方的古典校勘者亦是如此。文本,尤其是大受欢迎的文本抄写越多,出错概率越大。比较研究显示,几乎所有文化都发展出相同的技艺和机制以减少文本流传导致的错误,因此,对于重要文本,确定官方版本至关重要。但对手稿多样性带来的问题,不同文化处理的态度并不一致。在古希腊,公元前 6 世纪就有政治领袖意图确立关键文本——荷马史诗——的范本。校勘是为世人从文献库中确立文本的机制。如果只有一个抄本,那只需编辑出版这个版本,可若同时存在多个抄本,那就需要校勘者确立、整合文本,后一种情况更为常见,其挑战亦极大。校勘机制建立之初,校勘者选择文本的种类单一、倾向于早期权威版本,以权威版本为核心进行逐步的校勘,对于文本的错漏也采取逐步调整的办法,因此产生诸多问题。18 世纪末,德国学者不满于旧有的文本校勘模式,秉持建立科学方法的构想,提出了一套从下至上将现存文本一网打尽的校勘方法。这种方法通过拉赫曼得到进一步发展。拉赫曼着意于建立文本的流传谱系,对现存文本和证据进行系统性收集、检查、分类和评估,至今依然是西方古典文本校勘的重要理论支柱。

二、典籍的注解与诠释

台湾清华大学黄冠云的《周公、〈金縢〉和〈鸱鸮〉》以《尚书·金縢》与《诗经·鸱鸮》两个文本为对象，围绕周公辅佐成王之时是否图谋王位做了细致分析。第一部分，他通过《诗经》和其他中国古代文学作品中的“鸱鸮”来分析周公创作《鸱鸮》的意图，认为周公之所以作此诗是为了回应关于他的谣言。作者不同意《毛诗》与《郑注》把鸱鸮等同于周公的解读，认为鸱鸮是管叔和蔡叔而不是周公。根据《孟子》及其他相关的讨论，《毛诗》与《郑注》做出的解读与周公是否为“仁”有关。他们的解读可能还跟其对成王所作《诗经·小毖》中“桃虫”的不同解读有关，郑玄把“桃虫”等同于“鸱鸮”。第二部分，他针对现存三个版本的《金縢》（清华简、《尚书》、《史记》）对三组异文做出了解释。与此前学者专注于确定哪个文本最早不同，他把三个文本置于更广阔的背景下进行探讨，对它们的动态关系加以分析。他认为学者们误解了周公，作为武王之弟、成王之叔，周公被授予大权，权倾一时。由于西周尚处草创之时，成王年幼，周公在必要时须亲践天子之位以解决内忧外患，虽然他的真正企图难以为外人道，但他的行为最终应从仁、善的角度观之。

捷克科学院韦礼文（Oliver Weingarten）的《〈管子〉内疏：〈形势解〉的结构、观念与阐释》（“Internal Commentaries in Guanzi 管子: Structure, Ideology, and Interpretation in Chapter 64, ‘Xing Shi Jie 形势解’”）一文从结构、思想和阐释三方面对《管子·形势解》进行解读。根据韦礼文的观察，马王堆与郭店的考古发现表明，中国早在公元前 2 世纪早期就已存在对古代文本的集注。现存的《管子》注疏材料非常丰富。因为其文本内就包含了注疏，如《形势解》几乎引用了《形势》的每一行，对其逐一地进行了解释。通常学界对《形势解》的解读是将其置于中国当时的政治环境之中，但该文将政治背景放在了次要位置，首要的是把文本视为一个整体进行考察。文章围绕注疏与原始文本的关系、注疏的理念倾向、注疏的常规细节及特征、古代和现代读者对原始文本语义学的不同诠释，以及这个文本和其他早期文本未来可能的研究方向等五个方面,探讨了类似《形势解》的注疏究竟有何用处。

英国纽卡瑟大学的韦伽多斯(Athanasios Vergados)围绕《致赫尔墨斯的荷马颂诗》和《致阿波罗的荷马颂诗》两篇作品,就"两首荷马颂诗的统一性与真实性问题"进行了探讨。学界对《致赫尔墨斯的荷马颂诗》和《致阿波罗的荷马颂诗》结尾的一致性和真实性问题争论已久。通过他的研究,韦伽多斯希望找出决定注疏者选择此解释、忽视彼解释的原因。若假定《致赫尔墨斯的荷马颂诗》是个神话大杂烩,那它结尾七十五行的真实性确实成问题;若假定《致赫尔墨斯的荷马颂诗》是晚期作品,那就倾向于认为它们质量低劣;若相信《致赫尔墨斯的荷马颂诗》反映被歌赞之神的特征,那我们要寻找与赫尔墨斯本性相矛盾之处来解释诗中任何一个不同寻常的特质。不同的作者之所以难以解释为何《致赫尔墨斯的荷马颂诗》如此结尾,根源在于早期注疏家坚称《致赫尔墨斯的荷马颂诗》的结尾并不可靠。实际上,这种结尾揭示了赫尔墨斯的成长:他从小偷变成了奥林坡斯共同体的一员,从捣乱的婴儿变成奥林坡斯神。《致阿波罗的荷马颂诗》存在另一种统一性的问题。学者们认为颂诗中的提洛岛部分和皮托部分最早应该是互相独立的,许多学者都尝试对这个问题进行解释。从单一论来看,提洛岛部分已经介绍了皮托部分的主题。韦伽多斯认为可行的解决方法是将《致阿波罗的荷马颂诗》视为诗人对"应该怎么称赞阿波罗"的思考。事实上,神的出生、进入奥林坡斯神系以及崇拜确立三个方面共同构成了颂诗对神的称赞。

四川大学的盖尔布朗(Xavier Gheerbrant)在《语文学与诠释学:解释恩培多克勒斯残篇 115 D.-K.》("Philology and Hermeneutics in the Interpretation of Empedocles: The Case of Fragment 115 D.-K.")一文中重新审视了学界对恩培多克勒斯的残篇 115 的解读,探讨了现有解释的预设、方法和结论,尤其是他们基于古典学与诠释学方法获得的结论以及因为忽视了文本在哲学领域的解释导致的问题。盖尔布朗指出,这个残篇其实是古希腊文本给解释者带来困难的典型例子,残篇引导着听众或读者去质疑先前的假设。盖尔博朗提出四条论证:残篇表现的普遍法则中,神与人的关系是不对称的;精灵在驱逐中反省其责任；在恩培多克勒斯的其他残篇中，神作为非物质存在与凡人进行互动；文本呈现了众神与凡人渐进的分割。作者认为恩培多克勒斯的这个残篇表述了关于人类境况的原因论。

三、古书的辨伪与年代问题

上海大学宁镇疆在《以〈孔子家语〉为例谈经典辨伪学“范式”的扩大化问题——兼说所谓“盗者之真赃”》一文中，聚焦经典辨伪学的方法论范式，以孙志祖《家语疏证》的编订为例，讨论先秦、两汉古书之中常见的“互见”现象，辨析经典辨伪学的“限度”问题，凸显古书体例及古书成书研究对于经典辨伪学方法论革新的重要意义。依作者所言，经典辨伪学范式的确立始于阎若璩、惠栋对今传《古文尚书》的辨伪，其“范式”最显著者，类似“辑佚”，即将古书中相关引文及内容一一找出，以见所谓“伪书”的材料渊源。孙志祖为辨《孔子家语》之伪，从先秦、秦汉古书中搜录《孔子家语》见于他书的内容，并非“辑佚”，而是不分青红皂白地将《伪古文尚书》的辨伪之法用于先秦、秦汉古书之间的“互见”现象，从而导致了辨伪“范式”的“扩大化”，影响其有效性。因此作者指出，经典辨伪学对秦汉及先秦书中的“互见”“重出”并不适用。

北京大学程炜的《重探亚里士多德进化说：发展假说视阈的愉悦观》（“Rethinking Aristotle’s Evolution：His Conceptions of Pleasure in light of the Developmental Hypothesis”）一文以亚里士多德的愉悦观为案例，考辨现今学界对亚氏文本前后不一现象的通行解释模式——发展假说。作者指出，耶格尔（Jaeger）从整体解释亚里士多德理论进化的模式虽已为学界摒弃，但亚氏理论进化说仍在局部解释中为学界所坚守。对于亚里士多德的愉悦观念，通行解释一般认为，亚里士多德的早期作品继承了乃师柏拉图的“动情说”（pleasure qua kinēsis）——可感的复原历程，盛期作品构建了“制情说”（pleasure qua energeia）——践行认知官能。通过综合分析亚里士多德文本对愉悦的讨论，作者指出“动情说”（pleasure qua kinēsis）与“制情说”

(pleasure qua energeia)普遍见于亚氏文本，不拘早期、中期还是晚期。采用进化说解释亚氏的愉悦观，不论在解释层面还是在理论层面，都有难以逾越的困难。因此，对于“动情说”和“制情说”，更好的解读方式应是从具体文本的上下文出发，不要问亚氏何以改变学说，或争辩哪个学说更好，而是讨论他为什么可以同时毫无挂碍地使用两种说法解释愉悦观念。

四、古代历史图景的复原

中国人民大学的张瀚墨在《古史书写与史料的中程处理》一文中就中国上古史的书写问题，围绕如何辨别史料的可靠性和实用性展开讨论。具体来说，他以分析《剑桥中国上古史》的编排为引子，讨论早期中国研究是否即为把考古与历史研究叠加处理。《剑桥中国上古史》采用“多学科的方法”(multi-disciplinary approach)将新发现的材料和旧有的传世文献整合处理，在主要章节的安排上凸显出二元结构：一章主要根据文献和铭文等文字材料来写，一章主要根据考古证据和出土文物来写。两者并行处理是新证据与旧材料的有效结合，还是两者难以调和才不得不并置处理？史嘉柏的评议《文本与文物》一文认为是后者，并指出问题的根源在于史料：《剑桥中国上古史》的作者和编者没有对什么构成证据、如何使用证据达成共识。采信还是怀疑传世文献，持论双方针锋相对，难以调和。依他之言，在厘清传世文献的来源和流传过程之前，应搁置其内容，对其持怀疑态度。相对于史嘉柏的疑古思想，学界另有王国维的二重证据法和罗泰的分进合击说，提倡联合文献史学和考古学。张瀚墨指出，原始史料本身已是阐释的结果，考古中程理论强调对证据的处理，将其引入历史研究之中，不但能提高我们对原始材料的分析和鉴别能力，而且能有效动员跨学科研究，沟通原始材料和历史建构。

瑞丽(Lisa Raphals)《阅读未来：中希传世与出土文献记载的命运和占卜》(“Reading the Future: Fate and Divination in Chinese and Greek Transmitted and Excavated Texts”)通过考察未来是否前定这一

问题如何被传世文献和出土文献所记载,讨论不同类型的文献材料记录过去的偏向。具体来说,传世文献主要集中于探讨命运,出土材料则对占卜多有说明,并与传世文献时有龃龉。在发言中,瑞丽首先概述了希腊传统对命运和福气的文献记载,随后她将重点放在中国传统中,具体分析了传世和出土文献对"命"作为生命(life span)的记载,以时机(chance and timing)为中心详细考察了郭店楚墓竹简的"穷达以时"之说,进而解读传世和出土文献中"命"的含义。在第三部分,瑞丽围绕占卜的方法和手段讨论了希腊和中国的相关文献,对出土文献和传世文献的一致之处和龃龉之处都做了比对说明。通过探讨中希有关未来是否前定的拷问,瑞丽力图从历史维度重建古代世界对未来和命运的想象。

五、中西古典学的会通

本次会议的最后一个部分以学术对话的形式,邀请了两名西方古典学著作的译介者,分别为来自复旦大学的苏杰和来自厦门大学的张治,请他们向与会学者分享了自己的翻译工作和译介历程,并就翻译工作的作用和价值,翻译过程中涉及的直译、意译、转译等技术问题,与在座的中外学者展开对话。

此外,本工作坊根据每位嘉宾的演讲主题,邀请相关领域的研究者进行了针对性的评议,部分评议者还尝试了沟通中西古典学这两种学术传统。

林志鹏评议了柯马丁和李锐两位学者的观点。他提出,如果取消了文本源头,那该如何评估传统的语文学手段(如训诂、校勘和考证)在文本流传和历史学研究上的效度?李锐比较完整地呈现了他对于"同文"分析法的反思和"族本"的概念,柯马丁教授强调"文本库"的观念,认为不同版本的背后并不存在唯一的原始书写文本。李锐与柯马丁新说的提出,均基于对口述传统的重视,但林教授对中国古代是否存在强势的口述传统提出了疑问,他认为在中国(尤其是古代)要表情达意、传播思想,"写下来"或许比"说出来"更加重要而且更为关键,因此我们似乎不能过度低估书写在中国古代传播的重要性。

复旦大学冼若冰根据莫斯特教授的观点,对20世纪初中国与欧洲在校勘方面所存在的差异进行了反思。在以某一份手稿为标准的情况下,如何去修改错误是非常关键的问题。如胡适所说,校勘的主要工作包括:一是发现错误,二是改正错误,三是证明所改不误。胡适认为陈垣关于《元典章》的工作,可以说是中国校勘学的第一项伟大工作,也可以说是中国校勘学第一次走上科学的路,而之前如王念孙、段玉裁的最大成就只是一种推理的校勘学而已。即便如此,胡适似乎没有读过拉赫曼关于校勘学的论著,因此对于拉赫曼所提倡的方法知之甚少,仍认为校勘学的最可靠的依据全在最古的底本,凡版本不能完全解决的疑难,只能借助最渊博的史识来解决。此外,北京大学的程炜对在何种程度可运用拉赫曼的方法也提出异议。

复旦大学邓志峰对黄冠云和韦礼文两位学者的论文进行了评论,他认为黄冠云成功地将作为经学上的典范人物和历史人物的周公形象区分开来,但同时针对其论文提出了几个疑问:其一,清华简、《尚书》和《史记》这三个版本中《金縢》记载的异同,司马迁是否受到其古文经学老师孔安国的影响,因而强调周公的附属地位,这种修改是立异还是有其他来源?其二,“白牡”与“骍刚”是否等同?周公献祭其中任一纯牲是否与周天子无异?其三是对郊祭的理解。韦礼文分析了《形势解》文本的注释和文本疏义,对已有的观点做了批评。对此,邓教授同样提出了三个看法:一是在之前的学术研究中,说、解是一种文体,不必完全从诠释学的角度进行解释;二是《形势解》中的对反(对仗)结构是一种文学修辞技艺,其作用是为了加强记忆,有助于文本流传;三是关于“谟臣”的理解。

复旦大学张巍对盖尔布朗和韦伽多斯的论文进行了评论。张教授认为首先要回答两个基本问题,即:如何理解诠释,所谓诠释有何特征?诠释何以成为一种媒介?针对盖尔布朗的文章,他认为根据残篇进行重构时要考虑两个因素,一是作者的立场,二是之前的注释者的立场。至于韦伽多斯讨论的两篇颂歌,则需要注意它们的风格,因为针对不同的神,颂歌会采用不同的风格与结构。

古籍之真伪、文本之出入共见于中西古典研究领域,判定文本的真伪应遵循什么原则引起了广泛讨论。汉学家柯马丁指出,相对于西方传统对作者身份的强调,中国古籍多抄撮传世之作,其中常见托名之作,文本流动性强,因此若仅以原作为真,并以此判定编纂之作伪,那就否定了大量古籍的价值。西方古典学家莫斯特就这一问题分享了他校勘西方古典文本的经验。依他所言,西方校勘学始于文艺复兴时期,由 15 世纪意大利人文主义者瓦拉(Lorenzo Valla)奠基,18 世纪英国学者本特利(Richard Bentley)首创历史语文学(Historical Philology),考订古典文本。确定古书真伪,既可立足于文本内部考察其辞章、音律、理路等是否一致,也可从文本之外着手,考察所载器物、事变、词汇等羼入年限。所谓伪书,西方古典学将其分为假造(falsification/forgery)和错认(fake attribution)两类。假造乃后人有意捏造之作,此类现象古今中外皆同。错认乃将古代此人之作误认为彼人,作品本身归属古代并无争议,因此依然为古典研究所推崇。

(撰写者:唐晓霞,复旦大学历史学系博士生;刘保云,上海师范大学人文与传播学院博士后)

图书在版编目(CIP)数据

西方古典学辑刊. 第一辑:汉文、英文/张巍主编. —上海: 复旦大学出版社, 2018.12
ISBN 978-7-309-14044-6

Ⅰ. ①西… Ⅱ. ①张… Ⅲ. ①学术思想-思想史-西方国家-古代-文集-汉、英
Ⅳ. ①B502-53

中国版本图书馆 CIP 数据核字(2018)第 266626 号

西方古典学辑刊. 第一辑
张　巍　主编
责任编辑/史立丽

复旦大学出版社有限公司出版发行
上海市国权路 579 号　邮编: 200433
网址: fupnet@fudanpress.com　http://www.fudanpress.com
门市零售: 86-21-65642857　团体订购: 86-21-65118853
外埠邮购: 86-21-65109143　出版部电话: 86-21-65642845
上海四维数字图文有限公司

开本 787×960　1/16　印张 20.75　字数 283 千
2018 年 12 月第 1 版第 1 次印刷

ISBN 978-7-309-14044-6/B · 683
定价: 68.00 元